Politik – verstehen und handeln

Politik/Wirtschafts- und Sozialkunde für die berufliche Schule

von

Ralf Dietrich, Berlin
Dunja Neumann, Wilhelmshaven
Markus Sennlaub, Offenbach
Gesche Thikötter, Berlin
Martina Woitas, Gera

6., aktualisierte Auflage

Handwerk und Technik ▪ Hamburg

Bildquellenverzeichnis/Impressum

Archiv der sozialen Demokratie der Friedrich-Ebert-Stiftung, Bonn: S. 119/2

Atelier Gielnik, Wiesbaden: S. 40

Berliner Bank, Berlin: S. 64; 65

Berufsgenossenschaft für Gesundheitsdienst und Wohlfahrtspflege, Hamburg: S. 43/1,2

Bildarchiv Preußischer Kulturbesitz, Berlin: S. 38 (D. Paul Wolff Trischler); 228/1

Bundesanstalt für Arbeit, Nürnberg: S. 39

CCC, www.c5.net, München: S. 94 (Stuttmann); 128; 186/1; 255; 284 (Mohr); 141; 142; 252; 297 (Mester); 143 (Plaßmann); 169 (Stauber); 206/1; 208/3 (Heine); 206/2, 208/2 (Schoenfeld); 258 (Böhle); 163; 196; 208/1; 256; 269

Convotherm Elektrogeräte GmbH, Eglfing: S. 122/1

Deutscher Bundestag/Referat Öffentlichkeitsarbeit, Berlin: S. 119/1

Deutsches Historisches Museum, Berlin: S. 222/1

dpa-infografik GmbH, Hamburg: S. 3; 4; 14; 15; 28; 68/1,2; 70; 79; 90; 98; 99; 100; 108/2; 124; 136; 140/4; 144/3; 145; 146; 147; 152; 173; 179; 186/2; 195; 203; 209/1; 242; 257; 259; 271; 285

dpa Picture-Alliance GmbH, Frankfurt a.M.: S. 1/1; 39/1; 49/2; 50/5; 75/1,2; 134; 165/1; 166; 212; 261/2; 281; 291/1,2; 292 (dpa-Report); 1/3; 39/2 (landov/bloomberg); 46; 215/4; 219/1; 226/1,2; 234/1; 235; 266/1,2; 267; 278; 279/1 (dpa); 85/1 (united archives); 85/2; 215/1; 216/1,2; 218; 222/2; 227/2 (akg-images); 97/4; 109 (ZB-Fotoreport); 131/1; 135 (dpa-Fotoreport)

Erich Schmidt Verlag, Berlin: S. 33; 45; 59; 73; 80; 81; 91; 92; 122/2; 154; 167; 170; 175; 182; 187/1,2; 189; 191; 192; 207; 228/2; 229/1,2; 233/1; 239/2; 240/2; 249; 250; 251; 254; 264; 274; 290

FC Hansa Fanservice GmbH, Rostock: S. 50/4

FC St. Pauli, Hamburg: S. 50/3

Forum Werbegesellschaft mbH & Co. KG, Berlin: S. 118

Fotolia Deutschland, Berlin, © www.fotolia.de: S. 1/2 (Franz Pfluegl); 1/4 (ryasick); 1/5 (Helmut Brands); 1/6 (Lucky Dragon); 49/1 (Boojoo); 49/3 (Haramis Kalfar); 49/4 (Sculpies); 49/5 (Voler); 49/6 (Gator-GFX); 97/3 (Irina Fischer); 97/5 (pressmaster); 97/6 (Michael Flippo); 131/2 (Sandor Jachal); 131/4 (Bernd Leitner); 131/5 (Mirjo Kujas); 165/2 (Andrzej Bardyszewski); 165/3 (Marc Wendland); 165/4 (Michael Homann); 165/6; 245/1 (Arid Ocean); 245/2 (Franco Visintainer); 245/3 (Sven Hoppe); 245/4 (morganimation); 245/5 (Tuffi); 245/6 (Heino Pattschull); 261/1 (Karsten Koehler); 261/3 (Abdelhamid Kalai); 261/4 (chris74); 261/5 (Andrejs Pidjass); 261/6 (Lucatof)

Gebr. Knauf, Westdeutsche Gipswerke, Iphofen: S. 123/2

Kaufmann, Wilhelm, Norderstedt: S. 41

Krüper, Werner, Bielefeld: S. 97/1; 104/1; 105; 108/1; 123/1; 156/2; 283

Lang, Ernst Maria, München: S. 248/4

Norddeutsche Affinerie AG, Hamburg: S. 50/1

pixelio media GmbH, München, © www.pixelio.de : S. 50/2 (Jörn Schulz)

Presse- und Informationsdienst der Bundesregierung, Berlin: S. 215/6; 234/2

Ranx GmbH, Berlin: S. 165/5; 176/2

Schoeneberg, Hans: Das Friseurbuch in Lernfeldern (HT 3935): S. 122/3 (Johannes Witt, Quickborn); 122/4 (Salon Thomas, Norderstedt)

Sinus Sociovision GmbH, Heidelberg: S. 133

Stiftung Haus der Geschichte der Bundesrepublik Deutschland, Bonn: S. 29; 270

ullstein bild, Berlin: S. 176/1; 209/2; 239/1; 246/2

Verlag Handwerk und Technik GmbH, Hamburg: S. 140/1; 144/1,2

Volksbund Deutsche Kriegsgräberfürsorge, Kassel: S. 215/3; 229/3

Zentralverband des deutschen Baugewerbes, Bonn: S. 97/2; 122/5

ISBN 978-3-582-01835-9

Das Werk und seine Teile sind urheberrechtlich geschützt.
Jede Nutzung in anderen als den gesetzlich zugelassenen Fällen bedarf der vorherigen schriftlichen Einwilligung des Verlages.
Hinweis zu § 52 a UrhG: Weder das Werk noch seine Teile dürfen ohne eine solche Einwilligung eingescannt und in ein Netzwerk eingestellt werden. Dies gilt auch für Intranets von Schulen und sonstigen Bildungseinrichtungen.
Die Verweise auf Internetadressen und –dateien beziehen sich auf deren Zustand und Inhalt zum Zeitpunkt der Drucklegung des Werks. Der Verlag übernimmt keinerlei Gewähr und Haftung für deren Aktualität oder Inhalt noch für den Inhalt von mit ihnen verlinkten weiteren Internetseiten.

Verlag Handwerk und Technik GmbH,
Lademannbogen 135, 22339 Hamburg; Postfach 63 05 00, 22331 Hamburg – 2011
E-Mail: info@handwerk-technik.de – Internet: www.handwerk-technik.de

Illustrationen: Bernhard Speh, Hamburg
Umschlagsmotive: Fotolia Deutschland, Berlin, © www.fotolia.de: Brandenburger Tor © Tetastock, Berlins Skyline mit Fernsehturm © Tetastock, Bernhard Speh, Hamburg
Gestaltung und Satz: Verlag Handwerk und Technik GmbH
Druck: Offizin Andersen Nexö Leipzig, 04442 Zwenkau

VORWORT

Politik – verstehen und handeln ist für den Politik-/Wirtschafts- und Sozialkunde-unterricht an der beruflichen Schule konzipiert. Das Buch vermittelt ein solides Grundwissen für die Auseinandersetzung mit politischen, wirtschaftlichen, sozialen und kulturellen Ereignissen.

- Die einzelnen Lehrplaninhalte sind in den Kapiteln nach dem Doppelseiten-prinzip gegliedert. Eine Doppelseite beinhaltet ein Thema, das in einer Unter-richtsstunde bearbeitet werden kann, und ermöglicht einen gezielten Zugriff auf Themenbereiche im aktuellen handlungs- und ereignisbezogenen Politik-unterricht.

- Die einzelnen Themen werden aus einer schülernahen Perspektive aufgegrif-fen, die den beruflichen und schulischen Rahmen berücksichtigt.

- Komplexe Zusammenhänge werden ausführlich dargelegt und durch eine Vielzahl von Abbildungen erläutert.

- Durch Verweise und Zusatzinformationen in den Randspalten werden die Zu-sammenhänge innerhalb einzelner Themen verdeutlicht und mit anderen Themenbereichen verknüpft.

- Jedes Unterkapitel enthält einen abschließenden Aufgabenblock, der sich aus Wiederholungsaufgaben zur Stofffestigung und weiterführenden Aufga-ben zusammensetzt, die auf die Entwicklung der Urteils- und Entscheidungs-fähigkeit der Schülerinnen und Schüler abzielen.

- Jedes Hauptkapitel schließt mit einer Methodenseite, z.B. Debatte, Informati-onsbeschaffung/Recherche, Referat, Wandzeitung usw., ab.

- Ein umfangreiches Sachwortverzeichnis mit mehr als 1300 Stichwörtern hilft, gezielt nach Inhalten zu suchen.

- Alle Inhalte, Themenbereiche und Prüfgebiete, die in der Abschlussprüfung vorkommen können, sind enthalten.

Inhaltsverzeichnis

1 BERUFS- UND ARBEITSWELT .. 2

1.1 ARBEITSRECHT 2
1.1.1 Die Berufsausbildung 2
1.1.2 Qualifikation und Weiterbildung............ 4
1.1.3 Ausbildungsvertrag und Arbeitsvertrag....... 6
1.1.4 Entstehung und Inhalt eines Arbeitsvertrags 8
1.1.5 Regelung der Arbeitszeit und des Urlaubs .. 10
1.1.6 Kündigungsschutz 12
1.1.7 Qualifikation, Mobilität und Beschäftigung 14
1.1.8 Lernen, Arbeiten und Leben in Europa 16
1.1.9 Arbeits- und Sozialgerichtsbarkeit 18

1.2 VERSCHIEDENE REGELUNGEN – WOHER KOMMEN DIE? 20
1.2.1 Sozialpartner – Staffelung der Rechtsprechung – Günstigkeitsprinzip....... 20
1.2.2 Gleicher Lohn für gleiche Arbeit? – Gültigkeitsbereiche von Tarifverträgen...... 22
1.2.3 Wo ist der tarifliche Lohn festgelegt? – Tarifvertragsarten und -inhalte 24
1.2.4 Lohn- und Lohnformen...................... 26
1.2.5 Geld her, oder ich streike! – Geht das so einfach? Tarifrunden und -verhandlungen 28
1.2.6 Der Betriebsrat............................. 30
1.2.7 Jugend- und Auszubildendenvertretung..... 32
1.2.8 Mitbestimmung im Unternehmen – das Drittelbeteiligungsgesetz und das Montanmitbestimmungsgesetz 34
1.2.9 Das Mitbestimmungsgesetz von 1976 36

1.3 ARBEITSSCHUTZ............................. 38
1.3.1 Technischer Arbeitsschutz.................. 40
1.3.2 Achtung, elektrischer Strom!................ 42
1.3.3 Jugendarbeitsschutz........................ 44
1.3.4 Kind und/oder Karriere...................... 46

DIE GRUPPENARBEIT 48

2 WIRTSCHAFT UND RECHT...... 49

2.1 RECHTSGESCHÄFTE 50
2.1.1 Rechts- und Geschäftsfähigkeit............. 50
2.1.2 Rechtsgeschäfte – wirtschaftliches Handeln in den unterschiedlichsten Situationen 52
2.1.3 Angebot bleibt Angebot? Der Kaufvertrag – Antrag und Annahme 54
2.1.4 Der Haken mit dem „Kleingedruckten" – allgemeine Geschäftsbedingungen......... 56
2.1.5 Vertragsstörungen – Nicht-Rechtzeitig-Zahlung 58
2.1.6 Vertragsstörungen: mangelhafte Lieferung und Nicht-Rechtzeitig-Lieferung............ 60
2.1.7 Wichtige Vertragsarten: Werkvertrag, Mietvertrag und Dienstvertrag 62
2.1.8 Bargeldloser Zahlungsverkehr 64
2.1.9 Bedürfnisse und Bedarf 66
2.1.10 Sparen..................................... 68
2.1.11 Verbraucherkredite – Kaufen auf Pump 70
2.1.12 Verschuldung............................... 72

2.2 BETRIEBS- UND UNTERNEHMENSFORMEN.................. 74
2.2.1 Der Betrieb als Teil der Wirtschaft 74
2.2.2 Betriebliche Ziele und wirtschaftliche Kennzahlen................. 76
2.2.3 Einzelunternehmen und Personengesellschaften 78
2.2.4 Kapitalgesellschaften 80
2.2.5 Wirtschaftliche Verflechtungen – Unternehmenszusammenschlüsse 82

2.3 WIRTSCHAFTSORDNUNGEN............... 84
2.3.1 Grundmodelle der Wirtschaftsordnungen... 84
2.3.2 Die soziale Marktwirtschaft und ihre Probleme.............................. 86
2.3.3 Die Zentralverwaltungswirtschaft in der DDR und ihr Zusammenbruch........ 88
2.3.4 Ziele staatlicher Wirtschaftspolitik in der sozialen Marktwirtschaft 90
2.3.5 Maßnahmen staatlicher Wirtschafts- und Konjunkturpolitik........................... 92
2.3.6 Wirtschaftliche Folgen der Globalisierung... 94

MIND MAP................................... 96

3 SOZIALPOLITIK UND STRUKTURWANDEL 97

3.1 SOZIALPOLITIK IN DER BUNDESREPUBLIK 98
3.1.1 Sozialstaat – Sozialpolitik – soziale Sicherung 98
3.1.2 Gesetzliche Krankenversicherung.......... 100
3.1.3 Im Krankheitsfall 102
3.1.4 Die Pflegeversicherung.................... 104
3.1.5 Die Rentenversicherung................... 106
3.1.6 Arbeitsförderung und Arbeitslosenversicherung 108
3.1.7 Ohne Moos nix los – Entgeltersatzleistungen bei Arbeitslosigkeit oder drohender Arbeitslosigkeit 110
3.1.8 Die gesetzliche Unfallversicherung 112
3.1.9 Und wenn es uns in die Ferne zieht – Internationale Sozialversicherung 114
3.1.10 Individualversicherung.................... 116
3.1.11 Die soziale Sicherung – Geschichte und Zukunft................... 118

3.2 ÄNDERUNG DER ARBEITSWELT.......... 122
3.2.1 Strukturwandel 122
3.2.2 Arbeitslosigkeit und Arbeitslosenquote.... 124
3.2.3 Ursachen der Arbeitslosigkeit 126
3.2.4 Flexibilisierung der Arbeitswelt........... 128

FRAGEBOGEN 130

4 DER MENSCH IN DER GESELLSCHAFT 131

4.1 SOZIALE SCHICHTUNG 132
4.1.1 Soziale Schichten und Milieus 132
4.1.2 Randgruppen: Von der Gesellschaft gemacht? 134
4.1.3 Randgruppen in unserer Gesellschaft 136
4.1.4 Ausländer in Deutschland - das Aufenthaltsrecht 138

4.2 GESELLSCHAFTLICHER GRUNDBAUSTEIN – DIE FAMILIE 140
4.2.1 Wandel der Familie 140
4.2.2 Deutschland und seine Kinder – die demografische Entwicklung 142
4.2.3 Familie und Partnerschaft 144
4.2.4 Spannungsfelder in der Familie........... 146
4.2.5 Familienrecht 148

4.3 IN DER GESELLSCHAFT LEBEN 150
4.3.1 Vom Mitmachen, Dazugehören und Anderssein – Sozialisation im Jugendalter.............. 150
4.3.2 Extremismus in Deutschland 152
4.3.3 Jugendkriminalität....................... 154
4.3.4 Drogen sind wie Münzen: Sie haben zwei Seiten 156
4.3.5 Abhängigkeit 158
4.3.6 „Freizeitgesellschaft" und Freizeitgestaltung........................ 160
4.3.7 Sekten.................................. 162

WANDZEITUNG......................... 164

5 POLITISCHE MEINUNGS- UND WILLENSBILDUNG 165

5.1 MEINUNGSBILDUNG MIT UND DURCH MEDIEN 166
5.1.1 Aufgaben und Funktion der Massenmedien 166
5.1.2 Bilder für Millionen – Welche Auswirkungen hat der Fernsehkonsum auf uns? 168
5.1.3 Die Rundfunklandschaft in der Bundesrepublik Deutschland 170
5.1.4 Das Internet – Chancen und Gefahren 172

5.2 DAS POLITISCHE SYSTEM DER BUNDESREPUBLIK DEUTSCHLAND 174
5.2.1 Herzstück unseres Staates – das Grundgesetz 174
5.2.2 Merkmale von Demokratie und Diktatur ... 176
5.2.3 Das Fundament der Demokratie – die Verfassungsgrundsätze 178
5.2.4 Wie der Staatsaufbau der Bundesrepublik gegliedert ist 180
5.2.5 Das Spielfeld der Politik – der Deutsche Bundestag 182
5.2.6 Ländereinfluss auf die Bundespolitik – der Bundesrat 184
5.2.7 Die Akteure im Deutschen Bundestag – Regierungsfraktionen und Opposition 186
5.2.8 Wie ein Gesetz entsteht 188
5.2.9 Oberster Repräsentant des Staates – der Bundespräsident 190
5.2.10 Hüter des Grundgesetzes – das Bundesverfassungsgericht 192
5.2.11 Die politischen Vereine – die Parteien 194
5.2.12 Verbände – eine Möglichkeit für die Durchsetzung gesellschaftlicher Interessen 196

5.3 WÄHLEN UND MITBESTIMMEN – GRUNDLAGEN DER DEMOKRATIE 198
5.3.1 Begriff und Funktion der Wahl 198
5.3.2 Spielregeln für die Wahl – Wahlrechtsgrundsätze 200
5.3.3 Das Wahlverfahren zum Deutschen Bundestag 202
5.3.4 Wählen, Wählen, Wählen – die Landtags- und Kommunalwahlen 204
5.3.5 Werbung um Wählerstimmen - der Wahlkampf 206
5.3.6 Keine Lust auf Politik – Politikverdrossenheit 208
5.3.7 Bürgerinitiativen – Möglichkeit politischer Einflussnahme? 210
5.3.8 Der wehrhafte Bürger – Petitionen und Demonstrationen 212

INFORMATIONSBESCHAFFUNG/ RECHERCHE 214

Inhaltsverzeichnis

6 JÜNGERE DEUTSCHE GESCHICHTE – EIN ÜBERBLICK ... 215

6.1 VON WEIMAR BIS ZUM ENDE DES ZWEITEN WELTKRIEGS ... 216
- 6.1.1 Aufstieg und Fall der Weimarer Republik ... 216
- 6.1.2 Nationalsozialistische Machtergreifung ... 218
- 6.1.3 Das nationalsozialistische System ... 220
- 6.1.4 Die Ideologie der Nationalsozialisten ... 222
- 6.1.5 Die Verfolgung und Ermordung der jüdischen Bevölkerung ... 224
- 6.1.6 Widerstand gegen den Nationalsozialismus ... 226
- 6.1.7 Das Dritte Reich im Zweiten Weltkrieg ... 228

6.2 VON DER TEILUNG BIS ZUM EINIGUNGSPROZESS ... 230
- 6.2.1 Deutschland nach 1945 – das Potsdamer Abkommen ... 230
- 6.2.2 Zwei deutsche Staaten entstehen ... 232
- 6.2.3 Das westdeutsche Wirtschaftswunder ... 234
- 6.2.4 Der Marshallplan ... 236
- 6.2.5 Entwicklungen in Ost- und Westdeutschland im Überblick ... 238
- 6.2.6 Das Jahr 1989 ... 240
- 6.2.7 Probleme und Entwicklungstendenzen in den östlichen Bundesländern ... 242

REFERAT ... 244

7 EUROPA IM WANDEL – DIE EUROPÄISCHE UNION ... 245

7.1 2000 JAHRE EUROPA – EINE BEWEGTE GESCHICHTE ... 246
7.2 DER WEG ZUR EUROPÄISCHEN UNION ... 248
7.3 AUFBAU UND FUNKTION DER EUROPÄISCHEN UNION ... 250
- 7.3.1 Europäische Institutionen und ihre Aufgabe ... 250
- 7.3.2 Die drei Säulen der Europäischen Union ... 252
- 7.3.3 Wir leben und arbeiten im europäischen Binnenmarkt ... 254
- 7.3.4 Ein Beispiel europäischer Zusammenarbeit – die Agrarpolitik ... 256

7.4 EIN STETIG WACHSENDES HAUS – DIE EU-ERWEITERUNG ... 258
7.5 DIE EUROKRISE – FOLGE DER WELTFINANZKRISE ... 260

SZENARIO ... 262

8 MENSCHENRECHTE – FRIEDEN – UMWELT ... 263

8.1 DURCHSETZUNG DER MENSCHENRECHTE ... 264
8.2 FRIEDENSSICHERUNG ... 266
- 8.2.1 Zum Friedensbegriff ... 266
- 8.2.2 Die Bedrohung des Friedens ... 268
- 8.2.3 Terrorismus ... 270
- 8.2.4 Die NATO ... 272
- 8.2.5 Die OSZE ... 274
- 8.2.6 Die UNO – Sicherung des Weltfriedens ... 276
- 8.2.7 Die Bundeswehr ... 278
- 8.2.8 Die Wehrpflicht ... 280
- 8.2.9 Freiwilligendienste ... 282

8.3 ÖKOLOGIE ... 284
- 8.3.1 Umweltprobleme ... 284
- 8.3.2 Ökologie kontra Ökonomie ... 286
- 8.3.3 Ziele und Instrumente der Umweltpolitik ... 288

8.4 EINE WELT? ... 290
- 8.4.1 Zur Situation der Entwicklungsländer ... 290
- 8.4.2 Ursachen der Unterentwicklung ... 292
- 8.4.3 Entwicklungshilfe ... 294

8.5 DIE GLOBALISIERUNG ... 296

DEBATTE/PRO-UND-KONTRA-DISKUSSION ... 298

SACHWORTVERZEICHNIS ... 299

1 BERUFS- UND ARBEITSWELT

2 Berufs- und Arbeitswelt

1.1 ARBEITSRECHT

1.1.1 Die Berufsausbildung

Berufsbildungsgesetz (BBiG) §1
(3) Die Berufsausbildung hat die für die Ausübung einer qualifizierten beruflichen Tätigkeit in einer sich wandelnden Arbeitswelt notwendigen beruflichen Fertigkeiten, Kenntnisse und Fähigkeiten (berufliche Handlungsfähigkeit) in einem geordneten Ausbildungsgang zu vermitteln. Sie hat ferner den Erwerb der erforderlichen Berufserfahrungen zu ermöglichen.

Ein Beispiel zum Schulgesetz:
§17 Begründung und Erfüllung der Schulpflicht (Thüringer Schulgesetz)
(1) Wer in Thüringen seinen Wohnsitz oder gewöhnlichen Aufenthalt hat oder in einem Ausbildungsverhältnis steht, unterliegt der Schulpflicht (Schulpflichtiger). [...] Völkerrechtliche Abkommen und zwischenstaatliche Vereinbarungen bleiben unberührt.
(2) Die Schulpflicht besteht in der Regel für die Dauer von zwölf Jahren und gliedert sich in eine Vollzeitschulpflicht und eine Berufsschulpflicht.

Industrie- und Handelskammer (IHK):
Interessenvertretung der Handel- und Gewerbebetreibenden

Handwerkskammer (HK):
Interessenvertretung für Handwerksmeister, selbstständige Handwerker und handwerkähnliche Betriebe.

Neue Ausbildungsberufe:
siehe Seite 14

Das duale Berufsausbildungssystem
Mit dem Schulabschluss beginnt ein neuer Lebensabschnitt, doch auch hier heißt es lernen. Ob Berufsausbildung oder Studium, jeder muss sich neu orientieren. In der Bundesrepublik wird die Berufsausbildung in Zusammenarbeit von **Ausbildungsbetrieb** und **Berufsschule** organisiert. Dieses Verfahren nennt man d uales System.
Der Betrieb ist für die praktische Vermittlung von Kenntnissen und Fertigkeiten zuständig. Parallel dazu besteht die gesetzliche Pflicht, die Berufsschule zu besuchen.

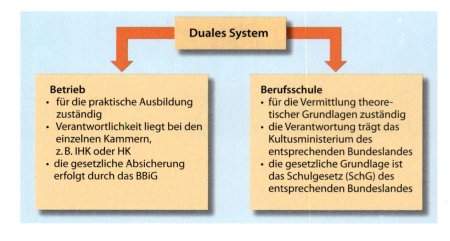

Arbeitsrecht

Sowohl im **Berufsbildungsgesetz** als auch in der **Handwerksordnung (HWO)** wird das duale Berufsbildungssystem geregelt. Die Handwerksordnung ist eine spezielle gesetzliche Regelung im Bereich des Handwerks. Die Ausbildungsordnungen für die staatlich anerkannten Berufe garantieren bundeseinheitliche Ausbildungsinhalte. Das BBiG § 5 sieht folgende Mindestinhalte für eine Ausbildungsordnung vor:

- konkrete Bezeichnung des entsprechenden Ausbildungsberufes
- die genaue Ausbildungsdauer
- die beruflichen Fertigkeiten und Kenntnisse sowie Fähigkeiten, die für das Ausbildungsberufsbild mindestens vermittelt werden müssen
- einen Ausbildungsrahmenplan, der eine sachliche und zeitliche Gliederung aller zu erwerbenden Kenntnisse und Fertigkeiten darstellt
- die Prüfungsanforderungen

Schulabschluss und Lehrberuf
Die fünf am stärksten besetzten Ausbildungsberufe
(Zahl der neu abgeschlossenen Ausbildungsverträge)

mit Hochschulreife
- Industriekaufmann/-frau 9 500
- Bankkaufmann/-frau 7 515
- Groß- und Außenhandelskaufmann/-frau 5 359
- Bürokaufmann/-frau 5 268
- Fachinformatiker/-in 4 114

mit Realschulabschluss
- Einzelhandelskaufmann/-frau 13 758
- Bürokaufmann/-frau 10 661
- Kfz-Mechatroniker/-in 9 628
- Arzthelfer/-in 9 319
- Industriemechaniker/-in 8 407

mit Hauptschulabschluss
- Verkäufer/-in 10 493
- Einzelhandelskaufmann/-frau 10 293
- Friseur/-in 8 280
- Fachverkäufer/-in* 8 145
- Koch/Köchin 8 099

ohne Hauptschulabschluss
- Hauswirtschaftshelfer/-in 821
- Maler/-in u. Lackierer/-in 742
- Gartenbauwerker/-in 557
- Friseur/-in 516
- Bau- u. Metallmaler/-in 418

*Nahrungsmittelhandwerk   Quelle: Berufsbildungsbericht   © Globus 1349

Wissen, was man will

Viele der in der Bundesrepublik anerkannten Ausbildungsberufe können einem größeren Bereich zugeordnet werden. Man spricht hier auch von **Berufsfeldern**, wie z. B.:

Textiltechnik und Bekleidung · Holztechnik · Agrarwirtschaft · Wirtschaft und Verwaltung · Gesundheit · Körperpflege · Ernährung und Hauswirtschaft · Metalltechnik · Fahrzeugtechnik · Elektrotechnik · Bautechnik · Druck- und Medientechnik · Chemie, Physik und Biologie · Farbtechnik und Raumgestaltung · Gartenbau und Floristik · Medizinisch-technische und krankenpflegerische Berufe

*Die **HWO** trat am 24.9.1953 in Kraft. Sie beinhaltet wichtige Bestimmungen über die Berufsausbildung im Handwerk.*
So sind zwischen 1996 und 2011 mehr als 123 Berufe neu geschaffen bzw. neu geordnet worden (siehe Seite 14).

Hinweis:
In den Berufsinformationszentren (BIZ) der Bundesagentur für Arbeit können sich Jugendliche und Erwachsene über alle Fragen der Berufswahl informieren.
Siehe hierzu im Internet auch:
www.arbeitsagentur.de

Hinweis:
*Heutzutage wird statt von Berufsfeldern immer mehr von **Berufsgruppen** gesprochen, in denen zukünftig Berufe mit gleichartigen Kompetenzen gebündelt werden sollen.*

Aufgaben

1. Nennen Sie die wichtigsten Vor- und Nachteile, die das duale Berufsausbildungssystem für Ihre Berufsausbildung bietet.
2. a) Ordnen Sie Ihren Beruf in das entsprechende übergeordnete Berufsfeld ein.
   b) Tragen Sie zusammen, welche Berufe zu Ihrem Berufsfeld gehören, und listen Sie diese und die entsprechend dazugehörende Fachrichtung auf.
3. a) Beurteilen Sie die Aussagen der Jugendlichen am Anfang des Kapitels. Wer von beiden hat Ihrer Meinung nach Recht?
   b) Erläutern Sie, warum ein Beruf die wirtschaftliche Grundlage für das weitere Leben ist.
   (Weitere Informationen finden Sie in Abschnitt 3.2.1.)

Einfluss der einzelnen Bundesländer auf die schulische und berufliche Bildung durch:
- Lehrplanverordnungen
- Förderung bestimmter Schulformen
- Schaffung bestimmter schulischer Ausbildungszweige und -wege
- Gestaltung des Schul- und Ausbildungssystems

Die Bildungspolitik unterliegt der Länderhoheit (siehe Abschnitt 5.2.4). Sie umfasst alle Maßnahmen zur Gestaltung und Entwicklung des Bildungswesens.

Hinweis:
Durch die schwankende Konjunktur und die erforderliche Annäherung an EU-Regelungen zu den Dienstleistungs- und Niederlassungsfreiheiten steht auch das Handwerk vor Reformen. So gilt der Meisterzwang als Voraussetzung für eine Selbstständigkeit im Handwerk nur noch für so genannte gefahrengeneigte Handwerke (z. B. Dachdecker, Kraftfahrzeugmechatroniker, Elektrotechniker), Nahrungsmittelhandwerker (z. B. Bäcker) und große Ausbildungshandwerke (z. B. Friseur). Damit gilt der Meisterzwang nur noch in 41 Handwerksberufen.
Nach einer Entscheidung des Bundesverfassungsgerichts vom Dezember 2005 bestehen sogar Zweifel an der Rechtmäßigkeit des Meisterzwangs schlechthin. Allerdings können sich auch Altgesellen nach sechs Jahren im Beruf selbstständig machen. Auch dürfen einfache Teiltätigkeiten, die in zwei bis drei Monaten erlernbar sind, ohne Gesellenbrief ausgeübt werden.

Qualifikation, Mobilität und Beschäftigung:
siehe Abschnitt 1.1.7

Berufs- und Arbeitswelt

1.1.2 Qualifikation und Weiterbildung

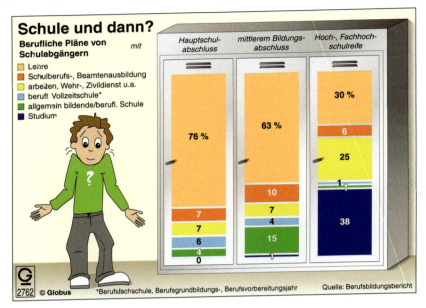

In einer schnelllebigen Zeit, in der sich auf dem Gebiet der Technik und somit auf dem Arbeitsmarkt ständig Veränderungen abzeichnen, hört das Lernen nie auf. Die Bildungspolitik versucht, auf diese Erscheinung flexibel zu reagieren. So haben die einzelnen Bundesländer unterschiedliche Möglichkeiten, auf die schulische wie auch auf die berufliche Bildung Einfluss zu nehmen. Dabei kommt der beruflichen Bildung eine besondere Rolle zu. Mit mehr als 340 anerkannten Ausbildungsberufen wird der Grundstein für den Eintritt in die Arbeitswelt geschaffen. Gleichzeitig garantiert eine gute Ausbildung für qualifizierte Arbeitskräfte Chancen auf dem Arbeitsmarkt, was andererseits auch von großem wirtschaftlichen Interesse für die Unternehmen ist. Ein Mangel an gut ausgebildeten jungen Leuten kann in der Wirtschaft zu Engpässen führen und das Wachstum und die Entwicklung ganzer Wirtschaftszweige behindern. Hier soll das ab dem 1. April 2005 in Kraft getretene neue, reformierte Berufsbildungsgesetz Abhilfe schaffen. Ziel ist es, Bildungswege zukünftig durchlässiger zu gestalten und durch eine Verknüpfung der Lernorte sowohl Qualität und Quantität zu steigern wie auch zeitlich den Ausbildungsverlauf effizienter zu gestalten.

Zusatzqualifikationen

Eine wichtige Rolle spielt aber auch die Fort- und Weiterbildung im beruflichen Bereich. Sie ist nicht nur im Rahmen der beruflichen Weiterentwicklung von besonderer Bedeutung, sondern kann gleichzeitig auch der persönlichen Weiterentwicklung und Entfaltung dienen.
Fähigkeiten und Kenntnisse der beruflichen Fortbildung, die über die regulären Inhalte der Berufsausbildung hinausgehen, werden als Zusatzqualifikationen bezeichnet. Sie können bereits während der Ausbildung erworben werden und erweisen sich zumeist als Vorteilhaft bei der Bewerbung um einen Arbeitsplatz. Welche Zusatzqualifikationen im Einzelnen sinnvoll sind, hängt dabei vom

Arbeitsrecht

Durch einen Vertrag ergeben sich für beide Seiten Rechte und Pflichten:

Rechte des Auszubildenden = Pflichten des Ausbildenden	Rechte des Ausbildenden = Pflichten des Auszubildenden
■ **Ausbildungspflicht,** d. h. Vermittlung aller nötigen Kenntnisse und Fertigkeiten durch den Ausbilder selbst oder eine von ihm ausdrücklich beauftragte Person. Daher dürfen dem Auszubildenden auch nur den Ausbildungszweck dienende Aufgaben oder solche, die Teil des Betriebsalltages sind, übertragen werden. Dies sind z. B. Arbeiten, die mit der Sauberkeit und der Pflege der Gegenstände des Arbeitsplatzes zu tun haben. Auch Aufträge, die dem Gemeinwohl der Abteilung dienen (z. B. Kaffee kochen), gehören dazu, sofern sie nicht überhandnehmen. ■ **Kostenlose Bereitstellung von Arbeitsmitteln,** d. h. insbesondere Werkstoffe und Werkzeuge. Arbeits- und Sicherheitsbekleidung gehören in der Regel nicht dazu. ■ **Freistellung für den Berufsschulunterricht,** für Zwischen – und Abschlussprüfungen sowie ggf. für die ärztliche Untersuchung gemäß §§ 32, 33 des Jugendarbeitsschutzgesetzes. ■ **Sorgepflicht,** d. h., der Auszubildende darf durch die übertragenen Aufgaben weder körperlich noch sittlich gefährdet werden. Verboten sind z. B. Akkord- oder Fließbandarbeit. ■ **Vergütungspflicht,** d. h., die Vergütung muss mindestens jährlich ansteigen und spätestens am letzten Arbeitstag des Monats gezahlt werden.	■ **Lernpflicht,** d. h., alle übertragenen Aufgaben sorgfältig auszuführen. ■ **Befolgung von Weisungen** des Ausbilders und anderer weisungsberechtigter Mitarbeiter. ■ **Besuch der Berufsschule** und Teilnahme an Prüfungen und sonstigen Veranstaltungen, für die er vom Betrieb freigestellt wurde. ■ **Ordnungsgemäßes Führen des Berichtsheftes** ■ **Einhaltung der Betriebsordnung** ■ **Sorgfaltspflicht,** d. h. der pflegliche Umgang mit Werkzeugen, Maschinen und Einrichtungen. ■ **Schweigepflicht,** d. h. Stillschweigen über Betriebs- und Geschäftsgeheimnisse. ■ **Benachrichtigungspflicht bei Fernbleiben** von der betrieblichen Ausbildung, dem Berufsschulunterricht oder sonstigen betrieblichen oder ausbildungsbedingten Veranstaltungen.

Während der Probezeit können beide Vertragspartner den Ausbildungsvertrag fristlos und ohne Angabe von Gründen kündigen. Danach ist eine Kündigung nur schriftlich und mit Angabe des Kündigungsgrundes möglich,

- ■ wenn ein gewichtiger Grund vorliegt (d. h. grobe Verstöße gegen die Rechte und Pflichten). In diesem Fall erfolgt sie fristlos und ggf. kann von der geschädigten Seite ein Schadenersatz verlangt werden.
- ■ durch den Auszubildenden, wenn er die Berufsausbildung aufgegeben oder einen anderen Beruf erlernen möchte. Hier muss eine vierwöchige Kündigungsfrist eingehalten werden.

Besteht der Auszubildende seine Abschlussprüfung nicht, kann er eine Verlängerung des Berufsausbildungsverhältnisses bis zur nächsten möglichen Wiederholungsprüfung verlangen. Nach bestandener Abschlussprüfung endet das Ausbildungsverhältnis automatisch mit der Bekanntgabe des Bestehens der Prüfung, auch wenn im Berufsausbildungsvertrag ein späteres Datum als Ausbildungsende eingetragen wurde.

In den letzten drei Monaten der Berufsausbildung kann eine Weiterbeschäftigung vereinbart und damit ein Arbeitsvertrag geschlossen werden. Auch wenn der Auszubildende nach seiner Prüfung weiterbeschäftigt wird, ohne dass ausdrücklich eine Vereinbarung darüber getroffen wurde, gilt dies als Arbeitsvertrag.

Hinweis:
Bei Streitigkeiten bezüglich des Berufsausbildungsverhältnisses muss zunächst der dafür zuständige Ausschuss der Kammer bzw. Innung angerufen werden. Erst wenn der vom Ausschuss gefällte Spruch von den Parteien nicht anerkannt wird, kann innerhalb von zwei Wochen eine Klage beim Arbeitsgericht eingereicht werden.

Auszubildende, die befürchten müssen, das Ausbildungsziel nicht zu erreichen, können **„ausbildungsbegleitende Hilfen"** *(abH) in Anspruch nehmen. Sie sind sowohl für den Auszubildenden als auch für den Ausbildungsbetrieb kostenfrei. Wenden Sie sich an den Berufsberater Ihrer Arbeitsagentur.*

Aufgaben

1. Lesen Sie die Aussagen der Lehrlinge am Anfang der Seite durch. Nehmen Sie jeweils dazu Stellung: Ist der jeweilige Auszubildende mit seiner Kritik im Recht? Begründen Sie Ihre Meinung.

2. In der Regel werden für die Berufsausbildungsverträge Vertragsformulare verwendet. Erklären Sie, warum Probezeit, Vergütung und Urlaubstage nicht vorformuliert sind, sondern erst eingetragen werden.

> *Toller Nebenjob, monatlich 450,- bis 897,- EUR bei nur 8 Stunden wöchentlich, freie Zeiteinteilung, leichte kaufmännische Tätigkeit, verschiedene Einsatzmöglichkeiten. Minimale Gebühr von 87,- EUR für Arbeitsunterlagen.*
> *Tel.: 5432199*

Sie suchen den Erfolg?
Wir bieten Ihnen die Chance!
Treidelrad ist Hersteller von Schalung und Bewehrung sowie Zubehör.
Unsere Kunden sind Bauunternehmen für Hoch- und Tiefbau, Brücken- und Tunnelbau sowie Fertigteilwerke.
Für den Großraum
Hamburg, Schleswig-Holstein und Mecklenburg-Vorpommern suchen wir einen
vertriebsorientierten Baufachmann m/w
oder einen
erfahrenen Außendienstmitarbeiter.

Bewerben Sie sich mit den üblichen Unterlagen, Handschriftprobe, Foto unter Angabe Ihrer Gehaltsvorstellung.

Treidelrad Bauprodukte
GmbH
Friesengasse 21
20456 Neumünster

Tel. 8887-0
Fax 8887-15

AGG: Das Allgemeine Gleichbehandlungsgesetz (auch Antidiskriminierungsgesetz) wurde 2006 vom Bundestag beschlossen.

1.1.4 Entstehung und Inhalt eines Arbeitsvertrags

Ist die Abschlussprüfung erst einmal geschafft, beginnt für die meisten die Suche nach einem Arbeitsplatz. Die Mehrzahl der Bewerber weiß, dass für den Inhalt eines Arbeitsvertrages, für das Arbeitsleben selbst und für die Kündigung gesetzliche Regelungen bestehen. Aber bereits bei der Anbahnung eines Arbeitsvertrages gilt es, entsprechende Regelungen zu beachten.

Bei der Einstellung muss das Prinzip der Wahrheit und Klarheit beachtet werden. Für den Arbeitgeber bedeutet dies, dass er den Bewerber wahrheitsgemäß über die Anforderungen der Stelle unterrichten muss. Der Bewerber hingegen hat alle Fragen, die für die zukünftige Arbeit von Bedeutung sind, ehrlich und richtig zu beantworten. Falsche Angaben, egal von welcher Seite, bilden einen Anfechtungs- und damit einen Kündigungsgrund. Aber nicht alle Fragen sind für die spätere Arbeit von Bedeutung und daher im Bewerbungsgespräch zulässig:

zulässige Fragen	unzulässige Fragen
■ nach beruflichen Kenntnissen, Erfahrungen, Prüfungsergebnissen ■ nach schweren oder chronischen Erkrankungen im letzten Jahr ■ nach Schwerbehinderteneigenschaften ■ nach der Höhe des bisherigen Gehaltes ■ nach der Ableistung des Wehrdienstes ■ nach Umständen, die die Erfüllung der Arbeit fraglich machen oder verhindern (z. B. nach laufendem Verkehrsprozess bei Kraftfahrern, nach Vorstrafen, die eine Ausbildertätigkeit unmöglich machen)	■ nach Heiratsabsichten und Familienplanung ■ nach dem Gesundheitszustand, wenn er für die zukünftige Arbeit unwichtig ist ■ nach der Gewerkschaftszugehörigkeit ■ nach Religion oder Parteizugehörigkeit (außer „Tendenzbetriebe", wie z. B. Kirchen oder Parteien) ■ nach bestehender Schwangerschaft, außer wenn dies die Erfüllung der Arbeit verhindert (Verbot für Schwangere z. B. von Nachtarbeit, Arbeit mit fruchtschädigenden Chemikalien oder Strahlungen, Arbeit mit Tieren

Man muss keine ungünstigen Umstände offenbaren, wenn nicht nach ihnen gefragt wird, es sei denn, sie machen eine Ausübung der Arbeit fraglich.
Für einen Abschluss eines Arbeitsvertrages kann ein Arbeitgeber unter den Bewerbern grundsätzlich frei wählen. Zum Schutz der Arbeitnehmer bestehen aber einige gesetzliche Einschränkungen:

■ **Diskriminierungsverbot:** Das AGG regelt, dass bei gleicher Qualifikation weder Geschlecht noch ethnische Herkunft, Religion, Weltanschauung, Behinderung, Alter oder sexuelle Identität ein Ablehnungsgrund sein darf. Eine Ausnahme bildet die sogenannte „Kirchenklausel", die den Kirchen erlaubt, Arbeitnehmer, deren Aufgaben unmittelbar mit dem Glauben zusammenhängen, nach Religionszugehörigkeit auszuwählen.

■ **Zustimmungspflicht der Erziehungsberechtigten** bei nicht voll geschäftsfähigen Personen.

■ **Zustimmungspflicht des Betriebsrates,** sofern im Betrieb vorhanden.

■ **Abschlussgebot** zur Erfüllung der gesetzlich vorgeschriebenen Schwerbehindertenquote.

Arbeitsrecht

Nach dem so genannten „Artikelgesetz" (EU-Recht) muss ein Arbeitsvertrag schriftlich abgeschlossen werden. Zwar kann er zunächst mündlich vereinbart und die Arbeit dann auch entlohnungspflichtig aufgenommen werden. Der Arbeitgeber ist jedoch gemäß dem Nachweisgesetz verpflichtet, die wesentlichen Vertragsbedingungen innerhalb eines Monats nach Arbeitsbeginn schriftlich nachzureichen.

Der Vertragsinhalt selbst ist frei verhandelbar. Es gelten aber Rahmenlinien und Mindestbestimmungen, die in einer Vielzahl arbeitsrechtlicher Gesetze und – gegebenenfalls – tarifrechtlicher Bestimmungen festgelegt sind. Natürlich sind gesetz- oder sittenwidrige Inhalte grundsätzlich ungültig. Aber auch Inhalte, die eigentlich rechtens sind, können ungültig werden, wenn sie durch das Rang- oder Günstigkeitsprinzip entkräftet werden (vergleiche hierzu Seite 21). Es werden dann allerdings nur die entsprechenden Teile des Arbeitsvertrages ungültig. Alle anderen Abschnitte gelten unverändert!

Durch den Abschluss eines Arbeitsvertrages ergeben sich für beide Vertragspartner Pflichten und Rechte:

Hauptpflichten des Arbeitnehmers	Hauptpflichten des Arbeitgebers
Arbeitspflicht: Der Arbeitnehmer muss persönlich, pünktlich und am vereinbarten Arbeitsort seine Arbeitskraft zur Verfügung stellen.	**Lohnzahlungspflicht:** Der Arbeitgeber muss den Arbeitnehmer vertragsgemäß entlohnen, auch im Fall der Erkrankung (Entgeltfortzahlung).
Weisungsgebundenheit: Der Arbeitnehmer ist verpflichtet, den Forderungen des Arbeitgebers bzw. der Weisungsberechtigten im Rahmen seiner beruflichen Tätigkeit nachzukommen.	**Beschäftigungspflicht:** Der Arbeitnehmer ist mit den vertraglich vereinbarten Arbeiten zu beschäftigen.
Treuepflicht: Der Arbeitnehmer muss im Interesse des Betriebes handeln. Er hat alles zu unterlassen, was dem Betrieb schadet, z. B. Abwerbung von Kunden, Schwarzarbeit, üble Nachrede, Weitergabe von Betriebsgeheimnissen. Wettbewerbsverbot und Schweigepflicht können sogar noch nach Ende des Arbeitsverhältnisses bestehen.	**Fürsorgepflicht:** Der Arbeitgeber muss die Sozialabgaben und Versicherungen zahlen, Unfallverhütungsvorschriften beachten, Urlaub gewähren, die Gleichbehandlung gewährleisten, Zeugnisse ausstellen, den betrieblichen Datenschautz gewährleisten usw.

Die Kündigung eines unbefristeten Arbeitsvertrages ist nur nach den Vorgaben des Kündigungsschutzes möglich (vergleiche hierzu Abschnitt 1.1.6).

*Eine **Ausnahme** von der Zustimmungspflicht der Erziehungsberechtigten ist nach § 113 BGB möglich, wenn der gesetzliche Vertreter den beschränkt Geschäftsfähigen ermächtigt, rechtsgültige Arbeitsverträge abzuschließen.*

*Laut **Nachweisgesetz** (NachwG) müssen folgende Punkte schriftlich fixiert werden:*
- *Name und Anschrift der Vertragspartner*
- *Beginn des Arbeitsverhältnisses sowie Ende, falls eine Befristung besteht*
- *den Arbeitsort oder einen Hinweis auf unterschiedliche Arbeitsorte*
- *Bezeichnung der Tätigkeit*
- *Höhe der Entlohnung*
- *wöchentliche bzw. monatliche Arbeitszeit*
- *jährlicher Urlaubsanspruch*
- *Kündigungsbedingungen*
- *allgemeine Hinweise zu bestehenden Tarifverträgen*

Der Inhalt der Arbeitsverträge orientiert sich an folgenden Gesetzen:
***ArbZG:** Arbeitszeitgesetz*
***BUrlG:** Bundesurlaubsgesetz*
***JArbSchG:** Jugendarbeitsschutzgesetz*
***MuSchG:** Mutterschutzgesetz*
***NachwG:** Nachweisgesetz*

Aufgaben

1. *Lesen Sie die beiden Stellenausschreibungen durch. Auf welche würden Sie sich eher bewerben? Begründen Sie Ihre Meinung.*
2. *Erklären Sie, welche Art von Fragen von einem Bewerber nicht wahrheitsgemäß beantwortet werden müssen. Warum ist in solchen Fällen eine Lüge Ihrer Meinung nach ausdrücklich erlaubt?*
3. *Erläutern Sie, inwieweit Sie eine so genannte Kirchenklausel für sinnvoll halten.*
4. *Formulieren Sie einen Arbeitsvertrag, der den Vorgaben des Nachweisgesetzes entspricht. Welche Punkte sollten Ihrer Meinung nach noch in dem Arbeitsvertrag festgelegt werden?*

Berufs- und Arbeitswelt

1.1.5 Regelung der Arbeitszeit und des Urlaubs

*Für **schwangere Frauen** gelten besondere Arbeitszeitregelungen. Sie sind im Mutterschutzgesetz geregelt.*

*Auch die Beschäftigung von **Schwerbehinderten** unterliegt zusätzlichen Bestimmungen.*

§4 ArbZG (Ruhepausen):
Die Arbeit ist durch im Voraus feststehende Ruhepausen von mindestens 30 Minuten bei einer Arbeitszeit von mehr als sechs bis zu neun Stunden und 45 Minuten bei einer Arbeitszeit von mehr als neun Stunden insgesamt zu unterbrechen. Die Ruhepausen nach Satz 1 können in Zeitabschnitte von jeweils mindestens 15 Minuten aufgeteilt werden. Länger als sechs Stunden hintereinander dürfen Arbeitnehmer nicht ohne Ruhepause beschäftigt werden.

§5 ArbZG (Ruhezeit):
(1) Die Arbeitnehmer müssen nach Beendigung der täglichen Arbeitszeit eine ununterbrochene Ruhezeit von mindestens elf Stunden haben.

(2) Die Dauer der Ruhezeit des Absatzes 1 kann in Krankenhäusern und anderen Einrichtungen zur Behandlung, Pflege und Betreuung von Personen, in Gaststätten und anderen Einrichtungen zur Bewirtung und Beherbergung, in Verkehrsbetrieben, beim Rundfunk sowie in der Landwirtschaft und in der Tierhaltung um bis zu eine Stunde verkürzt werden, wenn jede Verkürzung der Ruhezeit innerhalb eines Kalendermonats oder innerhalb von vier Wochen durch Verlängerung einer anderen Ruhezeit auf mindestens zwölf Stunden ausgeglichen wird.

Die **Arbeitszeit** ist definiert als die Zeit vom Beginn bis Ende der Arbeit ohne die Ruhepausen. Die Rahmenbedingungen der maximal erlaubten Arbeitszeit werden für alle Arbeitnehmer über 18 Jahren durch das **Arbeitszeitgesetz (ArbZG)** und darauf aufbauende Tarifverträge oder Einzelvereinbarungen geregelt. Für die Ausbildung und Beschäftigung von Jugendlichen – also Personen unter 18 Jahren – gilt hingegen das Jugendarbeitsschutzgesetz (siehe Abschnitt 1.3.3).

Durch das Arbeitszeitgesetz sollen
- die Sicherheit und Gesundheit der Arbeitnehmer bei der Arbeitszeitgestaltung gewährleistet,
- der Sonntag und die staatlich anerkannten Feiertage geschützt sowie
- die Rahmenbedingungen für flexiblere Arbeitszeiten verbessert werden.

So schreibt § 3 des ArbZG vor, dass die werktägliche Arbeitszeit der Arbeitnehmer acht Stunden nicht überschreiten darf. Sie kann allerdings auf bis zu zehn Stunden nur verlängert werden, wenn innerhalb von sechs Kalendermonaten oder innerhalb von 24 Wochen im Durchschnitt acht Stunden werktäglich nicht überschritten werden.
Auch Ruhepausen während der Arbeitszeit sowie die Ruhezeit nach der Arbeit werden über das ArbZG geregelt (siehe §4 und §5 in der Randspalte).

Ebenso ist die Arbeit an Sonn- und Feiertagen gesetzlich geregelt. Im Allgemeinen dürfen Arbeitnehmerinnen und Arbeitnehmer an diesen Tagen nicht beschäftigt werden. Auch hier gelten Ausnahmeregelungen für bestimmte Berufszweige, wie zum Beispiel diejenigen in § 5 Absatz 2 des ArbZG genannten.

Flexibilisierung der Arbeitszeit
Der Wandel in der Gesellschaft wie auch der globalen Wirtschaftsverhältnisse hat in den letzten Jahren zu einer flexibleren Gestaltung der Arbeitszeit geführt. Dies zeigt sich besonders in der allgemein wahrnehmbaren Öffnung der traditionellen

Arbeitsrecht

Arbeitszeitstrukturen im Handel oder im Dienstleistungsbereich. Die Diskussion um die Flexibilisierung der Arbeitszeit und damit ein Abweichen von der Regelarbeitszeit umfasst unter anderem Arbeitszeitmodelle, von denen die folgenden Beispiele mehr oder weniger an Bedeutung gewinnen:

- **Arbeitszeitkonten:** Tatsächlich geleistete Arbeit wird mit der arbeitsvertraglich oder tarifvertraglich zu leistenden Arbeitszeit verrechnet.
- **Arbeitsplatzteilung:** Zwei oder mehr Arbeitnehmer teilen als Gemeinschaft mindestens einen Arbeitsplatz unter sich auf.
- **modulare Arbeitszeit:** Die Arbeitszeit wird in Zeitblöcke (Module) zusammengefasst, die von den Arbeitnehmern selbstständig untereinander aufgeteilt werden. Dabei müssen Vorgaben des Arbeitgebers eingehalten werden.
- **Gleitzeit:** Die Gleitzeitregelung legt im Regelfall eine sogenannte Kernzeit fest (etwa 09:00 – 15:00 Uhr), in der grundsätzlich alle Mitarbeiter anwesend sein müssen.
- **Arbeit auf Abruf:** Die Dauer der Arbeitszeit innerhalb eines bestimmten Zeitraums liegt nicht fest. Ein Arbeitsvertrag regelt im Wesentlichen nur die Höhe des Entgeltes pro geleistete Stunde.
- **Teilzeitarbeit:** Eine Arbeitsleistung wird in einer kürzeren Arbeitszeit erbracht, als sie von vergleichbaren vollzeitbeschäftigten Arbeitnehmern geleistet wird.

Urlaub

Der Erholungsurlaub dient in erster Linie der Erhaltung und der Wiederherstellung der Arbeitskraft der Arbeitnehmer. Urlaubszeiten werden über das Bundesurlaubsgesetz (BUrlG) geregelt, das einen Mindestanspruch von 24 Werktagen pro Jahr vorsieht. Oft enthalten aber Tarif- oder Arbeitsverträge Regelungen, die für den Arbeitnehmer günstiger als die gesetzliche Mindesturlaubsregelung ausfallen. Der Zeitpunkt des Urlaubs muss jedoch grundsätzlich vom Arbeitgeber genehmigt werden.

Auch muss der gesetzliche Mindesturlaub als Freizeit genommen werden und darf nicht ausbezahlt werden (§ 8 BUrlG). Eine Ausnahme besteht dann, wenn ein Arbeitsverhältnis beendet wird, aber kein Urlaub mehr gewährt werden kann.

Während des Urlaubs hat ein Arbeitnehmer das Anrecht auf das durchschnittliche Gehalt (ohne Überstundenvergütung) des letzten Vierteljahres. In verschiedenen Tarifbereichen wird zusätzlich zur Lohnfortzahlung ein Urlaubsgeld bezahlt.

Hinweis:
Die Dauer des Urlaubs kann in Werktagen oder in Arbeitstagen ausgedrückt werden (siehe auch Abschnitt 1.2.1).
Werktage sind alle Tage, außer Sonntage und Feiertage, von Montag bis Samstag (6-Tage-Woche).
Wird der Urlaub in Werktagen bemessen, dann wird die Urlaubswoche mit 6 Tagen auf den Jahresurlaub angerechnet, auch dann, wenn tatsächlich nur an 5 Tagen in der Woche gearbeitet wird.
Arbeitstage sind die Wochentage von Montag bis Freitag (5-Tage-Woche) außer Feiertage, die auf einen Wochentag von Montag bis Freitag fallen. Die Urlaubswoche wird mit 5 Tagen angerechnet.

Hinweis:
Für Jugendliche gelten in Bezug auf den Urlaub die Bestimmungen des Jugendschutzgesetzes (siehe Abschnitt 1.3.3).

Für Auszubildende gilt zusätzlich, dass ihnen der Urlaub vom Arbeitgeber innerhalb der Schulferien gewährt werden muss.

Für Schwerbehinderte gelten Sonderregelungen. Sie haben einen Anspruch auf Zusatzurlaub.

Aufgaben

1. Erläutern Sie, ob die in der Eingangsgrafik aufgeführten Wünsche mit den grundlegenden Bestimmungen des BUrlG verträglich sind.
2. Fassen Sie die wichtigsten Bestimmungen des Arbeitsgesetzes stichpunktartig zusammen.
3. In welchen Bereichen der Wirtschaft gestattet das Arbeitszeitgesetz die Sonn- und Feiertagsarbeit? Finden Sie zusätzliche Beispiele.

Berufs- und Arbeitswelt

1.1.6 Kündigungsschutz

Die Kündigung ist eine einseitige empfangsbedürftige Willenserklärung.

> Frau Weiss ist 33 Jahre alt und arbeitet als Bauzeichnerin in einem großen Architektenbüro.
>
> Da sie seit acht Jahren diese Tätigkeit ausübt, kennt sie sich gut aus.
>
> Als ein neuer Chef die Abteilung im Juli übernimmt, wird Frau Weiss fristlos gekündigt.

Gesetzliche Kündigungsfristen:

Beschäftigungsdauer	Kündigungsfrist	
Probezeit (maximal 6 Monate)	2 Wochen	
bis 2 Jahre	4 Wochen zum 15. oder zum Monatsende	
2 bis 4 Jahre	1 Monat	
5 bis 7 Jahre	2 Monate	Zum Monatsende
8 bis 9 Jahre	3 Monate	
10 bis 11 Jahre	4 Monate	
12 bis 14 Jahre	5 Monate	
15 bis 19 Jahre	6 Monate	
20 und mehr Jahre	7 Monate	

Eine fristlose Kündigung ist von beiden Seiten möglich, wenn wichtige Gründe vorliegen (z. B. Diebstahl, vorsätzliche Sachbeschädigung, Ausbleiben der Lohnzahlungen).

Abmahnung: In der Regel handelt es sich um eine erzieherische Maßnahme, die vor einer Kündigung erfolgt. Ihre Rechtswirkung ist zeitlich begrenzt: Abmahnungen, die länger als ein Jahr zurückliegen, sind in der Regel gegenstandslos.

Damit eine einseitige Beendigung eines Arbeitsverhältnisses durch den Arbeitgeber ohne ausreichenden Grund nicht möglich ist, hat der Gesetzgeber eine Reihe von Vorschriften erlassen, die eine Kündigung regeln.

So gelten für alle Arbeitnehmer gesetzliche Kündigungsfristen. Sie sind nach der Zeit der Betriebszugehörigkeit gestaffelt. Auch die Regeln der Kündigungsschutzklage vor dem Arbeitsgericht (vergleiche Abschnitt 1.1.9) gelten für alle Arbeitnehmer gleichermaßen.

Der allgemeine und der besondere Kündigungsschutz dagegen besitzen erst ab einer bestimmten Betriebsgröße Gültigkeit. Seit 2004 gilt das Kündigungsschutzgesetz (KSchG) für Mitarbeiter in Betrieben mit mehr als 10 Mitarbeitern. In den sogenannten Kleinstbetrieben mit 10 oder weniger Mitarbeitern beträgt die Kündigungsfrist dagegen unabhängig von der Beschäftigungsdauer vier Wochen zum 15. oder zum Monatsende.

Bei der Berechnung der Betriebsgröße zählt jedoch nicht jeder Beschäftigte als Arbeitnehmer im Sinne des KSchG. Auszubildende und Umschüler werden bei der Berechnung nicht berücksichtigt. Weiterhin dürfen bis zu fünf befristet angestellte Mitarbeiter unberücksichtigt bleiben, und Teilzeitbeschäftigte werden nur anteilig berücksichtigt. So können dann in einem Betrieb weitaus mehr als 11 Arbeitnehmer beschäftigt sein, ohne dass ein solcher Betrieb unter das KSchG fällt.

Gründe für eine fristgerechte Kündigung können sein:

in der Person	im Verhalten	durch betriebliche Erfordernisse
■ unzureichende Arbeitsleistung ■ Krankheit ■ unzureichende Belastbarkeit	■ Mobbing oder ähnliche Betriebsstörungen ■ Straftaten	■ schlechte Auftragslage ■ Betriebsänderungen

Arbeitsrecht   13

Betrieblich bedingte Kündigungen müssen nach dem KSchG sozial gerecht-
fertigt sein. Berücksichtigt werden müssen dabei:
- Lebensalter
- Unterhaltspflichten
- Dauer der Betriebszugehörigkeit
- Schwerbehinderung des Arbeitnehmers

Arbeitnehmer können jedoch von der Sozialauswahl ausgenommen werden,
wenn ihre Weiterbeschäftigung aufgrund ihrer Kenntnisse oder Leistungen (Leis-
tungsträger) oder auch aufgrund einer ausgewogenen Personalstruktur im betrieblichen Interesse liegt. Bei einer betriebsbedingten Kündigung kann der Arbeitgeber eine Abfindung anbieten. Dann hat der Arbeitnehmer einen Anspruch
auf die Abfindung (0,5 Monatsverdienste für jedes Jahr der Betriebszugehörigkeit), sofern er keine Klage erhebt. Arbeitnehmer, denen keine Abfindung angeboten wird, können versuchen, eine Abfindung durch eine Klage zu erhalten.
Einige Personengruppen, die aus unterschiedlichen Gründen besonders vor
einer Kündigung geschützt werden sollen, unterliegen dem besonderen Kündigungsschutz:

> **§ 4 Kündigungsschutzgesetz (KSchG) (Anrufung des Arbeitsgerichtes):**
> *Will ein Arbeitnehmer geltend machen, dass eine Kündigung sozial ungerechtfertigt oder aus anderen Gründen rechtsunwirksam ist, so muss er innerhalb von drei Wochen nach Zugang der schriftlichen Kündigung Klage beim Arbeitsgericht auf Feststellung erheben, dass das Arbeitsverhältnis durch die Kündigung nicht aufgelöst ist.*

Personengruppen	Ordentliche Kündigung	Fristlose Kündigung	Besonderheiten
Auszubildende	nach Ablauf der Probezeit aus wichtigem Grund	während der Probezeit möglich	
Werdende und stillende Mütter sowie Erziehungsberechtigte in der Elternzeit	während der Schwangerschaft und bis zum Ablauf von vier Monaten nach der Entbindung sowie ab Antrag (maximal jedoch 8 Wochen vor Beginn) und während der Elternzeit unzulässig	generell unzulässig (bei groben Verstößen darf der Arbeitgeber nur die Annahme des Arbeitsangebots verweigern, mit der Folge des Lohnentzugs)	Mutter und Vater können bis zum Ende des dritten Lebensjahres gemeinsam oder jeweils eine Elternzeit in Anspruch nehmen. (Zu den einzelnen Regelungen siehe Abschnitt 1.3.4)
Wehr- und Zivildienst leistende	ist grundsätzlich nicht möglich; Ausnahme: dringende betriebliche Erfordernisse	nur in Ausnahmefällen möglich	Kündigung ist 2 Monate vor Beendigung in Ausnahmefällen möglich
Schwerbehinderte (mindestens 50 % Behinderung)	nur mit Zustimmung des zuständigen Integrationsamts; eine Kündigung muss vom Arbeitgeber schriftlich beantragt werden		während der Probezeit von maximal 6 Monaten besteht kein Kündigungsschutz
	Mindestfrist: 4 Wochen nach Antrag	Mindestfrist: 2 Wochen nach Antrag	
Jugendvertreter und Betriebsratsmitglieder	allgemein unzulässig	nur mit Zustimmung des Betriebsrates; lehnt dieser ab, dann nur durch das Arbeitsgericht	nach Beendigung der Amtszeit ein weiteres Jahr Kündigungsschutz

Aufgaben

1. Erläutern Sie, ob Frau Weiss die Kündigung im Einstiegstext widerspruchslos hinnehmen muss.
2. Welche Möglichkeiten hat ein Arbeitnehmer im Falle einer sozial ungerechtfertigten Kündigung?
3. Vergleichen Sie die Kündigungsschutzbedingungen innerhalb eines Betriebes mit 5 bis 10 Mitarbeitern und eines Betriebes mit mehr als 10 Beschäftigten. Stellen Sie die wesentlichen Unterschiede stichpunktartig gegenüber.

14   Berufs- und Arbeitswelt

1.1.7 Qualifikation, Mobilität und Beschäftigung

Neue und modernisierte Ausbildungsberufe:
Berufe, die zum 01.08.2010 neu bzw. neu geordnet in Kraft getreten sind:
- Böttcher/Böttcherin
- Büchsenmacher/Büchsenmacherin
- Geomatiker/Geomatikerin
- Milchtechnologe/Milchtechnologin
- Papiertechnologe/Papiertechnologin
- Pferdewirt/Pferdewirtin
- Revierjäger/Revierjägerin
- Segelmacher/Segelmacherin
- Technischer Konfektionär/Technische Konfektionärin
- Vermessungstechniker/Vermessungstechnikerin

Berufe, die voraussichtlich 2011 neu bzw. neu geordnet in Kraft treten:
- Reiseverkehrskaufmann/Reiseverkehrskauffrau

Strukturelle Arbeitslosigkeit:
siehe Abschnitt 3.2.2

Wie in den meisten europäischen Ländern ist die strukturelle Arbeitslosigkeit in Deutschland hoch. Die staatlichen Maßnahmen sind zwar vielfältig, können das Problem insgesamt aber nur mindern, nicht beseitigen. Wer innerhalb des derzeitigen Strukturwandels nicht untergehen will, kann nicht nur darauf warten, dass ihm geholfen wird. Jeder Einzelne muss selbst daran mitwirken, seine Chancen auf dem angespannten Arbeitsmarkt zu gestalten.

Natürlich ist nur schwer abzuschätzen, wie sich die Wirtschaft und damit die entsprechenden Tätigkeiten entwickeln werden. Grundsätzlich gibt es jedoch einige Tendenzen, die man berücksichtigen sollte.

„Wissen" wird in unserer Gesellschaft immer wichtiger. Ungelernte Arbeitskräfte gehören eindeutig zu den Verlierern des Strukturwandels. Rationalisierung und Stellenabbau trafen in den letzten Jahren weitaus häufiger Arbeitsstellen mit einem geringen Qualifikationsbedarf als Stellen, die eine bessere Qualifikation erfordern. Als grobe Richtlinie kann gelten: je geringer die Qualifikation, umso unsicherer der Arbeitsplatz. Viele Betriebe stellen bereits keine ungelernten Arbeitskräfte mehr ein. Experten erwarten, dass sich auch in Zukunft dieser Trend fortsetzen wird. Im Bereich der Hoch- und Fachhochschulabsolventen wird dagegen ein Stellenzuwachs erwartet. Bei Arbeitsstellen mit mittlerem Qualifikationsbedarf werden die Zahlen in etwa gleich bleiben.

In allen Berufen werden sich jedoch die Anforderungen insgesamt verändern und häufig auch steigen. Während z. B. früher die Schreibmaschine im Büro das Arbeitsmittel war, werden heute Computerkenntnisse als selbstverständlich vorausgesetzt. Neben dem „normalen" Brief müssen jetzt auch Tabellen, Grafiken und Präsentationen erstellt werden. Die Nutzung von

Arbeitsrecht

Internet und neuen Medien hat bereits in fast allen Betrieben Einzug gehalten. Die Qualifikation endet heute also nicht mehr mit dem Abschluss der Schule bzw. der Lehre. „Lebenslanges Lernen" ist nötig.

Auch die Arbeitswelt an sich ändert sich. Die Bundesregierung versucht, diesen Entwicklungen jeweils mit der Bildung neuer anerkannter Ausbildungsberufe Rechnung zu tragen. Derzeit wird im Bereich der Dienstleistung ein Zuwachs an Arbeitsstellen erwartet. Insbesondere die Gebiete „neue Technologien", „Medien" und „Service" werden als zukunftsträchtig angesehen.

Natürlich dürfen persönliche Vorlieben und Veranlagungen nicht unberücksichtigt bleiben. Was nützt es, wenn man einen Beruf mit der allerbesten Perspektive hat, aber jeden Tag nur mit Grauen zur Arbeit geht! Ob man dann gute Leistungen erbringt, scheint fraglich. Die meisten Berufsfelder beinhalten jedoch mehr unterschiedliche Berufe, als viele Menschen wissen. Und auch die Einsatzmöglichkeiten innerhalb eines Berufes sind oft vielfältiger als gemeinhin bekannt ist. Es ist also sinnvoll, sich umfangreich zu informieren.

Was aber tun, wenn man sich doch für den falschen Beruf entschieden hat? Wer kann schon zusichern, dass sich wirklich alles so entwickelt, wie man es erwartet hat? In diesem Fall ist Mobilität gefordert, d. h.

- **räumliche Mobilität:** Ist die Arbeitsmarktsituation in anderen Regionen vielleicht besser?
- **betriebliche Mobilität:** Werden die Chancen und beruflichen Perspektiven vielleicht durch einen Wechsel des Betriebes besser?
- **persönliche Mobilität:** Kann man auf den momentanen Beruf aufbauen? Gibt es Fortbildungsmöglichkeiten? Häufig existieren artverwandte Tätigkeiten, in denen man eigene Stärken besser nutzen und gemachte Erfahrungen einfließen lassen kann.

Natürlich bilden solche Überlegungen keine Garantie für einen Arbeitsplatz. Aber nicht nur das „Wissen" als Qualifikation, sondern auch das Wissen um die Möglichkeiten kann ein entscheidender Vorteil auf dem Arbeitsmarkt sein.

> **Hinweis:**
> Welche Berufe als anerkannte Ausbildungsberufe gelten, ist im §25 BBiG (Berufsbildungsgesetz) geregelt. Nur diese Ausbildungen sind dem Gesetz nach „staatlich geordnet", damit einheitlich und bundesweit anerkannt. Da sie entsprechend den Veränderungen in der Arbeitswelt ständig überarbeitet und angepasst werden, ändert sich die Zahl der Ausbildungsberufe fast jedes Jahr (August 2010: 348 Ausbildungsberufe). Informationen erhält man auf der Internetseite des Bundesinstituts für Berufsbildung (BiBB) oder auf der Internetseite der Bundesagentur für Arbeit.

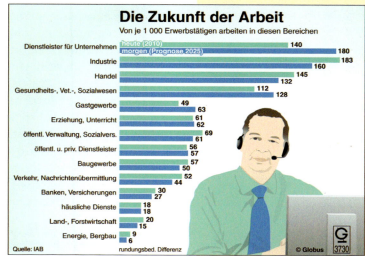

Aufgaben

1. Am Anfang dieses Abschnitts finden Sie unterschiedliche „Leitsätze" für die berufliche Zielsetzung. Formulieren Sie einen Leitsatz für Ihre eigene Zielsetzung und vergleichen Sie ihn mit denen Ihrer Mitschülerinnen und Mitschüler. Lassen sich Gruppen ähnlicher Zielsetzungen bilden?
2. Was versteht man unter „lebenslangem Lernen"?
3. Stellen Sie einen Vergleich an: Wie sah Ihr Berufsbild vor 20 Jahren aus, wie heute? Welche Änderungen erwarten Sie für die nächsten 20 Jahre?
4. Welche Arten von „Mobilität" gibt es? Welche Art halten Sie für Ihren eigenen Lebensweg für besonders wichtig? Begründen Sie Ihre Antwort.

Berufs- und Arbeitswelt

1.1.8 Lernen, Arbeiten und Leben in Europa

Die Globalisierung ist im deutschen Arbeitsalltag angekommen: Jeder Dritte (36 Prozent) benötigt heute im Job Fremdsprachenkenntnisse. Ob Manager oder Ingenieur: Gerade formal höher Gebildete (Abitur/Hochschulabschluss) sind darauf angewiesen, beruflich in einer anderen Sprache verhandeln zu können. Für jeden Zweiten dieser Gruppe (53 Prozent) haben Fremdsprachenkenntnisse eine wichtige bis sehr wichtige Bedeutung am Arbeitsplatz. Bei Erwerbstätigen mit niedrigeren Bildungsabschlüssen sind immerhin 31 Prozent im Job auf Fremdsprachen angewiesen. [...] Sprachkenntnisse sind vor allem für Berufe der jüngeren Generation Voraussetzung. Während 40 Prozent der 18- bis 39-Jährigen im Beruf auf Fremdsprachen angewiesen sind, gilt dies nur für 32 Prozent der Älteren ab 50.

(aus: www.bildungsspiegel.de, 24.01.09)

Hinweis:
Weitere Informationen finden Sie im Internet unter anderem auf folgenden Seiten:
- www.rausvonzuhause.de
- www.lebenslanges-lernen.eu
- www.arbeitsagentur.de
- www.eures.europa.eu

Der *europass* erleichtert – vorrangig in den Ländern der Europäischen Union (EU) – Praktika sowie Studienaufenthalte vor, während und nach der Berufsausbildung. Er umfasst die folgenden fünf Dokumente:
- europäischer Lebenslauf,
- europäisches Sprachendokument,
- europäische Zeugniserläuterungen für den Bereich berufliche Bildung,
- europäischer Diplomzusatz,
- Europass-Mobilitätsnachweis.

(Siehe hierzu auch Abschnitt 7.3.3.)

Lernen und Arbeiten weit weg von Zuhause – das hat im Arbeitsleben schon immer eine wichtige Rolle gespielt. Während früher allerdings „weit weg" bereits die nächste Stadt sein konnte, verbinden die meisten Menschen damit heutzutage – in den Zeiten großer Mobilität – eher einen Auslandsaufenthalt.

Die persönlichen Gründe haben sich dabei kaum gewandelt: Ein gewisses Maß an „Abenteuerlust" wird befriedigt, man verbessert seine Sprachkenntnisse, macht eine Menge wertvoller Erfahrungen, erweitert so seinen persönlichen Horizont und schafft sich eine gute Position für den Einstieg in den Arbeitsmarkt.

Der Staat und die Europäische Union unterstützen diese Bestrebungen. Denn Regierung und Arbeitgeber sehen den Vorteil vor allem in der Stärkung des europäischen Wirtschaftsraumes. Durch die Globalisierung, die zunehmende weltweite Konkurrenz aber auch die Veränderungen in der Gesellschaft (z. B. durch Geburtenrückgang und Überalterung) wird es immer wichtiger, dass die „richtigen" Arbeitnehmer auch am „richtigen" Ort verfügbar sind.

Die rechtliche Grundlage hat die EU durch die Bildung des Europäischen Binnenmarktes geschaffen (vergleiche Kapitel 7.3.3). Er beinhaltet den freien Personen- und freien Dienstleistungsverkehr. Dadurch hat jeder EU-Bürger prinzipiell das Recht, sich in jedem Mitgliedsstaat niederzulassen, dort seine Ausbildung oder Teile davon zu erwerben und dort als Angestellter oder Selbstständiger zu arbeiten.

Häufig ist es aber für den Einzelnen schwierig, einen solchen Auslandsauf-

Arbeitsrecht

enthalt konkret zu organisieren. Die EU hat daher eine Vielzahl unterschiedlicher Programme aufgelegt, um den Einzelnen zu unterstützen.

Im Bereich der Berufsausbildung ist ein Auslandsaufenthalt als Teil der Ausbildung oder als Praktikum möglich. Zwar ist es prinzipiell möglich, seine Ausbildung auf der ganzen Welt zu machen, in der Praxis unterscheiden sich die Ausbildungssysteme der Länder oft erheblich. Eine Anerkennung des Berufsabschlusses in Deutschland ist dann oft schwierig oder gar nicht möglich. Bis zu einem Viertel der Ausbildung darf jedoch im Ausland erfolgen, ohne dass Nachteile für die Zulassung zur Prüfung entstehen.

Auch nach der Ausbildung bieten viele Organisationen Austauschprogramme zur Weiter- und Fortbildung im internationalen Rahmen an. Es ist aber auch möglich, sich ganz normal über den freien Arbeitsmarkt auf eine Stelle im Ausland zu bewerben. Zu beachten ist dabei jedoch, dass etliche Berufe in den verschiedenen Ländern unterschiedlich reglementiert sind, d. h. die Arbeitsaufnahme ist an bestimmte Abschlüsse, Zeugnisse, Diplome o. ä. geknüpft. In diesem Fall muss ein offizieller Antrag auf Anerkennung bei der zuständigen Behörde des Aufnahmelandes gestellt werden. Bei anderen reglementierten Berufen erfolgt eine Prüfung der individuellen Ausbildungsinhalte. Sind sie mit den Vorgaben des Landes vergleichbar, erfolgt eine Anerkennung. Bei größeren Unterschieden kann die Anerkennung an Auflagen – z. B. Anpassungslehrgänge oder Eignungsprüfung – geknüpft werden. Und bei extremen Unterschieden kann die Anerkennung auch verweigert werden. Für die Ausübung eines nicht reglementierten Berufs ist keine Anerkennung nötig. Dennoch wird der Arbeitgeber einen Nachweis über Ausbildung, Erfahrungen und Zeugnisse verlangen. Hier ist es von Vorteil, seinen Bildungsweg im **europass** (auch Europäischer Bildungspass) festhalten zu lassen. Er erleichtert Arbeitgebern im Ausland, den berufsbildenden Abschluss und den beruflichen Werdegang besser zu beurteilen.

Hinweis:
Erste Anlaufstelle sollten immer der eigene Betrieb und/oder die zuständige Kammer sein, die häufig Erfahrungen oder gar eigene Austauschprogramme haben.

Hinweis:
Die zuständige Kontaktstelle ist in den meisten Ländern beim Bildungs-, Wissenschafts- oder Wirtschaftsministerium angesiedelt.

reglementieren:
durch Vorschriften oder Regeln einschränken

Wer von seiner Firma zu einer ausländischen Tochterfirma entsendet wird, wird als Expatriat bezeichnet.

Bauarbeiter und Köche wandern am häufigsten aus

Insgesamt wurden 2010 knapp 9500 Menschen aus Deutschland in Auslandsjobs vermittelt.

Von den Menschen, die in Deutschland keinen Job finden, sucht mancher sein Auskommen jenseits der Grenzen. Am meisten tun das Baukräfte, Köche und Kellner. Deutsche mit diesen Berufen sind 2010 am häufigsten ausgewandert. Etwa 3000 Bundesbürger aus diesen drei Berufsgruppen brachte die Zentrale Auslands- und Fachvermittlung der Bundesagentur für Arbeit (ZAV) bis November in Firmen im Ausland unter. Am häufigsten wechselten Baukräfte über die Grenzen (1474 oder 15,5 Prozent). [...]
Berufe mit Chancen im Ausland sind laut der Rangliste auch Bau-, Raumausstatter und Polsterer, Maler und Lackierer sowie Hotelfachleute.

(aus: www.zeit.de, 26.12.2010)

Aufgaben

1. *Laut dem oben abgebildeten Artikel werden Sprachkenntnisse in allen Berufen wichtiger. Inwieweit gilt das für Ihr Berufsbild? Finden Sie Beispiele.*

2. *Erläutern Sie, welche Gründe für eine Arbeitsaufnahme in einem anderen Land sprechen können.*

3. *Diskutieren Sie in der Klasse welche Vor- und Nachteile ein Auslandsaufenthalt für Sie persönlich und für Ihre zukünftige berufliche Entwicklung beinhaltet.*

4. *Welche EU-Programme würden für Sie in Frage kommen? Recherchieren Sie in Gruppenarbeit die wesentlichen Inhalte der relevanten Programme und stellen Sie Ihr Ergebnis in der Klasse vor.*

Berufs- und Arbeitswelt

1.1.9 Arbeits- und Sozialgerichtsbarkeit

**Autoindustrie-Zulieferer in Neuruppin vor dem Aus.
Azubis fordern Übernahme**

Die Auszubildenden des gescheiterten Zulieferbetriebs *Mobilita* wehren sich gegen ihre Entlassungen. Mehr als 100 Lehrlinge wollen nach einem Bericht der *Märkischen Oderzeitung* vor dem Arbeitsgericht klagen. Nach ihrer Auffassung ist die Betriebsstilllegung von *Mobilita* kein wirksamer Grund für die Kündigung.
Auch Brandenburgs Sozialminister hat sich unterdessen gegenüber dpa für eine Übernahme sämtlicher Azubis ausgesprochen.

Alle Regelungen zu Konflikten im Arbeitsleben findet man im Arbeitsgerichtsgesetz (ArbGG).

*Sozialpartner und Tarifverträge:
siehe die Abschnitte 1.2.1 bis 1.2.3.*

*Tariffähigkeit und Tarifzuständigkeit:
siehe Abschnitt 1.2.1 und 1.2.2.*

*Nach Klageerhebung vor dem Arbeitsgericht findet nach Möglichkeit innerhalb von zwei Wochen ein Gütetermin statt. Hierbei versucht ein Berufsrichter eine gütliche Einigung in Form eines Vergleichs zwischen den Parteien zu erreichen. Gelingt dies nicht, schließt sich möglichst innerhalb von acht Wochen nach Klageerhebung der Prozess an.
Bei betriebsbedingten Kündigungen kann der Arbeitgeber dem Arbeitnehmer eine Abfindung anbieten, um eine Klage zu vermeiden (vergleiche Abschnitt 1.1.6).*

*Hinweis:
Die Tabelle zu Streitwert und Gerichtskosten kann bei den Arbeitsgerichten eingesehen werden.*

Treten Konflikte im Arbeitsleben auf, die nicht durch Gespräche oder gütliche Einigung gelöst werden können, bleibt nur der Gang vor das Arbeitsgericht. Die Arbeitsgerichte sind zuständig für alle Streitigkeiten
- zwischen Arbeitgeber und Arbeitnehmer über den Arbeitsvertrag,
- zwischen den Sozialpartnern über Tarifverträge,
- über bestimmte Angelegenheiten der Mitbestimmung im Unternehmen,
- über Entscheidungen zur Tariffähigkeit und Tarifzuständigkeit.

Die Klage kann bei dem Gericht, das den Wohn- oder Geschäftssitz des Beklagten oder aber den vornehmlichen Arbeitsort des Arbeitnehmers in seinem Einzugsbereich hat, eingereicht werden. Arbeitsgerichtsprozesse weisen gegenüber den Zivilprozessen einige Besonderheiten auf. So werden sie in der Regel schneller abgewickelt. Jede Partei muss ihre Rechtsanwaltskosten selbst tragen.
Die Gerichtskosten, d. h. Gebühren und Auslagen für Zeugen, Post usw., trägt am Ende die unterlegene Partei. Die Gerichtsgebühren sind jedoch wesentlich geringer als bei Zivilprozessen.
Der Prozess kann insgesamt drei Instanzen durchlaufen:

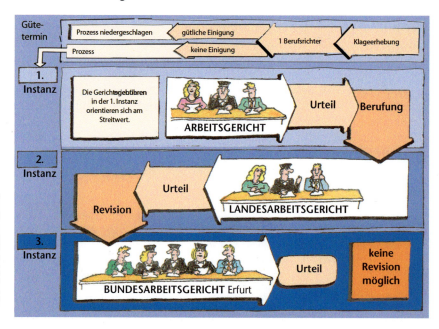

Arbeitsrecht

Streitigkeiten, die
- die Sozialversicherungen,
- sonstige Belange der Bundesarbeitsagentur,
- ALG II, Leistungen der Sozialhilfe und für Asylbewerber,
- Kassenarztrechnungen u. Ä. betreffen,

werden vor dem Sozialgericht verhandelt.

Das Sozialgerichtsverfahren ist für Versicherte und Leistungsempfänger grundsätzlich kostenfrei, da auch Versicherte mit einem relativ geringen Einkommen die Möglichkeit erhalten müssen, ihr Recht zu suchen.

Im Aufbau gleicht die Sozialgerichtsbarkeit der Arbeitsgerichtsbarkeit:

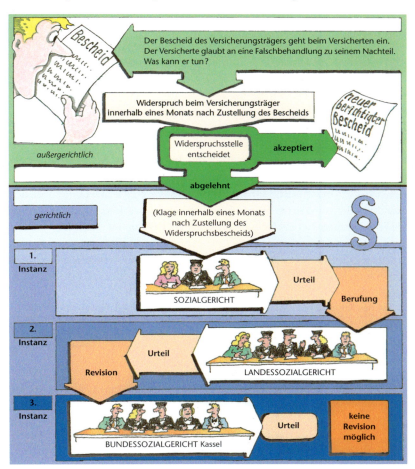

Bei Streitigkeiten aus dem Bereich der Ausbildungsförderung und des Wohngeldes sind dagegen die allgemeinen Verwaltungsgerichte zuständig. Rechtsstreitigkeiten aus dem Bereich des Kindergeldes fallen in die Zuständigkeit der Finanzgerichte.

Allerdings können vom Sozialgericht Missbrauchskosten erhoben werden, wenn eine unberechtigte Klage trotz eines entsprechenden Hinweises des Gerichts angestrengt oder fortgeführt wird.

Außergerichtliche Kosten, z. B. für einen Prozessbevollmächtigten, muss jede Partei erst einmal selbst aufbringen. Bei Beendigung des Verfahrens entscheidet das Gericht, ob der Gegner diese Kosten ganz oder teilweise erstatten muss.

Sowohl in Verfahren des Arbeits- als auch des Sozialgerichtes kann eine Prozesskostenbeihilfe beantragt werden. Ob sie gewährt wird, hängt vom Einkommen und vom Vermögen ab.

Aufgaben

1. Beschreiben Sie den Aufbau der Arbeitsgerichtsbarkeit und der Sozialgerichtsbarkeit.
2. Arbeiten Sie heraus, welche Unterschiede bei den beiden Gerichtsbarkeiten zu erkennen sind.
3. Sowohl bei den Arbeitsgerichten als auch bei den Sozialgerichten sind ehrenamtliche Beisitzer (so genannte Laienrichter) tätig.

a) Welche Voraussetzungen muss man Ihrer Meinung nach besitzen, um als Laienrichter berufen zu werden?

b) Warum werden Ihrer Meinung nach wohl Laienrichter eingesetzt, statt alle Sitze mit Berufsrichtern zu besetzen?

Berufs- und Arbeitswelt

1.2 VERSCHIEDENE REGELUNGEN – WOHER KOMMEN DIE?

1.2.1 Sozialpartner – Staffelung der Rechtssprechung – Günstigkeitsprinzip

Der Begriff „Tag" wird vom Gesetzgeber auf drei verschiedene Arten aufgefasst:

Kalendertag:
Dazu gehört jeder Tag, also sieben Tage pro Woche.

Werktag:
alle Tage außer Sonn- und gesetzlichen Feiertagen – also auch der Samstag.

Arbeitstag:
die Tage, an denen gewöhnlich gearbeitet wird – für die meisten Berufe also fünf Tage in der Woche.

individuell:
von Person zu Person unterschiedlich

kollektiv:
gemeinsam; gemeinschaftlich

Die Tarifautonomie leitet sich aus der Koalitionsfreiheit ab, die im Grundgesetz (Artikel 9 Absatz 3) festgelegt ist. Dort heißt es: „Das Recht, zur Wahrung und zur Förderung der Arbeits- und Wirtschaftsbedingungen Vereinigungen zu bilden, ist für jedermann und für alle Berufe gewährleistet."

Auszug aus einem Arbeitsvertrag:
„Der Jahresurlaub beträgt 30 Tage."

Bundesurlaubsgesetz (BUrlG):

§ 3: Die Dauer des Urlaubs:
(1) Der Urlaub beträgt jährlich mindestens 24 Werktage.

(2) Als Werktage gelten alle Kalendertage, die nicht Sonn- oder gesetzliche Feiertage sind.

Auszug aus einem Tarifvertrag:
„Der Jahresurlaub beträgt 30 Arbeitstage."

Neben den im vorangegangenen Abschnitt behandelten gesetzlichen Regelungen (Arbeitsrecht) und den Einzelarbeitsverträgen (Individualverträge) gelten für viele Berufsgruppen auch Tarifverträge (Kollektivverträge). Wer unter welchen Umständen und auf welche Weise einen solchen Tarifvertrag abschließen darf, wurde vom Gesetzgeber im **Tarifvertragsgesetz (TVG)** genau geregelt.

Tarifverträge können nur von Tarifvertragsparteien geschlossen werden; diese werden häufig auch als Sozialpartner bezeichnet. Es sind

auf der Arbeitgeberseite	auf der Arbeitnehmerseite
ein einzelner Arbeitgeber	eine einzelne Gewerkschaft
oder	oder
eine Arbeitgebervereinigung	ein Zusammenschluss von Gewerkschaften (Spitzenorganisation)
oder	
ein Zusammenschluss mehrerer Arbeitgebervereinigungen (Spitzenorganisation)	

Die Gewerkschaften bilden die Vertretung der Arbeitnehmer. Sie sind nach dem **Industrieverbandsprinzip** organisiert, d. h., in einem Betrieb und einer Branche ist nur eine Gewerkschaft zuständig. In der größten Dachorganisation, dem Deutschen Gewerkschaftsbund (**DGB**), sind acht Einzelgewerkschaften zusammengeschlossen (vgl. Randspalte auf der rechten Seite). Der DGB selbst schließt keine Tarifverträge ab, sondern unterstützt lediglich die Einzelgewerkschaften. Neben

Verschiedene Regelungen – Woher kommen die?

dem DGB bestehen mit dem Deutschem Beamtenbund (DBB) und dem Christlichen Gewerkschaftsbund (CGB) zwei weitere Dachorganisationen.
Die Arbeitgeber sind in unterschiedlichen Verbänden organisiert; ihr Dachverband ist die Bundesvereinigung Deutscher Arbeitgeberverbände (**BDA**).
An welche Bedingungen die Tarifvertragspartner sich bei ihren Verhandlungen halten müssen und welche gesetzlichen Regelungen einzuhalten sind, wird im TVG (vergleiche Seite 19) definiert. Hier hat der Staat also einen gesetzlichen Rahmen geschaffen. Der Staat darf jedoch **nicht** in die eigentliche Tarifverhandlung eingreifen und auch **keine** exakten Inhalte des Tarifvertrages vorschreiben. Die Tarifvertragsparteien besitzen **Tarifautonomie**, d. h., die Verträge werden allein durch sie ausgehandelt und beschlossen, ohne dass der Staat eingreifen darf.

Nicht alle Fälle und Fragen, die im Arbeitsleben auftreten, können immer im Vorhinein bedacht werden. Oft fehlen Vereinbarungen zu einzelnen Fragen oder die einzelnen Vereinbarungen oder Verträge widersprechen sich. Dann müssen die Antworten aus anderen arbeitsrechtlichen Quellen ermittelt werden. Hierbei besteht eine Rangordnung der arbeitsrechtlichen Normen und Quellen.

Bei Unklarheiten wird also nach dem **Rangprinzip** entschieden. Hat der Arbeitnehmer z. B. keine Anweisung von seinem Vorgesetzten über den täglichen Arbeitsbeginn erhalten, muss zunächst im Arbeitsvertrag nachgesehen werden. Enthält auch er keine Aussagen darüber, gelten die Bestimmungen der Betriebsvereinbarung usw. Die Basis und damit das ranghöchste Recht ist unser Verfassungsrecht (vergleiche Abbildung).

Bei widersprüchlichen Aussagen kann jedoch vom Rangprinzip abgewichen werden, wenn rangniedrigere Regelungen für den Arbeitnehmer vorteilhafter sind. Dann gilt das **Günstigkeitsprinzip**. Werden z. B. im Arbeitsvertrag 30 Urlaubstage zugesichert, im Tarifvertrag jedoch lediglich 28 Tage, so gilt die Regelung des Arbeitsvertrages. Sie ist zwar gegenüber der tariflichen Regelung rangniedriger, für den Arbeitnehmer jedoch günstiger.

Mitgliedsgewerkschaften des DGB:
- *IG Bau (Industriegewerkschaft Bauen – Agrar – Umwelt)*
- *ver.di (Vereinte Dienstleistungsgewerkschaft)*
- *IG BCE (Industriegewerkschaft Bergbau, Chemie, Energie)*
- *IG Metall (Industriegewerkschaft der Metallindustrie, des Metallhandwerks, der Textil- und Bekleidungs-, Holz- und Kunststoffindustrie)*
- *NGG (Gewerkschaft Nahrung – Genuss – Gaststätten)*
- *GdP (Gewerkschaft der Polizei)*
- *EVG (Eisenbahn- und Verkehrsgewerkschaf)*
- *GEW (Gewerkschaft Erziehung und Wissenschaft)*

Günstigkeitsprinzip — *Rangprinzip*

Aufgaben

1. Lesen Sie die drei Regelungen zur Urlaubszeit am Beginn dieses Abschnitts noch einmal durch. Erklären Sie, welche der drei Regelungen für den Arbeitnehmer gültig ist. Beachten Sie dabei die unterschiedlichen Bezeichnungen für den Urlaubsanspruch.
2. Welche Gewerkschaft ist für Sie zuständig? Erklären Sie, aus welchem Grund es gerade diese Gewerkschaft ist.
3. Definieren Sie den Begriff „Tarifautonomie".
4. Beschreiben Sie die Unterschiede zwischen „Rangprinzip" und „Günstigkeitsprinzip".

Lange Zeit galt in den Betrieben das Prinzip „ein Betrieb – eine Gewerkschaft" und damit „ein Betrieb – ein Tarifvertrag" (Tarifeinheit). Demnach galt für die Beschäftigten stets der Tarifvertrag, dem der Arbeitgeber unterworfen war. Ein neues Urteil des Bundesarbeitsgerichts (BAG) erlaubt nun jedoch mehrere Tarifverträge in einem Betrieb. Nun kann ein Arbeitgeber unterschiedliche Tarifverträge auch für vergleichbare Tätigkeiten aushandeln und anwenden. Umgekehrt gilt jedoch für den Arbeitnehmer nur der Tarifvertrag seiner Gewerkschaft. Dieser **Gewerkschaftspluralismus** und der daraus entstehende Wettbewerb der Gewerkschaften untereinander wird von den Befürwortern als logische Fortführung der Demokratie gesehen. Kritiker gehen allerdings davon aus, dass so die Verhandlungsstärke der Gewerkschaften gegenüber den Arbeitgebern gemindert wird.

1.2.2 Gleicher Lohn für gleiche Arbeit? – Gültigkeitsbereiche von Tarifverträgen

Die Cousins David aus Magdeburg und Ronny aus Potsdam treffen sich bei einem Konzert wieder. Sie sind beide Auszubildende im Kfz-Handwerk und haben sich so einiges zu erzählen:

David: Ich habe mir ja jetzt dieses neue Motorrad gekauft. Hast du es schon gesehen? Es steht draußen.

Ronny: Ja, nicht schlecht. Das hat aber bestimmt ganz schön was gekostet!

David: Allerdings! Da kam mir die Tariferhöhung gerade recht.

Ronny: Was denn für eine Tariferhöhung? Davon habe ich ja gar nichts gehört.

David: Na, vor zwei Monaten ist doch ein neuer Tarifvertrag in Kraft getreten. Also muss sich dein Arbeitgeber auch daran halten.

Ronny: Bist du sicher? Bei uns hat noch keiner mehr Geld bekommen.

David: Das ist ja merkwürdig. Wir machen doch die gleiche Arbeit – da müssen wir doch auch dasselbe Geld bekommen. Oder?

Einerseits sollen Tarifverträge so gestaltet sein, dass sie möglichst gut auf die speziellen Verhältnisse der betroffenen Arbeitnehmer, aber auch Arbeitgeber zugeschnitten sind. Andererseits machen zu viele verschiedene Tarifverträge die rechtlichen Verhältnisse für den Einzelnen nur schwer durchschaubar. Es sollte so weit wie möglich **Tarifeinheit** herrschen. Aus diesem Grund werden Tarifverträge von den Sozialpartnern immer für einen speziellen Geltungsbereich abgeschlossen. Dieser Geltungsbereich, der im Text des Tarifvertrages exakt aufgeführt wird, umfasst vier Ebenen:

- **Räumliche Geltung:** Jeder Tarifvertrag gilt nur für einen bestimmten geografischen Bereich. Dieser stimmt nicht unbedingt mit den Bundesländern überein, sondern kann auch einzelne Bezirke, Regionen bis hin zu überregionalen Bereichen umfassen.
- **Fachliche Geltung:** Die Sozialpartner sind im Allgemeinen nach dem Industrieverbandsprinzip organisiert. So werden die Tarife für einen bestimmten Industriezweig, eine Branche, eine Betriebsart usw. abgeschlossen. In selteneren Fällen können einzelne Betriebe oder Betriebsarten jedoch auch im Vertragstext extra ausgeschlossen werden.
- **Persönliche Geltung:** Der Tarifvertrag kann sich auf alle oder nur auf bestimmte Arbeitnehmer, die in den räumlichen und den fachlichen Geltungsbereich fallen, erstrecken. Die verschiedenen Arbeitnehmergruppen werden im Text des Tarifvertrages aufgeführt (z. B. „alle gewerblichen Mitarbeiter, einschließlich der Auszubildenden und Mitarbeiter in Teilzeit").
- **Zeitliche Geltung:** Tarifverträge sind nur für einen bestimmten Zeitraum gültig. Im Tarifvertrag wird festgelegt, zu welchem Zeitpunkt der Tarifvertrag von einem der Sozialpartner frühestens gekündigt werden darf. Allerdings bleibt der Vertrag auch nach Kündigung bis zum Abschluss eines neuen Vertrages gültig (**Nachhaltigkeit**).

Verschiedene Regelungen – Woher kommen die?

Grundsätzlich gelten Tarifverträge nur für Arbeitnehmer, die einer Gewerkschaft angehören, und für Arbeitgeber, die

- in einem Arbeitgeberverband organisiert sind
  oder
- selbst einen Tarifvertrag abgeschlossen haben (Haustarifvertrag)
  oder
- einen Flächentarif (vergleiche Kapitel 1.2.3) anerkannt haben.

Nur dann besteht die Möglichkeit, Rechtsansprüche aus dem Tarifvertrag einzuklagen. In der Praxis gewähren die gebundenen Unternehmen jedoch häufig auch ihren Mitarbeitern, die keiner Gewerkschaft angehören, die tariflichen Leistungen. Dies muss im Arbeitsvertrag festgehalten werden (**Bezugnahmeklausel**).

Tarifverträge können auch vom Bundesminister für Arbeit und Soziales (BMAS) im Einvernehmen mit dem Tarifausschuss für allgemein verbindlich erklärt werden. Voraussetzungen für eine Allgemeinverbindlichkeit sind:

- Einer der Tarifpartner beantragt die Allgemeinverbindlichkeit.
- Die tarifgebundenen Arbeitgeber beschäftigen mindestens 50 % der unter den Geltungsbereich des Tarifvertrages fallenden Arbeitnehmer **und**
- die Allgemeinverbindlichkeit erscheint geboten.

Der Beschluss über die Allgemeinverbindlichkeit wird im Tarifregister eingetragen und dadurch für alle Arbeitnehmer und Arbeitgeber des Geltungsbereiches wirksam.
Das Tarifregister wird beim Bundesministerium für Arbeit und Soziales geführt. In ihm sind alle Tarifverträge verzeichnet.

> *Tarifvertragsgesetz (TVG) §4 (5):*
> *Nach Ablauf des Tarifvertrages gelten seine Rechtsnormen weiter, bis sie durch eine andere Abmachung ersetzt werden.*
>
> *Eine Klage, um Rechtsansprüche aus dem Tarifvertrag gerichtlich geltend zu machen, muss beim Arbeitsgericht erhoben werden.*
>
> *Von den derzeit ca. 64.300 bestehenden Tarifverträgen wurden 502 für allgemein verbindlich erklärt (Stand 01.01.2011). Eine Liste kann man vom Bundesministerium für Arbeit und Soziales als Download auf der Internetseite*
> **http://www.bmas.de**
> *unter dem Link „Arbeitsrecht" erhalten.*
> *Auch die einzelnen Gewerkschaften geben Auskunft.*

Gehaltstarifvertrag
für den Hamburger Einzelhandel

Zwischen dem

Landesverband des Hamburger Einzelhandels e.V.
und der
Gewerkschaft Handel, Banken und Versicherungen,
Landesbezirk Nord

wird folgender Gehaltstarifvertrag vereinbart:

§ 1 Geltungsbereich

Dieser Gehaltstarifvertrag gilt:

Räumlich:	für das Gebiet der Freien und Hansestadt Hamburg.
Fachlich:	für die Betriebe des Einzelhandels aller Branchen und Betriebsformen einschließlich ihrer Hilfs- und Nebenbetriebe.
Persönlich:	für alle Angestellten.

Aufgaben

1. Sie haben das Gespräch von Ronny und David zufällig mit angehört. Erklären Sie den beiden, was der Grund für die unterschiedlichen Ausbildungsvergütungen sein könnte.

2. Während man sich über die Notwendigkeit von Pluralismus in Politik und Wirtschaft einig ist, steht dieses Prinzip im Bereich der Gewerkschaften immer wieder in der Diskussion. Ermitteln Sie in Gruppenarbeit Pro- und Kontra-Argumente für einen Gewerkschaftspluralismus. Diskutieren Sie Ihre Meinung zu diesem Thema im Plenum.

3. Für den Bereich Garten- und Landschaftsbau wurde ein neuer Tarifvertrag beschlossen. Uwe ist Mitglied der IG Bauen-Agrar-Umwelt, sein Arbeitgeber ist jedoch in keinem Verband organisiert. Erläutern Sie, ob Uwe die im neuen Tarifvertrag beschlossene Lohnerhöhung einfordern kann.

1.2.3 Wo ist der tarifliche Lohn festgelegt? – Tarifvertragsarten und -inhalte

Informationen rund um den Tarifvertrag finden Sie unter anderem auf den Internetseiten der verschiedenen Gewerkschaften oder der Hans-Böckler-Stiftung:
www.dgb.de
www.boeckler.de

Zwischen dem

    Verband des Kraftfahrzeuggewerbes
    Baden-Württemberg e.V.   einerseits

und der

    IG Metall
    Bezirk Baden-Württemberg
    Bezirksleitung Baden-Württemberg

sowie der

    Gewerkschaft ver.di
    Landesbezirk Baden-Württemberg   andererseits

wird folgender

GEHALTSTARIFVERTRAG

vereinbart:

§ 1
Geltungsbereich

1.1   Der Gehaltstarifvertrag gilt

1.1.1   **räumlich:**
    für den Bereich des Landes Baden-Württemberg;

1.1.2   **fachlich:**

1.1.2.1   für alle Betriebe zur Instandsetzung von Kraftfahrzeugen (Kfz-Reparaturbetriebe, Zylinder- und Kurbelwellenschleifereien, Kraftfahrzeugelektrikerbetriebe, Betriebe der Kühlerinstandsetzung sowie die mit vorstehenden Betrieben verbundenen Nebenbetriebe oder Betriebsabteilungen);

1.1.2.2   Kraftfahrzeughandel;

Tarifverträge lassen sich nach einer Vielzahl unterschiedlicher Kriterien einteilen und bezeichnen. Die wichtigste Einteilung ist jedoch die Untergliederung nach dem **Inhalt**. Hier unterscheidet man:

Manteltarifverträge	*Rahmentarifverträge*	*Lohn-, Gehalts- und Entgelt-tarifverträge*	*Einzeltarifverträge*
Hier werden die allgemeinen Arbeitsbedingungen tariflich geregelt. Z.B. werden Bestimmungen ■ zur Einstellung und Kündigung von Mitarbeitern, ■ zur allgemeinen Arbeitszeit, ■ zu Erholungs- und Sonderurlaub, ■ zu Schicht- und Mehrarbeitszuschlägen, ■ zum Rationalisierungsschutz o. Ä. festgelegt.	Sie enthalten die Festlegung von Lohn- bzw. Gehaltsgruppen. Anhand der hier festgelegten Gruppenmerkmale kann jeder Mitarbeiter mittels der Merkmale, die seine Tätigkeit aufweist, in eine Lohn- bzw. Gehaltsgruppe eingeordnet werden. Aus diesem Grund spricht man häufig auch von Lohn- bzw. Gehalts**rahmen**tarifverträgen, da über die eigentliche Höhe des Entgeltes keine Aussage gemacht wird.	Hier werden die eigentlichen Entgelte für die Tätigkeiten festgelegt. Zunächst wird ein **Ecklohn** als tarifliche Grundvergütung festgelegt. Für jede Tarifgruppe aus dem Rahmentarif wird dann festgelegt, wie viel Prozent des Ecklohnes als tarifliches Entgelt gezahlt werden muss. Der Ecklohn ist dabei in der Regel der Lohn einer mittleren Lohngruppe, sodass sich sowohl Prozentwerte von unter, als auch über 100 % ergeben. Die Verträge enthalten normalerweise auch die Regelung der Ausbildungsvergütung.	In Einzelfällen werden über verschiedene Regelungen, die normalerweise im Manteltarifvertrag beschlossen werden, zusätzliche Tarifverträge als Ergänzung geschlossen. Häufig betreffen diese Einzelregelungen ■ die Berufsausbildung, ■ vermögenswirksame Leistungen (VL), ■ Vorruhestandsregelungen, ■ Rationalisierungsschutz o. Ä.
In der Regel haben sie eine Laufzeit (also Gültigkeit) von **mehreren Jahren.**		In der Regel **ein Jahr** Laufzeit.	Sie haben **unterschiedliche** Laufzeiten.

Verschiedene Regelungen – Woher kommen die?

Nimmt man eine Unterscheidung der Tarifverträge nach den Vertragspartnern vor, ist insbesondere der Firmentarifvertrag bedeutend. Hier wird von der Gewerkschaft ein Tarifvertrag mit einem einzelnen Unternehmen geschlossen. Er wird daher häufig auch als **Haustarifvertrag** bezeichnet. Bei der Unterteilung nach dem räumlichen Geltungsbereich ist der **Flächentarifvertrag** der häufigste. Hier wird ein Tarifvertrag für einen Wirtschaftszweig (Branche) eines bestimmten Raumes (**Fläche**) geschlossen.

Die verschiedenen Unterteilungen bestehen nebeneinander. So kann z. B. ein Flächentarifvertrag ein Manteltarifvertrag, ein Rahmenvertrag oder ein Lohntarifvertrag sein.

Gleichgültig, um welche Art von Tarifvertrag es sich handelt: Im Grundsatz weisen sie alle einen einheitlichen Aufbau auf. Am Beginn wird aufgeführt, zwischen welchen beiden Sozialpartnern der Tarifvertrag geschlossen wird. Dann werden der räumliche, der persönliche und der fachliche Geltungsbereich (vergleiche Abschnitt 1.2.2) so genau wie möglich bezeichnet. Es folgt der eigentliche Inhalt des Tarifvertrags. Im letzten Teil wird der zeitliche Geltungsbereich durch Festlegung der Termine für das In-Kraft-Treten, mögliche Kündigung und Kündigungsfrist des Tarifvertrages festgelegt. Und wie jeder Vertrag schließt auch der Tarifvertrag mit der Unterzeichnung der Vertreter der beiden Vertragsparteien.

Der erste Tarifvertrag – im damaligen Deutschen Reich – wurde 1873 abgeschlossen. In ihm wurden Vereinbarungen über Mindestlöhne, Arbeitszeit, Überstunden und Kündigungsfristen für das Buchdruckerhandwerk getroffen.

Der Abschluss von Tarifverträgen soll also die wesentlichen Arbeitsbedingungen für die Arbeitnehmer regeln. Dabei gewährleistet er die drei Funktionen:

1. **Schutzfunktion:**
   Der Arbeitnehmer soll davor geschützt werden, dass der Arbeitgeber alle Arbeitsbedingungen einseitig diktiert und so seine Überlegenheit über Gebühr ausnutzt.
2. **Ordnungsfunktion:**
   Die Arbeitsverhältnisse sollen in ihren grundsätzlichen Bedingungen vereinheitlicht werden, damit sie für den einzelnen Arbeitnehmer besser überschaubar und vergleichbar sind.
3. **Friedensfunktion:**
   Während der Laufzeit der Tarifverträge sind Arbeitskämpfe (Streik und Aussperrung) gesetzlich untersagt (Friedenspflicht). Ständige Arbeitskämpfe würden die Wirtschaft insgesamt zu sehr schädigen, was ja auch im Interesse der Arbeitnehmer nicht sein darf. Die Friedenspflicht bezieht sich jedoch grundsätzlich nur auf die Inhalte des Tarifvertrages. Forderungen über Inhalte, die im Tarifvertrag nicht vorkommen, können durchaus Gegenstand von Streiks sein.

Immer häufiger werden Öffnungsklauseln in die Tarifverträge aufgenommen. Sie ermöglichen den Unternehmen, ergänzende oder abweichende Vereinbarungen zu einzelnen Tarifbestimmungen in die Arbeitsverträge aufzunehmen. So können die Arbeitgeber – in genau festgelegten Härtefällen – die tariflichen Mindestforderungen unterschreiten. In vielen Fällen werden die Arbeitgeber aber bei Inanspruchnahme dieser Klauseln zu Gegenleistungen (z. B. Verzicht auf betriebsbedingte Kündigungen) verpflichtet.

Aufgaben

1. Erstellen Sie eine Tabelle und tragen Sie für das am Abschnittsbeginn aufgeführte Tarifvertragsbeispiel die Vertragspartner sowie die räumlichen, fachlichen und persönlichen Geltungsbereiche ein.
2. Vergleichen Sie die Laufzeiten der verschiedenen Tarifvertragsarten. Begründen Sie die Unterschiede.
3. Erläutern Sie, nach welchen drei Kriterien Tarifverträge unterteilt werden können.
4. Erklären Sie, was der Begriff „Friedenspflicht" bedeutet.

Berufs- und Arbeitswelt

1.2.4 Lohn und Lohnformen

> Linda hat einen Arbeitsvertrag als Bauzeichnerin unterschrieben. Während einer Probezeit von sechs Monaten soll sich herausstellen, ob sie für die Arbeitsstelle geeignet ist.
>
> Gewissenhafte und korrekte Arbeit ist Voraussetzung für ihren neuen Job. Zeichnungen müssen mit großer Sorgfalt und äußerster Genauigkeit angefertigt werden.
>
> Andreas hat einen Arbeitsvertrag als Dachdecker abgeschlossen. Sein Chef meint: „Zeit ist Geld, und Geld muss man erst einmal verdienen." Das Unternehmen muss innerhalb eines Monats mehrere Dächer neu eindecken.

Lohn:
ist Entgelt für die geleistete Arbeit (Einkommensquelle).

Nominallohn:
bezeichnet den in Geldeinheiten ausgedrückten Lohn. Er gibt nicht die Kaufkraft des Geldes an.

Reallohn:
kennzeichnet, was tatsächlich vom Lohn gekauft werden kann. (Bei steigenden Preisen kann man sich weniger leisten.)

Bruttolohn:
ist der Gesamtlohn des Arbeitnehmers.

Nettolohn:
ist der ausgezahlte Lohn nach Abzug der entsprechenden Beträge, wie
• Lohnsteuer
• Kirchensteuer
• Solidaritätsbeitrag
• Krankenversicherung
• Pflegeversicherung
• Arbeitslosenversicherung
• Rentenversicherung

Für die meisten Menschen ist der Lohn die entscheidende Einkommensquelle, um ihren Lebensunterhalt zu sichern. Deshalb ist der monatliche Verdienst von enormer Bedeutung für sie.
Wie sich der Lohn zusammensetzt und auf was es ankommt, wird anhand von unterschiedlichen Kriterien bewertet.
Verschiedenste Tätigkeiten in der komplexen Wirtschafts- und Arbeitswelt werden dabei unterschiedlich honoriert.

Bewertungskriterien sind unter anderem:
- Qualifikation
- Arbeitsbelastbarkeit
- Übernahme von Verantwortung
- Arbeitsbedingungen

Eine angemessene und gerechte Entlohnung für die Arbeitskraft und den entsprechenden Tätigkeitsbereich zu finden ist oft nicht einfach. Daher bieten Lohn- und Gehaltsgruppen für einzelne Bereiche und Branchen eine wesentliche Erleichterung für die Bemessung des Lohnes.

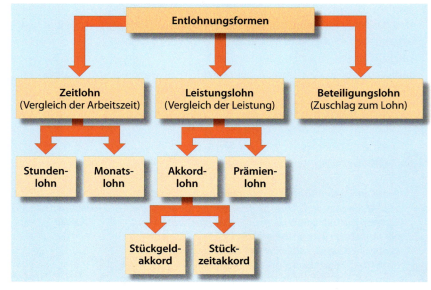

Zeitlohn

Zeitlohn wird in den Bereichen gezahlt, in denen die konkrete Leistung nicht einfach zu ermitteln ist. Die Entlohnung erfolgt nach der Dauer der Arbeitszeit. Nicht Schnelligkeit ist hier von wesentlicher Bedeutung, sondern Qualität und Gewissenhaftigkeit.

Man unterscheidet zwischen:
Gehalt (monatliche Zahlungsform für Angestellte und Beamte);
Stundenlohn (Entgelt nach geleisteter Arbeitszeit bei Arbeitern); vereinzelt wird auch Tages- oder Wochenlohn gezahlt

> **Berechnungsformel: Stundenlohn**
> Arbeitsstunden pro Tag x Arbeitstage x Stundenlohn
> = Bruttoverdienst

Leistungslohn

Leistungslohn ist abhängig von der erbrachten Leistung des Arbeitnehmers. Im Allgemeinen liegt er über dem tariflichen Mindestlohn. Zum Leistungslohn gehören Akkord- und Prämienlohn.

> **Berechnungsformel: Akkordlohn**
> Stückzahl x Stückgeldakkordsatz = Bruttoverdienst
> oder
> Stückzahl x Stückzeit x Minutenfaktor = Bruttoverdienst

Beteiligungslohn

Beteiligungslohn erhalten Mitarbeiter über den Lohn hinaus. Eine Kapitalbeteiligung (z. B. Aktien) des Unternehmens kann z. B. für Einzahlungen in eine Lebensversicherung verwendet werden. Das Geld steht dem Mitarbeiter bei dieser Form der Beteiligung aber nicht zur freien Verfügung.
Eine Gewinnbeteiligung hingegen wird ausgezahlt und steht dem Arbeitnehmer zur freien Verfügung.

Entlohnungsformen sind z. B.
- *Gage (z. B. beim Künstler)*
- *Honorar (z. B. beim Dozenten der Volkshochschule)*
- *Gehalt (z. B. beim Angestellten im Büro)*
- *Sold (z. B. bei Soldaten, die ihren Wehrdienst leisten)*

Akkordlohn:
Er ist ein leistungsbezogener Lohn. Es wird das messbare Ergebnis der geleisteten Arbeit bezahlt.
Man unterscheidet
- *Einzelakkord*
- *Gruppenakkord*
- *Stückakkord*
- *Stückzeitakkord*

Prämienlohn:
Er setzt sich zusammen aus einem Grundlohn und einer Sondervergütung. Er kann bei einer Umsatzsteigerung oder auch bei entsprechender Qualitätsarbeit gezahlt werden.

Aufgaben

1. Erläutern Sie die Begriffe „Nominallohn" und „Reallohn" anhand von zwei Beispielen.
2. Erarbeiten Sie eine Übersicht, in der Vor- und Nachteile der einzelnen Lohnarten gegenübergestellt werden. Führen Sie anhand dieser Übersicht eine Pro-und-Kontra-Diskussion in Ihrer Klasse. (Informationen über den Ablauf einer Diskussion finden Sie auf Seite 298.)
3. Welche jeweilige Lohnart erhalten die Bauzeichnerin Linda und der Dachdecker Andreas im Eingangsbeispiel? Begründen Sie Ihre Antwort.
4. Informieren Sie sich über die einzelnen Beitragssätze der entsprechenden Sozialversicherungen. Erörtern Sie, welche lohnabhängigen Faktoren die Beitragshöhe bestimmen. (Weitere Informationen finden Sie in Abschnitt 3.1.1.)

Berufs- und Arbeitswelt

1.2.5 Geld her, oder ich streike! – Geht das so einfach? Tarifrunden und -verhandlungen

Laufen Tarifverträge aus und werden sie von Gewerkschaft oder Arbeitgeberverband fristgerecht gekündigt, wird dadurch eine neue **Tarifrunde** eingeläutet. Als Tarifrunde bezeichnet man alle Verhandlungen und Maßnahmen von der ersten Forderung, die die Sozialpartner stellen, bis hin zum letztendlichen Abschluss eines neuen Tarifvertrages.

Diese Tarifverhandlungen beginnen kurze Zeit nach dem Auslaufen der Tarifverträge und erstrecken sich normalerweise über mehrere Verhandlungstermine. Da sich die Interessen der Arbeitgeberseite und der Arbeitnehmerseite naturgemäß sehr unterscheiden, muss durch Verhandlungen ein Kompromiss zwischen den unterschiedlichen Forderungen gefunden werden.

Natürlich möchte niemand unvorbereitet in Verhandlungen gehen. Daher beginnen die Tarifkommissionen der Tarifpartner bereits einige Wochen bzw. Monate vor dem Auslaufen des Tarifvertrages, ihre Forderungen auszuarbeiten.

Ein gesetzlicher Zwang zur Schlichtung besteht nicht. In vielen Tarifgebieten bestehen jedoch Schlichtungsabkommen, d. h. die Zusicherung, einen Schlichtungsversuch zu unternehmen.

Bei einem Großteil der Verhandlungen gelingt es den Sozialpartnern, sich gütlich auf einen neuen Tarifvertrag zu einigen. Gelingt dies nicht, kann einer der Tarifvertragspartner eine **Schlichtung** anrufen. Die Schlichtungskommission ist zu gleichen Teilen mit Vertretern beider Tarifparteien und zusätzlich einem unparteiischen Vorsitzenden besetzt. Sie macht einen Schlichtungsvorschlag, der aber **nicht** angenommen werden **muss**.

Mit dem Ende der Laufzeit endet auch die **Friedenspflicht**. Sind die Verhandlungen gescheitert, kommt es zum eigentlichen **Arbeitskampf** durch **Streik** auf der Arbeitnehmerseite und **Aussperrung** auf der Arbeitgeberseite. Im Normalfall wird zunächst von der Gewerkschaft zu einem **Warnstreik** aufgerufen. Bei einem solchen Warnstreik handelt es sich um die Niederlegung der Arbeit für einen kurzen Zeitraum, um die Streikbereitschaft zu signalisieren bzw. einen regulären Streik anzudrohen.

Bleibt auch der Warnstreik ergebnislos, kann die Gewerkschaft zu einem rechtmäßigen Streik aufrufen. Die Mitglieder der Gewerkschaft stimmen in einer **Urabstimmung** ab, ob der Streik erfolgen soll. Mindestens 75 % der durch die Tarifverhandlungen betroffenen Mitglieder müssen zustimmen.

Verschiedene Regelungen – Woher kommen die?

Wichtige, rechtlich zulässige Streikformen sind:
1. **Schwerpunktstreik:** Es werden nur wenige, aber sehr wichtige Betriebe bestreikt (z. B. die Müllabfuhr bei einem Streikaufruf der ver.di).
2. **Flächenstreik (= totaler Streik):** Alle oder nahezu alle betroffenen Betriebe werden bestreikt.
3. **kurzfristiger Sympathiestreik:** Arbeitnehmer nicht betroffener Branchen oder Tarifgebiete solidarisieren sich und streiken für **maximal einige Stunden mit.**

Längere Sympathiestreiks, wilde Streiks (Streiks ohne Genehmigung durch Gewerkschaft und Urabstimmung) und Generalstreiks (Arbeitsniederlegung aller Branchen aus politischen Gründen) sind dagegen rechtswidrig.

Da während eines Streiks kein Lohn/Gehalt gezahlt wird, erhalten die streikenden Gewerkschaftsmitglieder als Unterstützung von ihrer Gewerkschaft ein Streikgeld (in der Regel 2/3 des Bruttoverdienstes).

Aufgrund eines rechtmäßigen Streiks dürfen die Streikenden **nicht entlassen** werden. Die Arbeitgeber können jedoch auch nicht streikende Mitarbeiter **aussperren.** Es dürfen dabei höchstens so viele Mitarbeiter ausgesperrt werden wie sich gerade im Streik befinden.

Ebenso wie streikende erhalten auch ausgesperrte Mitarbeiter keinen Lohn; Anspruch auf Arbeitslosengeld besitzen sie nicht. Ausgesperrten Mitarbeitern, die Gewerkschaftsmitglieder sind, muss jedoch Streikgeld von der zuständigen Gewerkschaft gezahlt werden.

Parallel zu Streik und Aussperrung werden weiterhin Einigungsgespräche geführt. Das Ergebnis dieser Verhandlungen wird den Gewerkschaftsmitgliedern vorgelegt und von ihnen durch eine 2. Urabstimmung angenommen oder abgelehnt. Sind mindestens 25 % der Betroffenen für eine Annahme, endet der Arbeitskampf (= Streik), und der neue Tarifvertrag kann unterzeichnet werden.

„Bitte die Herren, das übliche Zeremoniell - es ist angerichtet."

Aufgaben

1. Erklären Sie den Begriff „Arbeitskampf". Welches sind die Mittel von Gewerkschaften und Arbeitgeberverbänden? Notieren Sie diese stichpunktartig.
2. In der Meyer GmbH sollen aus Rationalisierungsgründen 5 % der Mitarbeiter entlassen werden. Ein Teil der Mitarbeiter beschließt, aus Protest die Arbeit niederzulegen. Wie wird diese Streikart genannt und welche Folgen kann sie haben?
3. In Magdeburg wird ein rechtmäßiger Streik ausgerufen. Danny ist Gewerkschaftsmitglied, David nicht. Beide sind sich nicht sicher, ob sie am Streik teilnehmen sollen. Erklären Sie den beiden die rechtliche Lage und mögliche Folgen durch die Teilnahme an diesem Streik.

Berufs- und Arbeitswelt

1.2.6 Der Betriebsrat

Leitende Angestellte sind weder wählbar noch wahlberechtigt. Da sie den Betrieb führen, werden sie der Arbeitgeberseite zugerechnet. Sind mindestens zehn leitende Angestellte im Betrieb beschäftigt, können sie jedoch einen Sprecherausschuss wählen. Der Sprecherausschuss hat nur Informations- und Beratungsrechte.

Betriebsratsgröße		
Wahl-berechtigte	Betriebsrats-mitglieder insgesamt	davon für die Betriebs-ratsarbeit freigestellt
5 - 20	1	keiner
21 - 50	3	keiner
51 - 100	5	keiner
101 - 200	7	keiner
201 - 400	9	1
401 - 500	11	1
501 - 700	11	2
701 - 900	13	2
901 - 1000	13	3
1001 - 1500	15	3
1501 - 2000	17	4
2001 - 2500	19	5
2501 - 3000	21	5
3001 - 3500	23	6
3501 - 4000	25	6
4001 - 4500	27	7
4501 - 5000	29	7
5001 - 6000	31	8
6001 - 7000	33	9
7001 - 8000	35	10
8001 - 9000	35	11
9001 - 10 000	35	12
	Danach erhöht sich die Zahl der Betriebsräte um 2 für je angefangene 3 000 Arbeitneh-mer.	Danach erhöht sich die Zahl der freigestellten Betriebsräte um 1 für je angefangene 2 000 Arbeitneh-mer.

Das Betriebsverfassungsgesetz (BetrVG) soll dafür sorgen, dass die Belegschaft eines Betriebs über einen gewählten Betriebsrat in gewissem Maße an den betrieblichen Entscheidungen beteiligt wird. Es regelt die Zusammenarbeit zwischen dem Arbeitgeber auf der einen Seite und dem Betriebsrat, den Gewerkschaften und anderen Arbeitnehmervereinigungen – und damit der Belegschaft – auf der anderen Seite.

Der Arbeitgeber braucht sich um die Einrichtung eines Betriebsrates nicht zu kümmern, denn dieser kann nur auf Betreiben der Arbeitnehmer gebildet werden. Will die Belegschaft einen Betriebsrat bilden, darf der Arbeitgeber dies nicht verhindern. Er ist sogar verpflichtet, allen Mitarbeitern die Teilnahme an der Versammlung während der Arbeitszeit zu ermöglichen und die durch die Versammlung entstehenden Kosten zu tragen. Behindert er die Wahl oder die spätere Arbeit des Betriebsrates oder versucht er, sie zu beeinflussen, macht er sich strafbar.

Die Bildung eines Betriebsrates kann laut §1 des BetrVG nur in Betrieben mit **„mindestens fünf ständigen wahlberechtigten Arbeitnehmern, von denen drei wählbar sind"** erfolgen. Wahlberechtigt sind alle volljährigen Arbeitnehmer. Wählbar dagegen sind nur Arbeitnehmer, die volljährig sind und seit mindestens sechs Monaten dem Betrieb angehören. Dabei ist es unerheblich, ob es sich um eine Vollzeit-, Teilzeit-, Heim- oder sonstige Art der Arbeit handelt.
Die Größe des Betriebsrates hängt von der Anzahl der wahlberechtigten Mitarbeiter ab. Er wird alle vier Jahre, jeweils in der Zeit vom 1. März bis zum 31. Mai, in geheimer Wahl gewählt. Besteht der Betriebsrat aus mindestens drei Mitgliedern, so soll sich in ihm das zahlenmäßige Verhältnis der verschiedenen Gruppen (Geschlecht, Anstellungsart usw.) im Betrieb wiederfinden.

Verschiedene Regelungen – Woher kommen die?

Der Betriebsrat hat die Aufgabe, im ständigen Dialog mit dem Arbeitgeber

- die Interessen der Arbeitnehmer wahrzunehmen,
- Konflikte zu vermeiden und
- soziale Spannungen auszugleichen.

Hierfür stehen ihm verschiedene Möglichkeiten der Mitbestimmung zur Verfügung:

Mitbestimmung durch den Betriebsrat		
Mitbestimmungsrechte in sozialen Angelegenheiten (§ 87 BetrVG)	**Mitwirkungsrechte** in personellen Angelegenheiten	**Mitwirkungsrechte** in wirtschaftlichen Angelegenheiten
Der Betriebsrat hat, soweit eine gesetzliche oder tarifliche Regelung nicht besteht, in folgenden Fällen mitzubestimmen: 1. Betriebsordnung und Arbeitnehmerverhalten 2. Beginn, Ende und Verteilung der täglichen Arbeitszeit, Pausen 3. Urlaubsplan 4. Einführung von technischen Einrichtungen zur Überprüfung von Verhalten und Leistung der Arbeitnehmer 5. Unfallverhütung 6. Sozialeinrichtungen im Betrieb 7. betriebliche Entlohnungsgrundsätze und -methoden 8. Akkord- und Prämiensätze 9. betriebliches Vorschlagswesen	Der Betriebsrat ist bei der Durchführung einer Maßnahme zu beteiligen: 1. Einstellung, Ein- und Umgruppierung, Versetzung (§ 99 BetrVG) 2. Durchführung betrieblicher Bildungsmaßnahmen (§ 98 BetrVG) 3. Kündigungen (§ 102 BetrVG)	Arbeitgeber muss Betriebsrat unterrichten (§ 106 BetrVG): 1. wirtschaftliche und finanzielle Lage 2. Produktions- und Absatzlage 3. Investitionen und Rationalisierungen 4. Arbeitsmethoden 5. Stilllegen, Verlegen und Zusammenschließen von Betrieben 6. Änderung der Betriebsorganisation 7. Gestaltung des Arbeitsplatzes (§ 90 BetrVG) 8. betrieblicher Umweltschutz

In jedem Quartal beruft der Betriebsrat eine Betriebsversammlung ein. Hier gibt er einen Bericht über seine Tätigkeiten ab und beantwortet Fragen der Mitarbeiter. Auch der Arbeitgeber wird zu diesen Versammlungen geladen, damit er zu aktuellen Themen oder Problemen Stellung nehmen kann.

Daher besteht für Betriebsratsmitglieder ein spezieller Kündigungsschutz (vgl. Abschnitt 1.1.6)

Da immer mehr Unternehmen europaweit Betriebsstätten besitzen, verabschiedete der Rat der Arbeits- und Sozialminister der EU am 22.9.1994 die Richtlinie „Europäische Betriebsräte", um eine Mitbestimmung in den Konzernen auch grenzüberschreitend zu ermöglichen.

Aufgaben

1. *Wird der Arbeitgeber im Eingangsbeispiel seine Meinung durchsetzen können? Begründen Sie Ihre Antwort.*
2. *a) Wie viele Betriebsratsmitglieder müssen in den folgenden Beispielen gewählt werden?*
   b) Wie viele sind dabei für ihre Betriebsratsarbeit von ihrer betrieblichen Tätigkeit freizustellen?
3. *In welchen Bereich der Mitbestimmung würden Sie folgende Fälle einordnen?*
   Herr Meier soll wegen Trunkenheit entlassen werden – durch die gute Auftragslage werden Überstunden nötig – in der Kantine soll Rauchverbot erlassen werden – es soll Gleitzeit eingeführt werden – eine Filiale soll geschlossen werden.

Beschäftigte insgesamt	davon			
	unter 18 Jahre	weniger als 6 Monate beschäftigt	leitende Angestellte	sonstige Angestellte
62	6	5	2	25
15.852	172	86	15	4.623

1.2.7 Jugend- und Auszubildendenvertretung

Die Interessenvertretung für die Belegschaft gegenüber dem Arbeitgeber ist allein der Betriebsrat. Daher darf die JAV ihre Aufgaben nur gegenüber dem Betriebsrat erfüllen.

Jüngere Arbeitnehmer und Auszubildende sind zwar von denselben betrieblichen Problemen betroffen wie alle anderen Mitarbeiter, sind aber bis zu ihrer Volljährigkeit von der Wahl des Betriebsrates ausgeschlossen. Um ihnen dennoch eine Beteiligung an der Mitbestimmung im Betrieb zu ermöglichen und gleichzeitig ihre speziellen Probleme zu berücksichtigen, kann eine Jugend- und Auszubildendenvertretung (JAV) gebildet werden. Sie ist ein Untergremium des Betriebsrates und unterliegt daher im Wesentlichen denselben Bestimmungen wie der Betriebsrat.

Die Bildung einer Jugend- und Auszubildendenvertretung ist an zwei Bedingungen geknüpft. Da die JAV kein eigenständiges Organ ist, muss zunächst ein Betriebsrat bestehen. Zudem muss der Betrieb in der Regel mindestens fünf Arbeitnehmerinnen bzw. Arbeitnehmer beschäftigen, die das 18. Lebensjahr noch nicht vollendet haben (jugendliche Arbeitnehmer) oder die in der Berufsausbildung stehen und das 25. Lebensjahr noch nicht vollendet haben. Den Anstoß zur Wahl einer JAV kann der Arbeitgeber, der Betriebsrat oder eine im Betrieb vertretene Gewerkschaft geben.

Arbeitnehmer, die infolge strafrechtlicher Verurteilung die Fähigkeit, Rechte aus öffentlichen Wahlen zu erlangen, verloren haben, sind nicht wählbar.

Wahlberechtigt (aktives Wahlrecht) sind alle nicht volljährigen Arbeitnehmer sowie die zu ihrer Berufsausbildung Beschäftigten, die das 25. Lebensjahr noch nicht vollendet haben. Sie müssen am Tag der Wahl im Betrieb beschäftigt sein; die Dauer des Arbeitsverhältnisses ist dabei nicht entscheidend. Wählbar (passives Wahlrecht) sind dagegen nur die Arbeitnehmer, die das 25. Lebensjahr noch nicht vollendet haben und die kein Betriebsratsmitglied sind.

Die Wahlen der JAV finden alle zwei Jahre im Zeitraum vom 01. Oktober bis 30. November statt. Lediglich wenn eine JAV neu gebildet wird, kann die Wahl auch an einem anderen Termin erfolgen. Die nächste Wahl muss aber dann wieder im vorgeschriebenen Zeitraum erfolgen. Wie der Betriebsrat, so soll auch die JAV möglichst die personellen Verhältnisse widerspiegeln.

Verschiedene Regelungen – Woher kommen die?

Nach § 60 Absatz 2 des Betriebsverfassungsgesetztes (BetrVG) soll die JAV die besonderen Interessen und Probleme der jugendlichen Arbeitnehmer und der Auszubildenden gegenüber dem Betriebsrat vertreten. Um dies zu gewährleisten, liegen ihre Aufgaben insbesondere darin,

- die Einhaltung geltender Bestimmungen (z. B. Gesetze, Verordnungen, Unfallverhütungsvorschriften, Tarifverträge oder Betriebsvereinbarungen) zu überwachen, die jugendliche Arbeitnehmer und Auszubildende betreffen. Dazu kann die JAV – sofern der Betriebsrat zugestimmt hat – beispielsweise Betriebsbegehungen durchführen.
- Anregungen von Jugendlichen und Auszubildenden zu sammeln und gegebenenfalls daraus konkrete Maßnahmen zu entwickeln, um diese beim Betriebsrat einzureichen und auf die Erledigung hinzuwirken. Dies gilt insbesondere bei Fragen zur Berufsbildung und zur Übernahme in ein Arbeitsverhältnis.
- Maßnahmen zur Durchsetzung der tatsächlichen Gleichstellung beim Betriebsrat zu beantragen. Es gilt, beispielsweise auf die Gleichstellung von Mann und Frau bei der Ausbildung hinzuwirken. Aber auch das Beantragen von Maßnahmen beim Betriebsrat zur Integration Auszubildender und jugendlicher Arbeitnehmerinnen und Arbeitnehmer ausländischer Herkunft fällt in diesen Bereich.

Um seine Aufgaben erfüllen zu können, dürfen die Mitglieder der JAV an den Sitzungen des Betriebsrates teilnehmen und die Jugendlichen Arbeitnehmer und Auszubildenden informieren. Einmal im Quartal ist eine Versammlung einzuberufen. Bei mehr als 50 Wahlberechtigten kann zusätzlich eine eigene Sprechstunde im Betrieb eingerichtet werden.

Die Mitglieder der JAV unterliegen – genau wie Betriebsratsmitglieder – einem besonderen Kündigungsschutz (vergleiche Abschnitt 1.1.6). So muss der Arbeitgeber Auszubildende, die Mitglied in einem betriebsverfassungsrechtlichen Vertretungsorgan sind (also Betriebsrat oder JAV), nach der Ausbildung in ein unbefristetes Vollzeitarbeitsverhältnis übernehmen, sofern der Auszubildende dies innerhalb der letzten drei Monate vor Bekanntgabe der Prüfungsergebnisse schriftlich verlangt hat. Dies gilt auch, wenn das Berufsausbildungsverhältnis vor Ablauf eines Jahres nach Ende der Amtszeit endet.

wahlberechtigte Beschäftigte:	zu wählende Mitglieder:
5 - 20	1
21 - 50	3
51 - 150	5
151 - 300	7
301 - 500	9
501 - 700	11
701 - 1000	13
mehr als 1000	15

Aufgaben

1. Betrachten Sie die dargestellte Szene am Anfang des Kapitels. Wie beurteilen Sie die Situation? Ist die Freisetzung Ihrer Meinung nach rechtsgültig?
2. Sie würden gern sehen, dass in Ihrem Betrieb eine JAV entsteht. Welche Voraussetzungen müssen bestehen und was müssen Sie unternehmen?
3. Wie gestaltet sich der rechtliche Ablauf einer JAV-Wahl? Recherchieren Sie, was bei der Wahlvorbereitung, Durchführung der Wahl, der Stimmabgabe und -auszählung sowie den Benachrichtigungen zu beachten ist.

1.2.8 Mitbestimmung im Unternehmen – das Drittelbeteiligungsgesetz und das Montanmitbestimmungsgesetz

> „Was ich anstrebe, ist also eine Unternehmensleitung, die von allen am Unternehmen unmittelbar Beteiligten, das ist von denen, die (Risiko-)Kapital einsetzen, und denen, die als Arbeitnehmer ihre Person einsetzen, gemeinsam bestellt wird und beiden gemeinsam verantwortlich ist."
>
> Oswald von Nell-Breuning (1890–1991, deutscher Sozialwissenschaftler)

Das neue Drittelbeteiligungsgesetz:
Für die Wahl von Arbeitnehmervertretern in den Aufsichtsrat von Gesellschaften, die zwischen 500 und 2000 Arbeitnehmer beschäftigen, galten bis zum 30. Juni 2004 die Vorschriften *des Betriebsverfassungsgesetzes von 1952 (BetrVG 1952)*.
Das BetrVG 1952 ist vom Drittelbeteiligungsgesetz (DrittelbG) im Rahmen der Änderungen durch das 2. Gesetz zur Vereinfachung der Wahl der Arbeitnehmervertreter in den Aufsichtsrat abgelöst worden.

Parität:
Gleichstellung, Gleichsetzung, (zahlenmäßige) Gleichheit

Durch die Gesetze zur Mitbestimmung im Unternehmen soll sichergestellt werden, dass auch die Interessen der Arbeitnehmer gewahrt werden. Unternehmerische Entscheidungen und Planungen sollen nicht nur zu Gunsten der Kapitalgeber getroffen werden, sondern auch die sozialen Belange der Beschäftigten berücksichtigen. Welches der drei Gesetze (vergleiche auch Abschnitt 1.2.9) zur Mitbestimmung im Unternehmen für einen Betrieb gültig ist, hängt vor allem ab von

- dem Wirtschaftsbereich,
- der Unternehmensform und
- der Unternehmensgröße.

Das **Gesetz über die Drittelbeteiligung der Arbeitnehmer im Aufsichtsrat (DrittelbG)** gilt für Betriebe, die
- nicht im Bereich der Montanindustrie tätig sind **und**
- eine AG, KGaA, GmbH, eine Genossenschaft oder ein Versicherungsverein auf Gegenseitigkeit sind **und**
- mehr als 500, aber maximal 2.000 Mitarbeiter haben.

Die Aufsichtsräte sind je nach Betriebsgröße mit mindestens 3, höchstens 21 Mitgliedern besetzt. Dabei stellt ein Drittel von ihnen Vertreter der Arbeitnehmer dar, die restlichen zwei Drittel Vertreter der Arbeitgeber (Drittelparität). Bei einem oder zwei Arbeitnehmervertretern müssen diese aus dem Betrieb stammen, ab drei Vertretern können auch z. B. Vertreter der Gewerkschaften gewählt werden. Unter den Aufsichtsratsmitgliedern sollen Frauen und Männer entsprechend ihrem zahlenmäßigen Verhältnis im Unternehmen vertreten sein.

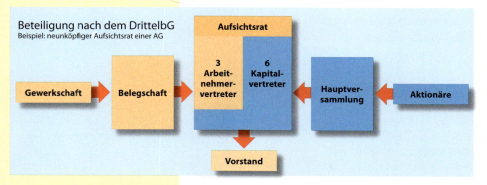

Die Arbeitnehmervertreter werden von der Belegschaft in geheimer und unmittelbarer Wahl bestimmt. Vorschläge für die Kandidaten dürfen dabei die Betriebsräte und ein Zehntel (oder 100) der Arbeitnehmer machen.

Verschiedene Regelungen – Woher kommen die?

Das **Montanmitbestimmungsgesetz von 1951** gilt für Betriebe, die
- überwiegend (d. h. mit mehr als 20 % ihres Produktionswertes) im Bereich Bergbau oder Eisen und Stahl erzeugender Industrie tätig sind **und**
- eine AG, eine GmbH oder eine bergrechtliche Genossenschaft sind **und**
- mehr als 1.000 Mitarbeiter haben.

Durch das „Mitbestimmungsergänzungsgesetz" wird die Montanmitbestimmung auch auf Konzerne erweitert, die selbst zwar keine Montanunternehmen sind, jedoch Konzerntöchter in diesem Wirtschaftsbereich besitzen. Auch Sicherungsgesetze für Betriebe, die ihre Produktion änderten und plötzlich nicht mehr zur Montanindustrie zählten, wurden geschaffen.

montanus:
(lateinisch) die Gebirge, die Berge betreffend

Die Aufsichtsräte bestehen bei kleineren Unternehmen der Montanindustrie aus 11 oder 15 Mitgliedern, bei größeren aus 21 Mitgliedern. Arbeitnehmer und Anteilseigner sind gleich stark vertreten (paritätisch). In Pattsituationen gibt daher das neutrale Mitglied den Ausschlag für eine Entscheidung. Für seine Wahl besteht deshalb auch ein Einigungszwang, da er als „Schiedsrichter" das Vertrauen von Arbeitnehmern und Anteilseignern besitzen muss.

Der **Arbeitsdirektor** ist zuständig für das Personal- und Sozialwesen im Betrieb (Neueinstellungen, Entlassungen, auftretende Sozialprobleme). Er muss also insbesondere das Vertrauen der Arbeitnehmer besitzen und kann daher nicht gegen die Stimmenmehrheit der Arbeitnehmervertreter berufen werden.

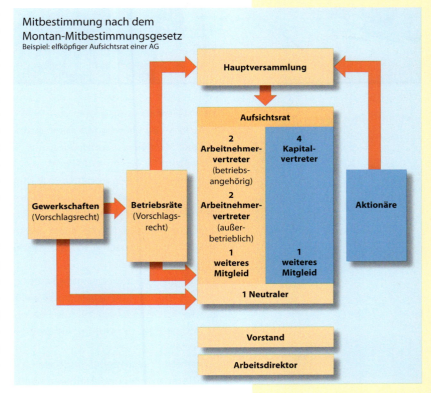

Aufgaben

1. Lesen Sie die von Oswald von Nell-Breuning gestellte Forderung. Was ist Ihrer Meinung nach der Grund für eine solche Forderung? Wie wird sie durch die Montanmitbestimmung und/oder das Drittelbeteiligungsgesetz erfüllt? Begründen Sie Ihre Meinung.
2. Zeichnen Sie ein Schaubild für den Aufsichtsrat eines Betriebes.
   a) mit 18 Mitgliedern nach dem Drittelbeteiligungsgesetz;
   b) mit 21 Mitgliedern nach dem Montanmitbestimmungsgesetz.
3. In beiden Mitbestimmungsmodellen besteht die Möglichkeit, außerbetriebliche Aufsichtsratsmitglieder auf der Arbeitnehmerseite zu wählen. Nennen Sie je drei Vor- und Nachteile dieser Regelung für die Belegschaft.

1.2.9 Das Mitbestimmungsgesetz von 1976

Beschäftigte	Aufsichts-räte
2.000 - 10.000	12
10.001 - 20.000	16
ab - 20.001	20

Das **Mitbestimmungsgesetz von 1976** gilt für Betriebe, die
- nicht im Bereich der Montanindustrie tätig sind **und**
- eine AG, KGaA, GmbH oder eine Genossenschaft sind (siehe hierzu auch Abschnitt 2.2.3 und 2.2.4) **und**
- mehr als 2000 Mitarbeiter beschäftigen.

Ebenso wie in den Montanbetrieben ist der Aufsichtsrat paritätisch besetzt, d. h. zu gleichen Teilen durch Vertreter der Anteilseigner und der Arbeitnehmer. Seine Größe richtet sich nach der Anzahl der Beschäftigten.

Auch in diesem Mitbestimmungsmodell sind die Gewerkschaften vertreten. Bei einer Unternehmensgröße bis 20000 Beschäftigten erhalten sie zwei Sitze der Arbeitnehmerseite, bei größeren Betrieben drei Sitze. Die restlichen Sitze müssen mit Mitarbeitern des Unternehmens besetzt werden.

Die Wahl der Aufsichtsratsmitglieder erfolgt in Unternehmen mit bis zu 8000 Beschäftigten in einer unmittelbaren Wahl (= **Urwahl**)**.** Nur die Vertreter für die Sitze der Gewerkschaftler werden von allen Gruppen gewählt.

Betriebe mit mehr als 8000 Beschäftigten wählen durch Delegierte. Für je 90 wahlberechtigte Arbeitnehmer ist ein Wahlmann bzw. eine -frau vorgesehen, die oder der von der gesamten Belegschaft dieser Gruppe bestimmt wird. Diese Delegierten wiederum wählen dann die Mitglieder des Aufsichtsrates. Es ist jedoch auch möglich, eine Urwahl vorzunehmen, wenn die Mehrheit der Belegschaft dies beschließt.
Der Aufsichtsrat wählt aus seinen Mitgliedern einen Vorsitzenden und dessen Stellvertreter mit Zweidrittelmehrheit. Kann keiner der Kandidaten im ersten Wahlgang diese Mehrheit erreichen, wählen laut Gesetz die Anteilseigner den Vorsitzenden und die Arbeitnehmer den Stellvertreter.

Delegierter:
Mitglied einer Delegation

Delegation:
Abordnung von Bevollmächtigten

Verschiedene Regelungen – Woher kommen die?

Die Stimme des Aufsichtsratsvorsitzenden zählt in Pattsituationen doppelt. Diese zweite Stimme ist personengebunden. Ist der Vorsitzende also bei der Abstimmung verhindert, kann diese zweite Stimme nicht auf seinen Stellvertreter übertragen werden.

Wie bei dem Montanmitbestimmungsgesetz wird auch hier ein Arbeitsdirektor berufen. Seine Aufgaben liegen im Bereich des Personal- und Sozialwesens. Er wird durch den Aufsichtsrat mit einer Zweidrittelmehrheit gewählt. Kann kein Kandidat diese Mehrheit erreichen, wird ein Vermittlungsausschuss aus dem Aufsichtsratsvorsitzenden, seinem Stellvertreter und je einem Aufsichtsratsmitglied der beiden Seiten gebildet.

Kann auch innerhalb dieses Ausschusses kein Kandidat die **absolute** Mehrheit erreichen, kann der Aufsichtsratsvorsitzende sein Doppelstimmrecht geltend machen. Im Gegensatz zur Montanmitbestimmung kann der Arbeitsdirektor also auch gegen den Willen der Arbeitnehmervertreter eingesetzt werden.

Patt:
Bezeichnung z. B. für einen unentschiedenen Ausgang von Wahlen oder für einen Gleichstand

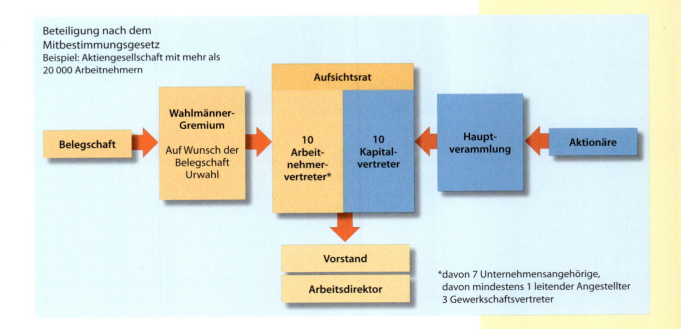

Aufgaben

1. Welche Unterschiede, welche Gemeinsamkeiten haben das Montanmitbestimmungsgesetz und das Mitbestimmungsgesetz von 1976?
2. Welches sind die Unterschiede bzw. Gemeinsamkeiten zwischen dem Mitbestimmungsgesetz von 1976 und der Mitbestimmung nach dem Drittelbeteiligungsgesetz?
3. Der Arbeitsdirektor wird häufig als „Diener zweier Herren" bezeichnet. Erläutern Sie, inwieweit diese Beurteilung zutreffend ist.
4. Welches der drei Mitbestimmungsmodelle halten Sie für das beste? Diskutieren Sie Ihre Meinung in Kleingruppen in Ihrer Klasse. (Hinweise zu Vorbereitung und Verlauf einer Pro-und-Kontra-Diskussion finden Sie auf Seite 298.)

1.3 Arbeitsschutz

Entwicklung des Arbeitsschutzes:

1884 Unfallversicherungsgesetz
1891 Gewerbeordnung
1911 Reichsversicherungsordnung
1952 Mutterschutzgesetz
1960 Jugendarbeitsschutzgesetz
1968 Gerätesicherheitsgesetz
1973 Arbeitssicherheitsgesetz
1976 Arbeitsstättenverordnung
1986 Gefahrstoffverordnung
1996 Arbeitsschutzgesetz
2007 Nichtraucherschutz

Gewerbeaufsichtsamt:
Es achtet darauf, dass die Arbeitsstättenverordnung eingehalten wird. Diese enthält die Mindestanforderungen an Sicherheitsbedingungen am Arbeitsplatz.

Unfallverhütungsvorschriften (UVV):
Sie enthalten vorbeugende Maßnahmen und zeigen auf, wann mit Gefahr zu rechnen ist und wie den Gefährdungen begegnet werden kann.

Berufsgenossenschaften:
Sie gewähren einen Versicherungsschutz bei Arbeitsunfällen und Berufskrankheiten.
Neben den gewerblichen Berufsgenossenschaften, den landwirtschaftlichen Berufsgenossenschaften ist auch die Unfallversicherung der öffentlichen Hand (Unfallkassen) Träger der gesetzlichen Unfallversicherung. Die Rechtsform des Bundesverbandes der Unfallkassen (BUK) ist die eines eingetragenen Vereins.

Unzureichender Arbeitsschutz im Bergbau um 1938

Die Anfänge des Arbeitsschutzes sind bereits im 19. Jahrhundert zu finden. Unter Reichskanzler Otto von Bismarck (siehe Abschnitt 3.1.11) wurden die ersten bedeutenden Arbeitsschutzgesetze erlassen, welche die Kinder- und Jugendarbeit regelten. Der Arbeiter bekam einen Schutz bei Krankheit, Unfall und Erwerbsunfähigkeit.
Mit Einführung der Gewerbeordnung um 1900 wird die Durchführung der Arbeitsschutzgesetze durch die Gewerbeaufsichtsämter überwacht.

Der Mensch verbringt einen großen Teil des Lebens am Arbeitsplatz. Für viele Arbeitnehmer bedeutet das Stress oder körperliche Anstrengung. Eine nicht unerhebliche Anzahl von Arbeitnehmern wird jährlich durch berufsbedingte Krankheiten oder gar durch einen Arbeitsunfall aus dem Arbeitsleben gerissen. Eine der häufigsten Unfallarten in Schulen, am Arbeitsplatz und im Freizeitbereich bilden die Stolper-, Rutsch- oder Sturzunfälle. Allein in Deutschland sterben jährlich bis zu 4000 Menschen an deren Folgen.
Ursachen von Arbeitsunfällen können u. a. sein: Leichtsinn, Termindruck oder fehlendes Wissen.

Die Aufgabe des Arbeitsschutzes ist es, durch rechtliche, medizinische, organisatorische und technische Vorkehrungen gesundheitliche Gefahren von den Beschäftigten abzuwenden. Für die Durchführung der Unfallverhütungsvorschriften und der Arbeitsstättenverordnung ist jeder Unternehmer zuständig. Die Unfallvorschriften richten sich aber auch direkt an die Arbeitnehmer, die verpflichtet sind, diese einzuhalten.

Arbeitsunfälle müssen der zuständigen Berufsgenossenschaft gemeldet werden. Kommt es trotz eingehaltener Unfallverhütungsvorschriften zu einem Unfall, springt die gesetzliche Unfallversicherung der Berufsgenossenschaft für die entstehenden Kosten ein. Liegt jedoch ein grober Verstoß gegen die Unfall-

Arbeitsschutz

verhütungsvorschriften vor, fordert die Berufsgenossenschaft die entstandenen und von ihr bezahlten Kosten vom Arbeitgeber zurück. Unter Umständen kann es zu einem Strafprozess gegen den oder die Verantwortlichen kommen. (Siehe auch Abschnitt 3.1.8.)

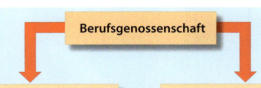

Berufsgenossenschaft

Unfallverhütung
- Unfallverhütungsvorschriften erlassen
- Beratung des Betriebes
- Kontrolle der Arbeitssicherheit
- Schulung der Mitarbeiter
- Prüfung der Arbeitsmittel

Unfallentschädigung
- Wiederherstellung der Arbeitsfähigkeit
- med. Heilbehandlung
- Berufshilfe durch:
  - Arbeitsplatzsicherung
  - Umschulung
- Geldleistungen:
  - Verletzungsgeld
  - Übergangsgeld

Bei Verstößen gegen die Unfallverhütungsvorschriften oder Arbeitsrichtlinien kann es vorkommen, dass ein Betrieb behördlich eingestellt, d. h. geschlossen wird.
Jeder, der in einem Mitgliedsbetrieb der Berufsgenossenschaft in einem Arbeits- oder Ausbildungsverhältnis steht, ist bei der Berufsgenossenschaft seines Gewerbezweiges versichert.

Das Arbeitsschutzgesetz schreibt u. a. vor:
Die Arbeit ist so zu gestalten, dass eine Gefährdung für Leben und Gesundheit möglichst vermieden und die verbleibende Gefährdung möglichst gering gehalten wird. Gefahren sind an ihrer Quelle zu bekämpfen. Eine Gefährdung kann sich insbesondere ergeben durch die Gestaltung und die Einrichtung des Arbeitsplatzes sowie die Gestaltung, die Auswahl und den Einsatz von Arbeitsmitteln und den Umgang damit.

Für die Arbeitssicherheit ist auch der Bereich der technischen Normung von Bedeutung:
- **VDE-Vorschriften**
  (Verband Deutscher Elektroingenieure)
- **Vorschriften des TÜV**
  (Technischer Überwachungs-Verein)
- **DIN-Normen**
  (Deutsche Industrienormen des Deutschen Instituts für Normung)

Aufgaben

1. Erläutern Sie, wer die Arbeitsstättenverordnung und die Unfallverhütungsvorschriften einhalten muss.
2. Unter welchen Umständen müssen die Kosten eines Arbeitsunfalls von der Berufsgenossenschaft getragen werden?
3. Zählen Sie auf, was in Ihrem Ausbildungsbetrieb für den Arbeitsschutz getan wird und welche Gefahrenquellen damit ausgeschlossen werden.
4. Benennen Sie die Institutionen, die für die Sicherheitskontrollen an Arbeitsstellen verantwortlich sind.

Gefährdung bedeutet im Rahmen des Arbeitsschutzes ein mögliches räumliches und zeitliches Einwirken von Energien auf den Menschen (z. B. durch Gifte). Aber auch Belastungen, die zu negativen Beanspruchungen führen, werden dazu gezählt (z. B. Dauerbelastungen, die zu körperlichen Schäden führen).

Verbotszeichen,
z. B. Rauchen verboten

Warnzeichen,
z. B. Warnung vor radioaktiven Stoffen oder ionisierenden Strahlen

Gebotszeichen,
z. B. Kopfschutz tragen

Erste Hilfe-, Rettungszeichen,
z. B. Krankentrage

Berufs- und Arbeitswelt

1.3.1 Technischer Arbeitsschutz

Der technische Arbeitsschutz – vormals in der **Gewerbeordnung** geregelt – ist in verschiedenen Gesetzen und Verordnungen verankert:

- **Arbeitsstätten sowie Betriebshygiene**
  In den Arbeitsräumen muss für ausreichend Platz, Licht und Luft gesorgt werden. Es sind Sanitär-, Umkleide- und Pausenräume bereitzustellen. Insbesondere soll der Arbeitnehmer vor schädlichen Gasen und Dämpfen, vor zu viel Lärm und Staub geschützt werden. (Arbeitsstättenverordnung [ArbStättVO])

- **Maschinen, Werkzeuge, technische Anlagen und Fahrzeuge**
  Schon bei der Konstruktion und Herstellung sollten die sicherheitstechnischen Anforderungen umgesetzt werden. Das gilt auch für die im Ausland gefertigten Maschinen und Anlagen, die ebenso den sicherheitstechnischen Regeln entsprechen müssen.
  Darüber hinaus sind Anlagen und Fahrzeuge regelmäßig zu überwachen. (Gesetz über technische Arbeitsmittel und Verbraucherprodukte [GPSG] und darauf gestützte Verordnungen sowie die Betriebssicherheitsverordnung [BetrSichVO])

- **Gefahrenstoffe**
  Um Schutzmaßnahmen treffen zu können, müssen gefährliche Stoffe gekennzeichnet sein, so z. B. explosionsgefährliche, giftige, ätzende und Krebs erzeugende Stoffe. (Gefahrenstoffverordnung [GefahrstoffVO])

- **Bildschirmplätze**
  Der Arbeitsplatz muss gesundheitsgerecht gestaltet sein. Regelmäßige Pausen

Arbeitsschutz

oder das Ausführen anderer Tätigkeiten sind notwendig und deshalb einzuhalten bzw. durchzuführen. (Bildschirmarbeitsplatzverordnung [BildscharbVO])

■ **Manuelles Heben und Tragen von Lasten**
Um Erkrankungen im Berufsleben vorzubeugen, fordert die Lastenhandhabungsverordnung vom Arbeitgeber, geeignete Arbeitsmittel einzusetzen. Die Belastung wird im Wesentlichen bestimmt
– durch Anzahl und Gewicht der zu hebenden Gegenstände und
– durch die dabei eingenommene Körperhaltung.
Eine wichtige Rolle spielen ebenfalls die Beschaffenheit der Last, ihre Griffigkeit, Umgebungseinflüsse und die individuelle Eignung des Beschäftigten. (Lastenhandhabungsverordnung [LasthandhabVO])

■ **Persönliche Schutzausrüstungen (PSA)**
Eine persönliche Schutzausrüstung muss immer dann vorhanden sein, wenn technische Maßnahmen keinen ausreichenden Schutz der Beschäftigten bieten. Beispielsweise müssen Schutzhandschuhe beim Arbeiten mit ätzenden Stoffen und/oder zusätzlich ein Augenschutz beim Schweißen verwendet werden. (PSA-Benutzungsverordnung [PSA-BVO])

Arbeitsrechtliche Folgen bei Verstößen gegen die Arbeitssicherheit

Wenn ein Mitarbeiter gegen Vorschriften oder Weisungen verstoßen hat, kann der Betrieb auch arbeitsrechtliche Schritte einleiten. Je nach Ausmaß des Verstoßes kommen Abmahnung, Versetzung und ordentliche oder fristlose Kündigung in Betracht.
Es kann auch der Anspruch auf Lohnzahlung entfallen. Der Betriebsrat sollte frühzeitig eingeschaltet werden, d. h. auch schon bei **einer** Abmahnung. Er hat oft bessere Möglichkeiten, für ein sicherheitsgemäßes Verhalten der Arbeitnehmer zu sorgen.

Neue Gefahrenzeichen für Chemikalien:
Seit dem 1. Dezember 2008 sind neue Warnkennzeichen für chemische Stoffe und Produkte eingeführt und lösen die bislang gültigen ab. Die neuen Symbole haben durchgehend die Form einer rot umrandeten Raute. In deren weißem Feld befindet sich das entsprechende Piktogramm. Zusätzlich zu dem Symbol wird der Gefährdungsgrad wörtlich mit „Gefahr" oder „Warnung" angegeben.
Für die Einführung der neuen Kennzeichnung ist eine Übergangsfrist vorgesehen. Verpflichtend werden sie erst in einigen Jahren: Einzelstoffe müssen ab dem 1.12.2010 verbindlich nach den neuen Regeln gekennzeichnet werden. Stoffgemische, zum Beispiel Lacke, Farben oder Haushaltsreiniger, müssen spätestens ab dem 1.06.2015 mit den neuen Symbolen versehen werden.

giftig/tödlich

gesundheitsschädlich

Aufgaben

1. Im Bild links oben sind Verstöße gegen die Vorschriften des Arbeitschutzes zu sehen.
   a) Notieren Sie sich mindestens drei Fehlerquellen.
   b) Nennen Sie die Vorteile, die der Arbeitsschutz in Ihrer praktischen Ausbildung mit sich bringt.
2. Nennen Sie Gründe für die Notwendigkeit des technischen Arbeitsschutzes und listen Sie seine Vorteile für Arbeitgeber und Arbeitnehmer auf.
3. Erläutern Sie, warum die Vorschriften und Verordnungen ständig zu aktualisieren sind.
4. Zählen Sie die wichtigsten technischen Arbeitsschutzvorrichtungen und Vorschriften Ihres Berufszweiges auf.

1.3.2 Achtung, elektrischer Strom!

Warnung vor gefährlicher elektrischer Spannung

Hinweis:
An einem defekten Elektroherd kann am Gehäuse und an der Kochplatte eine elektrische Spannung von 230 Volt vorliegen.

Bei großer Stromstärke führt die Wärmeentwicklung des elektrischen Stroms zu Verbrennungen an der Ein- und Austrittsstelle. Dort entstehen so genannte Strommarken. Es ist möglich, dass Körperteile an diesen Stellen vollständig verkohlen.

Sicherheit bieten nur einwandfreie elektrische Geräte, die für den Verwendungszweck auch vorgesehen sind.

Wirkungen des elektrischen Stromes auf den menschlichen Körper:
Der elektrische Strom wird für den Menschen ab 0,5 Milliampere (mA) spürbar.
Stromstärken, die größer als 50 Milliampere sind, können zum Tode führen – diese Stromstärke kann bereits bei 50 Volt Wechselspannung auftreten.

> **Tödlicher Stromschlag durch Elektroherd**
>
> **ERFURT - Eine Frau (25) erlitt einen tödlichen Stromschlag durch einen defekten Elektroherd.**
>
> Der Unfall ereignete sich beim Aufsetzen des Kochtopfes. Dabei erlitt die junge Frau einen tödlichen Stromschlag. An Händen und Füßen sind deutlich Strommarken durch Verbrennung zu erkennen. Die Polizei geht davon aus, dass sich ein Stromkabel im Elektroherd gelöst hat. Eine genauere Untersuchung wird durch einen Sachverständigen ausgeführt.

Der Gebrauch von Strom ist für uns heute so selbstverständlich, dass wir kaum noch darüber nachdenken. Es sei denn, die Stromrechnung ist gestiegen oder der Strom wurde vorübergehend einmal abgeschaltet. Dass der elektrische Strom aber auch mit tödlichen Gefahren verbunden sein kann, darüber denken die wenigsten nach.
Als Naturerscheinung hat der Blitzschlag den Menschen schon immer in Schrecken versetzt. Deshalb ist der Blitz auch das Symbol zur Kennzeichnung elektrischer Anlagen oder Gefahren durch elektrischen Strom.

Gefährdungen können entstehen
- durch direkte Berührung unter Spannung stehender Teile, zum Beispiel Leitungen mit defekter Isolation;
- durch indirekte Berührung von Teilen, die nur durch einen Gerätefehler unter Spannung stehen.

Sicherheit bietet nur die Benutzung einwandfreier elektrischer Geräte, die gleichzeitig für den jeweiligen Verwendungszweck geeignet und vorgesehen sind.

Ursachen von Gefahren können sein:
- die Verwendung defekter Geräte und Betriebsmittel,
- eine Beschädigung der Isolation,
- mangelhafte oder unzureichende Schutzmaßnahmen bei der Arbeit mit elektrischem Strom oder Elektrogeräten.

Sicherheitsvorschriften sind überlebenswichtig.
Folgende wichtige Bestimmungen sind daher unbedingt zu beachten:
- Es dürfen nur Maschinen und Geräte verwendet werden, die das amtliche Prüfzeichen tragen (VDE-Zeichen).
- Alle Hersteller von Elektrogeräten haben zu garantieren, dass ihre Produkte den Sicherheitsvorschriften des Gesetzes über technische Arbeitsmittel und Verbraucherprodukte entsprechen.
- Schadhafte Geräte und Maschinen dürfen auf keinen Fall eingesetzt werden.
- Es dürfen nur Elektrofachkräfte elektrische Betriebsmittel und Anlagen installieren und in Betrieb nehmen. Dieses ist im Regelwerk des VDE (Verband Deutscher Elektrotechniker) genau festgelegt.

Arbeitsschutz

VDE Kennzeichen = Verband der Elektrotechnik, Elektronik und Informationstechnik
Das auf elektrischen Geräten angebrachte VDE-Zeichen bedeutet, dass die Schutzbestimmungen des Verbandes eingehalten sind.

GS = Geprüfte Sicherheit
Das freiwillige GS-Zeichen beruht ausschließlich auf deutschem Recht. Es wird für Produkte vergeben, die unter den Anwendungsbereich des Gesetzes über technische Arbeitsmittel und Verbrauchsprodukte fallen. Eine Prüfstelle (z. B. TÜV) stellt im Auftrag des Herstellers fest, dass die sicherheitstechnischen Voraussetzungen erfüllt sind.

CE = Communauté Européenne
(Europäische Gemeinschaft)
Mit dem CE-Zeichen erklärt der Hersteller/Importeur die Konformität. D. h., er dokumentiert damit an seinem Produkt, dass es die gültigen Sicherheitsvorschriften der Europäischen Union (EU) einhält.

■ Der Unternehmer hat dafür zu sorgen, dass elektrotechnische Anlagen und Betriebsmittel den gültigen Regeln des VDE entsprechen und dass diese auf ihren ordnungsgemäßen Zustand geprüft werden (BGV A3 – Unfallverhütungsvorschrift der Berufsgenossenschaft).

Verhalten bei Elektrounfällen:
- Zuallererst Stromkreis unterbrechen (Stecker oder Sicherung raus, Hauptschalter auf AUS).
- Unfallopfer in stabile Seitenlage bringen (Kontrolle der Atmung und Herztätigkeit).
- Wenn Atmung und Herztätigkeit nicht mehr vorhanden sind, dann künstliche Beatmung und Herzdruckmassage vornehmen.
- Parallel zu diesen Maßnahmen muss auf jeden Fall ein Notarzt gerufen werden.
- Reanimation (Wiederbelebung) so lange fortführen, bis der eintreffende Arzt den Verletzten übernimmt.

Aufgaben

1. Untersuchen Sie den eingangs dargestellten Elektrounfall „Tödlicher Stromschlag durch Elektroherd". Gehen Sie mit folgenden Fragen auf den Unfallhergang ein:
   a) Wodurch wurde der Unfall ausgelöst?
   b) Welche Maßnahmen der ersten Hilfe wären möglich gewesen?
   c) Was ist beim Ergreifen von Maßnahmen zur ersten Hilfe besonders zu beachten?
2. Nennen Sie Maßnahmen, die eine Gefährdung durch elektrischen Strom unterbinden.
3. Ermitteln Sie in Ihrer Klasse, wer von Ihnen wann und wo an einem Erste-Hilfe-Kurs teilgenommen hat.

Berufs- und Arbeitswelt

1.3.3 Jugendarbeitsschutz

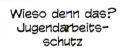

Sebastian (16), zukünftiger Auszubildender, erfährt von Freunden, dass er den Inhalt seines Lehrvertrages individuell mit seinem Ausbildungsbetrieb aushandeln kann. Um seine Lehrlingsvergütung aufzubessern, beschließt er, sich am Wochenende für die Nachtarbeit zu melden.

Montags um 6.00 Uhr ist die Schicht beendet, und um 8.00 Uhr beginnt der Unterricht in der Berufsschule. Seiner Meinung nach eine einfach geniale Lösung.

Das Jugendarbeitsschutzgesetz unterscheidet:
- Kinder (unter 15 Jahren)
- Jugendliche (zwischen 15 und 18 Jahren)

Das Jugendarbeitsschutzgesetz sieht folgende Bestimmungen und Einschränkungen vor:

- **Verbot der Kinderarbeit**
  Ein grundsätzliches Verbot gilt für die Beschäftigung von Kindern (unter 15 Jahren).
  Jugendliche unter 15 Jahren, die nicht mehr vollzeitschulpflichtig sind, können schon eine Berufsausbildung absolvieren, dürfen dabei aber nur leichte Tätigkeiten verrichten. (§7 JArbSchG)

- **Arbeitszeit und Ruhepausen**
  Jugendliche dürfen nicht länger als 8 Stunden täglich und nicht mehr als 40 Stunden wöchentlich beschäftigt werden. Ist die Arbeitszeit an einzelnen Werktagen auf weniger als 8 Stunden verkürzt, kann an den übrigen Tagen derselben Woche 8½ Stunden gearbeitet werden. (§8 JArbSchG)
  Die Arbeitszeit muss durch Ruhepausen unterbrochen werden, um Jugendliche vor körperlichen und psychischen Schäden zu schützen. (§11 JArbSchG)

- **Fünftagewoche**
  Jugendliche dürfen nur an fünf Tagen in der Woche beschäftigt werden. (§15 JArbSchG)

- **Urlaub**
  Die Anzahl der Urlaubstage richtet sich nach dem Alter des Jugendlichen:
  – mindestens 30 Werktage, wenn der Jugendliche zu Beginn des Kalenderjahres noch nicht 16 Jahre alt ist,
  – mindestens 27 Werktage, wenn der Jugendliche zu Beginn des Kalenderjahres noch nicht 17 Jahre alt ist,
  – mindestens 25 Werktage, wenn der Jugendliche zu Beginn des Kalenderjahres noch nicht 18 Jahre alt ist.
  (§19 JArbSchG)

Jugendarbeitsschutzgesetz (JArbSchG)
§1 JArbSchG
(Geltungsbereich):
(1) Dieses Gesetz gilt für die Beschäftigung von Personen, die noch nicht 18 Jahre alt sind.

§13 JArbSchG
(Tägliche Freizeit):
Nach Beendigung der täglichen Arbeitszeit dürfen Jugendliche nicht vor Ablauf einer ununterbrochenen Freizeit von mindestens 12 Stunden beschäftigt werden.

§15 JArbSchG
(Fünftagewoche):
Jugendliche dürfen nur an fünf Tagen in der Woche beschäftigt werden.

Werktage sind keine Arbeitstage
(vgl. auch Abschnitt 1.2.1)

Arbeitsschutz

■ **Besuch der Berufsschule**

Jugendliche müssen vom Arbeitgeber für den Unterrichtsbesuch freigestellt werden:
- bei mehr als fünf Unterrichtsstunden einmal in der Woche auch für den Rest des Berufsschultages,
- bei mindestens 25 Stunden im Blockunterricht für die ganze Berufsschulwoche.

(§9 JArbSchG)

■ **Gesundheitsschutz**

Vor Beginn der Ausbildung muss der Jugendliche sich ärztlich untersuchen lassen (so genannte Erstuntersuchung).

Ein Jahr nach Arbeitsbeginn muss eine Nachuntersuchung durchgeführt werden.

(§32 ff. JArbSchG)

§9 JArbSchG (Berufsschule):
(1) Der Arbeitgeber hat den Jugendlichen für die Teilnahme am Berufsschulunterricht freizustellen. Er darf den Jugendlichen nicht beschäftigen:
1. vor einem vor 9.00 Uhr beginnenden Unterricht,
2. an einem Berufsschultag mit mehr als 5 Unterrichtsstunden von mindestens 45 Min. und einmal in der Woche,
3. in Berufsschulwochen mit einem planmäßigen Blockunterricht von mindestens 25 Stunden an mindestens 5 Tagen. Zusätzliche betriebliche Ausbildungsveranstaltungen bis zu 2 Stunden sind zulässig.

Hinweis:
Andere Arbeitsschutzbestimmungen treffen auch zu.

§ 21a JArbSchG (Tariföffnungsklausel):
Durch einen Tarifvertrag können in bestimmtem Umfang ab-weichende Regelungen von den Bestimmungen über die Arbeitszeiten, Schichtzeiten, Ruhepausen sowie über die Samstagsarbeit und über den Ausgleich für Sonn- und Feiertagsarbeit zugelassen werden. Im Geltungsbereich eines solchen Tarifvertrages kann auch ein nicht tarifgebundener Arbeitgeber die tarifvertragliche Regelung durch Betriebsvereinbarung oder, wenn ein Betriebsrat nicht besteht, durch schriftliche Vereinbarung mit dem Jugendlichen übernehmen.

Aufgaben

1. Nennen Sie die wesentlichen Rechte von Jugendlichen, die das Jugendarbeitsschutzgesetz einräumt, und listen Sie diese stichpunktartig auf.
2. Ordnen Sie einzelne Inhalte aus Ihrem Ausbildungsvertrag den hier aufgeführten Vorschriften des Jugendarbeitsschutzgesetzes zu und prüfen Sie, inwieweit Ihr Ausbildungsvertrag mit den Vorschriften übereinstimmt.
3. Begründen Sie die Notwendigkeit der Arbeitszeitvorschriften für Jugendliche und erläutern Sie, welche Auswirkungen sie auf Ausbildung, Freizeit und Gesundheit haben.

Berufs- und Arbeitswelt

1.3.4 Kind und/oder Karriere

Der Wunsch der meisten jungen Frauen und Männer in unserer Gesellschaft ist es, Familie und Beruf zu verbinden. Viele Mütter wollen dabei nicht auf eine Erwerbstätigkeit verzichten.

Gleichwohl stellt sich die Frage, wie die Betreuung des Nachwuchses aussehen soll. Einer Ganztagsbeschäftigung oder einer Teilzeitbeschäftigung mit eventuellen Einkommenseinbußen nachzugehen ist für die meisten Eltern eine wichtige persönliche Entscheidung. Auch stellt die geforderte Chancengleichheit für junge Mütter im Arbeitsalltag trotz zahlreicher Bemühungen in Politik und Wirtschaft ein Problem dar.

Mutterschutz
Durch den gesetzlichen Mutterschutz sollen die im Arbeitsprozess stehende Frau und das werdende Kind vor Gefahren geschützt werden.
Er dient der Abwendung von Gesundheitsschäden und finanziellen Einbußen während der Schwangerschaft und für einen festgelegten Zeitraum nach der Entbindung.

Werdende Mütter genießen Kündigungsschutz: Eine Kündigung während der Schwangerschaft und bis zum Ablauf von vier Monaten nach der Entbindung ist – bis auf wenige Ausnahmen – unzulässig.
Auch muss der Arbeitsplatz (einschließlich der Werkzeuge und Maschinen) so gestaltet sein, dass die schwangere Arbeitnehmerin vor Gefahren für Leben und Gesundheit – auch des Ungeborenen – ausreichend geschützt ist.
Möglichkeiten zur Unterbrechung von Tätigkeiten müssen bereitgestellt werden. Eine werdende Mutter darf nach Ablauf des fünften Monats der Schwangerschaft nicht länger als vier Stunden stehend arbeiten.

Ein Arbeitgeber kann seinen Pflichten jedoch nur dann nachkommen, wenn er über die Schwangerschaft und den voraussichtlichen Entbindungstermin unterrichtet ist.
Für eine Dauer von sechs Wochen vor und acht Wochen (bei Früh- und Mehrlingsgeburten 12 Wochen) nach der Geburt wird das Mutterschaftsgeld gezahlt.

Elternzeit
Durch die so genannte **Elternzeit** hat die Familie die Möglichkeit, nach der Geburt für das Kind da zu sein und trotzdem den Arbeitsplatz weiter zu behalten. Beide Elternteile können bis zu 3 Jahre lang eine gemeinsame Elternzeit vom 1. Tag bis zum 3. Geburtstag des Kindes nehmen. Sie haben dann jeweils – in Betrieben mit mehr als 15 Beschäftigten – einen Anspruch auf Verringerung der Arbeitszeit im Rahmen von 15 bis 30 Wochenstunden, soweit nicht dringende betriebliche Gründe dem entgegenstehen. Mit Zustimmung des Arbeitgebers ist eine Übertragung von bis zu einem Jahr der Elternzeit auf die Zeit vom 3. bis zum

Das Mutterschutzgesetz:
(MuSchG) gilt für alle Frauen, die in einem Arbeitsverhältnis stehen. Einige Berufsgruppen, wie z. B. Beamtinnen, unterliegen vergleichbaren Schutzbestimmungen.

Bundeselterngeld- und Elternzeitgesetz (BEEG)
§ 15 Anspruch auf Elternzeit:
[…]
(2) Der Anspruch auf Elternzeit besteht bis zur Vollendung des dritten Lebensjahres eines Kindes. Die Zeit der Mutterschutzfrist nach § 6 Absatz 1 des Mutterschutzgesetzes wird auf die Begrenzung nach Satz 1 angerechnet. Bei mehreren Kindern besteht der Anspruch auf Elternzeit für jedes Kind, auch wenn sich die Zeiträume im Sinne von Satz 1 überschneiden. Ein Anteil der Elternzeit von bis zu zwölf Monaten ist mit Zustimmung des Arbeitgebers auf die Zeit bis zur Vollendung des achten Lebensjahres übertragbar; dies gilt auch, wenn sich die Zeiträume im Sinne von Satz 1 bei mehreren Kindern überschneiden. […]
(3) Die Elternzeit kann, auch anteilig, von jedem Elternteil allein oder von beiden Elternteilen gemeinsam genommen werden.
[…]
(Fortsetzung nächste Seite)

Arbeitsrecht

8. Geburtstag des Kindes möglich. Das kann beispielsweise in der schwierigen Phase der Einschulung für manche Familien sehr hilfreich sein. Während der Elternzeit besteht ein uneingeschränkter Kündigungsschutz (vgl. Abschnitt 1.1.6).

Seit dem 1. Januar 2007 ist das Bundeselterngeld- und Elternzeitgesetz in Kraft. Eltern, die für die Erziehung ihres Kindes aus dem Beruf aussteigen, erhalten zwölf Monate lang als Lohnersatz ein **Elterngeld** von 65 Prozent ihres bisherigen Nettolohns, maximal aber 1800 Euro. Arbeitslosengeld-II- und Sozialhilfeempfänger erhalten faktisch kein Elterngeld, da es auf ihre Leistungen angerechnet wird. Auch Spitzenverdiener sind von der Regelung ausgeschlossen. Geringverdiener mit weniger als 1000 Euro Einkommen erhalten ebenso eine Aufstockung wie Eltern mit mehreren Kleinkindern.

Wenn auch der zweite Elternteil – in der Regel der Vater – eine Weile aus dem Beruf aussteigt und die Kinderbetreuung übernimmt, wird als Bonus ein Elterngeld für zwei zusätzliche Partnermonate in Aussicht gestellt. Nimmt zum Beispiel der Vater die zwei Partnermonate nicht in Anspruch und die Mutter übernimmt ganztags die Kinderbetreuung während dieser Zeit, so entfällt das Elterngeld nicht vollständig. Die Eltern erhalten dann für diese Zeit das Mindestelterngeld von 300 Euro. Alleinerziehende mit alleinigem Sorgerecht können diese Monate zusätzlich für sich beanspruchen. Wenn sowohl die Mutter als auch der Vater mehr als 30 Stunden in der Woche arbeiten, erhalten sie diese Leistung nicht.

Krankheit des Kindes

Für Berufstätige, deren Kinder das 12. Lebensjahr noch nicht vollendet haben, stellt der Betrieb Mutter oder Vater bei Krankheit des Kindes frei. Der Einkommensausfall wird durch die Krankenkasse ersetzt. Der Arbeitnehmer hat (gemäß SGB V) einen Rechtsanspruch auf die Freistellung von der Arbeit. Pro Kalenderjahr werden 10 Arbeitstage gewährt. Sind beide Elternteile versichert, haben beide einen selbstständigen und eigenen Anspruch. Das bedeutet, dass insgesamt 20 Arbeitstage im Jahr bei einem Kind gewährt werden, bei mehreren Kindern bis zu 50 Arbeitstage.

Der Gesetzgeber stellt sicher, dass die Pflichtmitgliedschaft in der gesetzlichen Krankenkasse während der Elternzeit weiter besteht, ohne dass Beiträge geleistet werden müssen. Die Beitragsfreiheit erstreckt sich auch auf die Arbeitslosenversicherung. Durch das Rentenreformgesetz von 1992 werden für alle Kinder, die ab 1992 geboren wurden, drei Erziehungsjahre für die spätere Rente anerkannt – dies gilt nur für den Elternteil, der die Kinder „erzogen" hat.

(4) Der Arbeitnehmer oder die Arbeitnehmerin darf während der Elternzeit nicht mehr als 30 Wochenstunden erwerbstätig sein. Eine im Sinne des § 23 des Achten Buches Sozialgesetzbuch geeignete Tagespflegeperson kann bis zu fünf Kinder in Tagespflege betreuen, auch wenn die wöchentliche Betreuungszeit 30 Stunden übersteigt. Teilzeitarbeit bei einem anderen Arbeitgeber oder selbstständige Tätigkeit nach Satz 1 bedarf der Zustimmung des Arbeitgebers. Dieser kann sie nur innerhalb von vier Wochen aus dringenden betrieblichen Gründen schriftlich ablehnen.

Das Bundeselterngeld- und Elternzeitgesetz (BEEG) regelt den Bezug des Elterngeldes und die Elternzeit.

Antrag auf Elterngeld stellen: Zuständig für die Antragstellung auf Elterngeld sind die von der jeweiligen Landesregierung beauftragten Ämter (zum Beispiel Einwohnermeldeamt). Der Antrag auf Elterngeld ist zeitnah nach der Geburt des Kindes zu stellen, denn das Elterngeld wird rückwirkend nur für drei Monate gezahlt.

Hinweis: Alleinerziehende haben für die Betreuung des ersten Kindes Anspruch auf 20 Tage Freistellung im Jahr, bei mehreren Kindern auf bis zu 50 Tage.

Aufgaben

1. Sara hat hohes Fieber. Der Arzt hat der 7-Jährigen strenge Bettruhe verordnet. Das bringt ihre berufstätigen Eltern in arge Bedrängnis. Wer soll ihre Tochter zu Hause pflegen? Notieren Sie stichpunktartig die gesetzlichen Ansprüche.

2. Die Elternzeit von Ina geht demnächst zu Ende. Der Arbeitgeber hat ihr aber schon jetzt gekündigt, weil er keine Aufträge hat. Geht das? Begründen Sie Ihre Antwort.

3. Erkundigen Sie sich, ob es in Ihrem Bundesland nach dem Elterngeld weitere finanzielle Unterstützungen gibt.

METHODE

Methodenseite

DIE GRUPPENARBEIT

Ziel

Jeder soll sich innerhalb einer Arbeitsgruppe aktiv einbringen. Die Teilnehmer sollen mit unterschiedlichen Materialien wie Texten, Folien usw. umgehen und eigene Schlussfolgerungen ziehen.

Vorbereitungsphase

- Die Gruppe sollte sich aus mindestens drei, maximal fünf bis sechs Schülerinnen und Schülern zusammensetzen.
- Die Zuordnung der einzelnen Schülerinnen und Schüler zu einer Gruppe kann nach unterschiedlichen Prinzipien erfolgen:
  – auf freiwilliger Basis,
  – nach Interesse,
  – nach Sympathie,
  – nach Festlegung der Lehrerin bzw. des Lehrers.
- Die Arbeitsgruppe macht sich mit ihrem Themenbereich (z. B. Teilaspekt einer Gesamtproblematik) vertraut. Wichtig ist es, den zur Verfügung stehenden Zeitumfang zu berücksichtigen und beim weiteren Vorgehen im Auge zu behalten.
- In einem weiteren Schritt wird das Vorgehen geplant und festgelegt, wie die Aufgaben in der Gruppe verteilt werden. Z. B.:
  – Wer übernimmt welche Aufgabe?
  – Wer übernimmt die Sprecherrolle?
  – Wo wird recherchiert?
  – Welche Quellen, Materialien usw. sollen berücksichtigt werden?
  – Welche Sitzordnung wird gewählt?
  – In welcher Form soll das Ergebnis dargestellt werden?
  – Präsentieren alle oder wer übernimmt welchen Teil der Präsentation?

Ausarbeitungsphase

- Für die Ausarbeitung und Lösung der Gruppenaufgabe werden Arbeitsmaterialien wie Bücher, Internet usw. herangezogen, gesichtet und ausgewählt.
- Dabei ist es wichtig, dass die Problemstellung genau erfasst und eingegrenzt wird. Hierfür eignen sich besonders Diskussionen innerhalb der Arbeitsgruppe.
- Stellen Sie Ihre Ergebnisse in einer übersichtlichen und kurzen Form zusammen.

Präsentationsphase

- Der festgelegte Sprecher präsentiert die Ergebnisse der Gruppe vor der gesamten Klasse. Dabei empfiehlt sich die Verwendung von Medien, Folien, Übersichten usw. Informationen darüber, wie Sie Ihren Beitrag am besten in einer Pro-und-Kontra-Diskussion verwerten, finden Sie auf der Methodenseite zur **Debatte und Pro-und-Kontra-Diskussion** (Seite 298).
- Halten Sie nicht nur Ihre bisherigen, sondern auch die weiteren Ergebnisse schriftlich fest. Machen Sie sich gegebenenfalls Notizen.
- Das Gesamtergebnis Ihrer Gruppenarbeit können Sie auch in einer Wandzeitung zusammenfassen. Informationen, wie eine Wandzeitung gestaltet werden kann, finden Sie auf der Methodenseite zur **Wandzeitung** (Seite 164).

Aufgaben

Bilden Sie in Ihrer Klasse mehrere Gruppen von mindestens drei bis maximal sechs Personen. Wählen Sie zum Thema **Arbeitsschutz** einen Themenbereich für Ihre Gruppen aus (z. B. historische Entwicklung, Aufgaben und Bedeutung, die Einhaltung von Vorschriften).

1. Entwickeln Sie jeweils eine stichpunktartige Übersicht zu den Kernbereichen und –problemen Ihres Themas.

2. Stellen Sie das Ergebnis Ihrer Gruppe in der Klasse vor. Benutzen Sie hierfür auch die unterschiedlichen Präsentationsmöglichkeiten (Handout, Overheadprojektor und Folien usw.). Weitere Informationen über das Vortragen Ihrer Ergebnisse finden Sie auf der Methodenseite zum Thema **Referat** (Seite 244).

2 WIRTSCHAFT UND RECHT

Wirtschaft und Recht

2.1 RECHTSGESCHÄFTE

2.1.1 Rechts- und Geschäftsfähigkeit

Norddeutsche Affinerie AG

Fanmeile zur WM

Fußballvereine

Rathaus in Köln

Das Gemeinschaftsleben wird durch eine Vielzahl von Gesetzen und Verordnungen geregelt. In der Gesamtheit spricht man vom Recht. Durch dieses bindende Recht werden z. B. Streitfälle entschieden und berechtigte Interessen und Ansprüche des Einzelnen erfüllt.

Die Rechtsfähigkeit ist die Fähigkeit, Träger von Rechten und Pflichten zu sein. Rechtsfähig sind grundsätzlich alle Personen (= Rechtssubjekte).

Das Bürgerliche Gesetzbuch unterscheidet zwischen natürlichen und juristischen Personen.

Natürliche Personen sind alle Menschen von der Geburt bis zum Tod (BGB §1).

So hat z. B. ein Säugling schon das Recht zu erben und jeder Bürger die Pflicht, direkt oder indirekt Steuern zu zahlen (z. B. die Mehrwertsteuer).

Dagegen handelt es sich bei Zusammenschlüssen von Personen und Organisationen um juristische Personen, z. B. ein Verein, eine Aktiengesellschaft oder eine Genossenschaft.

Juristische Personen handeln durch Organe – z. B. den Vorstand einer AG, der wiederum aus natürlichen Personen besteht. Die Rechtsfähigkeit von juristischen Personen beginnt mit der Eintragung in das zuständige Register und endet mit deren Löschung, z. B. im Vereinsregister oder im Handelsregister.

Die Stufen der Geschäftsfähigkeit natürlicher Personen

Jeder Mensch ist von Geburt an rechtsfähig. Von dieser Rechtsfähigkeit ist die **Geschäftsfähigkeit** klar abzugrenzen. Die Geschäftsfähigkeit ist die Fähigkeit, Rechtsgeschäfte selbstständig und rechtlich wirksam abschließen zu können, z. B. einen Kaufvertrag.

Da aber die Fähigkeit, die Folgen eines Rechtsgeschäftes überblicken zu können, u. a. von den Lebensjahren abhängig ist, wird im BGB der Umfang der Geschäftsfähigkeit in drei Stufen festgelegt:

Das Bürgerliche Gesetzbuch (BGB):
Es ist bereits 1900 innerhalb des Gebietes des damaligen Deutschen Reiches in Kraft getreten und überdauerte alle Wechsel der Verfassungen. Das BGB ist ein Teil des Privatrechts.

Personen des Rechts *(= Rechtssubjekte)*	
natürliche Personen (= alle Menschen)	juristische Personen (= Vereinigungen von Personen oder Sachen) • **des Privatrechts**, z. B. AG, GmbH, Vereine • **des öffentlichen** Rechts, z. B. IHK, Gemeinden

1. Geburt bis 7. Lebensjahr – Geschäftsunfähigkeit:

Kinder unter sieben Jahren und Personen mit „Störung der Geistestätigkeit" können keine gültigen Rechtsgeschäfte abschließen. Von diesen Personen abgegebene Willenserklärungen haben keine rechtliche Bedeutung, das Geschäft ist ungültig (vgl. §105 BGB). Wenn z. B. ein fünfjähriges Kind einen Comic kauft, können die Eltern die Rücknahme vom Verkäufer verlangen. Stellvertretend für nicht geschäftsfähige Personen handelt der gesetzliche Vertreter – also die Eltern oder ein Vormund.

2. Vollendung des 7. bis zum 18. Lebensjahr – beschränkte Geschäftsfähigkeit

Schließt ein Jugendlicher ein Rechtsgeschäft ab, so ist dieses nur mit Einwilligung des gesetzlichen Vertreters gültig. Man bezeichnet den geschlossenen Vertrag als **„schwebend unwirksam"**. Das Schweigen der Eltern gilt als Ablehnung, wenn auf die Aufforderung des Anderen innerhalb von zwei Wochen keine Erklärung erfolgt. Ratenkäufe oder Verträge mit Folgezahlungen benötigen **immer** die besondere Zustimmung der Eltern. Wenn z. B. ein 17-Jähriger gegen den Willen der Eltern ein teures Mountainbike gekauft hat, muss der Verkäufer das Rad zurücknehmen. Zum Schutze des Minderjährigen gibt es aber auch Ausnahmen, die ebenfalls im BGB verankert sind. Gültig sind:

- generell Willenserklärungen, die nur Vorteile bringen, z. B. die Annahme eines Geschenks, ohne dass daraus Verpflichtungen folgen.
- Verpflichtungen, die der Minderjährige im Rahmen des Taschengelds bestreiten kann, z. B. der Kauf einer CD (vgl. §110 BGB).
- mit dem grundsätzlichen Einverständnis der Erziehungsberechtigten alle Rechtsgeschäfte, die im Rahmen eines geschlossenen Dienst- oder Arbeitsverhältnisses anfallen (z. B. Festlegung des Jahresurlaubs oder rechtswirksam kündigen und ein anderes Arbeitsverhältnis im gleichen Berufsfeld annehmen).

3. Vollendung des 18. Lebensjahres – volle Geschäftsfähigkeit

Mit dem Erreichen der Volljährigkeit sind alle abgegebenen Willenserklärungen rechtsgültig, d. h. aber auch, dass die eingegangenen Verpflichtungen erfüllt werden müssen. Kauft sich z. B. eine 18-Jährige einen Neuwagen auf Raten, so muss sie diesen auch bezahlen. Kommt sie den Verpflichtungen nicht nach, haftet sie rechtlich voll.

---

§105 BGB (Nichtigkeit der Willenserklärung):
(1) Die Willenserklärung eines Geschäftsunfähigen ist nichtig.
(2) Nichtig ist auch eine Willenserklärung, die im Zustande der Bewusstlosigkeit oder vorübergehenden Störung der Geistestätigkeit abgegeben wird.

§110 BGB (Taschengeldparagraph):
Ein von dem Minderjährigen ohne Zustimmung des gesetzlichen Vertreters geschlossener Vertrag gilt als von Anfang an wirksam, wenn der Minderjährige die vertragsmäßige Leistung mit Mitteln bewirkt, die ihm zu diesem Zwecke oder zu freier Verfügung von dem Vertreter oder mit dessen Zustimmung von einem Dritten überlassen worden sind.

Aus rechtlicher Sicht war der 21. Geburtstag lange Zeit die Stufe zum Erwachsensein. Das Wahlalter wurde schließlich 1970 und das Volljährigkeitsalter 1975 auf 18 Jahre herabgesetzt. Allerdings kann ein junger erwachsener Täter noch bis zum Ablauf des 21. Lebensjahres nach dem Jugendstrafrecht verurteilt werden, wenn das Gericht dies entscheidet.

Aufgaben

1. *Erörtern Sie, um welche Personen es sich bei den links abgebildeten Fotos im rechtlichen Sinne handelt.*
2. *Entscheiden Sie bei folgenden Fällen die Rechtslage und begründen Sie Ihre Ansicht:*
   - *Melanie (16) bekommt von ihrem Onkel 150 Euro geschenkt und kauft sich davon einen Videorekorder. Ihre Mutter verlangt, dass sie den Kauf rückgängig macht.*
   - *Paul (6) geht in ein Spielzeuggeschäft und kauft sich eine große Wasserpistole für 6 Euro. Die Mutter verlangt von dem Ladenbesitzer die Rückzahlung des Kaufpreises.*

Wirtschaft und Recht

2.1.2 Rechtsgeschäfte – wirtschaftliches Handeln in den unterschiedlichsten Situationen

Rechtsgeschäfte können grundsätzlich formfrei abgeschlossen werden! Sie entstehen durch die Abgabe von Erklärungen durch rechts- und geschäftsfähige Personen (z. B. Schreiben eines Testaments oder der Abschluss eines Mietvertrages). Im Rechtsdeutsch bezeichnet man dies als abgegebene Willenserklärung.

Je nachdem, ob bei einem Rechtsgeschäft eine oder mehrere Personen Willenserklärungen abgeben, unterscheidet man einseitige und mehrseitige Rechtsgeschäfte. Empfangsbedürftige Rechtsgeschäfte sind erst dann gültig, wenn der Betroffene darüber in Kenntnis gesetzt wurde (z. B. wenn die Kündigung des Mietvertrages dem Vermieter zugestellt wurde).

Abgeben können die beteiligten Personen ihre Willenserklärung grundsätzlich
- mündlich,
- schriftlich (z. B. Käufe im Geschäft, Schenkungsvertrag) oder
- durch schlüssiges Handeln (z. B. durch Hinlegen des Geldes beim Kauf einer Tageszeitung).

Das geschlossene Rechtsgeschäft ist gültig! Aus Beweisgründen ist es bei Verträgen jedoch meistens ratsam, sie schriftlich abzuschließen.
Nur bei einigen wichtigen Rechtsgeschäften ist eine Form gesetzlich vorgeschrieben, damit sie gültig sind. So müssen z. B. Ratenkaufverträge, Mietverträge über Wohnraum für einen längeren Zietraum als ein Jahr und Berufsausbildungsverträge grundsätzlich schriftlich abgeschlossen werden. Anmeldungen zum Vereinsregister müssen öffentlich beglaubigt, Grundstückskäufe und Eheverträge notariell beurkundet werden.

Formvorschriften bei bestimmten Verträgen sind:
- **Schriftform**: eigenhändige Unterschrift der beteiligten Personen oder ihrer gesetzlichen Vertreter, z. B. bei Staffelmietverträgen;
- **öffentliche Beglaubigung**: Bestätigung der Echtheit der Unterschrift der beteiligten Personen durch einen Notar oder eine Behörde, z. B. Ausschlagung einer Erbschaft;
- **notarielle Beurkundung**: Beurkundung der Echtheit der Unterschrift und der Richtigkeit des Inhaltes durch einen Notar, z. B. Grundstücksverkäufe, Schenkungsversprechen.

Nichtige und anfechtbare Rechtsgeschäfte
Einmal geschlossene Rechtsgeschäfte mit voll geschäftsfähigen Personen sind grundsätzlich gültig und müssen eingehalten werden. Der Gesetzgeber hat aber zum Schutze der beteiligten Personen bestimmte Fälle vorgesehen, in denen ab-

---

Rechtsgeschäfte

einseitige

Nur eine Person gibt eine Willenserklärung ab:
- **empfangsbedürftig:**
  z. B. Kündigung
- **nicht empfangsbedürftig:**
  z. B. Testament

mehrseitige
(= Verträge aller Art)

Mindestens zwei Personen müssen übereinstimende Willenserklärungen abgeben:
- Ausbildungsvertrag
- Kaufvertrag
- Mietvertrag
- Dienstvertrag
- Darlehensvertrag
- Werkvertrag

Rechtsgeschäfte können grundsätzlich formfrei abgeschlossen werden!

Achtung, Wucherzinsen!
Eine feste Grenze für Wucherzinsen gibt es nicht, es müssen stets die Einzelheiten des Falls überprüft werden. Die Verbraucherberatungsstellen bieten häufig eine Schuldnerberatung und Rechtsberatung in solchen Zweifelsfällen an.

Rechtsgeschäfte

geschlossene Rechtsgeschäfte von vornherein ungültig (nichtig) bzw. fragwürdig und damit anfechtbar sind.

Nichtig sind grundsätzlich alle Rechtsgeschäfte,
- die von nicht geschäftsfähigen Personen geschlossen werden (vergleiche Abschnitt. 2.1.1);
- die gegen die guten Sitten verstoßen, z.B. ein Kreditvertrag mit Wucherzinsen (§138 BGB);
- die gesetzeswidrig sind, z.B. ein Geschäft mit unverzollten Zigaretten;
- bei denen eine vorgeschriebene Form nicht beachtet wird, z.B. ein mündlicher Grundstückskaufvertrag;
- so genannte Scherzgeschäfte, z.B. die Äußerung eines durstigen Gastes, für ein Wasser alles zu geben, was er besitze;
- so genannte Scheingeschäfte, z.B. der Kaufpreis für einen Luxuswagen wird mit 1 Euro festgelegt, um Steuern zu sparen.

Anfechtbar sind Rechtsgeschäfte,
- die durch arglistige Täuschung oder widerrechtliche Drohung zustande gekommen sind, z.B. der Kauf eines Gebrauchtwagens, der als unfallfrei bezeichnet wurde, tatsächlich aber ein Unfallwagen ist.
- die durch einen Irrtum zustande gekommen sind, z.B. wenn eine Aushilfe ein Sofa mit der Angabe verkauft, der Bezug sei aus echtem Leder. Es stellt sich dann jedoch heraus, dass es sich um ein Imitat handelt.

Werden solche Rechtsgeschäfte unter den gesetzlich vorgeschriebenen Bedingungen angefochten, sind sie ebenfalls ungültig. Werden sie jedoch nicht angefochten, haben sie Gültigkeit.

> *§138 BGB*
> *(Sittenwidriges Rechtsgeschäft; Wucher):*
> *(1) Ein Rechtsgeschäft, das gegen die guten Sitten verstößt, ist nichtig.*

Klingelton-Abo´s, die von Minderjährigen unwissentlich und ohne Zustimmung der Eltern abgeschlossen wurden, sind unwirksam. Diese Entscheidung wurde mehrfach von Gerichten gefällt. Der Taschengeldparagraph § 110 BGB trifft hier nicht zu. Eine sofortige schriftliche Kündigung ist daher wirksam. Auch Verträge, die durch Jugendliche mit verschiedensten Internetanbietern abgeschlossen wurden, sind im Prinzip nicht rechtsgültig. Allerdings muss man mit Rechnungen und Mahnungen sowie Androhungen, ein Inkassounternehmen einzuschalten, rechnen. In solchen Fällen empfiehlt es sich, eine Schuldnerberatungsstelle aufzusuchen, um sich zu informieren, wie, man am besten reagiert (vergleiche auch Abschnitt 2.1.12).

Aufgaben

1. Geben Sie zwei Beispiele für Rechtsgeschäfte, die, um gültig zu sein, nicht formfrei abgeschlossen werden können.
2. Geben Sie ein Beispiel für ein empfangsbedürftiges Rechtsgeschäft und zählen Sie Gründe auf, die für die gesetzlichen Vorschriften zu diesem Rechtsgeschäft sprechen.
3. Geben Sie bei folgenden Rechtsgeschäften an, ob sie a) gültig, b) anfechtbar oder c) nichtig sind, und begründen Sie Ihre Entscheidung:
   a) Familie Meyer kauft ein Grundstück von den Nachbarn und besiegelt den Vertrag „traditionell per Handschlag".

   b) Ein Gastwirt bestellt bei seiner Brauerei telefonisch 30 Fässer Bier. Als die Ware geliefert wird, erklärt er, dass er sich versprochen habe und wie gewöhnlich nur drei Fässer Bier bestellen wollte.
   c) Ihre Großeltern haben auf Anraten der Familie „todsichere Aktien" gekauft. Die Kurse fallen jedoch in den Keller.
4. Haben Sie bereits negative Erfahrungen mit abgeschlossen Abonnementverträgen für Handy, SMS oder Internet gemacht? Tauschen Sie ihre Erfahrungen in der Klasse aus.

Wirtschaft und Recht

2.1.3 Angebot bleibt Angebot?
Der Kaufvertrag – Antrag und Annahme

Das Bürgerliche Gesetzbuch (BGB):
Es trat bereits 1900 innerhalb des Gebietes des Deutschen Reiches in Kraft und überdauerte alle Wechsel der Verfassungen. Das BGB ist ein Teil des Privatrechts und besteht selbst aus fünf Teilen. Im allgemeinen Teil (erstes Buch) befinden sich alle Gesetze zum Bereich Vertragsrecht.

Einen Fahrschein lösen, wortlos Geld gegen die Tageszeitung austauschen, im Supermarkt einkaufen, eine Pizza bestellen usw. – im **Bürgerlichen Gesetzbuch** ist rechtlich genau festgelegt, was wir tagtäglich wie selbstverständlich tun: Verträge abschließen.

Für den Abschluss eines gültigen Vertrags sind grundsätzlich **zwei übereinstimmende Willenserklärungen** erforderlich.
Beim Zustandekommen eines Kaufvertrages handelt es sich dabei um
- das Angebot und
- dessen Annahme.

Rechtlich spricht man hier von:

Ob **mündlich**, **schriftlich** oder sogar **wortlos**, bei einer Übereinstimmung zwischen Antrag und Annahme ist der Vertrag gültig.
Wichtig ist es, den Unterschied zwischen einem Angebot und einer Aufforderung zu einem Angebot (Anpreisung, Offerte) zu erkennen.
Im Falle eines „echten" Antrags muss der konkrete Wille, ein Geschäft abzuschließen, erkennbar sein.

Eine Anpreisung ist kein Antrag

Verkaufsangebote in Zeitungen und Katalogen sowie Preisauszeichnungen in Schaufensterauslagen sind dagegen keine Angebote im rechtlichen Sinne, sondern lediglich **Anpreisungen** an die Allgemeinheit. Der Kunde hat hier keinen

Rechtsgeschäfte

Anspruch auf den tatsächlichen Abschluss eines Vertrages, sondern wird nur aufgefordert, seinerseits einen Antrag abzugeben.

Eine Bestellung aus einem Katalog ist hingegen ein Antrag durch den Käufer, an den er rechtlich gebunden ist. Der Verkäufer dagegen kann die Bestellung ablehnen oder annehmen, er ist rechtlich aber nicht an die vorherige Anpreisung gebunden. Erst wenn der Verkäufer die Bestellung annimmt, liegen zwei übereinstimmende Willenserklärungen vor, und der Vertrag ist rechtsgültig.

Erfolgt eine Bestellung aufgrund eines vorher eingeholten Angebotes, z. B. wenn eine Firma bei einem Lieferanten bestellt, dann handelt es sich bei dem eingeholten Angebot um einen Antrag des Lieferanten. Die Bestellung ist hier die Annahme des Antrages, der Vertrag ist somit rechtsgültig.

Durch den Abschluss eines Kaufvertrages verpflichtet sich der Verkäufer, die Ware zu übergeben und dem Käufer das Eigentum zu verschaffen. Der Käufer ist verpflichtet, den vereinbarten Kaufpreis zu bezahlen und die Ware anzunehmen – man spricht bei einem Kaufvertrag auch von einem **Verpflichtungsgeschäft**.
In §433 BGB sind diese Grundpflichten des Verkäufers und Käufers rechtlich festgelegt. Werden beispielsweise Waren auf einer Internetplattform angeboten und erworben bzw. ersteigert, handelt es sich um einen rechtsgültigen Kaufvertrag mit den gesetzlichen Verpflichtungen des Käufers und Verkäufers.

Ein Kostenvoranschlag ist eine ganz spezielle Art des Angebotes mit besonderen rechtlichen Bedingungen. Vergleiche hierzu Abschnitt 2.1.7 zum Werkvertrag.

§433 BGB (Vertragstypische Pflichten beim Kaufvertrag):
(1) Durch den Kaufvertrag wird der Verkäufer einer Sache verpflichtet, dem Käufer die Sache zu übergeben und das Eigentum an der Sache zu verschaffen.
(2) Der Käufer ist verpflichtet, dem Verkäufer den vereinbarten Kaufpreis zu zahlen und die gekaufte Sache abzunehmen.

eBay ist die wohl bekannteste Internet-Auktionsplattform weltweit. Hier können Privatpersonen und Gewerbetreibende neue und gebrauchte Waren anbieten und erwerben. (Siehe hierzu auch den Hinweis zum Fernabsatzvertrag auf Seite 62.)

Aufgaben

1. Betrachten Sie die Grafik am Beginn des Abschnitts: Monika ist davon überzeugt, dass sie ein Anrecht auf den in der Werbung angegebenen Preis für die CDs hat. Erklären Sie ihr die Rechtslage.
2. Entscheiden Sie bei den folgenden Fällen, ob ein Vertrag zustande gekommen ist. Geben Sie jeweils an: a) wer den Antrag gemacht hat; b) ob er angenommen wurde.
   Fall 1: Carl (Azubi) vergleicht die angeforderten Angebote von verschiedenen Lieferanten und bestellt dann per Fax beim günstigsten Anbieter.
   Fall 2: Bei einer weiteren Bestellung entdeckt Carl beim nochmaligen Überfliegen des Angebots den Zusatz „befristet bis 15.08.2011". „Oh je", denkt Carl, „heute ist ja schon der 17.08."
   Fall 3: Auf dem Weg zur Arbeit kommt Monika täglich an einem Kiosk vorbei. Sie legt wortlos das abgezählte Geld für die ausgelegte Tageszeitung hin. Die Verkäuferin nimmt das Geld zerstreut vom Verkaufstresen.
3. Monika möchte einen gebrauchten PC kaufen. In der Zeitung findet Sie ein passendes Angebot einer Privatperson. Am Telefon jedoch nennt der Mann ihr einen viel höheren Preis. Kann Monika auf dem schriftlich angegebenen Preis bestehen?

Wirtschaft und Recht

2.1.4 Der Haken mit dem „Kleingedruckten" – allgemeine Geschäftsbedingungen

> **Fall: Die neue Waschmaschine**
>
> Katrin hat endlich eine eigene Wohnung und sich eine neue Waschmaschine gekauft. Nach der zweiten Wäsche ist die Waschmaschine defekt. Katrin überlegt: „Wie hieß das noch gleich? **Gewährleistungsrechte**. Genau, steht ja alles im BGB. Ich will sofort eine neue Maschine!" Als sie den schriftlichen Kaufvertrag zum ersten Mal genauer durchliest, entdeckt sie überrascht Folgendes im letzten Absatz vor ihrer eigenen Unterschrift: **Der Käufer erklärt sich damit einverstanden, dass die umstehenden Verkaufs- und Lieferungsbedingungen Bestandteil dieses Vertrags sind.**

Gewährleistungsrechte: vergleiche Abschnitt 2.1.6.

Bei diesen Verkaufs- und Lieferungsbedingungen handelt es sich um die **allgemeinen Geschäftsbedingungen**, die umgangssprachlich als das „Kleingedruckte" bezeichnet werden.

Immer mehr Geschäfte benutzen solche vorgedruckten Kaufvertragsformulare mit eigenen Bedingungen, um die Abwicklung von Kaufverträgen zu beschleunigen.

Allgemeine Geschäftsbedingungen (AGB) sind vorformulierte Vertragsbedingungen, die in vielen Verträgen verankert sind.

Rechtlich ist diese Vorgehensweise möglich, da im BGB der Grundsatz der Vertragsfreiheit verankert ist: Jede geschäftsfähige Person kann frei entscheiden, mit wem sie Verträge abschließt und welchen Inhalt der Vertrag haben soll. Dabei müssen allerdings die bestehenden Gesetze beachtet werden.

Wichtige Bestimmungen sind:
- Die AGB erlangen nur Gültigkeit, wenn der Käufer bei Vertragsabschluss ausdrücklich auf sie hingewiesen wurde, sie deutlich lesbar sind und vom Käufer zur Kenntnis genommen wurden.
- Überraschende Klauseln sind unwirksam. Wenn z. B. die Laufzeit eines Vertrages (Zeitschriftenabonnement, Wartungsvertrag usw.) befristet ist, in den AGB jedoch eine automatische Verlängerung der Laufzeit festgeschrieben wird, ist diese Klausel ungültig.
- Absprachen zwischen den Vertragspartnern haben Vorrang. Allerdings sollten mündlich getroffene Einzelvereinbarungen, die von den AGB abweichen, stets schriftlich festgehalten werden, um sie auch beweisen zu können.
- Die Gewährleistungspflicht kann von einem Vertragspartner nicht auf andere geschoben werden. Folgende Klausel ist z. B. verboten:
  Die Garantiepflicht des Herstellers tritt an die Stelle der gesetzlichen Gewährleistungspflicht der Verkaufsfirma.
- Die Gewährleistungsrechte dürfen bei Vertragsschluss mit einem Verbraucher nicht vollständig ausgeschlossen werden.

Rechtsgeschäfte

■ Dem Käufer dürfen keinen Kosten für eine Nachbesserung berechnet werden.

■ Unangemessen lange Nachfrist-Klauseln bei Lieferverzug sind ungültig.

Wenn keine allgemeinen Geschäftsbedingungen vorliegen und man z. B. selber einen schriftlichen Kaufvertrag aufsetzen will, sollten die folgenden Punkte unbedingt in den Vertrag aufgenommen werden:

■ **Art und Güte, Menge und Beschaffenheit der Ware**
Beispiel: Schuhschrank mit 4 Klappfächern, schwarz, Metall, Maße: 64x15 cm breit, 113 cm hoch.

■ **Preis**
Angabe des Nettokaufpreises und des Gesamtkaufpreises (= Nettopreis zuzüglich der Mehrwertsteuer in %).
Beispiel: Nettokaufpreis 86,15 Euro, + 19 % MwSt. (= 16,36 Euro), Gesamtkaufpreis = 102,51 Euro.

■ **Zahlungsbedingungen**
Mit Angaben von Preisnachlass (Skonto, Rabatt), Zahlungsweise (Barzahlung, per Nachnahme, Rechnungskauf usw.), Zahlungszeitpunkt (z. B. 14 Tage nach Rechnungsdatum).

■ **Lieferbedingungen**
Mit Angabe des Liefertermins (z. B. bis zu 4 Wochen nach Bestellung oder am 15.03.), Lieferart (z. B. per Post) und Lieferkosten (z. B. Lieferung frei Haus).

■ **Erfüllungsort**
Wenn kein anderer Ort vereinbart ist, gilt der gesetzliche Erfüllungsort (Wohn- bzw. Firmensitz des Schuldners). Beim Kaufvertrag ist der Verkäufer der Warenschuldner und der Käufer der Geldschuldner.

Warenschulden sind gesetzlich Holschulden, d. h., der Verkäufer hat seine Pflicht erfüllt, wenn er dem Käufer die Ware an seinem Wohn- bzw. Geschäftsort übergibt.
Geldschulden sind immer Bringschulden (bzw. Schickschulden), d. h., der Käufer ist verpflichtet, dem Verkäufer das Geld rechtzeitig an dessen Wohn- bzw. Geschäftsort zu übermitteln.

Skonto ist ein Preisnachlass, der bei frühzeitiger Zahlung einer Rechnung gewährt werden kann.

Rabatt ist ein Preisnachlass.

Gerichtsstand:
Beim gesetzlichen Gerichtsstand – also dem Ort, an dem eine Klage eingereicht werden muss – handelt es sich immer um den Ort des Schuldners, der seinen Pflichten nicht nachkommt:
- *bei Geldschulden um den Wohnort des Käufers,*
- *bei Warenschulden um den Firmensitz des Verkäufers.*

Aufgaben

1. Erörtern Sie, welche Gewährleistungsrechte Katrin im Eingangsfall laut BGB zustehen und welche Einschränkungen Sie in dem „Kleingedruckten" des Kaufvertrags vermuten.

2. Besorgen Sie sich allgemeine Geschäftsbedingungen (z. B. in einem Möbelgeschäft) und übersetzen Sie deren Inhalt allgemein verständlich. Überprüfen Sie auch, ob sich für den Käufer Nachteile aus den Geschäftsbedingungen ergeben.

Wirtschaft und Recht

2.1.5 Vertragsstörungen – Nicht-Rechtzeitig-Zahlung

Handwerksbetrieb Oberbringer
Rosenstr. 3
10978 Berlin

Frau
Mechthild Bleier
Münzenweg 7
11345 Berlin

RECHNUNG   Berlin, den 2010-05-01

Sehr geehrte Frau Bleier,

für die von uns durchgeführten Renovierungsarbeiten berechnen wir 103,00 Euro. Bitte benutzen Sie den beiliegenden Zahlschein.
Der Rechnungsbetrag muss spätestens am 10. Tag nach Zugang der Rechnung auf unserem Konto gutgeschrieben werden.

Mit freundlichen Grüßen
Ihr Handwerksbetrieb Oberbringer

Die Zahlung des vereinbarten Preises für erhaltene Waren oder durchgeführte Dienstleistungen gehört zu den vertraglichen Hauptpflichten. Im Falle von Zahlungsverzögerungen gilt:

> Der Schuldner (Käufer) gerät spätestens 30 Tage nach Fälligkeit und Zugang der Rechnung in Zahlungsverzug. Ein schriftliches Mahnen ist nicht mehr erforderlich. Die rechtliche Grundlage legt das „Gesetz zur Beschleunigung fälliger Zahlungen" fest.

*Der gesetzlich festgeschriebene **Verzugszinssatz** liegt bei maximal 5 % über dem Basiszinssatz der Europäischen Zentralbank (vergleiche Abschnitt 7.3.2).*

Nach Ablauf der gesetzlichen Zahlungsfrist muss der Käufer mit zusätzlichen Kosten (Verzugszinsen) rechnen.
- Für den Verkäufer soll durch diese gesetzliche Regelung ein langes Herauszögern der Bezahlung fälliger Rechnungen verhindert werden.
- Für den Käufer ist es ratsam, Rechnungen sofort nach deren Erhalt auf ihre Richtigkeit hin zu überprüfen.

Werden ausstehende Rechnungen nach Ablauf der Frist nicht bezahlt, kann der Gläubiger (Verkäufer) ein **gerichtliches Mahnverfahren** einleiten, indem er beim Amtsgericht einen **Mahnbescheid** beantragt. Nach Zustellung des Mahnbescheids hat der Schuldner 14 Tage Zeit, Widerspruch einzulegen oder die Rechnung zu bezahlen. Reagiert der Schuldner dennoch nicht, beantragt der Gläubiger in einem nächsten Schritt einen Vollstreckungsbescheid. Wird die Rechnung immer noch nicht beglichen, kommt es im letzten Schritt zu einer Pfändung von

Rechtsgeschäfte

Gegenständen, Werten oder des Gehalts durch den Gerichtsvollzieher oder das Vollstreckungsgericht (**Zwangsvollstreckung**).
Die Gegenstände werden abtransportiert und öffentlich versteigert.
Der Schuldner muss außerdem mit einem Eintrag bei der SCHUFA rechnen. Solange ein solcher Eintrag besteht,
- gewährt keine Bank Kredite,
- ist keine Warenlieferung auf Rechnung möglich.

Die Gerichtskosten für das gesamte Mahnverfahren muss der Schuldner zahlen. Gleiches gilt für die Anwaltskosten, wenn es zu einem Gerichtsverfahren kommt und der Schuldner den Prozess verliert.

SCHUFA Holding AG:
Schutzgemeinschaft für allgemeine Kreditsicherung, mit Sitz in Wiesbaden

Verjährungsfristen:
vergleiche Abschnitt 2.1.6

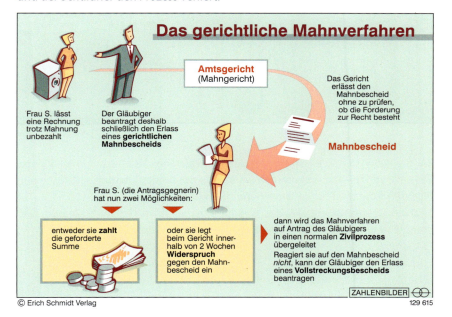

Pfändbar ist alles, was einen materiellen Wert hat, z. B. Schmuck, Computer, teure Sportgeräte etc. Schwer bewegliche Gegenstände werden mit einem Siegel („Kuckuck") versehen.

Unpfändbar ist alles, was zur Berufsausübung benötigt wird, z. B. der Fotoapparat eines Fotografen.
Lebensnotwendige Dinge dürfen ebenfalls nicht gepfändet werden, dazu zählt z. B. das Bett, aber auch ein einfacher Fernseher. Immobilien können mit einer Hypothek belastet oder zwangsversteigert werden.

Kuckuck:
Das wohl bekannteste Dienstsiegel ist das Pfandsiegel, umgangssprachlich „Kuckuck" genannt – nach dem im damaligen Preußen darauf abgebildeten Adler, der als Kuckuck verballhornt wurde.

Aufgaben

1. Welche gesetzliche Frist sollte der Käufer beim Bezahlen der abgebildeten Rechnung einhalten?
Welche Konsequenzen hat eine verspätete Zahlung?
2. Welche Konsequenzen hat das „Gesetz zur Beschleunigung fälliger Zahlungen" für den Käufer?
3. Zahlungsunfähige Käufer werfen häufig zugestellte Rechnungen ungeöffnet weg. Welche Möglichkeit sehen Sie, um in einer solchen Situation eine Zwangsvollstreckung zu verhindern?
Stellen Sie stichpunktartig eine Reihe von Ratschlägen für die betroffene Person auf.

2.1.6 Vertragsstörungen: mangelhafte Lieferung und Nicht-Rechtzeitig-Lieferung

Verjährung der Mängelansprüche:
Ein Verkäufer kann die Erfüllung der Rechte, die dem Käufer zustehen, verweigern, wenn sie verjährt sind. Hier gelten folgende Fristen:
2 Jahre:
  übliche kaufrechtliche Verjährungsfrist für Mängel
3 Jahre:
  arglistig verschwiegene Mängel
5 Jahre:
  Bauwerksmängel und Mängel an in Gebäuden eingebauten Sachen
30 Jahre:
  Rechte, die im Grundbuch eingetragen sind

Eine Mängelrüge sollte
- *schriftlich erfolgen,*
- *eine Schilderung der Mängel (z. B. defekter Schalter),*
- *Ihre rechtlichen Ansprüche,*
- *eine Frist zur Mängelbeseitigung (z. B. innerhalb von 14 Tagen) aufweisen.*

Achtung!
Wurden beim Kauf allgemeine Geschäftsbedingungen (AGB) vereinbart, sind die Rechte des Käufers häufig eingeschränkt (vgl. Abschnitt 2.1.4).

Bei den vielen tagtäglich stattfindenden Kaufverträgen läuft nicht immer alles so, wie es sollte. Es kann vorkommen, dass einer der beiden Vertragspartner seinen Pflichten nicht oder nur unzureichend nachkommt.
Kaufvertragsstörungen, die der Verkäufer zu verantworten hat, können eine mangelhafte Lieferung oder eine Nicht-Rechtzeitig-Lieferung sein.

Was kann der Käufer tun, wenn eine gekaufte Ware Mängel aufweist?
Im BGB ist festgeschrieben, dass der Verkäufer grundsätzlich für Sachmängel haftet. Der Käufer hat so genannte **Gewährleistungsansprüche.**
Zunächst muss der Käufer den entdeckten Mangel anzeigen.
Auf Kassenbons findet sich häufig der Zusatz „Umtausch nur innerhalb von 14 Tagen". Bei dieser Umtauschfrist handelt es sich um ein freiwilliges Angebot des Händlers, die gekaufte Ware umtauschen zu können. Ware mit Mängeln kann bis zu einem Zeitraum von 2 Jahren reklamiert werden.

Entscheidend für den Rechtsanspruch ist der Umfang des Mangels. Es zählen nur Mängel, die nicht völlig unerheblich sind. So ist z. B. ein geliefertes Möbelstück, das als Ausstellungsstück diente, nicht mangelhaft, wenn es fabrikneu aussieht. Das Ausmaß eines Mangels zu bewerten schafft häufig Unstimmigkeiten zwischen den Vertragspartnern.

Eine Reklamation nimmt man direkt beim Händler vor, denn mit dem Hersteller der Ware hat der Käufer nichts zu tun. Diese Beanstandung des Kaufs wird **Mängelrüge** genannt. Nach dem Anzeigen eines „echten Mangels" hat der Käufer folgende Rechte bzw. Gewährleistungsansprüche:

Rechtsgeschäfte

Gewährleistungsansprüche:

Zunächst

1. Nacherfüllung, wahlweise
- Beseitigung des Mangels: Der Verkäufer beseitigt den Mangel der Ware durch Nachbesserung.
- Lieferung einer mangelfreien Ware: Der Käufer gibt die beschädigte Ware zurück und erhält eine Ersatzware.

Erst dann

2. Minderung: Der Käufer fordert bei beschädigter Ware einen angemessenen Preisnachlass.
3. Rücktritt: Der Käufer gibt die Ware zurück und erhält den bezahlten Kaufpreis zurückerstattet.
4. Schadensersatz: Der Käufer fordert die Erstattung aller angefallenen Kosten, die durch den fehlgeschlagenen Kauf entstanden sind.

Beachte:
Der Gewährleistungsanspruch kann bei rein privaten Zweite-Hand-Geschäften ausgeschlossen werden.
Auch bei dem Erwerb von Waren über eine Privatauktion im Internet besteht kein Anspruch des Käufers auf Gewährleistung.

Was kann der Käufer tun, wenn die Ware nicht bzw. zu spät geliefert wird?

Ein Käufer hat ein Sofa bei einem Möbelhaus bestellt. Der Verkäufer hat sich im Kaufvertrag verpflichtet, die bestellte Ware zu liefern. Ist ein fester Liefertermin vereinbart (z. B. 30. Juni), so gerät der Verkäufer mit Ablauf dieses Tages (im Beispiel also am 1. Juli) in Verzug. Ist dagegen kein bestimmter Liefertermin vereinbart, so bedarf es einer Mahnung des Käufers an den Verkäufer, damit Verzug eintritt.

Auch wenn es keine Formvorschriften gibt, sollte die Mahnung schriftlich und per Einschreiben erfolgen. Der Verzug tritt erst nach dem Zugang der Mahnung beim Verkäufer ein.

Bei Lieferverzug kann der Käufer zwischen folgenden Rechten wählen:

- **Erfüllung der Vertrags:** Der Käufer besteht nach wie vor auf die Lieferung.
- **Erfüllung des Vertrags und Berechnung eines Verzugsschadens:** Schadensersatz kann nur berechnet werden, wenn er tatsächlich entstanden ist, z. B. wenn eine Firma nicht weiterproduzieren konnte, weil die benötigten Einzelteile nicht rechtzeitig geliefert wurden.
- **Ablehnung der Lieferung und Rücktritt vom Vertrag:** Der Käufer kann dem Verkäufer eine Frist mit der Androhung setzen, dass er nach deren Ablauf die Annahme der Lieferung verweigere. Die Fristsetzung sollte wie die Mahnung schriftlich erfolgen. Nach Ablauf der Frist entfällt der Anspruch des Käufers auf Lieferung. Er kann dann entweder vom Vertrag zurücktreten oder
- **Schadensersatz statt der Leistung** verlangen. Schadensersatz kann z. B. berechnet werden, wenn die Ersatzware nach Ablauf der Frist anderweitig, aber zu einem höheren Preis gekauft wurde.

Häufig kommt es vor, dass der Vertrag nicht vollständig erfüllt wird und die Restlieferung zu einem späteren Termin angekündigt wird. Auch in diesem Fall sollte man immer eine Nachfrist setzen, um bei Nichterfüllung auf seinem Recht bestehen zu können.

Aufgaben

1. Geben Sie drei Beispiele für eine mangelhafte Lieferung und begründen Sie jeweils, von welchem Gewährleistungsrecht Sie Gebrauch machen würden.

2. Erläutern Sie, welcher Gewährleistungsanspruch stets Vorrang hat

62　Wirtschaft und Recht

2.1.7 Wichtige Vertragsarten: Werkvertrag, Mietvertrag und Dienstvertrag

§ 631 BGB
(Vertragstypische Pflichten beim Werkvertrag):
(1) Durch den Werkvertrag wird der Unternehmer zur Herstellung des versprochenen Werkes, der Besteller zur Entrichtung der vereinbarten Vergütung verpflichtet.
(2) Gegenstand des Werkvertrags kann sowohl die Herstellung oder Veränderung einer Sache als auch ein anderer durch Arbeit oder Dienstleistung herbeizuführender Erfolg sein.

Hinweis:
Ein sogenannter *Fernabsatzvertrag* kann ein Vertrag über die Lieferung von Waren (Kaufvertrag) oder über die Erbringung von Dienstleistungen (Dienstvertrag, Mietvertrag, Partnerschaftsvermittlung usw.) sein. Ein solcher Vertrag liegt dann vor, wenn er zwischen einem Unternehmer und einem Verbraucher unter Verwendung von Fernkommunikationsmitteln (Briefe, Kataloge, Telefonanrufe, E-Mails sowie Rundfunk, Tele- und Mediendienste) abgeschlossen wird.

Bei Reparaturaufträgen, Änderungsarbeiten, Dienstleistungen unterschiedlichster Art und Vermietungen werden Verträge zwischen mindestens zwei Vertragspartnern abgeschlossen. Man spricht hier von mehrseitigen Rechtsgeschäften (vgl. Abschnitt 2.1.2). Der Inhalt der Verträge kennzeichnet die unterschiedlichen Vertragsarten, z. B. Werkvertrag, Dienstvertrag und Mietvertrag. Die rechtlichen Regelungen sind im BGB festgeschrieben.

Der Werkvertrag
Der Werkvertrag wird bei den unterschiedlichsten Reparaturen und der Vergabe von Arbeiten gegen Bezahlung z. B. an Maler-, Dachdecker- und Renovierungsfirmen abgeschlossen.
Der Auftraggeber überlässt hier sein Eigentum, Dinge und auch nötige Materialien, an den Auftragnehmer. Entscheidend ist, dass
■ der Unternehmer sich verpflichtet, die in Auftrag gegebenen Arbeiten erfolgreich und termingerecht (rechtzeitig) durchzuführen, und
■ der Auftraggeber diese Arbeit dementsprechend bezahlt.

Bezahlt der Kunde die erfolgreich durchgeführte Arbeit nicht, kann der Unternehmer die bearbeitete Ware zunächst einbehalten (**Pfandrecht**). Wird die Arbeit nicht erfolgreich durchgeführt, hat der Kunde das Recht auf
■ Nacherfüllung,
■ eigene Beseitigung des Mangels und Ersatz für die Aufwendungen,
■ Rücktritt,
■ Minderung,
■ Schadensersatz.

Allerdings verwenden die meisten Betriebe allgemeine Geschäftsbedingungen, die diese Rechte häufig eingrenzen (vgl. Abschnitt 2.1.4).

Rechtsgeschäfte

Der Dienstvertrag

Dienstleistungen sind solche Arbeiten, die nicht der Güterproduktion dienen, sondern in persönlichen Leistungen bestehen. Beispiele für Dienstleistungsbranchen sind die Banken, die Versicherungen, Handelsbetriebe, Verkehrsbetriebe, der öffentliche Dienst, die medizinische Betreuung, die Gastronomie usw.

Der Dienstvertrag ähnelt dem Arbeitsvertrag (vgl. Abschnitt 1.1.3 und 1.1.4).

Geht man zum Arzt, um seine Beschwerden behandeln zu lassen, oder nimmt man Musikunterricht, dann schließt man einen Dienstvertrag ab. Im Gegensatz zum Werkvertrag wird in einem Dienstvertrag der Erfolg der angebotenen Dienstleistung weder rechtlich festgeschrieben noch garantiert. Es wird nur das **Bemühen** des Anbieters bezahlt. Nimmt man Musikunterricht oder belegt einen Fremdsprachenkurs, so kann es sein, dass man nach einem Jahr immer noch nicht das Instrument beherrscht bzw. die Sprache spricht. Ein Lehrer erhält dennoch die festgelegte Bezahlung für seinen Unterricht.

Im Gegensatz zum Werkvertrag ist der Dienstvertrag an Personen gebunden. Wenn man ein Paar Schuhe zur Reparatur gibt, bleibt es dem Betrieb freigestellt, wer die Arbeit durchführt. Bei einem Arztbesuch hat man den **Anspruch**, von einem bestimmten Arzt behandelt zu werden, und muss sich nicht darauf einlassen, beim nächsten Besuch von seinem Vertreter weiterbehandelt zu werden.

Der Mietvertrag

Ein Mietvertrag kann für bewegliche (z. B. Auto, Musikanlage) oder unbewegliche Sachen (z. B. eine Wohnung oder ein Grundstück) abgeschlossen werden. Der Vermieter überlässt dem Mieter die Sache zur Nutzung, der Mieter zahlt im Gegenzug eine Mietgebühr. Der Vermieter ist verpflichtet, die Sache in einem benutzbaren Zustand zu erhalten, d. h. angezeigte Mängel müssen durch den Vermieter behoben werden. Der Mieter muss aufgetretene Mängel dem Vermieter umgehend mitteilen.

Grundsätzlich gibt es keine gesetzliche Vorschrift, einen Mietvertrag in schriftlicher Form abzuschließen. Wird ein Mietvertrag für längere Zeit als ein Jahr nicht in schriftlicher Form abgeschlossen, so gilt er für unbestimmte Zeit. Empfehlenswert ist aber die schriftliche Form, um bei Streitigkeiten eine eindeutige Rechtsgrundlage zu haben. Das neue Wohnungsmietrecht stärkt grundsätzlich die Rechte des Mieters, z. B. in Bezug auf Kündigung und Mieterhöhung. Achten Sie daher immer auf bestimmte Klauseln im Mietvertrag.

---

§ 535 BGB (Inhalt und Hauptpflichten des Mietvertrags):
(1) Durch den Mietervertrag wird der Vermieter verpflichtet, dem Mieter den Gebrauch der Mietsache während der Mietzeit zu gewähren. Der Vermieter hat die Mietsache dem Mieter in einem zum vertragsgemäßen Gebrauch geeigneten Zustand zu überlassen und sie während der Mietzeit in diesem Zustand zu erhalten. Er hat die auf der Mietsache ruhenden Lasten zu tragen.
(2) Der Mieter ist verpflichtet, dem Vermieter die vereinbarte Miete zu bezahlen.

§§ 535 – 548 BGB finden sich die allgemeine Vorschriften für Mietverhältnisse.
§§ 549 – 577 a BGB Mietverhältnisse über Wohnraum

Wichtige Informationen rund um den Wohnungsmietvertrag und einen Mustervertrag finden Sie beim DMB Deutscher Mieterbund e.V. unter:
www.mieterbund.de

Leasing: (z. B. Auto, Software) eine besondere Art der Miete, die für den Mieter zum Teil mit hohen Kosten verbunden ist.

Pacht: Meint das Überlassen gegen Entgelt und ist damit eine Art Mietvertrag mit spezieller Gesetzesgrundlage (siehe hierzu BGB § 581 ff.).

Aufgaben

1. Die Anzeigen bieten verschiedene Arbeiten an. Ordnen Sie jeweils zu, ob es sich um einen Werkvertrag, Mietvertrag oder Dienstvertrag handelt.

2. Beurteilen Sie die Rechtslage: Stefan hat seit 6 Monaten wöchentlich Nachhilfeunterricht (Kosten 100 € monatlich) erhalten. Am Schuljahresende haben sich seine Zeugnisnoten jedoch in keinem Fach verbessert. Er fordert nun sein Geld zurück.

3. Stellen Sie die Pflichten des Mieters und Vermieters in einem übersichtlichen Schema dar.

4. Recherchieren Sie, bei welchen Themen es häufig zu Streitigkeiten zwischen Wohnungsvermietern und Mietern kommen kann und wie hier die Rechtslage ist. Tragen Sie ein Beispiel in der Klasse vor.

64 Wirtschaft und Recht

2.1.8 Bargeldloser Zahlungsverkehr

Konto-Nr. / Account No. X123456789		BERLINER BANK Niederlassung der Bankgesellschaft Berlin Aktiengesellschaft	Hardenbergstrasse 32 D-10890 Berlin	Bankleitzahl / Bank Code 10020000	
Kontoauszug/Account Statement				alter Kontostand / Previous Balance	
Buchungstag Entry Date	Wert Value	Verwendungszweck / Transaction	Buchungs-Nr. / Entry No.	EUR	314,15+
0103	0203	SORGLOSVERSICHERUNG, JAHRESBEITRAG 11 HAUSRAT ÜBERWEISUNG	999991		112,00-
0103	0103	DAUERAUFTRAG MIETE 03/11	999991		310,00-
0103	0103	RUNDFUNKANSTALT 03.2011 – 05.2011 -02-01 EINZUGSERMÄCHTIGUNG	999991		51,09-
0503	0603	FIT UND FUN, MONATSBEITRAG	999992		29,00-
1103	1103	BARAUSZAHLUNG	999993		100,00-
2803	2803	VIVENDI BUCHHANDLUNG ELEKTR. LASTSCHRIFTVERFAHREN EC 34220056 01.03 17.20 ME	999994		19,90-
2903	3003	ARBEITGEBER VERGÜTUNG MÄRZ 11	999995		1250,00+

Herrn
Manne Mustermann

Dispo-Kredit EUR 300,00

EUR 942,16
neuer Kontostand / Closing Balance
20.3.2011 9 1
Erstellungsdatum / Statement Date   Auszug-Nr. / Statement No.   Blatt / Page

---

Giralgeld
(lat. giro = Kreis):
Buchgeld; Zahlungen, die durch Verrechnung auf (Giro-) Konten abgewickelt werden.

Bankkarte („BankCard"):
Die Bankkarte wird von Banken nur an vertrauenswürdige Kunden mit regelmäßigem Einkommen vergeben.
Die Bezeichnung „ec" stand früher für „Eurocheque, heute für „Electronic Cash".

Sebastian (18) hat nach einem längeren Bewerbungsmarathon endlich einen Ausbildungsplatz als Koch gefunden. Der erste Schritt in die Selbstständigkeit ist geschafft. Er will nun auch seine finanziellen Angelegenheiten selbst regeln. Zunächst hat er ein Girokonto bei der Hausbank seiner Eltern eröffnet. Ein Sparbuch besitzt er schon seit frühster Kindheit, doch nun verdient er endlich eigenes Geld. Sein Chef wollte natürlich die Bankverbindung wissen, auf die monatlich seine Ausbildungsvergütung überwiesen werden soll. Die Zeiten, in denen die Gehälter noch bar in Lohntüten ausgezahlt wurden – wie sein Großvater gerne berichtete –, sind längst vorbei. „Eigentlich läuft heute ja fast alles bargeldlos", überlegt Sebastian.

- Um sich eine kleine Rücklage für den nächsten Urlaub anzusparen, hat Sebastian einen Dauerauftrag über eine monatlich gleich bleibende Summe von seinem Girokonto auf sein Sparkonto eingerichtet.
- Wenn mit dem eigenen Zimmer alles klappt, wird er auch die Miete per Dauerauftrag zahlen. Jeden Monat pünktlich eine Überweisung über den gleichen Betrag auszufüllen ist viel zu lästig, und die Gefahr, es zu vergessen, ist groß.
- Er plant auch, die Handynutzung von der Karte auf einen Vertrag umzustellen. Den Antrag der Telefongesellschaft hat er schon auf dem Tisch liegen. Nur die Einzugsermächtigung muss noch unterschrieben werden, dann wird monatlich der jeweilige Rechnungsbetrag abgebucht.

Einen großen Vorteil bei bargeldloser Zahlung sieht Sebastian beim Einkaufen. Früher passierte es, dass ihm ein Sonderangebot entging, weil er nicht genügend Bargeld dabei hatte. Oder damals, als er sein neues Fahrrad gekauft hat: Ständig

Rechtsgeschäfte

hatte er Angst, dass ihm das Bargeld auf dem Weg zum Geschäft gestohlen werden könnte.

Damit ist jetzt Schluss. Dank seiner Bankkarte kann Sebastian an internationalen Geldautomaten in ganz Europa Geld abheben oder in Geschäften, die über Electronic Cash verfügen, bargeldlos zahlen. „Allerdings", überlegt er erschrocken, „wie war denn noch die Nummer, meine PIN?"

Ohne die richtige Geheimzahl nutzt ihm auch die Bankkarte wenig. In einigen Geschäften ist die Bezahlung mit der Bankkarte in Verbindung mit der Unterschrift des Karteninhabers möglich.

Jetzt fehlt nur noch eine Kreditkarte: Kreditkarte zücken und den Beleg unterschreiben. Allerdings kann man da sein blaues Wunder erleben, denn nur einmal im Monat wird der ausgegebene Betrag per Lastschrift vom Konto abgebucht. „Nee, jetzt ist noch nicht die Zeit dafür", denkt Sebastian. „Da verliere ich vielleicht doch zu schnell den Überblick über meine Ausgaben. Außerdem ist mein Einkommen wohl auch nicht hoch genug, dass ein Kreditkartenunternehmen mich als Kunden akzeptieren würde."

Den Überblick über seine Ausgaben zu behalten ist für Sebastian auf alle Fälle ein absolutes Muss. Bei einem guten Kumpel hat er miterlebt, wie der fröhlich Geld ausgegeben hat, und dann ging trotz Überziehungskredit irgendwann gar nichts mehr. Die totale Pleite! (vgl. Abschnitt 2.1.12)

Sebastian will da ganz anders rangehen. Auf den Kontoauszügen werden alle Zahlungseingänge und -ausgänge mit Datum und Zahlungsart aufgeführt. Die wird er immer schön kontrollieren und abheften.

Vielleicht nutzt er bald auch die Möglichkeit, seine ganzen Bankgeschäfte vom Computer zu Hause aus zu regeln. Electronic Banking nennt man das.

Electronic Banking
Voraussetzung für die Online-Kontoführung sind ein Computer, die entsprechende Hard- und Software sowie ein Internetanschluss. Zusätzlich erhält der Kunde eine **P**ersönliche **I**dentifikations-**N**ummer (PIN) von seiner Bank und eine Serie von **Transaktionsnummern (TAN)** für jeden Buchungsauftrag als zusätzliche Sicherung.

Die kontoführende Bank muss die Buchungsvorgänge freigeben und erst dann wird dementsprechend auf dem Kundenkonto gebucht.

Mit der Bankkarte kann man in Verbindung mit der PIN (Persönliche Identifikationsnummer) an Geldautomaten mit dem ec-Zeichen (weltweit: Maestro-Zeichen) Geld abheben. Am Geldautomaten muss der Kartenbesitzer seine PIN eintippen und erhält so Zugriff auf sein Konto und kann Geld abheben. In vielen Geschäften kann man mit der Bankkarte und der PIN (Online-Buchung) oder mit der Bankkarte und der Unterschrift des Karteninhabers (Buchung per Lastschrift) bargeldlos zahlen. Der Fachausdruck hierfür ist Electronic Cash.

Giropay:
Online-Bezahlverfahren für Überweisungen im Internet. Es wird angeboten und entwickelt von deutschen Geldinstituten und wirbt mit mehr Sicherheit beim Internetbanking.

Pay Pal:
Eigenes Online-Bezahlverfahren der Internetplattform eBay. Ermöglicht Online-Zahlungen bei diversen Online-Shops und wirbt bei Käufern und Verkäufern mit erhöhter Sicherheit und Schutz.

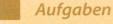

1. Erstellen Sie eine Übersicht über die aufgeführten Möglichkeiten des bargeldlosen Zahlungsverkehrs.
   a) Beschreiben Sie die Unterschiede zwischen den jeweiligen Zahlungsarten.
   b) Erläutern Sie anhand von Beispielen, wann es sinnvoll ist, eine bestimmte Zahlungsart zu nutzen.
2. Welche Voraussetzungen müssen gegeben sein, damit man am bargeldlosen Zahlungsverkehr teilnehmen kann?
3. Erstellen Sie eine Liste mit Vor- und Nachteilen des Electronic Cash.

Bedürfnisse lassen sich zudem in materiell und immateriell unterteilen. Materiell sind die stofflichen, körperlich greifbaren Bedürfnisse, z. B. der Wunsch nach einem Auto oder Haus. Immaterielle Bedürfnisse umfassen die unstofflichen Dinge, wie der Wunsch nach Bildung, Anerkennung usw.

Auch eine Unterteilung in Individual- und Kollektivbedürfnisse ist möglich. Individualbedürfnisse betreffen die Bedürfnisse einer einzelnen Person (z. B. eigenes Auto), Kollektivbedürfnisse betreffen die Gesellschaft als Gesamtes (z. B. gutes Verkehrsnetz).

materiell: stofflich, körperlich greifbar; auf Besitz bedacht

immateriell: unstofflich

Abraham Maslow (1908 – 1970) war ein US-amerikanischer Psychologe. Er gilt als der wichtigste Gründervater der Humanistischen Psychologie, deren Lehre besagt, dass sich eine gesunde und schöpferische Persönlichkeit mit dem Ziel der Selbstverwirklichung entfaltet.

Bedürfnisse sind einem ständigen Wandel unterworfen. War zum Beispiel der Besitz eines eigenen Radios in den 30er-Jahren des letzten Jahrhunderts ein Luxusbedürfnis, so ist dies heutzutage nicht mehr zwingend so. Andererseits können Bedürfnisse auch erst geweckt werden, wenn durch Werbung auf ein neues Produkt, wie z.B. ein besonders gut zum Spielen geeigneter Computer, hingewiesen wird.

2.1.9 Bedürfnisse und Bedarf

Ralf hat genügend Geld beiseite gelegt, um sich ein hochwertiges Zwölfgang-Fahrrad zu kaufen, damit er schneller im Ausbildungsbetrieb ist. Die Zeit, die er spart, hat er in seiner Freizeit mehr zur Verfügung. Im Briefkasten findet er eines Morgens einen Werbeprospekt, der einen iPod mit neuster Wiedergabetechnologie und vielen zusätzlichen Funktionen ankündigt. Ralf ist sofort begeistert und will dieses Gerät kaufen. Er muss sich jetzt entscheiden: Entweder er kauft das teure Fahrrad oder den iPod. Für Beides reicht das Geld nicht aus.

Alle Menschen haben das Bedürfnis, empfundene Mangelgefühle zu beseitigen. Die Empfindung eines Mangel kann von Mensch zu Mensch ganz unterschiedlich ausgeprägt sein – und damit das Bedürfnis, diesen Mangel zu beseitigen. Während beispielsweise für den einen Menschen der Wunsch nach einem neuen elektronischen Gerät sehr dringlich sein kann, ist es für einen anderen kaum von Bedeutung.

Die Unterteilung der Bedürfnisse lässt sich auf vielfältige Weise treffen. Die wohl bekannteste Unterscheidung der Bedürfnisse ist die von Abraham Maslow entwickelte Bedürfnispyramide:

Maslow geht davon aus, dass es sich hier um grundsätzliche, existenzielle Bedürfnisse handelt, die der Mensch zu stillen versucht. Dabei kann er sich sich immer erst auf die Erfüllung der Bedürfnisse einer Stufe konzentrieren, wenn die Bedürfnisse der darunterliegenden Stufe weitestgehend erfüllt sind. Das höchste Maß der Erfüllung ist schließlich – die wohl kaum zu erreichende – vollständige Selbstverwirklichung.

Nach einer weiteren Theorie lassen sich die einzelnen maslowschen, grundsätzlichen Bedürfnisse wiederum danach unterteilen, wie ihre Erfüllung angestrebt wird. Das körperliche Bedürfnis „Durst" lässt sich ja z. B. durch Leitungswasser, Sprudelwasser oder auch durch limitiertes Himalajaquellwasser gleichermaßen stillen. Der Wunsch nach Wasser zum Durststillen bildet damit ein reines Existenzbedürfnis. Üblicherweise wird bei uns aber Sprudelwasser getrunken – es liegt ein Kulturbedürfnis vor. Und wer sich abheben möchte, bei dem liegt vielleicht das Luxusbedürfnis nach ganz besonderen Getränken vor.

Ob ein Bedürfnis als Existenz-, Kultur- oder Luxusbedürfnis zugeordnet wird, ist nicht immer eindeutig, sondern hängt von vielen Bedingungen ab. Je nach Lebensalter, Geschlecht, sozialem Umfeld, Region und Land sowie Stand der gesellschaftlichen und technischen Entwicklung gehören Bedürfnisse unterschiedlichen Stufen an. So spielt zum Beispiel die Zugehörigkeit zu einer Einkommensschicht eine große Rolle dabei, ob etwas als Luxus angesehen wird oder nicht. Andererseits wird in einem Wüstenstaat der Dritten Welt der unbegrenzte Zugang zu sauberem Trinkwasser eher als Luxus empfunden werden als es beispielsweise derzeitig in Deutschland der Fall ist.

Im Gegensatz zu den Bedürfnissen der Menschen, die tendenziell als unbegrenzt betrachtet werden können, sind die Güter zur Befriedigung der Bedürfnisse meist nur in begrenzter Zahl vorhanden. Sobald ein Bedürfnis befriedigt ist, taucht schon das nächste auf, denn sowohl das, was andere besitzen, wie auch die Werbung für bestimmte Güter, sorgen dafür, dass den Menschen die Wünsche nicht ausgehen.

Bedarf

Unter wirtschaftlichem Aspekt sind vorrangig die materiellen Bedürfnisse von Bedeutung. Um sie zu befriedigen, werden (Konsum-) Güter benötigt. Aus den Bedürfnissen wird aber erst dann ein Bedarf, wenn es tatsächlich zu einer Nachfrage kommt.

So kann im Eingangsbeispiel Ralfs Bedürfnis, den iPod zu besitzen, zum Bedarf werden, wenn er sich entschließt, die vorhandenen finanziellen Mittel (Kaufkraft) für den Erwerb des Gerätes einzusetzen. Dieser Bedarf wiederum hat einen direkten Einfluss auf die Nachfrage, und letztendlich bestimmt die Nachfrage nach einem Gut das Angebot auf dem Markt: Je mehr Bedarf und damit Nachfrage besteht, desto größer wird das Angebot auf dem Markt sein.

Güter: wirtschaftlich betrachtet zählen zu den Gütern nicht nur Waren aller Art (Kaffee, Videospiel, Benzin usw.), sondern auch Dienstleistungen (Haare schneiden, Servieren usw.)

Nachfrage: der gesamte Bedarf einer bestimmten Personengruppe an einem Gut.

Bedarf: Die Summe aller Bedürfnisse, die aufgrund vorhandener Kaufkraft befriedigt werden können.

Wirtschaftliches Handeln

Im Gegensatz zu den unbegrenzt vorhandenen Bedürfnissen der Menschen sind sowohl Güter für die Bedürfnisbefriedigung wie auch die Mittel für deren Erwerb nur begrenzt vorhanden. Um nun die bestmögliche Befriedigung der Bedürfnisse zu erreichen, muss mit den vorhandenen Mitteln vernünftig und planvoll umgegangen werden – d.h., es muss wirtschaftlich gehandelt werden.

Wie das Eingangsbeispiel zeigt, muss sich Ralf gut überlegen, welches Bedürfnis er befriedigt und sich gegebenenfalls eine alternative Lösung einfallen lassen – beispielsweise zwar das elektronische Gerät kaufen, aber dann ein gebrauchtes Fahrrad erwerben.

Wenn Ralf sich sein wirtschaftliches Handeln gut überlegt, wird er nach dem ökonomischen Prinzip handeln.

Das ökonomisches Prinzip (vergleiche hierzu Abschnitt 2.2.2) sieht zwei Alternativen vor:
- *Maximalprinzip: Mit den gegebenen Mitteln soll ein größtmöglicher Erfolg erzielt werden: Ralf kauft sich das teure Fahrrad.*
- *Minimalprinzip: Ein bestimmter Erfolg soll mit möglichst geringen Mitteln erzielt werden: Ralf kauft sich ein gebrauchtes Fahrrad und den iPod.*

Aufgaben

1. Erläutern Sie die Begriffe **Bedürfnis** und **Bedarf** an einem Beispiel aus Ihrem eigenen Alltag.
2. Fassen Sie in eigenen Worten zusammen, wie Bedürfnisse, Bedarf und Nachfrage zusammenhängen.
3. Zeigen Sie anhand eines eigenen Beispiels, wie nach dem ökonomischen Prinzip gehandelt werden kann. (Weitere Informationen zum ökonomischen Prinzip finden Sie auf Seite 76.)

2.1.10 Sparen

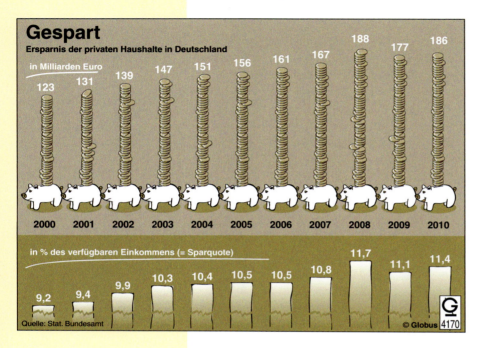

Die Deutschen sind ein Volk der Sparer, mit steigender Tendenz. Die Sparquote ist in den letzten 10 Jahren stetig gestiegen und liegt bei über 11 Prozent des verfügbaren Einkommens der privaten Haushalte.

Sparen können aber natürlich nur Haushalte, deren Einkommen es erlaubt. Familien, deren monatliches Einkommen grade so reicht, um die Kosten zu decken, haben kaum die Möglichkeit, Geld anzulegen.

Priorität:
Rangfolge, Stellenwert

Die wichtigsten Sparmotive sind
- der Wunsch nach teuren Konsumartikeln und
- die finanzielle Absicherung für das Alter.

Es gibt die unterschiedlichsten Möglichkeiten, sein Geld anzulegen. Bei der Entscheidung für die geeignete Sparform sind folgende Aspekte zu berücksichtigen:
- der Ertrag (Rendite), also die Zinsen, die man für das angelegte Vermögen erhält.
- die Verfügbarkeit (Liquidität), also die Bedingungen, unter denen man das angelegte Geld verwenden kann.
- die Sicherheit, gemeint ist hier das Risiko, durch die Anlageform Geld zu verlieren.

Jede Anlageform hat unterschiedliche Vor- und Nachteile, die sich aus den genannten Aspekten ergeben. Der Anleger muss sich also genau überlegen, welche Prioritäten er bei der Auswahl der geeigneten Anlageform setzt.
Bei dieser Entscheidung ist die persönliche Vermögenssituation besonders zu beachten. Um die Vor- und Nachteile unterschiedlicher Anlageformen zu nutzen, ist eine Streuung des anzulegenden Vermögens die beste Möglichkeit. Betrachtet man die unterschiedlichen Anlageformen, so wird grundsätzlich zwischen dem **Kontensparen** und dem **Wertpapiersparen** unterschieden.

Rechtsgeschäfte

Gemeinsame Merkmale der Anlageformen, die zu der Gruppe des **Kontenspa-rens** gezählt werden, sind relativ niedrige Zinsen, kaum Risiko in der Geldanlage. Die Verfügbarkeit ist unterschiedlich und erstreckt sich von

- der ständigen Verfügbarkeit bei Sichteinlagen (Geld auf dem Girokonto) und Tagesgeldkonten über
- die gesetzliche Kündigungsfrist von 3 Monaten bei Spareinlagen (Sparkonto) bis zur
- festgeschriebenen Bindung, z.B. bei Bausparverträgen und Termingeldern (mit Ausnahmeregelungen).

An Beliebtheit zugenommen hat die Anlage auf Tagesgeldkonten. Es handelt sich um eine kurzfristige, flexible Kapitalanlage (ohne Kündigungsfrist), die höhere Zinsen als Spareinlagen bietet. Angeboten wird das Tagesgeld vielfach als On-line-Konto, zusätzlich benötigt der Anleger ein Girokonto.

Spätestens seit der **Bankenkrise** bevorzugen viele Sparer Geldanlagen mit hoher Sicherheit und Flexibilität, auch wenn die Rendite niedriger ausfällt. Das erklärt wohl die Beliebtheit des Girokontos und des traditionellen Sparbuchs als Anlage-form.
Sein Geld in Bausparverträgen oder bei Versicherungen anzulegen, steht an obe-rer Stelle der gewählten Anlageformen der Sparer.

Beim Wertpapiersparen bevorzugen die Anleger Investmentzertifikate – hier er-wirbt der Anleger einen Anteil an einem Fond der gewählten Investmentgesell-schaft. Ein Fond besteht aus verschiedenen Aktien oder Wertpapieren. Durch die Streuung auf mehrere Anlagen wird das Risiko, Geld zu verlieren, verteilt.

Bei einer Geldeinlage in Aktien (vgl. Abschnitt 2.2.4) ist der hohe Risikofaktor zu beachten. Je nach Kursentwicklung an der Börse kann eine Aktie hohe Gewinne, aber auch hohe Verluste mit sich bringen.

Anlageformen beim Konten-sparen sind:
- *Sichteinlagen*
- *Tagesgeldkonto*
- *Bausparkonten*
- *Spareinlagen*
- *Termingelder*

Anlageformen beim Wertpa-piersparen sind:
- *Investmentzertifikate*
- *Aktien*
- *Pensionsfonds*
- *Festverzinsliche Wertpapiere*
- *Sparbriefe*

Inflation:
Eine Inflation liegt dann vor, wenn die Preise aller Leistungen und Güter stark steigen.
Für einen Sparer, der sein Geld zu einem Zins von 3 % auf der Bank liegen hat, ist dieser Spar-zins nutzlos, wenn die Preise um 10 % steigen.

Bankenkrise:
Durch finanzielle Probleme ein-zelner Kreditinstitute wird das Vertrauen in das Bankensystem so schwer beschädigt, dass auch andere Kreditinstitute und möglicherweise die Finanzmär-kte und in der Folge die gesamte Volkswirtschaft geschädigt werden. Die 2007 in den USA ausgelöste Bankenkrise zeigt seit 2008 auch Auswirkungen auf dem deutschen Finanz-markt. (Siehe auch S. 95 zur Weltwirtschaftskrise.)

Hinweis:
Zahlreiche Informationen rund um das Thema Geld erhalten Sie beim Deutschen Sparkas-sen- und Giroverband unter www.dsgv.de

Aufgaben

1. *Nennen Sie mögliche Gründe dafür, dass viele Bundes-bürger ihr Geld einfach auf dem Girokonto „parken".*
2. *„Das Sparbuch – für Geldanlage ungeeignet." Beurtei-len Sie diese Aussage. Stellen Sie Vor- und Nachteile dieser Sparform gegenüber.*
3. *Informieren Sie sich über den Kursverlauf von ausge-suchten Aktien über mehrere Wochen in Zeitungen oder über das Internet. Dokumentieren Sie die Ergeb-nisse und vergleichen Sie die Entwicklung der ausge-wählten Aktien.*

2.1.11 Verbraucherkredite – Kaufen auf Pump

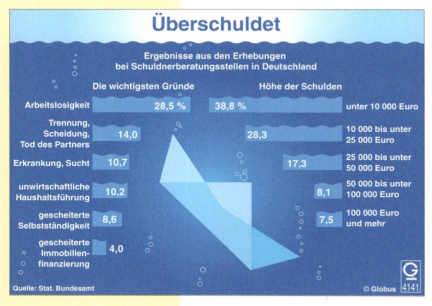

Wirtschaft ohne Kredite, das erscheint unvorstellbar. Ein größeres Bauvorhaben etwa oder die Gründung einer Firma, diese Vorhaben wären ohne die Existenz von Krediten kaum realisierbar. Das benötigte Geld muss häufig auf Zeit geliehen werden, für die Überlassung des Kapitals erhält der Kreditgeber entsprechende Zinsen. Aber auch für Privathaushalte stellt sich bei Konsumwünschen und Dringlichkeiten häufig die Frage der Finanzierung.

Kredit:
(lat. credere = glauben): Bevor der Kreditgeber an den Kreditnehmer Geld verleiht, muss er daran glauben, das Geld plus Zinsen zurückzubekommen.

Dispositionskredit:
wird auch als Überziehungs-, Kontokorrent-, Giro- oder Dispokredit bezeichnet.

Ratenkredit:
wird auch als Anschaffungsdarlehen, Konsumentenkredit oder Allzweckdarlehen bezeichnet.

Hinweis:
Die Bezeichnungen „Darlehen" und „Kredit" werden häufig gleichbedeutend verwendet.

Überziehungszinsen:
berechnen sich aus der Höhe des beanspruchten Betrages und dem Überziehungszeitraum. Weder die Laufzeit (d.h., wie lange das Konto überzogen ist) noch die Höhe der Tilgung (Rückzahlungsbetrag) ist festgelegt.

Grundsätzlich bestehen zwei Möglichkeiten: so lange sparen, bis das benötigte Geld vorhanden ist, oder einen Kredit aufnehmen. Vor einer Kreditaufnahme sollten aber einige wichtige Aspekte beachtet werden:
- Ist der Konsumwunsch wirklich so dringlich, dass ein Kredit aufgenommen werden muss?
- Welche Kreditform ist die geeignete?
- Was muss bei einer Kreditaufnahme beachtet werden?

Die wichtigsten Kreditarten für den Privathaushalt sind der Dispositionskredit und der Ratenkredit.

Dispositionskredit

Der Dispositionskredit kann Inhabern eines Girokontos gewährt werden. Bei Inanspruchnahme eines Dispositionskredits hebt der Kontoinhaber mehr Geld ab, als er eigentlich hat (Haben). Der Kontostand (Saldo) ist im Minusbereich (Soll).
Ein Dispositionskredit wird von den Geldinstituten in der Regel jedem Kontoinhaber
- mit einem regelmäßigen Einkommen,
- ohne besonderen Antrag und
- ohne zusätzlichen Nachweis von Sicherheiten gewährt.

Der Dispositionsrahmen beträgt die zwei- bis dreifache Höhe des monatlichen Einkommens.
Wird dieser Überziehungsrahmen weiter überschritten, müssen zusätzliche Überziehungszinsen gezahlt werden. Bei der Kreditinanspruchnahme über den Dispositionskredit hinaus werden vergleichsweise hohe Zinsen bezahlt, er sollte daher nur für kurzfristige Kreditnutzung gewählt werden.

Es besteht aber auch die Gefahr, den Überblick über seine tatsächliche finanzielle Situation zu verlieren, wenn man den Überziehungskredit über einen längeren Zeitraum nutzt (vgl. Abschnitt 2.1.12).

Ratenkredit

Ein Ratenkredit wird in der Regel zur Anschaffung von Konsumgütern in Anspruch genommen. Zwischen Kreditnehmer und -geber wird ein schriftlicher Vertrag über Kredithöhe, Laufzeit und Höhe der monatlichen Raten abgeschlossen. Die Länge der Laufzeit richtet sich nach den Rückzahlungsmöglichkeiten des Kreditnehmers und der Kredithöhe.

Vom Gesetzgeber ist vorgeschrieben, dass alle Kosten des Kredits im „effektiven Jahreszins" angegeben werden müssen, d. h. Zinsen, Bearbeitungsgebühren und evtl. die Vermittlungsprovision. Der Effektivzinssatz wird für unterschiedliche Zinssätze und Laufzeiten in Tabellen ausgewiesen.

Daten zum Kredit	Kreditinstiut A	Kreditinstitut B
Kreditbetrag	10 000 €	10 000 €
Laufzeit	12 Monate	12 Monate
durchschnittl. Monatsrate	871,83 €	878,83 €
Effektivzins* pro Jahr	4,62 %	5,46 %
Zinsen	162 €	446 €
Bearbeitungsgebühr	3,00 % (300,00 €)	1,00 % (100,00 €)
Gesamtaufwand	10 462 €	10 546 €

* Die Angabe von Effektivzinssätzen bei Krediten entspricht der Endpreis-Angabe bei sonstigen Waren oder Dienstleistungen

Bevor ein Kreditvertrag zustande kommt, wird das Geldinstitut Auskunft über die Kreditwürdigkeit des Kreditnehmers verlangen. Neben der Selbstauskunft des Kreditnehmers über weitere Verpflichtungen ist eine Anfrage bei der Schutzgemeinschaft für allgemeine Kreditsicherung (SCHUFA) üblich.

Die SCHUFA speichert alle Daten, die von den angeschlossenen Unternehmen über Kreditnutzung und Zahlungszuverlässigkeit eines Kunden zur Verfügung gestellt werden. Für die SCHUFA-Auskunft muss der Kreditnehmer schriftlich sein Einverständnis geben.

Weitere Kreditsicherheiten, je nach Kreditart und Kreditnehmer, sind Gehaltsabtretungen, Bürgschaften oder Sicherungsübereignungen.

Bei einer Sicherungsübereignung ist der Kreditnehmer bis zur vollständigen Kredittilgung lediglich Besitzer der gekauften Sache, Eigentümer ist der Kreditgeber.

Effektiver Jahreszins:

Laut Preisangabenverordnung ist seine Angabe in einem Kreditvertrag vorgeschrieben. Im Effektivzins sind alle Kreditkosten eingerechnet. Der effektive Jahreszins gibt dem Verbraucher die Möglichkeit, Kreditbedingungen verschiedener Geldinstitute zu vergleichen.

Hinweis:

Auch die von zahlreichen Autohäusern, Möbelgeschäften, Kauf- und Versandhäusern angebotenen Ratenkäufe sind vom Wesen her Ratenkredite. Hier ist lediglich der Kreditvertrag in den Kaufvertrag eingebunden.

Tipp:

Grundsätzlich Kreditangebote verschiedener Kreditgeber vergleichen. Gegebenenfalls von der zweiwöchigen Widerrufsfrist Gebrauch machen. Vorsicht bei Lockangeboten durch Kreditvermittler!

Bürgschaft umfasst die Kreditsicherung durch eine weitere Person.

Aufgaben

1. Stellen Sie in einer Tabelle stichpunktartig die Gründe gegenüber, die für und die gegen eine Kreditaufnahme sprechen.
2. Vergleichen Sie die Werbung von verschiedenen Geldinstituten. Mit welchen Mitteln wird sprachlich und bildlich geworben? Welche Versprechen werden gemacht? Welche Wünsche des Verbrauchers werden angesprochen?
3. Erklären Sie die Bedeutung der SCHUFA-Auskunft.

Wirtschaft und Recht

2.1.12 Verschuldung

Ohne Moos nichts los!

Dieser Spruch über den Stellenwert des Geldes spiegelt sich in der Auffassung vieler wider. Durch Medien und Werbung unterstützt, können sich auch viele Jugendliche den Konsumzwängen nicht entziehen. Alles, was Spaß macht und „in" ist, kostet: Shopping, Handy, Computer, Führerschein, Kino, Kleider usw.

Das Verhältnis zwischen den Konsumwünschen und den tatsächlichen finanziellen Mitteln klafft häufig auseinander. Den richtigen Umgang mit dem Geld zu finden, gelingt immer weniger Jugendlichen.
Angeregt werden der spontane Konsum und das erste Schuldenmachen auch durch das Jugendmarketing der verschiedenen Geldinstitute.
Der Einstieg ist bei vielen Jugendlichen das stark beworbene Girokonto. Von den Geldinstituten wird darauf verwiesen, den Jugendlichen so den Umgang mit dem Geld beibringen zu wollen. Tatsächlich geht es aber wohl mehr um die frühzeitige Kundenbindung.
Manche Kreditinstitute räumen sogar Minderjährigen schon Möglichkeiten der Kontoüberziehung ein. Rechtlich bedürfen Kreditverträge von Minderjährigen jedoch der Einwilligung der gesetzlichen Vertreter.
Bei Volljährigkeit und eigenem Einkommen steht zwar dem ersten Kredit nichts mehr im Wege, Kredite können aber der erste Schritt in eine dauerhafte Verschuldung sein.

Bei einer Kreditaufnahme – z. B. für das eigene Auto – wird häufig viel zu knapp kalkuliert. Die monatlich anfallenden Kosten für die Steuern, Zinsen, Versicherung, Benzin, nebenbei noch Handygebühren usw. übersteigen das Einkommen. Schleichend wird dann häufig zunächst der Dispositionskredit immer weiter ausgeschöpft. Anschaffungen mit der Bankkarte oder Kreditkarte werden bargeldlos bezahlt (vgl. Abschnitt 2.1.8). Gleiches gilt für Bestellungen bei Versandhäusern usw.
Trotz SCHUFA–Auskunft (vgl. Abschnitt 2.1.11) gelingt es, Ratenkäufe in unterschiedlichen Läden zu tätigen oder zunächst mit der Kreditkarte zu bezahlen. Der Rechnungsbetrag fällt so erst im nächsten Monat an. Passiert dann noch etwas Unvorhergesehenes – z. B. der Verlust der Lehrstelle oder ein Unfall –, schnappt die Schuldenfalle zu.
Werden die ausstehenden Rechnungen nicht bezahlt, vergrößern sich die Schulden immer weiter: Mahngebühren, Lohnpfändung, Gerichts- und Räumungskosten.
Damit es nicht so weit kommt, sollte ein realistischer Finanzplan erstellt werden. Mithilfe eines Haushaltsplanes können alle anfallenden Ausgaben geplant bzw. erfasst werden. Dabei sind die monatlich anfallenden fixen Ausgaben, aber auch die variablen Ausgaben zu berücksichtigen. Bei einer vorausschauenden Planung müssen außerdem die halbjährlich bis jährlich anfallenden Ausgaben – z. B. für Versicherungsbeiträge – berücksichtigt werden.

Aktuelle Informationen zum Verbraucherrecht und zum Thema Finanzen und Überschuldung gibt es bei:
Verbraucherzentralen Bundesverband e.V., Markgrafenstr. 66,
10969 Berlin: **www.vzbv.de**

Publikationen rund um das Thema Geld sind erhältlich beim Deutschen Sparkassen- und Giroverband:
www.dsgv.de

Tipps zur Schuldenprävention speziell für Jugendliche und Möglichkeiten der Haushaltsplanung findet man u. a. beim SKM – Katholischer Verein für soziale Dienste in Dortmund e.V.: **www.fit-fuers-geld.de**

Rechtsgeschäfte

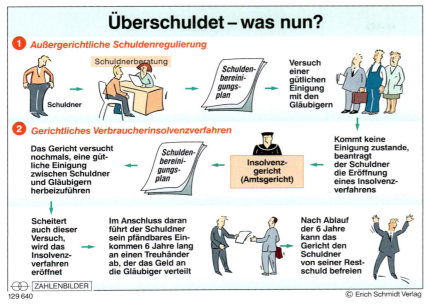

Im Falle einer **Überschuldung** ist es wichtig, die eigene Situation realistisch einzuschätzen. Auch hier ist der erste Schritt die Gegenüberstellung der Einnahmen und Ausgaben. Sich einen Überblick über den Umfang der gesamten Schulden zu verschaffen ist notwendig. Wenn man feststellt, dass man die ausstehenden Raten nicht mehr zahlen kann, sollte man sich umgehend mit den Kreditgebern bzw. Vertragspartnern in Verbindung setzen. Gemeinsam sollte dann versucht werden, eine vernünftige Schuldenregelung zu finden. Wichtig ist es, die Bereitschaft zu zeigen, seine Schulden bezahlen zu wollen. Auch kleinere Ratenbeträge sind eine Möglichkeit.

Für Betroffene, die keine Möglichkeit sehen, die Schulden zu bezahlen, gibt es das Verbraucherinsolvenzverfahren. Die Insolvenzordnung gibt überschuldeten Privatpersonen die Möglichkeit, bei der Erfüllung der gesetzlichen Vorgaben, nach sechs Jahren von seiner Restschuld befreit zu werden. Hilfestellung dann, wenn man selber nicht mehr durchsieht, kann man bei den Schuldnerberatungsstellen erhalten. Anlaufadressen, um eine seriöse Schuldnerberatung zu erhalten, sind der Bundesverband der Verbraucherzentralen und Verbände (VzBv) sowie die Verbraucherzentralen in vielen Städten Deutschlands.

Haushaltsplan (Ein-Personen-Haushalt/junger Erwachsener)	
Erwerbstätigkeit (netto):	1 100,00 €
Zinsen, Kapitalanlagen:	25,00 €
Gesamtnettoeinkommen:	**1 125,00 €**
Planung der Gesamtausgaben in Euro monatlich	
Feste (fixe) Kosten	
Miete	310,00
Nebenkosten (Strom, Gas, Wasser)	100,00
Durchschnittliche Telefonkosten (incl. Handygebühren)	50,00
TV/Radio, Kabelgebühren	18,50
Versicherungen (Haftpflicht, Hausrat)	18,00
Monatskarte öffentliche Verkehrsmittel	36,00
Monatsbeitrag Fitnessstudio	29,00
Sparbeitrag	20,00
Variable (veränderliche Kosten)	
Ernährung	180,00
Kleidung	75,00
Kosmetik, Hygieneartikel	15,00
Freizeit (Kino, Disco, Kneipe etc.)	50,00
Genussmittel	30,00
Ausbildung (Bücher, Hefte etc.)	35,00
Sonstige	65,00
Summe der Ausgaben	**1031,50**
Überschuss oder Fehlbetrag	+ 93, 50

Aufgaben

1. Sammeln Sie in der Klasse weitere Sprüche zum Thema „Geld" auf einer Wandzeitung und diskutieren Sie über deren Bedeutung. (Hinweise zum Erstellen einer Wandzeitung finden Sie auf Seite 164.)
2. Führen Sie eine Umfrage durch, wie viel und wofür Jugendliche ihr Geld ausgeben und wie hoch das (monatliche) Einkommen ist.
3. Ein junges Paar beschließt nach wenigen Monaten, in eine gemeinsame Wohnung zu ziehen. Um sich schicke Möbel leisten zu können, schließen sie einen Ratenkaufvertrag ab. Da Tom kurz vor dem Ende seiner Ausbildung steht und sein Chef ihm zugesagt hat, ihn zu übernehmen, leistet er sich endlich einen eigenen Wagen auf Kredit. Doch dann passieren Dinge, mit denen beide nicht gerechnet haben, und eine Finanzkrise droht. Welche unvorhergesehenen Dinge könnten den beiden zustoßen? Erstellen Sie eine Liste und tauschen Sie eigene Erfahrungen aus.

Wirtschaft und Recht

2.2 BETRIEBS- UND UNTERNEHMENSFORMEN

2.2.1 Der Betrieb als Teil der Wirtschaft

Top ▶	Themen ▶	Thema durchsuchen ▶	Antworten ▶
28.05.2011, 11:24			

Jörn	Betriebsgründung
★★★★★ **Registriert seit:** 27.05.2011 **Beiträge:** 1	Hallo zusammen, ich würde gern Hobby und Beruf vereinen und mich selbstständig machen. Als totaler Fan alter Motorräder und Oldtimer dachte ich, mich auf die Sonderanfertigung von Ersatzteilen zu verlegen. Die bekommt man nämlich oft nicht mehr. Bin mir leider total unsicher, ob ich das einfach so machen darf und wo ich den Betrieb anmelden muss. Hat jemand da Erfahrungen und kann mir einen Rat geben? Gruß, Jörn

Hinweis:
Die zulassungspflichtigen, zulassungsfreien und handwerksähnlichen Gewerbe sind in den Anlagen A und B der HwO aufgelistet.

Handwerksrolle:
Das Verzeichnis aller Inhaber eines Betriebes eines zulassungspflichtigen Handwerks im Kammerbezirk. Die Handwerksrolle wird von der Handwerkskammer geführt.

HK und IHK betreiben die Interessenvertretung ihrer Mitglieder bezüglich Infrastruktur, Steuern und Abgaben, Ökostandards usw. Sie nehmen Prüfungen ab, bestellen Sachverständige, beraten bei Existenzgründungen, Steuerfragen und Geschäftsanbahnungen. Die Zwangsmitgliedschaft der jeweiligen Betriebe steht jedoch immer wieder in der Kritik.

Um seinen Lebensunterhalt zu bestreiten, benötigt der Mensch eine Vielzahl von Gütern. Leider stellt die Natur uns diese nur in begrenztem Umfang zur Verfügung – sie sind also knapp und auch nur selten in solcher Form, dass wir sie direkt nutzen könnten. Produktionsbetriebe übernehmen für uns die Aufgabe, in mehreren Stufen durch Grundstoffgewinnung, Veredelung und Verarbeitung Produkte herzustellen. Dabei wird das produzierende Gewerbe in der Regel in handwerkliche und industrielle Produktionsbetriebe unterschieden.

Was ein Handwerksbetrieb ist, wird gesetzlich durch die Handwerksordnung (HwO) geregelt. Sie unterscheidet

- zulassungspflichtiges Handwerk, für dessen Ausübung es grundsätzlich einer Meisterprüfung bedarf, und
- zulassungsfreies Handwerk sowie handwerksähnliches Gewerbe, das ohne Meisterprüfung betrieben werden kann.

Handwerksbetriebe müssen bei der Handwerkskammer (HK) in die Handwerksrolle eingetragen werden. Es besteht für sie eine Pflichtmitgliedschaft in der Handwerkskammer.

Wird das Gewerbe weder handwerklich noch handwerksähnlich, sondern industriell ausgeübt, spricht man von einem Industriebetrieb. Für derartige Betriebe besteht eine Pflichtmitgliedschaft in der Industrie- und Handelskammer (IHK). Um einen Industriebetrieb zu betreiben, bedarf es keiner gewerberechtlichen Voraussetzung – also auch keiner Meisterprüfung. Normalerweise genügt die Anmeldung bei der zuständigen Ordnungsbehörde.

Ab wann ein Betrieb handwerklich oder industriell betrieben wird, ist besonders bei kleineren Betrieben oft nur schwer abzugrenzen. Für die Zuordnung werden daher mehrere Merkmale herangezogen, um dann im Einzelfall zu urteilen, welche Seite überwiegt.

Unternehmensformen

Die wesentlichen Kriterien sind:
- Betriebsgröße (Wie hoch ist die räumliche Ausdehnung des Betriebs, die Anzahl der Mitarbeiter, der Umsatz und der Kapitaleinsatz?)
- Überschaubarkeit des Betriebs (Wäre es dem Inhaber vom Prinzip her möglich, die Arbeit seiner Mitarbeiter im Einzelnen noch zu überwachen und ihnen Anweisungen zu erteilen?)
- fachliche Qualifikation der Mitarbeiter und Arbeitsteilung (In welchem Umfang sind umfassend fachlich-qualifizierte Mitarbeiter zur Ausführung der Aufträge nötig, sodass sie im Wesentlichen alle betrieblichen Arbeiten ausführen können? Oder reichen angelernte Mitarbeiter aus, die nur mit einzelnen Arbeitsgängen vertraut sind?)
- Verwendung von Maschinen (Dienen die Maschinen zur Erleichterung und Unterstützung der Handarbeit oder ersetzen sie diese weitgehend?)
- betriebliches Arbeitsprogramm (Besteht eine Massenfertigung auf Lager oder Einzelfertigung aufgrund einer Bestellung?)

Räucher-Schneemänner-Produktion bei 30 Grad Sommerhitze für den Export in die USA, nach Japan und Singapur: mittelständische Spielzeugproduktion im Erzgebirge/Sachsen.

Das produzierende Gewerbe bildet in Deutschland einen zentralen Sektor, der ungefähr 1/3 der Wertschöpfung erzielt. Dabei beschäftigten die circa 49 000 Industriebetriebe um die 16 % der angestellt Beschäftigten. 98 Prozent aller deutschen Industrieunternehmen gehören mit 500 und weniger Mitarbeitern den mittelständischen Familienbetrieben an, die ungefähr 33 Prozent des Industrieumsatzes erwirtschaften.

Auszubildende in der Automobilindustrie

Die deutsche Industrie weist ein sehr breites Spektrum auf. Die meisten Industriebetriebe gehören jedoch immer noch den in Deutschland traditionellen Bereichen des Maschinen- und Anlagenbaus, des Kraftfahrzeugbaus und der Chemie an. Diese Bereiche stellen damit auch einen Großteil der angestellt Beschäftigten.

Während die kleineren und mittelständischen Betriebe eher regional und deutschlandweit tätig sind, sind die großen Industriebetriebe häufig stark vom Export abhängig. So sind beispielsweise mehr als 70 % der in der Automobilindustrie produzierten Fahrzeuge für das Ausland bestimmt. Im Maschinen- und Anlagenbau liegt die Exportrate bei circa 60 %. Im Gegenzug wird aber auch der Anteil der aus dem Ausland bezogenen Rohstoffe und Bauteile immer größer. Wie bei allen Exportländern ist die deutsche Wirtschaft damit stark von der weltweiten Konjunkturlage abhängig.

Aufgaben

1. a) Erstellen Sie eine Liste der wesentlichen Beurteilungskriterien und ordnen Sie Handwerks- und Industriebetrieb entsprechend ein.
   b) Welche Antwort würden Sie Jörn in diesem Zusammenhang geben?
2. Recherchieren Sie, welche Industriebetriebe in Ihrer Region ansässig sind und welcher Branche sie zugeordnet werden können.
3. Erläutern Sie, auf welche Art die deutsche Industrie von den internationalen Wirtschaftsbeziehungen abhängig ist?

Wirtschaft und Recht

2.2.2 Betriebliche Ziele und wirtschaftliche Kennzahlen

Krisenstimmung bei der Ostsee-Handel GmbH

Lübeck. Die Ostsee-Handel GmbH, einer der größten Arbeitgeber in unserer Stadt, hatte in den letzten Jahren mit erheblichen Gewinneinbußen zu kämpfen. Wie Herr Meier, seit Juni diesen Jahres neuer Geschäftsführer, unserer Zeitung gegenüber äußerte, liegen die Ursachen in Managementfehlern der vorherigen Geschäftsleitung. Marktveränderungen wurden nicht rechtzeitig erkannt, sodass die herkömmlichen Produkte nicht mehr abgesetzt werden konnten. Durch eine Umgestaltung der Produktpalette soll dieser Tendenz entgegengewirkt werden. Neue Produktlabels und Werbemaßnahmen sollen ein jugendlicheres Image schaffen. Herr Meier verspricht sich dadurch für das kommende Jahr eine Umsatzsteigerung von 4 %.

So könnten auch die derzeit bedrohten 25 Arbeitsplätze erhalten werden.

Das berühmte Beispiel vom Kühlschrankvertreter bei den Eskimos leuchtet ein: Wer Produkte oder Dienstleistungen anbietet, die niemand benötigt oder aus anderen Gründen besitzen möchte, wird nicht lange bestehen können.

Jedes Unternehmen, das am Markt bestehen will, verfolgt die unterschiedlichsten betrieblichen Ziele. Rein sachlich betrachtet, steht zunächst einmal die Frage im Vordergrund, **was** das Unternehmen überhaupt herstellen bzw. welche Dienstleistungen erbracht werden sollen. Dieses **Sachziel** wird mit ganz bestimmten Absichten, so genannten **Formalzielen**, verfolgt. Erwerbswirtschaftliche Betriebe wollen normalerweise einen möglichst großen Gewinn erzielen. Aber auch solche Ziele wie Umsatzsteigerung, Deckung der entstehenden Kosten, Umweltschutzrichtlinien umsetzen und vieles mehr können Formalziele sein, die das Weiterbestehen der Firma sichern sollen.

Um diese Ziele zu erreichen, muss ein Unternehmen nach wirtschaftlichen Gesichtspunkten handeln. Einerseits möchte es so viel wie möglich erreichen, andererseits hat es nur begrenzte Mittel an Geld, Arbeitskraft, Maschinen usw. zur Verfügung. Wirtschaftliche Entscheidungen müssen nach dem **ökonomischen Prinzip** getroffen werden. Man unterscheidet dabei:

ökonomisch:
wirtschaftlich, sparsam

Minimalprinzip (= Sparprinzip)	**Maximalprinzip** (= Haushaltsprinzip)
Ein vorgegebenes Ziel soll mit möglichst geringen (= minimalen) Mitteln erreicht werden. **Beispiel:** Eine neue Maschine vom Typ XYZ soll angeschafft werden. Es wird bei dem Händler gekauft, der am günstigsten anbietet.	Mit vorgegebenen Mitteln soll möglichst viel (= Maximales) erreicht werden. **Beispiel:** Es stehen 50.000 Euro zur Verfügung. Es wird die Maschine angeschafft, die für diesen Preis die meisten und besten Funktionen bietet.

Kein Unternehmen entscheidet ausschließlich nach dem Minimal- oder nach dem Maximalprinzip, sondern von Fall zu Fall unterschiedlich. In einigen wenigen Fällen ist keine Entscheidung nach dem ökonomischen Prinzip möglich, da feste Preise vorliegen oder es keine Auswahlmöglichkeiten gibt.

Um den Erfolg seiner Bemühungen festzustellen, kann das Unternehmen **wirtschaftliche Kennzahlen** berechnen. Dabei unterscheidet man:
Produktivität als reine Mengenbewertung. Dabei wird die Menge der erzeugten Produkte auf die benötigte Arbeitszeit (= Arbeitsproduktivität) oder auf das eingesetzte Material bezogen. Die so errechnete Kennzahl ist als einzelne Zahl nicht aussagekräftig. Erst wenn die Produktivität mit den Zahlen der Vorjahre oder mit

denen anderer Betriebe verglichen wird, kann man einschätzen, ob sie relativ gut oder relativ schlecht ist.

Wirtschaftlichkeit, bei der der Ertrag in Euro zum Aufwand in Euro ins Verhältnis gesetzt wird. Sie ist also eine wertmäßige Bewertung der betrieblichen Arbeit. Sind der Ertrag und der Aufwand genau gleich, wurde also kein Gewinn erzielt, sondern wurden gerade die Kosten gedeckt, ist die Wirtschaftlichkeit genau 1. Je höher der Wert über 1 liegt, umso besser ist die Wirtschaftlichkeit. Aber auch hier kann eine richtige Einschätzung nur durch den Vergleich mit den Vorjahreszahlen oder den Zahlen der Konkurrenten erfolgen.

Rentabilität, die Aufschluss darüber gibt, ob sich der Einsatz des Kapitals gelohnt hat. Bei der Rentabilität, die als Prozentwert angegeben wird, werden in der Regel zwei verschiedene Rentabilitäten errechnet:

- **Eigenkapitalrentabilität,** bei der das Verhältnis von Gewinn zu dem eingesetzten Eigenkapital ermittelt und mit dem Zinssatz verglichen wird, den man z. B. bei einer Bank für das Geld bekommen hätte. Liegt der Wert unter diesem Zinssatz, wäre es besser gewesen, sein Geld anders einzusetzen.
- **Gesamtkapitalrentabilität,** bei der das gesamte Kapital, also eigenes und geliehenes Kapital (Eigen- und Fremdkapital), betrachtet wird. Die Gesamtkapitalrentabilität sollte höher als der für das Fremdkapital zu zahlende Zinssatz sein. Dann wurde so viel erwirtschaftet, dass sich der Kredit gelohnt hat

Produktivität =	$\dfrac{\text{Ertragsmenge}}{\text{Produktionsmittelmenge}}$
Wirtschaftlichkeit =	$\dfrac{\text{Ertrag}}{\text{Aufwand}}$
Rentabilität =	$\dfrac{\text{Gewinn}}{\text{eingesetztes Kapital}}$
Eigenkapitalrentabilität =	$\dfrac{\text{Gewinn}}{\text{Eigenkapital}}$
Gesamtkapitalrentabilität =	$\dfrac{\text{Gewinn und Fremdkapitalzinsen}}{\text{Eigenkapital + Fremdkapital}}$

Aufgaben

1. *Welches Sachziel und welche Formalziele verfolgt die Ostsee-Handel GmbH?*
2. *Handelt es sich bei den folgenden Beispielen um das Maximal- oder das Minimalprinzip?*
   a) *Anne wird beauftragt, bei der Post für 10,00 Euro möglichst viele Marken für Postkarten zu kaufen.*
   b) *Sören soll für 15,00 Euro Limo für eine Party einkaufen. Er vergleicht die Preise in den Getränkehandlungen.*
3. *Für eine Firma wurden für das letzte Jahr folgende Werte ermittelt: Es wurden 807000 Stück hochwertige*

Porzellanvasen in 350 330 Arbeitsstunden erzeugt. Dabei entstanden Kosten von 3 800 000,00 Euro. Die Produkte konnten für insgesamt 4 200 000,00 Euro verkauft werden.
Die Firma besitzt 956 000,00 Euro Eigenkapital und kein Fremdkapital. Hätte man das Kapital an eine andere Firma verliehen, hätte man 6 % Zinsen bekommen. Berechnen Sie alle mit diesen Zahlen möglichen wirtschaftlichen Kennzahlen. Was sagen sie im Einzelnen aus?

Wirtschaft und Recht

2.2.3 Einzelunternehmen und Personengesellschaften

Firmenporträt Schneiderei Paula Solms & Partner KG

1986	Gründung der Schneiderei durch die 25-jährige Paula Solms in Berlin Kreuzberg
1996	Stetig ansteigende Nachfrage nach der eigenen Designerkollektion. Erwerb des Firmengebäudes in der Bergerstraße, Mitarbeiterzahl 25. Modeschöpfer und Freund Klaus Grube wird Mitinhaber. Neuer Firmenname Paula Solms & Partner OHG.
2006	Eröffnung eines weiteren Ladens in Berlin-Mitte. Nach Abschluss der Ausbildung steigt Franziska, die Tochter von Klaus Grube, in die Firma ein (Teilhaferin).
2011	25-jähriges Firmenjubiläum

Wichtige Unternehmens-formen:
- *Einzelunternehmen*
- *Personengesellschaften (OHG, KG)*
- *Kapitalgesellschaften (GmbH, AG)*
- *besondere Gesellschaften (Genossenschaften)*

Endlich der eigene Boss sein, seine Geschäftsidee umsetzen, das ist ein Wunsch von vielen.

Am Anfang einer Firmengründung steht die Geschäftsidee. Bis zu deren Verwirklichung ist es aber noch ein weiter Weg. Vieles muss geklärt sein:
- Wo soll der Firmensitz sein?
- Bin ich alleinige Inhaberin oder wen beteilige ich?
- Woher bekomme ich das nötige Kapital? Usw.

Schon beim Namen fängt es mit den rechtlichen Vorschriften an. Firmenzusätze – wie & Co, KG, AG – machen Aussagen über die gewählte Unternehmensform und sind damit an rechtliche Vorgaben geknüpft. Gesetzlich ist damit genau festgeschrieben,
- wer das Kapital aufbringt,
- wer in welchem Umfang haftet,
- wer das Unternehmen leitet und wer es vertritt,
- wer in welchem Umfang Gewinne erhält.

Die Wahl der geeigneten Unternehmensform wiederum hängt von betriebswirtschaftlichen Überlegungen ab. Hat ein Unternehmen einen Eigentümer, so handelt es sich um ein **Einzelunternehmen.** Von einem **Gesellschaftsunternehmen** spricht man, wenn mehrere Personen beteiligt sind. Steht die persönliche Beteiligung im Vordergrund, handelt es sich um **Personengesellschaften.** Überwiegt die finanzielle Beteiligung, spricht man von **Kapitalgesellschaften** (vgl. Abschnitt 2.2.4). Aber auch **Genossenschaften** sind Gesellschaftsunternehmen.

Die häufigste Rechtsform in der Bundesrepublik Deutschland ist das **Einzelunternehmen.** Sie ist besonders für kleine und mittlere Unternehmen geeignet.
- Der Firmenname ist hier rechtlich vorgeschrieben: der Familienname des Eigentümers.
- Eine Person trägt alle Rechte und Pflichten der Firma.

Unternehmensformen

Von besonderem Vorteil sind die alleinige Entscheidungsbefugnis über alle Unternehmensbelange sowie der alleinige Gewinnanspruch.

Allerdings trägt der Einzelunternehmer auch das gesamte Risiko. Bei Insolvenz haftet er unbeschränkt mit seinem gesamten Vermögen. Auch ist die Unternehmensvergrößerung durch die geringe Kreditbasis begrenzt.

Einzelunternehmen wechseln dann die Unternehmensform und gründen eine **Personengesellschaft**, wenn sie
- das Unternehmensrisiko mindern wollen,
- zusätzliches Kapital benötigen oder
- Fachkräfte oder Familienangehörige für ein Unternehmen gewinnen wollen.

Wenn mindestens zwei Personen sich zusammentun, um ein Handelsgewerbe zu betreiben, und einen Gesellschaftervertrag schließen, handelt es sich um eine **Offene Handelsgesellschaft (OHG)**. Der Firmenname muss Unterscheidungskraft besitzen und den Zusatz „offene Handelsgesellschaft" oder „OHG" enthalten. Alle Gesellschafter haben die gleichen Rechte und Pflichten und haften unbeschränkt, unmittelbar und solidarisch bei Unternehmensverlusten oder Insolvenz.

Im Unterschied zur OHG sind in der **Kommanditgesellschaft (KG)** zwei unterschiedliche Arten von Gesellschaftern beteiligt: der Komplementär (Vollhafter) und der Kommanditist (Teilhafter). Geleitet wird die KG von den Komplementären. Die Kommanditisten besitzen ein Kontrollrecht und sind anteilig am Gewinn beteiligt. Im Firmennamen erscheinen nur die Komplementäre.

Alle gesetzlichen Regelungen zum Einzelunternehmen und zur Personengesellschaft sind im Handelsgesetzbuch (HGB) festgeschrieben.

Gesellschafter der KG:
- *Komplementär, haftet mit Kapitaleinlage und Privatvermögen.*
- *Kommanditist, haftet lediglich mit der Kapitaleinlage.*

Insolvenz:
Zahlungsunfähigkeit

Aufgaben

1. Welche Änderungen in der Unternehmensform hat die Schneiderei Paula Solms in ihrer 25-jährigen Geschichte durchlaufen? Warum fand ein Wechsel statt? Erläutern Sie die Gründe.
2. Welche Unterschiede und welche Gemeinsamkeiten gibt es zwischen der OHG und dem Einzelunternehmen? Notieren Sie diese stichpunktartig.
3. Welche Gründe könnte ein Unternehmen haben, eine OHG in eine KG umzuwandeln?
4. Warum ist die Insolvenzgefahr in einem Einzelunternehmen als hoch einzuschätzen?

Wirtschaft und Recht

2.2.4 Kapitalgesellschaften

Kapitalgesellschaften sind rechtlich Unternehmen, die als *juristische Person* handeln. Das heißt, alle Rechtsgeschäfte werden mit dem Unternehmen und nicht mit natürlichen Personen getätigt. Unternehmensformen als Kapitalgesellschaft sind:
- GmbH, Mini-GmbH
- AG, SE
- KGaA

Europäische Gesellschaft (international auf Lateinisch auch *Societas Europaea*, kurz *SE*): Die SE wird in EU-Dokumenten auch als *Europäische Aktiengesellschaft* und umgangssprachlich daher auch als *Europa-AG* bezeichnet.

KGaA (Kommanditgesellschaft auf Aktien): Sie verbindet Merkmale der AG und der KG. Das Grundkapital wird in Aktien aufgeteilt, es sind wie bei der KG zwei Gesellschaftertypen beteiligt.

Die Anteile an einer GmbH werden als Stammeinlage bezeichnet.

Vorteile der GmbH sind
- die begrenzte Haftung,
- das relativ niedrige Stammkapital (bei der Gründung).

Gesellschaft mit beschränkter Haftung (GmbH)

Die zweithäufigste Unternehmensform in Deutschland ist die Gesellschaft mit beschränkter Haftung (GmbH). Der entscheidende Unterschied zum Einzelunternehmen ist das Haftungsrisiko. Die Eigentümer – sie werden in der GmbH Gesellschafter genannt – haften nur mit ihren Beteiligungsanteilen. Diese so genannten Stammeinlagen der Gesellschafter bilden zusammen das Stammkapital. Dieses Stammkapital muss bei der Gründung einer GmbH mindestens 25.000 Euro betragen. Die Anteile der Gesellschafter können vererbt, geteilt oder verkauft werden. Die Gesellschafter sind sowohl am Gewinn als auch am Verlust der Gesellschaft beteiligt. Zur Leitung der GmbH wird eine Geschäftsführung bestimmt. Die Geschäftsführung vertritt das Unternehmen nach außen und leitet das Unternehmen stellvertretend. Sind mehr als 500 Arbeitnehmer in einer GmbH beschäftigt, ist es gesetzlich vorgeschrieben, einen Aufsichtsrat einzuberufen. Dieser Aufsichtsrat hat die Aufgabe, die Geschäftsführung zu überwachen und in der jährlichen Gesellschafterversammlung Bericht zu erstatten.
Die Rechtsform der GmbH wird häufig von kleinen und mittleren Unternehmen gewählt. Wichtig ist es zu bedenken, dass letztendlich derjenige das unternehmerische Geschehen bestimmt, der mehr als 50 Prozent der Stammeinlagen in der GmbH besitzt.

Mini-GmbH (haftungsbeschränkte Unternehmergesellschaft)

Seit 2008 ist die Mini-GmbH eine neue Form der GmbH, die mit dem Gesellschaftsvermögen haftet, deren Formalien einer Gründung aber vereinfacht wurden. Das Stammkapital muss bei der Gründung nur einen Euro betragen. Die Gewinnausschüttung ist zunächst begrenzt: 25% des Gewinns muss angespart werden, bis ein Kapital von 25.000 € erreicht wird. Dann kann die Anmeldung im Handelsregister als „normale GmbH" erfolgen. Der Gesetzgeber erhofft sich, durch Schaffung der Mini-GmbH Existenzgründungen zu erleichtern und bisherige Wettbewerbsnachteile der GmbH-Rechtsform in der EU zu mindern.

Aktiengesellschaft

Typische Rechtsform für Großunternehmen (Industriebetriebe, Versicherungen, Banken), in denen große Kapitalmengen benötigt werden, ist die Aktiengesellschaft. Das Grundkapital einer Aktiengesellschaft wird in Anteile aufgeteilt: die Aktien. Der Mindestnennwert einer Aktie beträgt in Deutschland einen Euro. Stückaktien lauten auf keinen Nennbetrag, sie sind am Grundkapital im gleichen Umfang beteiligt. Aktien oder Aktienfonds sind seit der Neuregelung des Aktiengesetzes auch bei Kleinanlegern beliebt. Das Gründungskapital einer AG muss mindestens 50.000 Euro betragen.

Die Aktionäre treffen sich jährlich auf der Hauptversammlung. Sie sind nach Aktienanteilen stimmberechtigt und prozentual am Gewinn (Dividende) der AG beteiligt. Bei Verlusten haften sie nur mit ihrer Kapitaleinlage. Gesetzlich festgeschrieben sind drei Organe:

- der Vorstand, der das Unternehmen in eigener Verantwortung leitet,
- der Aufsichtsrat, der die Aktivitäten des Vorstands kontrolliert,
- die Hauptversammlung, bestehend aus den Aktionären mit Stimm- und Auskunftsrecht über die Unternehmensaktivitäten.

Europäische Aktiengesellschaft (Societas Europaea – SE)

Die Europäische Aktiengesellschaft ist eine neue Rechtsform für Unternehmen, die in mindestens zwei EU-Mitgliedsstaaten Niederlassungen haben bzw. durch Fusion von Gesellschaften (AG, GmbH) aus mindestens zwei EU-Mitgliedsstaaten bestehen muss. Durch das Gründen einer SE entfällt die Gründung von Tochtergesellschaften nach dem jeweiligen Länderrecht. Die einheitliche Rechtsstruktur der SE spart insbesondere Verwaltungs- und Rechtskosten für das Unternehmen ein.

Tipp:
Zahlreiche Informationen zur Existenzgründung und Hilfen bei der Wahl der geeigneten Rechtsform erhält man beim Bundesministerium für Wirtschaft und Technologie (BMWI): www.bmwi.de

Hinweis:
Unter dem Motto „Schüler werden Unternehmer" können Schüler und Schulklassen sich an einem Existenzgründer-Planspiel beteiligen. Informationen finden Sie unter: www.dgp-schueler.de

Tipp:
Informationen zum Thema Börse und Aktien finden Sie unter folgender Internetadresse: www.boerse.ard.de

Einen Europaweiten Schülerwettbewerb mit Themen rund um Finanzen und Wirtschaft findet sich unter: www.planspiel-boerse.com.

Aufgaben

1. Welche Kriterien sollten bei der Wahl der Rechtsform für ein Unternehmen ausschlaggebend sein? Beachten Sie bei Ihren Überlegungen die Unterschiede zwischen Personen- und Kapitalgesellschaft.
2. Warum ist die AG die typische Rechtsform für Großunternehmen?
3. Sie wollen sich selbstständig machen. Erörtern Sie, welche Rechtsform – unter den für Sie realistisch vorliegenden Bedingungen – die attraktivste ist.

Wirtschaft und Recht

2.2.5 Wirtschaftliche Verflechtungen – Unternehmenszusammenschlüsse

Opel will sich von General Motors abkoppeln

Rüsselsheim (dpa) – Im Ringen um sein Überleben will sich der Autobauer Opel von seiner US-Mutter General Motors (GM) abkoppeln. Eine vollständige Trennung von dem Konzern, dem die Insolvenz droht, ist aber nicht geplant.

Das Management sieht die Zukunft des Autobauers in einer rechtlich selbstständigen europäischen Geschäftseinheit [...].

Opel soll aber auch als eigenständige europäische Gesellschaft Teil des GM-Konzerns beleiben: „Wir glauben alle daran, dass es für ein Unternehmen von der Größe von Opel in Europa wichtig ist, Teil eines großen Konzernverbundes zu sein, um die Volumenvorteile nach wie vor zu haben und auch Zugang zu der Technologie", sagte GM-Europa-Chef Carl-Peter Foster [...]

(aus: http://magazine.web.de, 27.02.09)

Verfolgt man die Medien, so vergeht kaum ein Tag, an dem nicht über eine Unternehmensübernahme oder eine Fusion, kartellrechtliche Überprüfungen oder ähnliches berichtet wird. Im Vordergrund steht dabei immer das Bestreben, die eigene Wettbewerbsfähigkeit zu steigern – z. B. mittels Übernahme einen Konkurrent auszuschalten und so einen höheren Marktanteil zu erreichen, durch Zusammenarbeit mit anderen Firmen, um Kosten für Forschung, Verwaltung usw. zu sparen und damit die Wirtschaftlichkeit zu erhöhen oder das Risiko durch Aufteilung auf mehrere Partner zu vermindern.

Konsortium:
Gesellschaft, die zur Durchführung ganz bestimmter Aufgaben gebildet wird. Z. B. ein Zusammenschluss mehrerer Banken für die Ausgabe von Akten, um so das Risiko der einzelnen Banken zu mindern.

Joint Venture:
gemeinschaftliche Gründung eines Unternehmens durch zwei Geschäftspartner, wobei Kenntnisse und /oder Kapital bei gleichzeitiger Teilung von Risiko und Gewinn zusammengelegt werden.

Erwirbt z. B. ein Unternehmen die Mehrheitsbeteiligung an einem anderen, obwohl dieses alles tut, um es zu verhindern, spricht man von einer „feindlichen Übernahme".

Im Wesentlichen unterscheidet man bei Unternehmenszusammenschlüssen zwischen der Kooperation und der Konzentration von Unternehmen. Bei einer **Kooperation** handelt es sich in der Regel um Zusammenschlüsse auf vertraglicher Basis (z. B. Interessengemeinschaften, Arbeitsgemeinschaften, Konsortien, Joint Ventures, Genossenschaften und Verbände, Kartelle). Dabei werden lediglich einzelne Funktionen ausgegliedert und an eine gemeinsame Einrichtung übertragen. Die Unternehmen behalten jedoch ihre wirtschaftliche und rechtliche Selbstständigkeit. Diese freiwillige Zusammenarbeit der Unternehmen ermöglicht es ihnen zum Beispiel, Großprojekte durchzuführen oder die Interessen gegenüber anderen besser zu vertreten. Kooperationen sind – abgesehen vom Zwang der Wirtschaftlichkeit – immer freiwillig.

Geben die Unternehmen dagegen ihre wirtschaftliche Selbstständigkeit auf, handelt es sich um eine **Konzentration**. Die Unternehmen ordnen sich dabei einer gemeinsamen Leitung unter. Wird zudem auch die rechtliche Selbstständigkeit aufgegeben – geht ein Unternehmen also in einem anderen auf oder entsteht durch den Zusammenschluss ein neues Unternehmen – spricht man von einer **Fusion**. Sie gehen also mit der Übertragung von Besitzverhältnissen durch Verschmelzung zweier Unternehmen oder durch Zukauf eines Unternehmens einher. Sie können um des wirtschaftlichen Vorteils willen freiwillig erfolgen, können aber auch von einer Seite durch Aufkauf erzwungen werden.

Häufig werden Unternehmenszusammenschlüsse aber auch anhand der Produktionsstufen der beteiligten Unternehmen eingeteilt:

horizontaler Zusammenschluss	vertikaler Zusammenschluss	diagonaler Zusammenschluss
Unternehmen derselben Produktionsstufe	Unternehmen verschiedener Produktionsstufen	Unternehmen unterschiedlicher Branchen
z. B. Zusammenschluss mehrerer Automobilhersteller	z. B. ein Kohlebergwerk schließt sich mit einem Stahlwerk zusammen	z. B. Lebensmittelhersteller, Reiseveranstalter und Bank schließen sich zusammen
Kostenersparnis, z. B. für Forschung und Entwicklung, gemeinsame Nutzung von Vertriebswegen	Sicherung von Beschaffung und/oder Absatz und damit zusammenhängende Kostenersparnis	Risikostreuung, um das Unternehmen auch bei schlechter wirtschaftlicher Lage einzelner Branchen zu sichern

Im Detail können die Unternehmenszusammenschlüsse je nach Stärke der wirtschaftlichen und rechtlichen Bindung, der geplanten Dauer, der Anzahl der Partner usw. eine Vielzahl unterschiedlicher Formen annehmen.

Mit zunehmender Größe bergen sie aber immer die Gefahr, dass der entstehende Zusammenschluss den Markt beherrschen und damit bestimmen kann. Entsprechende Pläne großer Unternehmen – insbesondere bei Fusionen und Kartellbildung - müssen daher beim Bundeskartellamt in Berlin, den einzelnen Landeskartellbehörden oder dem Bundesministerium für Wirtschaft und Technologie angemeldet, von ihnen genehmigt und überwacht werden. Auf europäische Ebene ist zudem die Europäische Kartellbehörde in Brüssel zuständig. Aufgrund des Gesetzes gegen Wettbewerbsbeschränkungen (GWB), dem Gesetz gegen unlauteren Wettbewerb und der europäischen Fusionskontrollverordnung können Zusammenschlüsse untersagt werden, wenn ein Unternehmen damit die Marktbeherrschung erlangen könnte. Dies wird in der Regel vermutet, wenn ein Marktanteil von über einem Drittel erreicht wird.

Die Bildung von **Kartellen** ist in Deutschland eigentlich verboten. Als Kartelle gelten Absprachen (z. B. über Preise oder Mengen) mit dem Ziel, Kundeninteressen zu umgehen und Mitbewerber zu übervorteilen und damit den Wettbewerb zu beschränken. Ausnahmen bilden jedoch anmeldepflichtige Kartelle (z. B. Mittelstandskartelle, Normen- und Typenkartelle). Genehmigungspflichtige Kartelle (z. B. Rationalisierungskartelle) sind befristet und können mit Auflagen verbunden werden. Da in beiden Fällen ein Missbrauch möglich ist, werden sie laufend überwacht. Syndikate als straffste Form des Kartells sind in Deutschland grundsätzlich verboten.

Kooperationsformen sind z. B.
- *Allianz*
- *Arbeitsgemeinschaft Interessengemeinschaft*
- *Unternehmensverband*
- *Joint Venture*
- *Konsortium*
- *Franchising*
- *Lizenzvergabe*
- *Kartell*

Konzentrationsformen sind z. B.:
- *Unternehmensbeteiligung*
- *Konzern*
- *Trust*
- *Keiretsu*

Keiretsu:
japanische Unternehmensgruppen, auch wirtschaftliche Verbundgruppen genannt

Aufgaben

1. Lesen Sie den Eingangsartikel noch einmal durch. Um welche Art des Zusammenschlusses handelt es sich? Erklären Sie in eigenen Worten, welche Änderung Opel zu diesem Zeitpunkt anstrebt und welche Gründe dafür angeführt werden.
2. Erarbeiten Sie in Gruppenarbeit für eine Form des Unternehmenszusammenschlusses die wesentlichen Merkmale. Nutzen Sie dafür Informationsquelle wie Zeitschriften, Internet etc. und beachten Sie u. a. Fragen nach der Stärke des wirtschaftlichen und juristischen Zusammenschlusses, Gründe, Vorteile und Gefahren, aktuelle/bekannte Beispiele etc.

Wirtschaft und Recht

2.3 WIRTSCHAFTSORDNUNGEN

2.3.1 Grundmodelle der Wirtschaftsordnungen

*Als **Wirtschaftssystem** bezeichnet man eine ideale, gedachte wirtschaftliche Ordnung, also ein Modell. Real lassen sich diese Wirtschaftssysteme meist nicht verwirklichen, sondern müssen mehr oder weniger stark abgewandelt und an die wirklichen Verhältnisse der Gesellschaft angepasst werden. Dann spricht man von einer **Wirtschaftsordnung**.*

Alle Menschen, unabhängig von ihrem Alter, ihrem Kulturkreis oder sonstigen Merkmalen, besitzen Bedürfnisse, die zufrieden gestellt werden wollen. In der heutigen Zeit ist niemand mehr in der Lage, die für diese Bedürfnisbefriedigung notwendigen Güter oder Dienste selbst herzustellen bzw. zu leisten. Jeder Einzelne steht zwangsläufig in wirtschaftlichen Beziehungen mit anderen Menschen oder Institutionen:
- Käufer mit Anbietern,
- Arbeitnehmer mit Arbeitgebern,
- Banken mit Sparern,
- Kommune, Land und Staat mit ihren Bürgern usw.

Die Verflechtungen sind dabei so kompliziert und vielfältig, dass sie für den Einzelnen nicht mehr überschaubar sind. Es gilt zu entscheiden, welche Produkte in welchen Mengen zu welchem Zeitpunkt hergestellt werden sollen. Welche Preise sollen die Produkte haben? Wer soll der Besitzer der Produktionsmittel sein? Auf all diese Fragen können unterschiedliche Antworten gefunden werden, deren Kombinationen zu verschiedenen Wirtschaftsordnungen führen:

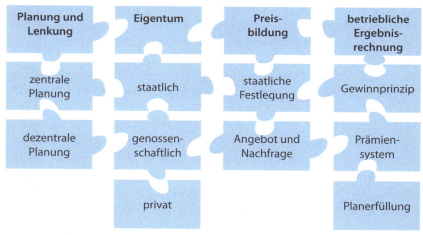

*Im wirtschaftspolitischen Sinn unterscheidet man zwischen den beiden Grundmodellen **Kapitalismus** und **Kommunismus**. Der Kommunismus basiert auf den Theorien von Marx und Engels und bezeichnet das Ziel einer klassenlosen Gesellschaft, in der die Produktionsmittel und der mit ihnen erwirtschaftete Gewinn der Gesellschaft gleichermaßen zugänglich sind. In diesen Bereichen gibt es also kein Privatbesitz. Im Gegensatz dazu basiert der Kapitalismus – im Wesentlichen von Adam Smith theoretisch fixiert - gänzlich auf dem Besitz von Privateigentum und dem Recht der alleinigen Nutzung durch den Besitzer.
Im politischen Sinne unterscheidet man die beiden Gegensätze **Demokratie** und **Diktatur**.*

Die Theorie der **freien Marktwirtschaft** geht davon aus, dass der freie Wettbewerb auf dem Markt von allein für ein optimales Funktionieren der Wirtschaft

Die beiden wesentlichen Grundmodelle sind die

freie Marktwirtschaft	
Privateigentum	Preisbildung durch Angebot und Nachfrage
dezentrale Planung und Lenkung	Gewinnzielung steht im Vordergrund

und die

Zentralverwaltungswirtschaft	
staatliches Eigentum	staatliche Preisfestsetzung
zentrale Planung und Lenkung	Planerfüllung steht im Vordergrund

Wirtschaftsordnungen

sorgt. Werden Güter angeboten, die niemand haben möchte, oder sind die Preise zu hoch, werden die Anbieter den Preis senken oder die Produktion einstellen. Andererseits werden Güter, die viele Menschen kaufen möchten, teurer oder mehr produziert, da die Anbieter ja möglichst viel Gewinn erzielen möchten. Die Produktion und die Preise werden also durch **Angebot und Nachfrage** gesteuert. Der Staat sollte auf jeden Eingriff in das Wirtschaftsgeschehen verzichten und lediglich für den Schutz von Person und Eigentum, Rechtspflege und Bildung sorgen („Nachtwächterstaat"). In der Realität hat sich jedoch gezeigt, dass die freie Marktwirtschaft zur Monopolbildung und zur Verelendung der Arbeitnehmer führte (vgl. auch Abschnitt 2.3.2).

Kritiker wie Karl Marx und Friedrich Engels forderten daher eine neue Wirtschaftsform, in der die Steuerung der Wirtschaft durch eine Verstaatlichung der Produktionsmittel und durch eine zentrale Planung gänzlich vom Staat übernommen wird. In der **Zentralverwaltungswirtschaft** werden von einer Planungsbehörde ein- oder mehrjährige (häufig 5 Jahre) Pläne aufgestellt. So wird festgelegt,
- welcher Betrieb welche Güter in welcher Menge herstellt,
- von wem die Rohstoffe dafür gekauft werden,
- an wen die fertigen Produkte verkauft werden,
- welche Preise und Löhne gezahlt werden.

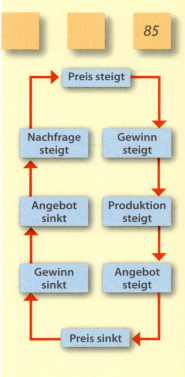

Auch dieses Wirtschaftssystem hat jedoch erhebliche Mängel. Je mehr geplant wird, umso mehr Fehler treten dabei auf, die die Wirtschaft schwer schädigen können. Wird z. B. eine falsche Anzahl von Schrauben geplant oder kann der herstellende Betrieb seinen Plan nicht erfüllen, kann dies die Produktion vieler Produkte – von der Küchenlampe bis zum Flugzeug – lahm legen.

Die heutigen Wirtschaftssysteme basieren zwar alle auf diesen beiden Grundmodellen, haben diese aber mehr oder weniger abgewandelt und an die wirtschaftlichen und politischen Erfordernisse angepasst. Heute existieren also nur noch Mischformen unterschiedlichster Art.

Monopol:
z. B. ein marktbeherrschendes Unternehmen, das als alleiniger Anbieter oder Nachfrager die Preise diktieren kann

Die Zentralverwaltungswirtschaft wird häufig auch als **zentrale Planwirtschaft** *bezeichnet.*

Karl Marx
(1818 – 1883)

Friedrich Engels
(1820 – 1895)

Aufgaben

1. Erläutern Sie die wesentlichen Unterschiede zwischen freier Marktwirtschaft und Zentral-verwaltungswirtschaft.
2. Die Wirtschaftsordnungen aller Länder basieren auf einem der beiden genannten Grundmodelle. Dabei ist das Wirtschaftssystem in der Regel eng mit dem politischen System verknüpft. Beschreiben Sie stichpunktartig diesen Zusammenhang.
3. Welche Vor- und Nachteile haben die beiden Wirtschaftssysteme Ihrer Meinung nach? Stellen Sie diese in einer Liste gegenüber und diskutieren Sie die Ergebnisse in der Klasse.

2.3.2 Die soziale Marktwirtschaft und ihre Probleme

Artikel 9 [Vereinigungsfreiheit]
(1) Alle Deutschen haben das Recht, Vereine und Gesellschaften zu bilden.
(2) Vereinigungen, deren Zwecke oder deren Tätigkeit den Strafgesetzen zuwiderlaufen oder die sich gegen die

Artikel 14 [Eigentum, Erbrecht, Enteignung]
(1) Das Eigentum und das Erbrecht werden gewährleistet. Inhalt und Schranken werden durch die Gesetze bestimmt.
(2) Eigent...

Artikel 15 [Sozialisierung]
Grund und Boden, Naturschätze und Produktionsmittel können zum Zwecke der Vergesellschaftung durch ein Gesetz, das Art und Ausmaß der Entschädigung regelt, in Gemeineigentum oder in andere Formen der Gemeinwirtschaft überführt

Artikel 20 [Grundlagen staatlicher Ordnung, Widerstandsrecht]
(1) Die Bundesrepublik Deutschland ist ein demokratischer und sozialer Bundesstaat.
(2) Alle Staatsgewalt geht vom Volke aus. Sie wird vom Volke in Wahlen und Abstimmungen und durch besondere Organe der Gesetzgebung, der vollziehenden Gewalt und der Rechtsprechung ausgeübt.
Die Gesetzgebung ist an die verfassungsmäßige Ordnung, die vollziehende

Nach dem 2. Weltkrieg musste nahezu das gesamte Gesellschafts- und Wirtschaftssystem Deutschlands neu aufgebaut werden. In den westlichen Besatzungszonen entschied man sich auf Betreiben der USA und des späteren Wirtschaftsministers und Bundeskanzlers Prof. Dr. Ludwig Erhard für eine „soziale Marktwirtschaft".

Ludwig Erhard
(1897 – 1977)

Erhard war überzeugt, dass sich der marktwirtschaftliche und der soziale Gedanke nicht widersprechen, sondern ergänzen. Im Idealfall führe im freien Wettbewerb der Mechanismus von Angebot und Nachfrage automatisch zu einer gerechten Verteilung knapper Ressourcen und leistungsgerechter Entlohnung. Da aber durch Krankheit, Alter oder Invalidität nicht alle an diesem Prozess teilnehmen können, müsse für diese Fälle eine zusätzliche soziale Absicherung geschaffen werden.

Die Soziale Marktwirtschaft basiert daher auf den Grundsätzen der freien Marktwirtschaft und hier insbesondere auf dem durch staatliche Institutionen geschützten freien Wettbewerb. Gleichzeitig soll dem Einzelnen die größte mögliche Freiheit gelassen werden, sein Schicksal selbst zu bestimmen. Dazu gehört, dass er zunächst in die Lage versetzt wird, sich weitgehend selbst, durch eigene Leistungskraft zu versorgen und gegen Risiken abzusichern sowie gleichzeitig möglichst frei von der Bestimmung durch andere zu sein. Unterschiedliche Startvoraussetzungen, Einkommen und finanzielle Belastungen sollen dabei durch staatliche Regelungen gemindert werden.

Um dies zu erreichen sind die wesentlichen Ziele und Maßnahmen:
- Verringerung der Abhängigkeit des Arbeitnehmers von seinem Arbeitgeber durch Arbeitsschutz- und Mitbestimmungsgesetze.
- Sicherung von Minimallöhnen durch die Zulassung von Gewerkschaften und deren Tarifautonomie (vgl. Abschnitt 1.2.2 und 1.2.3).
- Erhalt des freien Wettbewerbs, damit gute Leistungen sich lohnen. Der Missbrauch wirtschaftlicher Macht, z. B. durch Preisabsprachen, Monopolbildung und ähnliche wettbewerbsmindernde Aktivitäten, soll aber durch Gesetze verhindert werden.
- Gewährung von Vertragsfreiheit, d. h., jeder soll kaufen bzw. verkaufen können, was, wo und so viel er möchte, solange es sich nicht um gesundheitsgefährdende oder moralisch und ethisch verwerfliche Güter oder Dienstleistungen handelt.
- Offenheit der Märkte gegenüber dem Ausland, d. h., prinzipiell sollen keine Einfuhrverbote bzw. -beschränkungen bestehen (Freihandel).

Die Soziale Marktwirtschaft wurde zwar im Grundgesetz nicht verbindlich festgelegt, bisher wurde jedoch noch keine Wirtschaftsordnung entwickelt, welche die im Grundgesetz Artikel 20 (1) gestellte Forderung nach einem Sozialstaat besser erfüllen kann.

Wirtschaftsordnungen

- Unterstützung von Unternehmen und Branchen in Krisenzeiten durch eine der Konjunktur angepasste Beschäftigungspolitik, um Arbeitsplätze zu erhalten oder zu schaffen (z. B. durch, steuerliche Förderung, Subventionen).
- Milderung sozialer Ungerechtigkeiten, die durch Lohn- und Besitzunterschiede zwangsläufig entstehen, z. B. durch die Einkommensbesteuerung, das Kinder- und Wohngeld, BAföG usw.

Nach der Einführung der sozialen Marktwirtschaft erfolgte in den 50er- und 60er-Jahren zunächst ein enormer Wirtschaftsaufschwung. Zur Zeit des „Wirtschaftswunders" war die Bundesrepublik Deutschland der modernste Standort Europas. Die asiatischen und lateinamerikanischen Länder waren noch keine Konkurrenz, die osteuropäischen Staaten standen wegen des „Eisernen Vorhangs" nicht im Wettbewerb mit den westlichen Industrienationen. Die 70er-Jahre waren dagegen durch eine hohe Inflation geprägt, die Ölknappheit zeigte die Grenzen des Wachstums auf. Mit der zunehmenden Globalisierung und einer steigenden Konkurrenz durch „Billiglohnländer" wurden seit den 80er- und 90er-Jahren die Arbeitslosigkeit und die damit verbundenen zunehmenden Kosten der sozialen Sicherung die zentralen Probleme. Der demografische Wandel – immer weniger Kinder bei gleichzeitig steigender Lebenserwartung – verstärken diesen Effekt noch. Das „Soziale" unserer Marktwirtschaft wird immer weniger bezahlbar.

Staatliche Maßnahmen, um dieser Entwicklung entgegenzuwirken, sind daher unbedingt notwendig. Wie diese Maßnahmen aber aussehen sollen und welche Richtung sie einschlagen müssen, darüber wird intensiv diskutiert. Im Wesentlichen gibt es zwei Ausrichtungen:
So wird einerseits eine stärkere Rückbesinnung auf die Prinzipien des freien Wettbewerbs und der Eigenverantwortlichkeit des Einzelnen gefordert. In diesem Sinne wird vor allem eine Reduzierung staatlicher Eingriffe in das Wirtschaftsgeschehen gefordert. Dies könne zum Beispiel erfolgen durch

- stärkere Privatisierung staatlicher Betriebe,
- Subventionsabbau,
- Vereinfachung des Steuersystems,
- Flexibilisierung von Kündigungsschutz- und Arbeitszeitgesetzen sowie der Tarifsysteme, Abbau von Sozial- und Transferzahlungen.

Die Gegenseite vertritt die Auffassung, dass nur mit intensiver staatlicher Regulation der soziale Charakter unserer Gesellschaft erhalten werden kann. Da das Marktgeschehen an sich auf Profit und Kapitalerwerb ausgelegt ist, würde der soziale Aspekt langfristig untergehen. In diesem Sinne wären mehr staatliche Mitbestimmungsrechte in Konzernen, Begrenzung von Gehältern, stärkere Vereinheitlichung der sozialen Leistungen, einheitliche Bildungschancen für alle sozialen Schichten usw. notwendig.

Wirtschaftswunder:
siehe Abschnitt 6.2.3

Eiserner Vorhang:
Dieser Begriff wird in Politik und Zeitgeschichte für eine (ideologisch) unüberwindbare Grenze verwendet. Ursprünglich stammt der Begriff aus dem Theaterbau. Der eiserne Vorhang (Schutzvorhang) ist eine Brandschutzeinrichtung im Theater, die die Bühne als Brandabschnitt vom Zuschauerraum in Form einer Brandwand trennt, um bei Feuer eine sichere Flucht zu gewährleisten. In seiner politischen Verwendung bezieht sich der Begriff auf die Grenze zwischen der Bundesrepublik Deutschland und der DDR bzw. zwischen den kapitalistisch und marktwirtschaftlich orientierten Staaten des Westens (angeführt durch die USA) und den Staaten Osteuropas mit real-existierendem Sozialismus (teilweise angeführt durch die UdSSR) während des Kalten Krieges (vergleiche Abschnitt 8.2.4).

Aufgaben

1. Suchen Sie aus dem vorhergehenden Kapitel noch einmal die vier Merkmale der freien Marktwirtschaft heraus. In welchen Bereichen werden sie durch staatliche Maßnahmen und/oder Gesetze eingeschränkt?

2. Sammeln Sie Berichte über staatliche Maßnahmen der letzten Zeit. In wie weit nehmen diese Einfluss auf unsere Wirtschaftsordnung? Welche Ausrichtung wird hierbei tendenziell vertreten?

Wirtschaft und Recht

2.3.3 Die Zentralverwaltungswirtschaft in der DDR und ihr Zusammenbruch

In der ehemaligen DDR wurde nach dem 2. Weltkrieg auf Betreiben der Sowjetunion eine Zentralverwaltungswirtschaft eingeführt. Im Gegensatz zur Marktwirtschaft beruhte sie im Wesentlichen auf der weitgehenden Abschaffung des privaten Eigentums an Produktionsmitteln und damit auf der Möglichkeit, die Produktion zentral zu planen. Nur so war – nach der marxistisch-leninistischen Gesellschaftstheorie – zu verhindern, dass die Macht des Kapitals ausgenutzt wird, um die Arbeiter zu unterdrücken.

In mehreren Schritten wurde nach sowjetischem Vorbild Privateigentum zum großen Teil in sozialistisches Eigentum überführt. Letztendlich unterschied man bei den Produktionsmitteln vier verschiedene Eigentumsformen:
- volkseigene Betriebe (VEB), die vollständig in staatlicher Hand waren,
- genossenschaftliche Betriebe,
- halbstaatliche Betriebe, d. h. Privatbetriebe mit staatlicher Beteiligung,
- Privatbetriebe, bei denen es sich im Allgemeinen um Kleinbetriebe mit überwiegend selbstständiger Arbeit handelte (Handel, Handwerk, Gaststätten).

Während in der sozialen Marktwirtschaft vor allem angestrebt wird, einen möglichst hohen Gewinn zu erzielen, ist in der Zentralverwaltungswirtschaft die Planerfüllung das oberste Ziel. Die Pläne wurden in einem Planungsverfahren erstellt, das drei verschiedene Phasen umfasste und an dem mehrere Planungsebenen beteiligt waren. Dadurch gestaltete sich die Planung sehr kompliziert und langwierig. Häufig konnten kurzfristige Änderungen, z. B. bei Textilien in der Mode, nicht ausreichend berücksichtigt werden. Die Verbraucher waren dementsprechend mit den Produkten unzufrieden, da sie nicht ihren Wünschen entsprachen.

„**Zugegeben,** da fehlt ein wenig Draht, aber sonst ist doch der Plan in allen Positionen erfüllt."

(Quelle: DDR-Schulbuch: Staatsbürgerkunde für Klasse 10)

Wirtschaftsordnungen

Auch die Mengen, die für einzelne Produkte vorgesehen waren, basierten auf veralteten Zahlen. So kam es immer wieder zu Versorgungsengpässen auf der einen Seite und Verschwendung auf der anderen Seite.

Da die Planung für die Herstellung eines Produktes sich auf alle Produktionsebenen erstreckte, konnten kleine Störungen erhebliche Auswirkungen haben. Konnten z. B. schon die Zulieferer für Einzelteile ihr Plansoll nicht erfüllen, hatte dies nicht nur Folgen für die Produktion der Maschinen, sondern auch für alle folgenden Branchen, die diese Maschinen benötigten. Aus diesem Grund gingen viele Betriebe dazu über, bei der Gegenplanung geringere Zahlen anzugeben, als vielleicht möglich gewesen wären. So versuchten sie sich eine Reserve zu erhalten, um das Plansoll ganz sicher erfüllen zu können. Insgesamt wurde die Wirtschaft dadurch aber erheblich gehemmt.

Das sozialpolitische Programm der ehemaligen DDR wird dagegen im Allgemeinen als sehr umfassend eingeschätzt. Soziale Einrichtungen und Versorgungen und auch die Subvention der Produkte für den Grundbedarf waren jedoch teuer. Die hohen Kosten gingen zulasten der Investitionen im Unternehmensbereich, sodass die technischen Anlagen häufig überaltert waren. Auch die Infrastruktur und die Telekommunikation genügten nicht mehr den Anforderungen.

Nach dem Zusammenschluss erwarteten viele Bürger und auch Politiker, dass sich durch die Übernahme des westdeutschen Sozial- und Währungssystems das „Wirtschaftswunder" in den neuen Bundesländern wiederholen würde. Übersehen wurde dabei, dass es sich um zwei völlig unterschiedliche Volkswirtschaften handelte und in den östlichen Bundesländern ein tief greifender Wandel der Strukturen erfolgen musste, um sich der sozialen Marktwirtschaft anzugleichen.

Die staatlichen und halbstaatlichen Betriebe waren von ihrer Organisation her nicht geeignet, als Ganzes in privatwirtschaftliche Unternehmen überführt zu werden. Die Besitzverhältnisse von Grund und Boden waren häufig ungeklärt: Auch war die Bewertung schwierig, da Boden ja bisher in der ehemaligen DDR nicht in großem Maße gekauft und verkauft wurde. So konnten nicht genügend Gewerbeflächen für Neugründungen ausgewiesen werden. Viele Arbeitsplätze gingen so verloren.

Die sinnvolle Aufgliederung der staatlichen und halbstaatlichen Betriebe in eigenständige Teile und deren Verkauf wurde von der Treuhandanstalt vorgenommen. Gleichzeitig sollte für den Erhalt wichtiger Industrieunternehmen gesorgt werden. Dies war häufig nur durch Subventionen möglich; der Verkauf gestaltete sich schwierig.

Aufgaben

1. Erklären Sie den Planungsprozess in der Zentralverwaltungswirtschaft. Wo lagen die Probleme?
2. Machen Sie eine Aufstellung: Welche Großbetriebe hat es in den einzelnen Regionen der ehemaligen DDR gegeben? Was ist aus diesen Betrieben nach der Wiedervereinigung geworden? Benutzen Sie für Ihre Recherche auch die Internetseiten der einzelnen Bundesländer (z. B. www.sachsen.de oder www.berlin.de).

Wirtschaft und Recht

2.3.4 Ziele staatlicher Wirtschaftspolitik in der sozialen Marktwirtschaft

Ob sich die wirtschaftliche Leistung einer Volkswirtschaft gegenüber einem anderen Jahr verändert hat, wird über das **Bruttoinlandsprodukt (BIP)** eingeschätzt. Das BIP misst den finanziellen Wert aller Waren und Dienstleistungen, die innerhalb des Berechnungszeitraumes im Inland hergestellt wurden. Waren und Dienstleistungen, die wiederum in die Produktion anderer Waren und Dienstleistungen eingehen – so genannte Vorleistungen –, dürfen jedoch nicht mitberechnet werden, da sie sonst doppelt in die Rechnung eingehen würden.

In Deutschland wird das BIP über die Entstehungs- und Verwendungsseite ermittelt:

Außenbeitrag:
Export – Import

nominal: betragsmäßig

Inflationsrate: Verminderung der Kaufkraft in Prozent

real: wirklich

Hinweis:
Die Verteilungsrechnung, als dritte Option bei der Ermittlung des BIP, wird in Deutschland nicht angewandt.

Entstehungsrechnung (Produktionsansatz):
Es wird die Differenz zwischen den erzeugten Waren und Dienstleistungen und den Vorleistungen errechnet. Zusätzlich müssen Gütersteuer (Mehrwert-, Mineralölsteuer usw.) hinzu-, Gütersubventionen dagegen abgerechnet werden.

Verwendungsrechnung (Ausgabenansatz):
Hier werden die Konsumausgaben der Privathaushalte und des Staates, die Investitionen und der Außenbeitrag (Exportüberschuss = Import minus Export) aufsummiert.

Wird das BIP nach den zum Zeitpunkt der Berechnung gültigen Preisen ermittelt, erhält man das **nominale Bruttoinlandsprodukt**. Sein Index würde aber auch dann größer werden, wenn lediglich die Preise steigen. Um eine tatsächliche Vergleichsgröße zu erhalten, muss das BIP daher um die Inflationsrate bereinigt werden. Auf diese Weise erhält man dann das **reale Bruttoinlandsprodukt,** das als Gradmesser für den Wohlstand eines Landes herangezogen werden kann.
Die konkreten Ziele der Wirtschaftspolitik sind im so genannten „**magischen Sechseck**" festgelegt:

- **Vollbeschäftigung:** Ziel ist es, für nahezu jeden Erwerbstätigen einen Arbeitsplatz zur Verfügung zu stellen. Auf eine Angabe der tolerierten maximalen Arbeitslosenquote wird jedoch verzichtet.
- **Geldwertstabilität (Preisstabilität):** Die Kaufkraft des Geldes sollte gleich bleibend sein, d. h., die Preise sollten möglichst stabil bleiben. Von einer „relativen Geldwertstabilität" spricht man bei einer Preissteigerung von maximal 2 %.

- **Wirtschaftswachstum (stetige Konjunktur):** Die konjunkturellen Schwankungen des Wirtschaftsverlaufes (vergleiche Abschnitt 2.3.5) sollen möglichst gering sein, ein gleichmäßiges Wachstum soll erreicht werden. Als „angemessen" gilt ein Wachstum von 3 – 4 %.
- **Außenwirtschaftliches Gleichgewicht:** Der Import von Gütern und Dienstleistungen bedeutet einen Abfluss von Geld aus der eigenen Binnenwirtschaft, Export von Gütern hingegen einen Zufluss. Diese Zahlungsbilanz muss in einem ausgewogenen Verhältnis stehen; die Werte der Importe und der Exporte sollten ähnlich hoch sein.

© Erich Schmidt Verlag

Diesen vier harten bzw. quantifizierbaren Zielen gesellen sich noch zwei weiche bzw. nicht quantifizierbare Ziele hinzu:
- **Umweltschutz:** Ziel ist der Erhalt einer lebenswerten Umwelt (vergleiche Kapitel 8.3.2 und 8.3.3).
- **Gerechte Einkommensverteilung:** Sie ist für die Wahrung des sozialen Friedens wichtig. „Gerecht" heißt hier aber nicht „vollkommene Gleichverteilung", da dann kein Anreiz bestehen würde, Leistungen zu erbringen. Als „gerecht" gilt hier ein verfügbares Einkommen, das sozial verträglich ist.

Um diese sechs Ziele der Wirtschaftspolitik zu erreichen, gibt es eine Fülle unterschiedlicher Möglichkeiten, das Wirtschaftsgeschehen zu beeinflussen (vergleiche Abschnitt 2.3.5). Allerdings widersprechen sich diese Ziele teilweise, sodass es niemals möglich sein wird, alle Ziele gleichzeitig zu erreichen. Wird z. B. der Export durch staatliche Maßnahmen gesteigert, wird das Angebot auf dem Binnenmarkt zwangsläufig geringer. Die Preise werden steigen und somit die Preisstabilität gefährden. Deshalb spricht man auch von „magisch", denn es wird immer ein Kompromiss angestrebt werden müssen

Hinweis:
Die vier harten Ziele sind im §1 des Stabilitäts- und Wachstumsgesetz von 1967 als gleichwertig festgelegt. Durch Europarecht (Artikel 4 Abs 2) und 105 EGV (Artikel 88 Satz 2 GG) wird jedoch der Geldwertstabilität besonderer Wert beigemessen.

Handlungsbereiche staatlicher Wirtschaftspolitik sind:
- *Prozesspolitik:* wirkt kurz- oder mittelfristig, z. B. Konjunkturpolitik
- *Strukturpolitik:* ähnlich wie Subventionen, jedoch mittel- bis langfristig angelegt
- *Ordnungspolitik:* langfristige Rahmenbedingungen, z. B. Gesetz gegen Wettbewerbsbeschränkungen

Aufgaben

1. Betrachten Sie das Schaubild zur Entwicklung des Bruttoinlandsproduktes (BIP).
   a) Erklären Sie die Begriffe „nominales BIP" und „reales BIP".
   b) Welche Entwicklung hat das BIP laut Schaubild in den letzten Jahren genommen?
   c) Welche Gründe können hierfür verantwortlich sein?

2. Eine gerechte Einkommensverteilung zu erzielen, erweist sich als äußerst schwierig. Legen Sie eine Reihe an Eckpunkten fest, die ihrer Meinung nach für ein gerechtes und damit sozial verträgliches Einkommen kennzeichnend sind.

2.3.5 Maßnahmen staatlicher Wirtschafts- und Konjunkturpolitik

Um die Ziele der Wirtschaftspolitik (siehe auch Abschnitt 2.3.4) zu erreichen, kann der Staat unterschiedliche Maßnahmen ergreifen:

- **Informationspolitische Mittel** dienen dazu, die in der Wirtschaft mitwirkenden Unternehmen, Organisationen und Menschen zu einem bestimmten unternehmerischen Verhalten zu veranlassen. Bei diesen Mitteln handelt es sich beispielsweise um Jahreswirtschafts- und Subventionsberichte sowie staatliche Finanzpläne. Ihre direkte Auswirkung auf die Wirtschaft ist jedoch nur schwer messbar.
- Auch **staatliche Gebote bzw. Verbote** dienen dazu, ein bestimmtes Verhalten zu erreichen. Allerdings sind diese Mittel des Staates in einer sozialen Marktwirtschaft begrenzt. Die Bundesrepublik konzentriert sich hier hauptsächlich auf Wettbewerbsgesetze – wie beispielsweise auf das Kartellverbot, das Verbot von Preisabsprachen und unlauterem Wettbewerb.
- Die **Förderung der Infrastruktur,** d. h. die Förderung der Gesamtheit öffentlicher Einrichtungen – wie beispielsweise Verkehrswege und -betriebe, Krankenhäuser, Schulen, Abwasserversorgung, Telekommunikationsanschlüsse usw. – wird vorgenommen, um Unternehmen und Bürgern die Ansiedlung überhaupt zu ermöglichen.
- **Die staatlichen Einnahmen und Ausgaben** hingegen bilden das Hauptmittel der Wirtschaftspolitik. Hierzu gehören z. B. Subventionen, Steuervergünstigungen bzw. steuerliche Sonderbelastungen, Zölle sowie verbilligte Kredite für bestimmte Vorhaben. Sie greifen direkt in das Wirtschaftsgeschehen ein.

Ein Großteil der Maßnahmen dient dazu, den Konjunkturverlauf zu dämpfen, weil das Wirtschaftsgeschehen eines Landes nicht gleichmäßig verläuft, sondern sich bessere Zeiten mit hoher Geschäftstätigkeit und schlechtere Zeiten mit geringerer Geschäftstätigkeit abwechseln. Dieser wechselnde Verlauf der Wirtschaft wird als **Konjunktur** bezeichnet. Der Konjunkturverlauf besteht aus mehreren – zyklisch wiederkehrenden – Phasen: Rezession – Konjunkturaufschwung – Hochkonjunktur – Konjunkturabschwung – erneute Rezession – erneuter Konjunkturaufschwung usw.

Über mehrere Jahre betrachtet, ergibt sich so ein wellenförmiger Konjunkturverlauf mit aufeinander folgenden Konjunkturzyklen. Besonders das Wirtschaftswachstum und der

---

Hinweis:
Die rechtliche Grundlage für Politik, um in das Wirtschaftsgeschehen eingreifen zu können, bildet das Gesetz zur Förderung der Stabilität und des Wachstums der Wirtschaft (StWG).

Rezession: tiefster Stand eines Konjunkturabschwunges

Depression: besonders ausgeprägte Rezession

Boom: besonders starker Konjunkturaufschwung

Trend: mittlerer Verlauf über mehrere Zyklen

Zyklus: periodisch ablaufendes Geschehen, Kreislauf regelmäßig wiederkehrender Dinge oder Ereignisse

Wirtschaftsordnungen

Beschäftigungsgrad zeigen im Konjunkturverlauf typische, vom jeweiligen Zyklus abhängige Veränderungen:

- Während eines Aufschwungs steigt die Wachstumsrate, während eines Abschwungs hingegen sinkt sie.
- In der Hochkonjunktur ist der Beschäftigungsgrad besonders hoch, in Zeiten einer Rezession fällt er dagegen deutlich geringer aus.

Zu hohe Ausschläge im Konjunkturverlauf stören das Gleichgewicht der Ziele des „magischen Sechsecks". Zu schnelles Wirtschaftswachstum kann beispielsweise zu starken Preisanstiegen, so zum Rückgang des Wirtschaftswachstums und damit wiederum zu höherer Arbeitslosigkeit führen. Um weder eine starke Depression noch einen zu starken Boom und die damit verbundenen negativen Folgen zuzulassen, ist es notwendig, eine **„antizyklische Wirtschaftspolitik"** zu verfolgen. So variiert der Staat beispielsweise seine Ausgaben je nach wirtschaftlichen Gegebenheiten:

- Während eines Konjunkturaufschwungs sind Nachfrage und Absatz von Produkten und Dienstleistungen in der Regel hoch. Der Staat kann nun seine eigenen Ausgaben verringern, um keine zusätzliche Nachfrage zu erzeugen und so den Aufschwung noch zu verstärken.
- Ein Konjunkturabschwung hingegen geht in der Regel mit Absatzschwierigkeiten von Produkten und Dienstleistungen einher. Hier ist es für den Staat durch eine Erhöhung seiner Ausgaben möglich, auf den Absatz und damit auf die gesamte wirtschaftliche Situation stabilisierend einzuwirken.

Um die Nachfrage zu beeinflussen, kann der Staat die Besteuerung von Privatpersonen verändern. Die Wirkung dieser Maßnahmen ist aber umstritten, da Privathaushalte eher dazu neigen, Sparguthaben aufzubrauchen oder anzulegen als ihr Konsumverhalten zu ändern. Auch Unternehmen sollen durch Steuerveränderungen und Änderungen von Abschreibungsmöglichkeiten in ihrem Investitionsverhalten beeinflusst werden.

Die staatliche Konjunkturpolitik darf aber nicht isoliert betrachtet werden. So nimmt beispielsweise die Europäische Zentralbank (EZB) im Rahmen ihrer Geldpolitik Einfluss, auch wenn dies nicht Ziel ihrer Arbeit ist. Desgleichen greifen die Tarifparteien mit ihrer Lohnpolitik in das Wirtschaftsgeschehen ein. Und ebenso müssen noch viele angrenzende Bereiche, wie die Sozial- oder die Forschungspolitik, mit einbezogen werden.

Früher nahmen Konjunkturschwankungen einen mehr oder weniger regelmäßigen Verlauf und der Markt fand immer wieder selbstständig zu seinem Gleichgewicht zurück. Durch die zunehmende Konkurrenz auf den Weltmärkten, die fortschreitende Sättigung im Bereich der Konsumgüter, die Automatisierung und ähnliche Einflüsse verlieren die traditionellen konjunkturellen Zusammenhänge jedoch immer mehr ihre strenge Gültigkeit.

Abschreibung:
Wertminderung von Sachwerten eines Unternehmens. Hohe Abschreibungen vermindern den Gewinn und damit die zu zahlenden Steuern.

Aufgaben

1. Wirken die folgenden Sachverhalte auf die Konjunktur eher „ankurbelnd" oder „dämpfend"?
Begründen Sie Ihre jeweilige Antwort.
Der Auftrag für den Neubau einer Schule wird storniert – Erhebung einer Investitionssteuer – Importbeschränkungen für bestimmte Länder werden aufgehoben – wer sich in Neustadt selbstständig machen will, erhält staatliche Finanzhilfen – die Mehrwertsteuer wird erhöht – auf nicht-europäische Produkte werden Zölle erhoben.

2. Erläutern Sie, warum die Wirtschafts- und Konjunkturpolitik „antizyklisch" sein muss.

2.3.6 Wirtschaftliche Folgen der Globalisierung

> In Amerika brach eine Investmentbank zusammen. Ein halbes Jahr später müssen sich Rumäninnen fragen, wie lange sie auf einem spanischen Acker noch Erdbeeren ernten dürfen. In Deutschland ist die Arbeitslosigkeit zum ersten Mal seit Beginn der Aufzeichnungen auch in einem März gestiegen. Eine isländische Supermarktkette hat keine Devisen mehr, um im Ausland Lebensmittel zu kaufen. Der britische Architekt Sir Norman Foster schließt sein Berliner Büro, die Erde braucht keine neuen Flughäfen, Großbahnhöfe und Luxushotels. Ein Gefühl hat sich auf die Welt gelegt, das Weltkrisengefühl. Es ist, als stehe alles still, um danach in sich zusammenzufallen, Währungen, Handelsströme, Lebensläufe.
>
> (aus: www.zeit.de, 22.04.09)

Globalisierung:
siehe auch Abschnitt 8.5

„In Amerika brach eine Investmentbank zusammen." Wie – so fragt man sich – kann es sein, dass ein so entfernter Vorfall uns in unserem täglichen Leben so betreffen kann? In fast jeder Diskussion über diese Frage taucht eine Begriff auf: Globalisierung. Dieser Begriff beschreibt eine weltweite Entwicklung, die dadurch gekennzeichnet ist, dass in allen Bereichen der Wirtschaft zunehmend internationale Verflechtungen erfolgen. Zwar waren seit jeher Handel und kultureller Austausch ein wesentlicher Bestandteil der Beziehungen zwischen den Ländern, erfolgten jedoch zumeist nur über die Nachbarländer. Heute fallen – als Konsequenz der seit Jahrzehnten betriebenen Wirtschaftspolitik – immer mehr Hemmnisse weg.

Die wesentlichen Merkmale der Globalisierung sind dabei:

Konvertibilität: Austauschbarkeit zum jeweiligen Wechselkurs. Nicht konvertible Währungen besitzen nur im eigenen Land Gültigkeit

- **Abbau von Handelsbarrieren (Deregulierung des Weltmarktes):** Die politischen Bemühungen verschiedener Länder führen zu einer verstärkten wirtschaftlichen Zusammenarbeit. Durch die Abschaffung von Zöllen und Einfuhrbeschränkungen sowie die Konvertibilität der Währungen oder gar Einheitswährungen für verschiedene Länder (wie z. B. der Euro) hat das Welthandelsvolumen stark zugenommen. Unternehmen beschaffen ihre Rohstoffe zunehmend im Ausland und setzen ihre Produkte weltweit ab. Durch den verstärkten In- und Export werden das Transportvolumen und der Verkehr erhöht. Damit wächst auch der Energiebedarf sowie der Umwelt- und Ressourcenverbrauch.

- **Fortschritte der Informations- und Kommunikationstechnologien:** Fortschritte im Internet, Intranet usw. ermöglichen die Zusammenarbeit von Firmen oder Fachleuten über weite Distanzen. Informationen sind heute schnell, preisgünstig und unkompliziert zu beschaffen und über Hilfsmittel – wie z.B. Konferenzschaltungen – leicht zu koordinieren. Durch die Vernetzung wird die Arbeitsteilung weltweit intensiviert. Innovationen, Erfindungen und neue Technologien werden schnell verbreitet und weltweit genutzt. Erworbenes Know-how und der damit verbundene Marktvorteil kann schnell überholt sein.

Wirtschaftsordnungen

- **Mobilität der Arbeitsplätze:** Die Produktion im Ausland wird erleichtert, da viele Länder für ausländische Investoren nicht nur steuerliche Nachteile abbauen, sondern solche Investitionen, Zuschüsse oder andere Vergünstigungen fördern. Dadurch erfolgt eine Verlagerung der Produktionsstandorte vor allem in junge Schwellenländer, es entstehen immer mehr transnationale Unternehmen. Damit steigt der Kostendruck auf Löhne und Sozialsysteme insbesondere in den „alten" Industrieländern, in denen eine „schleichende Entindustrialisierung" einsetzt. In den Schwellen- und Entwicklungsländern steigt der Industrialisierungsgrad, jedoch auch die Abhängigkeit vom Weltmarkt. Ebenso der Arbeitsmarkt wird globalisiert: Fachleute werden aus dem Ausland angeworben, Arbeitnehmer wandern in Länder ab, die ihnen bessere Ausbildungs-, Arbeits- und Verdienstmöglichkeiten bieten.

- **Globale Verfügbarkeit des Kapitals:** Durch den zunehmenden weltweiten Handel wird auch das Kapital zunehmend weltweit verfügbar. Durch den raschen Informationsfluss und die Lockerung gesetzlicher Vorschriften kann das Kapital auch dort eingesetzt werden, wo dies früher nicht möglich war. Internationale Geldgeber konzentrieren sich nicht mehr auf die Anlagemöglichkeiten bestimmter Länder. So entstehen neuartige, von den einzelnen Ländern weitgehend losgelöste Strukturen der Finanzmärkte auf denen immer mehr Geschäfte betriebene werden, denen keine Wertschöpfung in der realen Wirtschaft gegenübersteht.

Für die einen ist die Globalisierung daher ein Schreckensbild und der Sündenbock für alle Fehlentwicklungen, für die anderen der Inbegriff für neue Chancen. Unstrittig ist jedoch, dass die Globalisierung nicht aufzuhalten ist. Je intensiver allerdings ein Land in die Weltwirtschaft eingebunden ist, je stärker es am internationalen Handel oder den Finanzmärkten beteiligt ist, umso anfälliger ist es damit auch für globale Krisen. Deutschland ist stärker als viele andere Länder mit der Weltwirtschaft verflochten. Jeder vierte Euro wird im Export verdient, jeder fünfte Arbeitsplatz hängt vom Außenhandel ab. Der technische Fortschritt führt zu Rationalisierung und verringerter Beschäftigung. Noch können Vorteile durch Qualifikationsunterschiede bewahrt werden, aber Fachbildung und Kow-how werden nicht länger ein Vorrecht der westlichen Industriestaaten sein.

Anstoß der Weltwirtschaftskrise war die Immobilienkrise in den USA. Die Nachfrage nach Häusern stieg in den letzten Jahren rasant. Im Vertrauen auf die Beständigkeit dieser Entwicklung vergaben die Banken auch Kredite an Kunden, die keine Sicherheiten vorweisen konnten. Da eine Bank nur begrenzt Kredite vergeben darf, fassten sie diese in verbrieften Wertpapieren zusammen und verkauften diese sodann in alle Welt. Beim Zusammenbruch des Immobilienmarktes wurden so auch Banken in Europa erfasst, obwohl sie eigentlich mit amerikanischen Hypotheken nicht zu tun haben. Ihre Liquiditätsprobleme haben viele Banken dazu gezwungen, Wertpapiere in großen Mengen auf den Markt zu bringen, was die Kurse sinken ließ. Dies wiederum erzeugte Panik bei den Anlegern, die die eigenen Wertpapiere abzustoßen versuchten – die Kurse sanken noch schneller. Zugleich forderten Banken ausstehende Kredite zurück oder froren die Kreditvergabe selbst für gesunde Unternehmen ein. Die Krise macht sich so weltweit in vielen Branchen bemerkbar. Seit Herbst 2008 haben die Regierungen weltweit große Summen für die Stabilisierung der Wirtschaft aufgebracht. (Siehe hierzu auch Kapitel 7.5.)

Aufgaben

1. *Stellen Sie eine Liste mit Vor- und Nachteilen der Globalisierung zusammen. Diskutieren Sie im Plenum, welche Seite ihrer Meinung nach überwiegt.*

2. *Recherchieren Sie in Zeitungen und im Internet, welchen Verlauf die (Wirtschafts-) Krise in Deutschland genommen hat. Welche Maßnahmen wurden ergriffen und welchen Effekt erhofft man sich?*

3. *Wenn hier auch die wesentlichen wirtschaftlichen Aspekte thematisiert sind – Globalisierung ist mehr als Weltwirtschaft. Welche Einflüsse der Globalisierung machen sich in Ihrem Alltag bemerkbar? Erstellen Sie in Gruppenarbeit ein Thesenpapier.*

MIND MAP

Mind Map bedeutet „Gedanken-Landkarte" oder auch „Gedächtnislandkarte".

Ziel einer Mind Map
Gedanken können gesammelt, geordnet und übersichtlich dargestellt werden. Kaum ein Gedanke geht dabei verloren und das Gesammelte kann auf einer Seite abgebildet werden.
Durch die räumliche Einteilung der Mind Map, ähnlich einer Landkarte, kann man sich außerdem die gesammelten Begriffe viel besser einprägen.

Einsatzmöglichkeiten einer Mind Map
Das Erstellen einer Mind Map ist eine Methode, um Einfälle und Ideen zu einem bestimmten Thema festzuhalten. Im Unterricht kann man es z.B. nutzen,
- um Arbeitsergebnisse von Diskussionen, Gruppenarbeiten und Besprechungen festzuhalten,
- einen Vortrag, ein Referat oder eine Hausarbeit zu strukturieren,
- zum Wiederholen und Festigen von Lernstoff.

Eine Mind Map selber machen
Für die erste Mind Map empfiehlt es sich, zunächst ein vertrautes Thema zu wählen, z.B. Ihr Hobby oder das nächste Urlaubsziel.

Die grundlegenden Schritte
1. Zunächst das Thema in die Mitte eines quer gelegten Blattes schreiben.
2. Überlegen Sie sich die wichtigsten Aspekte (Überbegriffe) und schreiben Sie diese auf die Hauptäste. Falls es Ihnen schwer fällt, die wichtigsten Aspekte abzugrenzen, können Sie auch erst einmal Begriffe auf Karten sammeln oder später eine zweite Mind Map zum gleichen Thema erstellen.
3. Notieren Sie Ihre Gedanken, wie sie kommen. Passt der Begriff zu einem Überbegriff, dann hängen Sie an den Hauptast einen Nebenast an. Lässt sich der Begriff nicht zuordnen, bilden Sie einen neuen Hauptast. Auch die Nebenäste können sich weiter verästeln. Schreiben Sie möglichst auf den Linien und ziehen Sie die Striche geradlinig, damit die Übersichtlichkeit erhalten bleibt. Möglichst wenige Stichworte auf einen Ast.
4. Im letzten Schritt verfeinern und verbessern Sie Ihre Mind Map nochmals. Sie können auch Bilder einfügen. Beachten Sie aber immer folgenden Grundsatz: je weniger Text, desto mehr Übersichtlichkeit.

Aufgaben
1. Erstellen Sie eine Mind Map zu einem Thema Ihrer Wahl.
2. Üben Sie den Lernstoff zum Thema **Bargeldloser Zahlungsverkehr**, indem Sie eine Mind Map erstellen. Hängen Sie Ihre Mind Map im Klassenraum auf und vergleichen Sie sie mit denen Ihrer Mitschüler.

3
SOZIALPOLITIK UND STRUKTURWANDEL

98 Sozialpolitik und Strukturwandel

3.1 SOZIALPOLITIK IN DER BUNDESREPUBLIK

3.1.1 Sozialstaat – Sozialpolitik – soziale Sicherung

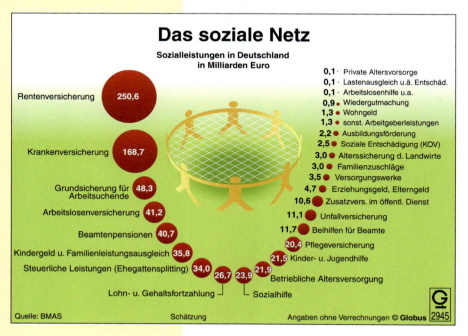

Die Bundesrepublik Deutschland ist ein **Sozialstaat** (siehe auch Abschnitt 5.2.3). D. h., sie ist einerseits ein demokratischer Staat, der die Einhaltung der Grundrechte, der persönlichen und der wirtschaftlichen Freiheit zusichert (Rechtsstaat). Andererseits werden diese Freiheiten gesetzlich eingeschränkt, um soziale Gegensätze und Spannungen in gewissem Maße auszugleichen.

Die Grundsätze des Sozialgesetzbuches (SGB) basieren auf den Artikeln 1 und 20 des Grundgesetzes (GG):

Artikel 1 Absatz 1 GG
(Schutz der Menschenwürde): Die Würde des Menschen ist unantastbar. Sie zu schützen und zu achten ist Verpflichtung aller staatlichen Gewalt.

Artikel 20 Absatz 1 GG
(Verfassungsgrundsätze): Die Bundesrepublik Deutschland ist ein demokratischer und sozialer Bundesstaat.

Die Gesamtheit der rechtlichen, finanziellen und materiellen Maßnahmen mit sozialem Hintergrund bezeichnet man als **Sozialpolitik.** Sie beinhaltet alle politischen und gesetzgeberischen Aktivitäten, deren Ziel es ist,
- die Bürger gegen existenzbedrohende Risiken abzusichern,
- sozial Schwächere zu schützen und
- die Lebenssituation zu verbessern.

Das geltende Recht ist in den zwölf Teilen des Sozialgesetzbuches festgelegt (SGB I bis SGB XII).

Das Ziel des Sozialstaates und seiner Sozialpolitik ist die **soziale Sicherung** seiner Bürger.
In der Bundesrepublik Deutschland spricht man von den **drei Säulen des sozialen Sicherungssystems:**

Soziale Sicherung		
Soziale Versorgung	Sozialfürsorge	Gesetzliche Sozialversicherung
• Kinder- und Elterngeld • Wohngeld • Bundesausbildungsförderung (Bafög) • Kriegs- und Gewaltopferversorgung	• Sozialhilfe • Jugendhilfe	• Krankenversicherung • Pflegeversicherung • Arbeitslosenversicherung • Rentenversicherung • gesetzliche Unfallversicherung

Sozialpolitik in der Bundesrepublik

Diese drei Säulen bilden ein **soziales Netz**, das jeden Bewohner der Bundesrepublik auffängt, der sich in einer sozialen oder finanziellen Notlage befindet und sich nicht aus eigener Kraft helfen kann. So wird ein Mindestmaß an sozialer Sicherheit garantiert.

Sozialversicherungsbeiträge (Stand 01.01.11)

		Arbeitnehmeranteil	Arbeitgeberanteil
Krankenkasse	15,5 %	8,2 %	7,3 %
Pflegeversicherung *Kinderlose ab dem 23. Lebensjahr	1,95 % *2,2 %	0,975 % *1,225 %	0,975 %
Arbeitslosenversicherung	3 %	1,5 %	1,5 %
Rentenversicherung	19,9 %	9,95 %	9,95 %
Unfallversicherung	je nach Betrieb	-	gesamt

Finanziert wird das soziale Netz durch die **Solidargemeinschaft**, d.h., der Stärkere tritt für den Schwächeren ein. Konkret bedeutet dies, dass jeder, der ein finanzielles Auskommen besitzt, über Steuern und Abgaben einen Beitrag zur Solidargemeinschaft leisten muss. Der größte Teil der Kosten wird dabei von den Arbeitnehmern und Arbeitgebern über die Sozialversicherungsbeiträge aufgebracht. Durch Zuschüsse aus Steuereinnahmen wird nur ca. ein Fünftel der notwendigen Mittel gedeckt.

Kranken- Pflege-, Arbeitslosen- und Rentenversicherung werden von Arbeitgebern und Arbeitnehmern gemeinsam getragen, die gesetzliche Unfallversicherung zahlt der Arbeitgeber allein.

Die Kostensteigerung der Sozialleistungen bildet derzeit ein großes Problem. So reichen z. B. die Einnahmen aus den Sozialversicherungen nicht, um die anfallenden Kosten zu decken. Die Ursachen dieser Kostenexplosion sind vielfältig und eng miteinander verwoben, z. B.
- steigende Kosten im Gesundheitswesen durch höhere Arzneimittelpreise und -verbrauche, höhere Kosten für Heilbehandlungen usw.,
- erhöhte Ansprüche bei weniger Eigenverantwortung der Versicherten,
- steigender Anteil älterer Menschen,
- hohe Arbeitslosenzahlen,
- höhere Lebenshaltungskosten.

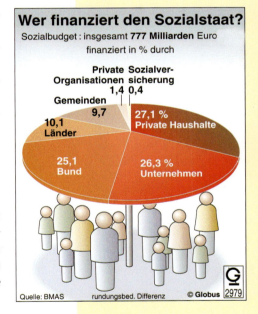

Durch die Kostensteigerung ist es nötig, die sozialen Leistungen in allen Bereichen zu kürzen und gleichzeitig Sozialabgaben und Steuern zu erhöhen. Der Anteil der Sozialfürsorge wird dabei von vielen Menschen überschätzt. Sie erhalten so den Eindruck, bei der sozialen Sicherung würde es sich um eine **„soziale Hängematte"** handeln, in der sich viele ausruhen.

Aufgaben

1. Erklären Sie die Begriffe „Sozialstaat", „Sozialpolitik" und „Solidargemeinschaft".
2. Betrachten Sie das Schaubild „ Das soziale Netz" am Beginn dieses Abschnitts.
   a) Wie viel Euro mussten für die Sozialleistungen insgesamt aufgebracht werden?
   b) Welches sind die drei Sozialleistungen, die die höchsten Ausgaben erforderlich machen?
   c) Ordnen Sie den drei Säulen der sozialen Sicherung die im Schaubild gezeigten Leistungen zu. Welche Beträge ergeben sich für die einzelnen Säulen?
3. Überlegen Sie, in welchen Fällen Ihre Familie Sozialleistungen in Anspruch genommen hat. Hätten Sie in diesen Fällen etwas zur Kostendämpfung tun können?

Sozialpolitik und Strukturwandel

3.1.2 Gesetzliche Krankenversicherung

Krankheiten und Verletzungen sind jederzeit möglich. Nur die wenigsten von uns könnten sich die teuren medizinischen Behandlungen und Medikamente leisten. Gesundheit wäre so nur den „Reichen" vorbehalten. Damit wir auch im Krankheitsfall finanziell abgesichert sind, besteht die Pflicht zur Krankenversicherung, solange das Einkommen unterhalb eines festgelegten Bemessungssatzes liegt.

In der gesetzlichen Krankenversicherung wird daher zwischen Pflichtversicherten, freiwillig Versicherten und Familienversicherten unterschieden.

- **Pflichtversicherte** sind vor allem Arbeitnehmer mit einem Entgelt unterhalb der Bemessungsgrenze, Rentner, Arbeitslose, Studenten, Künstler.
- **Familienversicherte** sind Kinder und Ehegatten eines Pflichtversicherten, die über kein eigenes sozialversicherungspflichtiges Einkommen verfügen.
- **Freiwillig versichert** ist, wer nach dem Gesetz zwar nicht pflichtversichert ist, aber dennoch in eine gesetzliche Krankenkasse eintritt. Dies geht aber nur, wenn man direkt vorher bereits Mitglied einer gesetzlichen Krankenkasse war.

*Unter **Krankheit** ist ein regelwidriger körperlicher oder geistiger Zustand zu verstehen, der entweder lediglich die Notwendigkeit ärztlicher Behandlung oder zugleich (in Ausnahmefällen auch allein) Arbeitsunfähigkeit zur Folge hat.*
(Quelle: Bundesarbeitsgericht)

Versichern kann man sich bei einer der Allgemeinen Ortskrankenkassen (AOK). Sie sind jeweils für eine bestimmte Region zuständig, die von der entsprechenden Landesregierung bestimmt wird. Es besteht aber auch die Möglichkeit, in eine der verschiedenen Ersatzkassen einzutreten. Dabei besteht am Wohn- oder Beschäftigungsort eine Wahlfreiheit für den Versicherten – AOK und Ersatzkassen dürfen, anders als private Krankenkassen, die Aufnahme nicht ablehnen. Die Wahl einer Betriebs- oder Innungskrankenkasse dagegen ist nur möglich, wenn die Satzung der Kasse dies zulässt.

*Bereits vor dem Start hat sich jedoch erwiesen, dass sich die **internationale Finanzkrise** (siehe auch S. 69 und S. 95) des Jahres 2008 auch auf den medizinischen Bereich auswirkt und der Gesundheitsfonds schon mit einer Unterdeckung startet.*

Wie bei den anderen Säulen der Sozialversicherung legt der Staat seit der Einführung des Gesundheitsfonds auch für die Krankenkasse einen einheitlichen Beitragssatz für alle gesetzlich Versicherten fest. Dieser einheitliche Beitragssatz wird von einer Kommission unabhängiger Gesundheitsexperten als der tatsächliche Finanzbedarf der Kassen ermittelt und soll eine 100prozentige Kostendeckung gewährleisten. Der einheitliche Beitragssatz soll erst erhöht werden, wenn der Fonds zwei Jahre lang weniger als 95 % der Ausgaben der Kassen deckt. Viele Krankenkassen haben aber bereits angekündigt, dass die durch den Gesundheitsfond verteilten Mittel für nicht ausreichend halten. Sie werden ihrer Meinung nach die Möglichkeit des Zusatzbeitrages ausschöpfen und über kurz oder lang Zusatzleistungen kürzen müssen.

Sozialpolitik in der Bundesrepublik

Die Leistungen der Krankenkassen sind zu ungefähr 95 % durch den so genannten **Pflichtleistungskatalog** gesetzlich vorgeschrieben. Der Pflichtleistungskatalog enthält alle gängigen, anerkannten Behandlungsmethoden, die nötig sind, um eine Krankheit zu heilen, chronische Leiden zu mindern oder Krankheiten durch Vorsorge zu verhindern und somit die medizinische Grundversorgung abzudecken. Auch Arznei- und Verbandsmittel, Empfängnisverhütung und medizinische Rehabilitationsmaßnahmen gehören zum Pflichtleistungskatalog. Finanzielle Pflichtleistungen – außer für die Gruppe der freiwillig Pflichtversicherten – sind vor allem das Krankengeld und das Mutterschaftsgeld.

Beitragsbemessungsgrenzen (Stand 01.01.11)		
	West	*Ost*
Kranken- und Pflegeversicherung	3712,50	3712,50
Versicherungspflichtgrenze für die Krankenversicherung	4125	4125
Rentenversicherung	5500	4800
Arbeitslosenversicherung	5500	4650
Geringfügigkeitsgrenze für Azubis	325	325
Geringfügigkeitsgrenze	400	400
Geringverdienergrenze mit vermindertem Beitragssatz (Midijob)	401- 800	401- 800

Im Wesentlichen unterscheiden sich die gesetzlichen Krankenkassen daher in den angebotenen **Zusatzleistungen** und im Service. Hierzu gehören Behandlungsmethoden, Therapien und Operationstechniken, die noch nicht in den Pflichtkatalog aufgenommen wurden. Auch finanzielle Zuschüsse für Gesundheitskurse gehören häufig zu den Zusatzleistungen. Welche Kasse dabei „die Beste" ist, kommt auf den Einzelfall an. Möchte man die Kasse wechseln, kann man dies frühestens nach 18 Monaten Mitgliedschaft tun. Dann wird eine schriftliche Kündigung zum Ende des übernächsten Kalendermonats wirksam, sofern eine Mitgliedschaft in einer anderen Kasse nachgewiesen wird.

Zusätzlich bieten Ärzte individuelle Gesundheitsleistungen (IGeL) an, die jedoch komplett selbst bezahlt werden. Diese lassen sich häufig durch Zusatzversicherungen abdecken. Ob dies sinnvoll ist, kann jedoch nur für den Einzelfall entschieden werden.

Der Nachweis über seine Versicherung wird beim Arzt derzeit vielerorts noch über die Krankenkassenkarte getätigt. Bis 2012 müssen die Krankenkassen mindestens 10% der Versicherten mit der neuen elektronischen Gesundkheitskart (eGK) ausstatten. Sie beinhaltet auch die europäische Krankenversicherungskarte (EHIC), die die Inanspruchnahme ärztlicher Leistungen in allen EU-Ländern ermöglicht. Zunächst sind hier nur Daten gespeichert, die auch von außen abgelesen werden können: Name, Geburtsdatum, Krankenkasse, Versicherungsnummer und Zuzahlungsstatus. Im zweiten Schritt sollen auch Basisdaten für Notfälle gespeichert werden, wie Blutgruppe, Allergien, Unverträglichkeiten und chronische Erkrankungen. Da später auch Rezeptverordnungen (eRezept), Arztbriefe, Patientenquittungen und die elektronische Patientenakte auf der Gesundheitskarte abgespeichert werden sollen, ist sie bei Medizinern und Datenschützern sehr umstritten. Es werden vor allem Fehldiagnosen und -behandlungen durch fehlerhafte Dateneingaben und Datenmissbrauch befürchtet.

Aufgaben

1. Erklären Sie die Funktionsweise des Gesundheitsfonds in eigenen Worten.
2. Um welche Art von Versicherten handelt es sich bei
   - Herrn Grosner, selbstständiger Handwerker, Mitglied der AOK,
   - Thomas, Schüler, die Eltern sind beide bei einer Ersatzkasse versichert,
   - Rieke, Auszubildende im 3. Lehrjahr, die Eltern sind beide bei der AOK versichert?

3. a) Informieren Sie sich, unter welchen Bedingungen Sie Ihre Krankenkasse wechseln können.
   b) Nennen Sie Kriterien, die für Sie bei der Auswahl der Krankenkasse von Bedeutung sind.
4. Auch nach der Einführung des Gesundheitsfonds steht dieser in der Diskussion. Informieren Sie sich, welche Argumente Befürworter und Kritiker des Gesundheitsfonds anführen, und stellen Sie diese in der Klasse dar.

Sozialpolitik und Strukturwandel

3.1.3 Im Krankheitsfall

Teilweise arbeitsunfähig:
Eine Ausnahme gilt für den Schulunterricht. So kann der Arzt z. B. eine Befreiung nur für den Sportunterricht ausstellen.

Entgeltfortzahlungsgesetz §5
(Anzeige- und Nachweispflicht):
(1) Der Arbeitnehmer ist verpflichtet, dem Arbeitgeber die Arbeitsunfähigkeit und deren voraussichtliche Dauer unverzüglich mitzuteilen. Dauert die Arbeitsunfähigkeit länger als drei Kalendertage, hat der Arbeitnehmer eine ärztliche Bescheinigung […] spätestens an dem darauf folgenden Arbeitstag vorzulegen. Der Arbeitgeber ist berechtigt, die Vorlage der ärztlichen Bescheinigung früher zu verlangen.

Nicht jede Krankheit hat arbeitsrechtlich eine Bedeutung. Erst wenn die Erkrankung so schwerwiegend ist, dass der Arbeitnehmer seine Arbeit gar nicht mehr ausführen kann oder die Krankheit durch die Arbeit schlimmer werden könnte, spricht man von Arbeitsunfähigkeit. Es kann also durchaus sein, dass eine Erkrankung für den einen Arbeitnehmer **Arbeitsunfähigkeit** bedeutet, für einen anderen jedoch nicht. Mit einer gebrochenen linken Hand kann eine Schreibkraft ihre Arbeit kaum ausführen. Für andere Berufe muss dies keine wesentliche Behinderung in der Arbeit darstellen.

Es gibt aber **keine teilweise Arbeitsunfähigkeit**. Es gilt das Prinzip „ganz oder gar nicht". Selbst wenn man eigentlich in der Lage wäre, z. B. einige Stunden am Tag zu arbeiten, kann der Arbeitgeber dies nicht verlangen.

Bei einer Erkrankung muss der Arbeitgeber **sofort** benachrichtigt werden. Eine bestimmte Form ist dafür nicht vorgeschrieben – sie kann also telefonisch oder schriftlich erfolgen. Ob der Arbeitgeber bereits für den ersten Krankheitstag ein ärztliches Attest von seinen Mitarbeitern fordert, kann er selbst entscheiden. Das Gesetz schreibt aber vor, dass ein Attest spätestens nach drei Kalendertagen vorzulegen ist. Es muss also zwischen der gesetzlichen und der betrieblichen Regelung unterschieden werden. Die betriebliche Regelung hat in den ersten drei Kalendertagen der Arbeitsunfähigkeit vor der gesetzlichen Regelung Vorrang.

Da das Gesetz ausdrücklich von drei Kalendertagen spricht, müssen auch arbeitsfreie Tage mitgerechnet werden, d. h.:

Arbeitsunfähig		
Montag – Mittwoch	3 Arbeitstage = 3 Kalendertage	kein Attest notwendig
Freitag – Montag	2 Arbeitstage = 4 Kalendertage	spätestens Montag muss ein Attest vorgelegt werden

Das vom Arzt ausgestellte Attest besteht aus zwei Blättern. Das vordere Blatt, in dem neben der Dauer auch der Grund der Krankschreibung vermerkt ist, muss umgehend an die Krankenkasse gesandt werden. Im zweiten Blatt ist die Krankheitsursache nicht eingetragen, sondern lediglich die Dauer der Krankschreibung. Dieses Blatt muss so schnell wie möglich dem Arbeitgeber zugestellt werden.

Die Zeit der Krankschreibung dient ausschließlich der Erholung, damit die Arbeitsfähigkeit wiederhergestellt wird. Auch wenn ein Arbeitsunfähigkeitsattest – je nach der Art der Krankheit – keinen Bettliegezwang oder Hausarrest bedeutet, ist der Kranke doch verpflichtet, sich zu schonen. Arbeiten jeglicher Art – egal ob als Freundschaftsdienst oder gegen Bezahlung – und andere Unternehmungen, die einem schnellen Gesunden hinderlich sind, können ein Entlassungsgrund sein.

Auch wer während seines Urlaubes erkrankt, sollte seinem Arbeitgeber hierüber ein Attest vorlegen. Die Zeit der Krankschreibung wird dann nicht als Urlaub angerechnet und die durch Krankheit verloren gegangenen Tage können zu einem anderen Zeitpunkt nachgeholt werden.

Während einer Krankheit ist der Arbeitgeber verpflichtet, das Entgelt weiterhin zu zahlen, wenn der Arbeitnehmer wenigstens vier Wochen ununterbrochen bei ihm beschäftigt war. Diese Entgeltfortzahlung wird per Gesetz jedoch auf sechs Wochen beschränkt. Ab der siebten Krankheitswoche zahlt stattdessen die Krankenkasse ein Krankengeld. Es beträgt 70 % des Bruttoentgelts (maximal jedoch 90 % des Nettoentgelts). Vom Krankengeld werden noch die Sozialversicherungsanteile für Renten-, Arbeitslosen- und Pflegeversicherung abgeführt. Krankenversicherungsanteile müsen nicht entrichtet werden.

Arbeitgeber und Krankenkasse dürfen aber ihre Zahlungen verweigern, wenn
- die Benachrichtigung über die Krankheit bzw. das Attest vom Arbeitnehmer nicht fristgerecht vorgelegt wurde,
- der Arbeitnehmer die Krankheit grob fahrlässig verschuldet hat (z. B. Trunkenheit am Steuer, gestellte Sicherheitsbekleidung wurde nicht angezogen).

Der §5 des Entgeltfortzahlungsgesetzes gilt auch für eine entsprechend nachgewiesene Erkrankung im Ausland.

Sportunfälle gelten nicht als selbst verschuldet, es sei denn, das eigene Leistungsvermögen wurde offensichtlich überschritten. Dies kann nur im Einzelfall geprüft werden.

Aufgaben

1. Betrachten Sie die Abbildung am Beginn des Abschnitts. Ist hier ein Attest nötig?
2. Nicole hat eine Urlaubsreise gebucht. Während der Reise erkrankt sie und muss vorzeitig nach Hause zurückkehren. Was muss sie tun, um den Urlaubsanspruch zu erhalten?
3. Ein Alkoholiker nimmt an einer vierwöchigen Entziehungskur teil. Muss ihm sein Arbeitgeber Ihrer Meinung nach das Entgelt fortzahlen? Begründen Sie Ihre Meinung und diskutieren Sie sie in der Klasse.
4. Frau Werner ist bei einer Ersatzkasse versichert. In diesem Jahr möchte sie aber die Krankenkasse wechseln. Unter welchen Voraussetzungen ist dies möglich und was muss Frau Werner unternehmen?

Sozialpolitik und Strukturwandel

3.1.4 Die Pflegeversicherung

Pflegestufe	Leistungen (2011/2012)		
	Sachleistungen (Übernahme der Kosten für ambulante Pflegedienste)	**Geldleistungen** (Zuschuss für pflegende Angehörige, Nachbarn oder Freunde)	**Stationäre Pflege in Heimen**
I erheblich pflegebedürftig	440€/450€ monatlich	225€/235€ monatlich	1023€/1023€ monatlich
II schwer pflegebedürftig	1040€/1100€ monatlich	430€/440€ monatlich	1279€/1279€ monatlich
III schwerstpflegebedürftig	1510€/1550€ monatlich	685€/700€ monatlich	1825€/1918€ monatlich (Härtefälle: 1825€/1918€)

Kosten:
Die Pflegeversicherung ist für alle krankenversicherten Bürgerinnen und Bürger Pflicht.
Beitragssatz: 1,95 % vom Arbeitsentgelt, davon 0,975% vom Arbeitnehmer und 0,975 % vom Arbeitgeber (Stand 2011).
Beitragszuschlag für kinderlose Arbeitnehmer ab dem 23. Lebensjahr: 0,25 %.

Die Pflegeversicherung wurde als jüngster Zweig unserer Sozialversicherung am 1. Januar 1995 eingeführt. Ihre Leistungen sollen pflegebedürftigen Menschen trotz ihres Hilfebedarfes ein möglichst selbstständiges und menschenwürdiges Leben ermöglichen.

Als **pflegebedürftige Person** gilt, wer auf Dauer oder für längere Zeit in erheblichem Maße Hilfe benötigt, um das tägliche Leben bewältigen zu können. Die Ursache kann dabei sowohl eine körperliche, eine geistige oder eine seelische Krankheit oder Behinderung sein. Zur **Bewältigung des täglichen Lebens** zählen dabei alle für den Gesunden ganz selbstverständlichen Dinge, wie z. B. aus dem Bett aufstehen, sich waschen, Zähne putzen, sich ankleiden, auf die Toilette gehen, essen, sich auskleiden und schlafen gehen. Für all diese Tätigkeiten wurden Richtwerte festgelegt.

Die Pflegestufe wird festgelegt anhand
- der Summe aller Richtwerte für Tätigkeiten, die ein Kranker nicht mehr ohne Hilfe selbst verrichten kann, **und**
- durch den medizinischen Dienst der Krankenkassen.

Die gesetzliche Grundlage der Pflegeversicherung bildet das elfte Buch des Sozialgesetzbuches (SGB XI).

Bei der Versicherungspflicht gilt der Grundsatz: „Pflegeversicherung folgt Krankenversicherung". Als Pflichtversicherter ist man also automatisch bei seiner Krankenkasse auch pflegeversichert. Lediglich freiwillig Versicherte haben die freie Wahl der Pflegekasse.

Als längere Zeit gelten mehr als sechs Monate.

Hilfe erfolgt im Pflegefall nicht automatisch, sondern muss beantragt werden.

Der gesetzliche Pflegeversicherungssatz beträgt 1,95 %.

Kinderlose Versicherte müssen zu dem gesetzlichen Versicherungssatz einen zusätzlichen Beitrag von 0,25 % zahlen.

Sozialpolitik in der Bundesrepublik

Pflegestufe 1	Pflegestufe 2	Pflegestufe 3
erheblich pflegebedürftig	schwer pflegebedürftig	schwerstpflegebedürftig
Für wenigstens zwei Verrichtungen wird mindestens ein Mal pro Tag Hilfe benötigt.	Mindestens drei Mal pro Tag wird zu verschiedenen Zeiten Hilfe benötigt.	Hilfe wird rund um die Uhr, auch nachts, benötigt.
Zusätzlich wird mehrfach in der Woche Hilfe für die hauswirtschaftliche Versorgung benötigt (z. B. Einkaufen, Wäschewaschen, Putzen, Kochen).		
Der Zeitaufwand für diese Hilfen muss mindestens 90 min pro Woche betragen; mehr als die Hälfte muss auf die Grundpflege entfallen.	Der Zeitaufwand für diese Hilfen muss mindestens 3 h pro Woche betragen; mehr als 2 h müssen auf die Grundpflege entfallen.	Der Zeitaufwand für diese Hilfen muss mindestens 5 h pro Woche betragen; mehr als 4 h müssen auf die Grundpflege entfallen.

Bei der Bewilligung der Leistungen gelten zwei Grundsätze:
- **Prävention und Rehabilitation gehen vor Pflege**, und
- **ambulante Pflege geht vor stationärer Pflege.**

In der häuslichen Pflege stehen dem Pflegebedürftigen
- **Sachleistungen** (z. B. Pflege durch Sozialstationen) oder
- **Geldleistungen** (damit die Pflege z. B. durch Angehörige ermöglicht wird) zu.

Auch eine Kombination ist möglich. Die Höhe der Leistungen richtet sich nach der Pflegestufe. Zusätzlich können Pflegehilfsmittel (z. B. Pflegebett) und Zuschüsse zu nötigen Umbauten der Wohnung (bis zu 2500,00 Euro pro Maßnahme) bewilligt werden. Die Pflegeversicherung beteiligt sich auch an den Kosten für eine Urlaubsvertretung der pflegenden Person oder an der Kurzzeitpflege in einem Heim (bis zu vier Wochen im Jahr). Für Angehörige werden zudem kostenlose Pflegekurse angeboten.

Ist eine Betreuung im Heim notwendig, zahlt die Pflegekasse je nach Pflegestufe einen festgelegten Pflegesatz. Darüber hinausgehende Kosten werden von den Einkünften des Pflegebedürftigen (z. B. durch die Rente) gedeckt. Dabei bleibt ein so genannter Selbstbehalt („Taschengeld") unangetastet. Reichen die Einkünfte nicht, wird der Restbetrag von der Sozialhilfe übernommen. In diesem Fall wird dann an die Angehörigen in gerader Linie (d. h. Eltern-Kind-Beziehung) mit einer Rückforderung herangetreten. Hier gilt – wie in der gesamten Sozialhilfe – das Prinzip der „Hilfe nach der Besonderheit des Einzelfalles". Die Höhe der Rückforderung richtet sich also nach dem Selbstbehalt, den finanziellen Verpflichtungen usw. des Angehörigen.

Prävention: Vorsoge

Rehabilitation:
Maßnahmen, die helfen, Pflegebedürftigkeit zu überwinden oder Verschlimmerung zu vermeiden

Der Großteil häuslicher Pflege wird von Familienangehörigen geleistet, die dann häufig auf eigene Berufstätigkeit verzichten müssen. Die Pflegeversicherung übernimmt daher die Rentenbeiträge für die pflegende Person.

Aufgaben

1. Ermitteln Sie die aktuelle Zahl der pflegebedürftigen Personen. Wie viel Prozent werden zu Hause, wie viel Prozent in Heimen gepflegt?
2. Nennen Sie den Versicherungsgrundsatz für Kranken- und Pflegeversicherung. Welche Ausnahme besteht?
3. Frau Müller kann weder alleine einkaufen noch für sich kochen. Ihr Sohn möchte für seine Mutter Leistungen der Pflegeversicherung beantragen. Welche Einstufung wird er Ihrer Meinung nach erreichen können? Begründen Sie Ihre Antwort.

Sozialpolitik und Strukturwandel

3.1.5 Die Rentenversicherung

(nach: www.bundesfinanzministerium.de)

Grundlage der gesetzlichen Rentenversicherung ist das sechste Buch des Sozialgesetzbuches (SGB VI). Die steuerlichen Aspekte der Alterssicherung werden durch das Alterseinkünftegesetz geregelt.

Rentenarten der gesetzlichen Rentenversicherung:
- *Altersrente*
  - *Regelaltersrente*
  - *Altersrente für Frauen*
  - *Altersrente für Schwerbehinderte, Berufs- oder Erwerbsunfähige*
- *Rente wegen Todes*
  - *Witwen- bzw. Witwerrente*
  - *Waisenrente*
  - *Erziehungsrente*
- *Rente wegen verminderter Erwerbsfähigkeit*

Rentenformel:
MR = PEP · RAF · AR
MR = Monatsrente
PEP = persönliche Entgeltpunkte. Sie werden für jedes Arbeitsjahr berechnet und summiert. Wer in einem Jahr genau den Durchschnittsverdienst des Jahres erhalten hat, bekommt einen Rentenpunkt.
RAF = Rentenartfaktor. Jede Rentenart hat einen anderen Faktor.
AR = aktueller Rentenwert. Dieser Betrag wird für einen Rentenpunkt gezahlt.

Bereits seit 1889 schützt die gesetzliche Rentenversicherung ihre Versicherten bei Minderung oder Gefährdung ihrer Erwerbsfähigkeit, im Alter und bei Tod deren Hinterbliebene. Durch sie sollte den Ruheständlern ermöglicht werden, ihren Lebensstandard aufrechtzuerhalten und vom steigenden Wohlstand zu profitieren. Träger der gesetzlichen Rentenversicherung ist die Deutsche Rentenversicherung.

Man unterscheidet zwei Arten von Versicherten:
- **Pflichtversicherte:** Zu ihnen gehören
  - alle Arbeitnehmer mit einem Gehalt innerhalb der Bemessungsgrenzen (vergleiche Kapitel 3.1.2)
  - Behinderte, die in einer Behindertenwerkstätte arbeiten,
  - bestimmte Selbstständige (z. B. Handwerker, Künstler und freiberufliche Hebammen),
  - Wehr- bzw. Zivildienstleistende,
  - Eltern während der Kindererziehungszeit,
  - Personen, die einen Pflegebedürftigen wöchentlich mindestens 14 Stunden nicht erwerbsmäßig pflegen.
- **Freiwillig Versicherte:** Jeder, der nicht gesetzlich versichert ist und das 16. Lebensjahr vollendet hat, kann der Rentenversicherung freiwillig beitreten. Dies sind vor allem Selbstständige und Hausfrauen bzw. Hausmänner.

Das System der gesetzlichen Rentenversicherung ist auf dem Prinzip des Generationenvertrages (vergleiche Kapitel 4.2) aufgebaut. Doch durch die sinkende Bevölkerungszahl und die hohe Arbeitslosigkeit gibt es immer weniger Beitragszahler. Der Generationenvertrag verliert mehr und mehr seine Funktionsfähigkeit. Daher wurde den Bürgern vom Gesetzgeber mehr Eigenverantwortung für die Altersvorsorge zugewiesen. Wer seinen Lebensstandard auch im Alter erhalten möchte, muss private Vorsorge leisten. Hierbei werden drei Vorsorgeschichten

Sozialpolitik in der Bundesrepublik

unterschieden, die unterschiedlich vom Staat gefördert werden (siehe auch die Abbildung am Beginn des Kapitels):

Die **Basisversorgung** beinhaltet neben der **gesetzlichen Rentenversicherung** die **Leibrentenversicherung**. Eine solche Versicherung wird mit einem privaten Versicherungsunternehmen geschlossen. Sie wird – ebenso wie die gesetzliche Rentenversicherung – durch die so genannte schrittweise, nachgelagerte Besteuerung gefördert. Eine steuerlich geförderte Basisrente muss verschiedene Kriterien erfüllen:

- Rentenauszahlung frühestens ab Vollendung des 60. Lebensjahres
- keine Auszahlung in einem Betrag möglich
- Leistungen können nicht übertragen, beliehen oder verkauft werden; Ansprüche können nicht vererbt werden

Auch die Möglichkeiten der **kapitalgedeckten Zusatzvorsorge** werden staatlich gefördert. Für die **Riester-Rente** genannte Zusatzvorsorge erhält man staatliche Zuschüsse. Zulageberechtigt sind alle Pflichtversicherten der Rentenversicherung, Beamte sowie deren Ehepartner. Gefördert werden nur Verträge, die im Alter lebenslange Zahlungen garantieren und vom Bundesaufsichtsamt zertifiziert wurden. Die Höhe der Forderungen hängt vom Einkommen, der Eigenleistung und dem Familienstand ab. Zudem hat jeder Pflichtversicherte der Rentenversicherung einen Anspruch auf Entgeltumwandlung. Der Arbeitgeber ist verpflichtet, auf Wunsch einen Teil des Bruttoentgeltes in eine **betriebliche Altersvorsorge** zu investieren. Hier gibt es verschiedene Formen und Finanzierungsarten, die unterschiedlich gefördert und steuerlich begünstigt werden. Gemeinsam ist allen kapitaldeckenden Zusatzvorsorgen, dass die ausgezahlten Leistungen später voll versteuert werden müssen.

Welche Form der Zusatzversorgung für den Einzelnen die beste ist, welche Versicherung das günstigste Angebot hat usw., das hängt stark von den individuellen Verhältnissen ab. Vor dem Abschluss sollte man sich daher von einem objektiven Begutachter beraten lassen. Auch können sich die steuerlichen Regularien und die eigenen Verhältnisse jederzeit ändern, sodass man bestehende Verträge regelmäßig überprüfen und gegebenenfalls anpassen sollte.

Die Leibrentenversicherung wird oft auch als Basisrente oder als „Rürup-Rente" bezeichnet.

Schrittweise, nachgelagerte Besteuerung:
Die Versicherungsbeiträge werden in mehreren Stufen von der Steuer freigestellt, dafür werden die später ausgezahlten Renten nach und nach stärker besteuert.

Sonstige Vorsorgeprodukte (3. Schicht) werden nicht staatlich gefördert.

Informationen und uneigennützige Beratungen erhält man zum Beispiel bei:
- *vom Gerichtspräsidenten zugelassenen Rechtsbeiständen für Versicherungsberatung*
- *Verbraucherzentrale e. V.*
- *Bund der Versicherten e. V.*
- *Stiftung Warentest*
- *Bürgertelefon des Bundesministeriums für Gesundheit und Soziale Sicherung*
- *Deutsche Rentenversicherung*
- *Arbeitsgemeinschaft für betriebliche Altersvorsorge*

Aufgaben

1. *Erklären Sie die Funktionsweise des Generationenvertrages. Erläutern Sie, aus welchen Gründen er früher ausreichend war, jetzt aber den Anforderungen nicht mehr genügt.*
2. *Bilden Sie vier Gruppen. Erstellen Sie pro Gruppe ein Referat, das die Vor- und Nachteile der verschiedenen* Zusatzvorsorgemöglichkeiten *(Leibrente, "Riester-Rente", betriebliche Altersvorsorge, Vorsorgeprodukte der 3. Schicht) darstellt. Unter welchen Umständen sind die einzelnen Möglichkeiten besonders vorteilhaft? Nutzen Sie zur Recherche auch Informationsstellen und das Internet.*

Sozialpolitik und Strukturwandel

3.1.6 Arbeitsförderung und Arbeitslosenversicherung

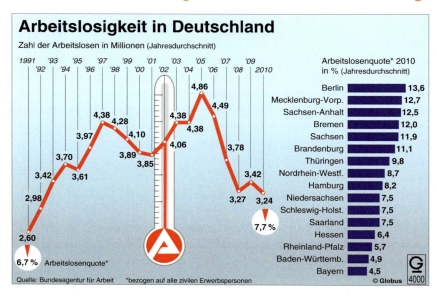

Grundlage für das Arbeitsförderungsgesetz ist das dritte Buch des Sozialgesetzbuches (SGB III). Es ist in seiner heutigen Fassung seit dem 22.12.2005 in Kraft.

Träger dieses Versicherungszweiges ist die Bundesagentur für Arbeit

Weitere Aufgaben sind
- Arbeitsmarkt- und Berufsforschung,
- Arbeitsmarktbeobachtung und -berichterstattung,
- Arbeitsmarktstatistik,
- Ordnungsaufgaben zur Bekämpfung des Leistungsmissbrauchs,
- Überwachung der Einhaltung des Schwerbehindertengesetzes.

Zudem ist sie im Auftrag des Bundes für das Arbeitslosengeld II und als Familienkasse für das Kindergeld zuständig.

Arbeitsförderung

Der ursprüngliche Grundgedanke hinter der Arbeitslosenversicherung ist die Gewährleistung der finanziellen Grundversorgung im Fall von Arbeitslosigkeit. Heutzutage – in Zeiten, in denen Arbeitslosigkeit leider keine Seltenheit mehr ist – steht jedoch die Bemühung um eine Wiedereingliederung der Arbeitslosen in den Arbeitsmarkt im Vordergrund.
Die wesentlichen Aufgaben der Arbeitsagenturen sind daher die
- Beratung und Besetzung offener Ausbildungs- und Arbeitsstellen,
- Förderung der Vermittlungsfähigkeit der Arbeitslosen,
- Verhinderung von Arbeitslosigkeit,
- Entgeltersatzleistungen.

Hierzu dienen Beratung und Arbeitsvermittlung, aber auch Maßnahmen, die die Eingliederungsaussichten verbessern sollen. So werden Lehrgänge angeboten, die sich von der Bewerbung über die Ausbildung und Umschulung hin bis zur Weiter- und Fortbildung erstrecken. Da Bewerbungsmappen, Fahrten zu Vorstellungsgesprächen usw. teuer werden können, gewähren die Arbeitsagenturen in einigen Fällen die Rückerstattung solcher Ausgaben.

Auch die **Verbesserung des Arbeitsmarktes** spielt eine wichtige Rolle. Hier werden Arbeitsbeschaffungsmaßnahmen (ABM) durch Zuschüsse und Darlehen gefördert. Arbeitgeber können Zuschüsse erhalten
- zur Ausbildungsvergütung oder
- für die Einstellung von schwer vermittelbaren Arbeitnehmern oder
- für die Befreiung des Arbeitnehmers von der Pflichtversicherung.

Träger von Arbeitsförderungsmaßnahmen können Leistungen für die Errichtung von Jugendwohnheimen, Einrichtungen der beruflichen Aus- und Weiterbildung oder zur beruflichen Eingliederung von Behinderten beziehen.

Sozialpolitik in der Bundesrepublik

Arbeitslose, die eine neue Arbeitsstelle gefunden haben, können durch Mobilitätshilfen gefördert werden. So sind unter Umständen Beihilfen für Arbeitskleidung, für den Umzug in eine andere Stadt oder für Fahrtkosten möglich. Bis zur Zahlung des ersten Monatsentgeltes kann ein Darlehen als Übergangsbeihilfe gewährt werden. Aber auch der Entschluss, eine selbstständige Tätigkeit aufzunehmen, kann von den Arbeitsagenturen gefördert und finanziell unterstützt werden.

Der Arbeitslose oder der durch Arbeitslosigkeit bedrohte Arbeitnehmer hat Anspruch auf so genannte Entgeltersatzleistungen. Dazu zählen Arbeitslosen- und Teilarbeitslosengeld, Kurzarbeitergeld, Insolvenzgeld usw.

Um die vielfältigen Aufgaben bewältigen zu können, gliedert sich die Bundesagentur für Arbeit in mehrere Ebenen. Die Hauptstelle mit Sitz in Nürnberg erarbeitet und überwacht die grundsätzlichen Richtlinien, um eine einheitliche Erledigung der Aufgaben in den Dienststellen abzusichern. In der Arbeit der 10 Regionaldirektionen steht die regionale Arbeitsmarktpolitik und Arbeitsförderung im Vordergrund. Die 180 Arbeitsagenturen mit ihren ungefähr 660 Geschäftsstellen sind für die eigentliche Abwicklung der Vorgänge und die Betreuung der Arbeitssuchenden und der Arbeitgeber zuständig.

ländliche Arbeitsförderung

Grundsätzlich ist jeder versicherungspflichtig, der gegen Entgelt beschäftigt ist. Dies gilt auch für Wehr- und Zivildienstleistende und Personen, die Krankengeld beziehen. Von der Versicherungspflicht ausgenommen und somit versicherungsfrei ist nur,
- wer einer geringfügigen Beschäftigung nachgeht,
- wer das 65. Lebensjahr vollendet hat oder
- wer eine Rente aufgrund von Erwerbsunfähigkeit bezieht.

Für Pflegepersonen und für außerhalb der EU Beschäftigte besteht die Möglichkeit der freiwilligen Arbeitslosenversicherung. Seit Februar 2006 können sich auch Selbstständige freiwillig versichern, sofern sie in den 24 Monaten vor der Existenzgründung mindestens 12 Monate sozialversicherungspflichtig beschäftigt waren oder unmittelbar vor der Existenzgründung Arbeitslosengeld bezogen haben. Wie lange die Existenzgründung zurückliegt, ist dabei unerheblich.

Ein-Euro-Jobs:
Sie sind Arbeitsgelegenheiten im Sinne des § 16 Abs. 3 SGB II. Diese Arbeitsgelegenheiten sind eine Einrichtung der früheren Sozialhilfe, wurden aber nie im heutigen Umfang von den Sozialämtern angeboten bzw. durchgesetzt und waren daher in der Öffentlichkeit kaum bekannt. Es wird kein Arbeitsentgelt oder Lohn, sondern eine Mehraufwandsentschädigung (angemessene Entschädigung für Mehraufwendungen) gezahlt, da die Grundsicherung Arbeitslosengeld II unverändert während der Beschäftigung weitergewährt wird. Die Höhe dieser Mehraufwandsentschädigung ist zwar im Gesetz nicht festgelegt, es ist aber eine Entlohnung von ein bis zwei Euro pro Stunde – in Anlehnung an die Entlohnung von Sozialhilfeempfängern – vorgesehen.

Um die Beratung und Vermittlung besser und bedarfsgerechter zu gestalten, sind die Geschäftsstellen in lokalen „Job Centern" angesiedelt. Sie sollen gemeinsame Anlaufstelle des Arbeitsamtes und der örtlichen Träger der Sozialhilfe darstellen.

Zu den Ansprüchen und zur Berechnung von Entgeltersatzleistungen siehe Abschnitt 3.1.7.

Aufgaben

1. Betrachten Sie das Schaubild über die Entwicklung der Arbeitslosigkeit in Deutschland.
   a) Welche Tendenzen lassen sich daraus ablesen?
   b) Nennen Sie die Ursachen, die in den Medien für diese Entwicklung genannt werden.
2. Im gesetzlichen Bereich wurde der Name „Arbeitslosenversicherung" durch „Arbeitsförderung" ersetzt. Erläutern Sie, was den Gesetzgeber zu dieser Änderung veranlasst haben könnte.
3. Erklären Sie den Unterschied zwischen „Bundesagentur für Arbeit" und „Agentur für Arbeit".
4. Welche Arten von Leistungen werden von der Bundesagentur für Arbeit und deren Geschäftsstellen erbracht?

3.1.7 Ohne Moos nix los – Entgeltersatzleistungen bei Arbeitslosigkeit oder drohender Arbeitslosigkeit

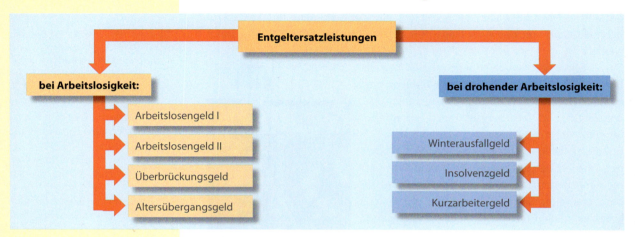

Wer von Arbeitslosigkeit bedroht ist oder bereits arbeitslos wurde, den wird verständlicherweise wohl in erster Linie interessieren, ob und wie er finanziell abgesichert ist.

Damit Beschäftigungslosigkeit nicht zu finanzieller Not führt, wird Arbeitslosengeld gezahlt. Voraussetzung ist, dass man bei der zuständigen Arbeitsagentur als arbeitssuchend gemeldet ist und eine so genannte **Anwartschaftszeit** erfüllt hat. D. h., man muss in den letzten zwei Jahren vor dem Beginn der Arbeitslosigkeit mindestens 12 Monate in einem versicherungspflichtigen Beschäftigungsverhältnis gestanden haben.

Die Anwartschaft muss nicht in einem durchgehenden Arbeitsverhältnis angesammelt werden, sondern kann auch durch Zeiten ohne versicherungspflichtige Tätigkeiten unterbrochen sein. Bei Saisonarbeitern beträgt die Mindestanwartschaft lediglich 6 Monate.

Damit die oder der Arbeitslose die Erfüllung der Anwartschaftszeit nachweisen kann, ist jeder Arbeitgeber verpflichtet, seinen Mitarbeitern bei der Auflösung eines Arbeitsvertrages einen Arbeitsnachweis auszustellen. In diese speziellen Formulare der Arbeitsagentur werden die Dauer und Art der Tätigkeit, das Entgelt und der Grund für die Auflösung des Arbeitsvertrages eingetragen.
Zudem muss man deutlich den **Willen zur Arbeit** bekunden. Hierzu gehört einerseits die **persönliche Meldung** der Arbeitslosigkeit, denn Arbeitslosengeld wird frühestens vom Tag der Meldung an gezahlt.

Auch wenn man direkt eine neue Arbeitsstelle antritt, sollte dieser Arbeitsnachweis gut aufgehoben werden, da man bei einer späteren Arbeitslosigkeit alle Nachweise vorlegen muss.

Andererseits muss die eigene Arbeitskraft **jederzeit verfügbar** gehalten werden. Alles, was diese Verfügbarkeit verhindern kann, ist der Arbeitsagentur mitzuteilen bzw. bei ihr zu beantragen. Genau wie jeder Arbeitnehmer muss sich der Arbeitslose bei Krankheit eine Krankschreibung ausstellen lassen und sie der Arbeitsagentur vorlegen. Ebenso hat er nur den gesetzlichen Urlaubsanspruch und muss diesen bei der Arbeitsagentur beantragen und sich genehmigen lassen. Zudem muss ein deutliches Eigenbemühen nachgewiesen werden, d. h., Bewerbungen und Vorstellungen bei Firmen müssen in ausreichender Menge belegt werden.

Für den Arbeitslosen ist die Arbeitsagentur wie ein „Arbeitgeber". So werden für den Arbeitslosen auch alle Sozialversicherungsbeiträge von der Arbeitsagentur bezahlt.

Sozialpolitik in der Bundesrepublik

Wer kein Eigenbemühen zeigt, die Meldungen vergisst, zumutbare Arbeitsmöglichkeiten oder eine Teilnahme an Maßnahmen der Arbeitsagentur ohne Grund ablehnt, dem kann das Arbeitslosengeld bis zu 30 % gekürzt oder eine Sperrzeit verhängt werden. Nur wenn alle Voraussetzungen erfüllt sind, kann ein Arbeitslosengeld für einen bestimmten Zeitraum (vergleiche die Randspalte) bewilligt werden.

Das Arbeitslosengeld (ALG I) wird auf Tagesgeldbasis berechnet. Hierfür werden von dem durchschnittlichen Bruttoverdienst der letzten 150 Tage die Lohnsteuer sowie 21 % pauschalierte Sozialversicherungsabgabe abgezogen. Das monatliche Arbeitslosengeld beträgt dann – unabhängig von der wirklichen Länge des Monats – das 30fache dieses Tagesgeldes. Arbeitslose mit Kind erhalten 67 %, ohne Kind 60 % dieses Bemessungsgeldes. Zusätzlich zum ALG1 werden die Beiträge zur Kranken-, Pflege- und Rentenversicherung gezahlt.

Im Anschluss an das Arbeitslosengeld I besteht Anspruch auf das Arbeitslosengeld II. Das Arbeitslosengeld II (ALG II) ist – im Unterschied zum ALG I – keine Versicherungsleistung, sondern ein Sozialgeld aus Steuermitteln. Das Arbeitslosengeld II wird anhand von festgelegten Regelleistungen zur Sicherung des Lebensunterhaltes, von Kosten für Unterkunft und Heizung sowie von befristeten Zuschlägen für besondere finanziellen Belastungen (Klassenfahrt der Kinder, Mehrbedarf bei Krankheit, Schwangerschaft, Behinderung usw.) errechnet.
Erst wenn alle Eingliederungshilfen (z. B. Eingliederungszuschüsse an einen Arbeitgeber) keinen Erfolg zeigen, kann der Arbeitslose in eine „Arbeitsgelegenheit mit Mehraufwandsentschädigung" (Ein-Euro-Job) vermittelt werden. Die Arbeitszeit beträgt dabei maximal 30 Stunden pro Woche. Die Aufwandsentschädigung ist kein Arbeitsentgelt, sondern eine Zahlung zum Ausgleich des Mehraufwands. Der Ein-Euro-Job ist daher anrechnungsfrei und muss nicht als Nebenverdienst angegeben werden.

Arbeitslose, die sich selbstständig machen, können eine zweistufige Existenzgründungsförderung in Anspruch nehmen. Voraussetzung ist, dass der Arbeitslose noch mindestens drei Monate Anspruch auf Arbeitslosengeld hat und ein tragfähiges Unternehmenskonzept vorweisen kann. In den ersten neun Monaten umfasst die Förderung den monatlichen Arbeitslosengeldanspruch und zusätzlich eine Pauschale von 300 Euro pro Monat. Nach dieser Zeit muss die Geschäftsfähigkeit und die Tragfähigkeit erneut nachgewiesen werden.

Die maximale Sperrzeit beträgt 12 Wochen. Sie wird auch ausgesprochen, wenn man selbst den Arbeitsvertrag gekündigt hat oder fristlos gekündigt wurde.

Für Arbeitnehmer unter 55 Jahren gilt:	
Versicherungspflichtig gearbeitete Zeit innerhalb der letzten 2 bzw. bei erweiterter Rahmenfrist 3 Jahre	Anspruchsdauer
Monate (= Kalendertage)	Monate (= Kalendertage)
12 (= 360)	6 (= 180)
16 (= 480)	8 (= 240)
20 (= 600)	10 (= 300)
24 (= 720)	12 (= 360)

Für Arbeitnehmer, die 55 Jahre und älter sind, verlängert sich die Anspruchsdauer auf maximal 18 Monate.

Private Unternehmen sind von der Vergabe der Ein-Euro-Jobs ausgeschlossen.

Weitere Informationen gibt es im Internet unter der Adresse:
www.arbeitsagentur.de

Aufgaben

1. Melanie (26 J.), Andreas (24 J.), Mario (27 J.) und Carina (26 J.) melden sich zum 01.01.2012 arbeitslos. Stellen Sie fest, ob für die vier ein Anspruch auf Arbeitslosengeld besteht, und wenn ja, für wie lange und ggf. in welcher Höhe.

	versicherungspflichtig angestellt	nicht versicherungspflichtig angestellt
Melanie	01.05.2008 – 31.12.2010	01.01.2006 – 31.04.2008
Andreas	01.03.2010 – 31.12.2010	01.09.2007 – 29.02.2010
Mario	01.12.2007 – 31.02.2009 01.01.2010 – 31.11.2010	01.03.2009 – 31.12.2009 01.12.2010 – 31.12.2010
Carina	01.01.2007 – 31.03.2009 01.04.2009 – 31.12.2010	

Sozialpolitik und Strukturwandel

3.1.8 Die gesetzliche Unfallversicherung

Das siebte Buch des Sozialgesetzbuches (SGB VII) bildet die Grundlage für die gesetzliche Unfallversicherung.

Die gewerblichen und landwirtschaftlichen Berufsgenossenschaften sowie die Unfallversicherungsträger der öffentlichen Hand sind die Träger der gesetzlichen Unfallversicherung. Diese Versicherung soll den Arbeitnehmer vor den Folgen von Arbeitsunfällen, Berufskrankheiten und arbeitsbedingten Gesundheitsgefahren schützen. Die Aufgabe der zuständigen Träger ist es daher, mit allen zur Verfügung stehenden Mitteln solche Gefahren zu verhindern.

Für Beamte gelten besondere Vorschriften zur Unfallfürsorge.

Jeder Arbeitnehmer muss von seinem Arbeitgeber der Berufsgenossenschaft gemeldet werden und ist so automatisch pflichtversichert. Selbstständig Erwerbstätige können sich freiwillig bei der Berufsgenossenschaft gegen Unfall versichern. Es gibt aber auch noch weitere Gruppen geschützter Personen:

Mit der Jahresentgeltmeldung muss der Betrieb für jeden Mitarbeiter die geleisteten Arbeitsstunden, das dafür bezogene Entgelt und die Gefahrtarifstelle, der der Mitarbeiter zugeordnet ist, dem Finanzamt melden. Die Gefahrenklasse be-

Sozialpolitik in der Bundesrepublik

rücksichtigt dabei die unterschiedlichen Unfallgefahren in den Gewerbezweigen. Anhand dieser Daten wird dann der vom Betrieb zu leistende Unfallversicherungsbeitrag festgelegt, der der Unfallkasse zugeleitet wird. Der Arbeitnehmer selbst muss keinen Anteil für die Unfallversicherung leisten, sie wird nur durch die Beiträge der Arbeitgeber finanziert.

Tritt ein Arbeits- oder Wegeunfall ein, hat der Versicherte bzw. haben dessen Angehörige Anspruch auf Leistungen der gesetzlichen Unfallversicherung. Dabei spielt es keine Rolle, wer an dem Unfall schuld ist.

Als **Arbeitsunfall** gilt jeder Unfall, der während der Arbeitszeit passiert – also sowohl die Verletzung durch Arbeitsgeräte als auch das Ausrutschen auf dem Flur. **Wegeunfall** nennt man einen Unfall, der auf dem Weg eines betrieblich angeordneten Arbeitsganges geschieht, z. B. dann, wenn der Auszubildende Briefmarken bei der Post besorgen soll. Aber auch Unfälle auf dem Weg zwischen Wohnung und Arbeitsplatz zählen als Wegeunfälle. Dies gilt jedoch nur, wenn sich der Unfall auf dem **direkten Weg** ereignet. Umwege sind nur erlaubt, wenn der Arbeitnehmer seine Kinder bei einem Hort oder Kindergarten absetzen muss oder wenn er eine Fahrgemeinschaft mit Kollegen bildet und er diese abholt.

Die Leistungen der gesetzlichen Unfallversicherung lassen sich aufteilen in

- **Prävention:** d. h. Maßnahmen zur Vorsorge und Verhinderung von Unfällen. Die Berufsgenossenschaften erlassen z. B. Unfallverhütungsvorschriften und überwachen deren Einhaltung in den Betrieben.
- **Rehabilitation:** d. h. Heilbehandlungen zur Wiederherstellung der Arbeitsfähigkeit. Ist die Schädigung durch den Unfall so groß, dass der Verletzte seinen Beruf nicht mehr ausüben kann, werden Kurse zur beruflichen Anpassung, Fortbildung oder Umschulung bezahlt. Ist auch dies aus gesundheitlichen Gründen nicht möglich, wird Pflegegeld bezahlt.
- **Finanzielle Hilfen:** Während der Maßnahmen zur Heilung erhält der Verletzte anstelle von Arbeitslohn ein Verletztengeld, während der beruflichen Rehabilitation ein Übergangsgeld. Kann die Erwerbsfähigkeit nicht mehr vollständig hergestellt werden, bezieht man eine Verletztenrente. Ihre Höhe richtet sich danach, wie sehr die Erwerbsfähigkeit gemindert ist. Handelte es sich um einen tödlichen Unfall, dann erhalten die Hinterbliebenen Witwen- bzw. Waisenrente.

> **Sozialversicherungszweige:**
> - *Rentenversicherung*
> - *Krankenversicherung*
> - *Arbeitslosenversicherung*
> - *Pflegeversicherung*
> - *Unfallversicherung*
>
> *Eine Ausnahme bilden lediglich Unfälle, die durch Trunkenheit verursacht wurden.*
> *Unfälle, die sich auf Betriebsfesten ereignen, gelten arbeitsrechtlich als Arbeitsunfälle.*
>
> *Als Beginn bzw. Ende des Arbeitsweges zählt die Haustür. Erleidet also jemand einen Unfall auf der Schwelle seiner Haustür, so sollte er tunlichst aus der Tür auf die Straße fallen –, nur dann ist es ein Wegeunfall! Fällt er in den Hausflur, ist es ein privater Unfall.*

Aufgaben

1. Die gesetzliche Unfallversicherung darf nicht mit der privaten Unfallversicherung verwechselt werden. Erklären Sie, für welche Fälle die gesetzliche und für welche Fälle eine private Unfallversicherung zuständig ist.
2. Handelt es sich in den folgenden Fällen um einen Wegeunfall oder nicht?
   a) Manja soll die Tageseinnahmen auf dem Nachhauseweg bei der Bank abgeben. Auf dem Weg zwischen Bank und Wohnung stürzt sie.
   b) Markus ist nach der Arbeit mit seinem Chef und einem Kollegen zu einer Skatrunde verabredet. Auf dem Weg von der Arbeit zur Kneipe hat er einen Autounfall.
   c) Svetlana nimmt an einem Betriebsausflug in die Sächsische Schweiz teil. Bei der Wanderung stolpert sie über eine Baumwurzel.

Sozialpolitik und Strukturwandel

3.1.9 Und wenn es uns in die Ferne zieht ... internationale Sozialversicherung

Ein mehrseitiges *Sozialversicherungsabkommen* besteht mit allen EU- und EWR-Mitgliedsstaaten und ihren überseeischen Departements (Verordnung [EWG] Nr.1408/71 zur Grundlage des Sozialversicherungsschutzes innerhalb der EU). Zudem bestehen zweiseitige und einseitige Sozialversicherungsabkommen mit verschiedenen anderen Ländern.

Ähnliche *Krankenversicherungs- und Rentenabkommen* wurden z. B. geschlossen mit:
- Bosnien-Herzegowina
- Israel
- Serbien und Montenegro
- Kroatien
- Marokko
- Mazedonien
- Türkei
- Tunesien

Reine *Rentenabkommen* bestehen mit:
- Australien
- Bulgarien
- Chile
- Japan
- Kanada und Quebec
- Kosovo
- Südkorea
- USA
- Das bereits ratifizierte Abkommen mit Brasilien tritt Ende 2011 in Kraft, mit der Russischen Föderation und der Ukraine werden derzeit Verhandlungen geführt.

Spezielle *Entsendeabkommen* wurden mit der Volksrepublik China und mit Indien geschlossen.

Wer von uns hat nicht schon einmal davon geträumt: einmal eine Zeit lang in einem ganz anderen Land arbeiten und leben oder sich im Alter auf eine sonnige Insel zurückziehen. Lange Zeit war dies nicht möglich, ohne seinen Status in der Sozialversicherung aufzugeben, da die deutschen Sozialversicherungsgesetze eigentlich vorsehen, dass ihre Leistungen nur in Deutschland erbracht werden. Heutzutage gibt es jedoch immer mehr internationale Verflechtungen. Millionen von Menschen besuchen fremde Länder als Touristen oder arbeiten und leben in einem anderen als ihrem Heimatland. Auch die Zahl der „Grenzgänger" nimmt immer mehr zu, d. h. Arbeitnehmer, die in einem Land wohnen, jedoch jeden Tag über die Grenze zu ihrem Arbeitsplatz in ein anderes Land fahren.

Innerhalb der Europäischen Union (EU) wurde daher eine Verordnung geschaffen, deren oberstes Ziel es ist, mögliche Nachteile für betroffene Grenzgänger, aber auch für Touristen zu verhindern. Die Mitgliedsstaaten der EU (vergleiche Abschnitt 7.3) wollen damit erreichen, dass
- alle Bürger in ihren sozialen Rechten innerhalb eines Landes grundsätzlich gleichgestellt sind und
- für den einzelnen Bürger der Aufenthalt in einem anderen Mitgliedsland grundsätzlich die gleiche soziale Sicherung beinhaltet wie der Aufenthalt in seinem Heimatland.

Da die Sozialsysteme der EU-Mitglieder aber nicht gleich sind und die EU auch zurzeit kein einheitliches Sozialsystem anstrebt, können diese Forderungen nicht in jeder Einzelheit erreicht werden. In der Realität müssen zwangsläufig Unterschiede bestehen bleiben, deren Ausmaß vom Einzelfall abhängt.

Die Regelungen des Sozialversicherungsausgleichs, die für die EU-Staaten gelten, sind nach dem Abkommen über den Europäischen Wirtschaftsraum (EWR) auch für Norwegen, Island und Liechtenstein gültig. Zudem bestehen ähnliche Verträge auch mit einigen anderen europäischen Staaten sowie mit einigen Ländern außerhalb Europas.

Als Faustregel gilt, dass man immer in dem Land sozialversichert ist, in dem man auch seine Anstellung gefunden hat. Begibt man sich also z. B. nach Frankreich, um dort zu arbeiten, ist man auch dort sozialversichert. Wird man dagegen von einer deutschen Firma in ein anderes Land entsandt, z. B. auf Montage, bleibt man weiterhin in seinem Heimatland versichert. Bei der Bewilligung ergeben sich jedoch Unterschiede.

Krankenversicherung:

Grundsätzlich ist man immer in dem Land krankenversichert, in dem man als Arbeitnehmer beschäftigt ist, und kann die dort üblichen Leistungen in Anspruch nehmen. Wird man von seinem Arbeitgeber in ein Land entsendet, mit dem ein Versicherungsabkommen besteht, sollte man eine „Entsendebescheinigung" als Nachweis dafür mit sich führen, dass man versichert ist. Als Tourist sollte man sich vor einer Reise von der Krankenkasse eine Anspruchsbescheinigung ausstellen lassen. Dann werden die Kosten ambulanter Behandlungen erstattet. Krankenhausbehandlungen dagegen müssen vorher genehmigt werden.

Rentenversicherung:

Hat man während seines Arbeitslebens in mehreren Ländern gearbeitet, werden die jeweiligen Zeiten der Rentenversicherung zusammengezählt. Dadurch wird festgestellt, ob überhaupt ein Rentenanspruch besteht. Besteht ein Anspruch, kommt jedes Land anteilig für die Zeit auf, die man dort versichert war. Die Rente wird in jedes Vertragsland gezahlt. Den Antrag hat man in dem Land zu stellen, in dem man wohnt.

Arbeitslosenversicherung:

Ist man arbeitslos und möchte in einen anderen Staat der EU oder des EWR ziehen, kann unter bestimmten Bedingungen weiterhin – maximal drei Monate – deutsches Arbeitslosengeld gezahlt werden. Voraussetzung ist aber, dass man mindestens vier Wochen vor dem Umzug arbeitslos gemeldet war und sich innerhalb von einer Woche bei der Arbeitsverwaltung des Landes, in das man zieht, als arbeitssuchend meldet.

Unfallversicherung:

Unfallversicherungsbeiträge werden vom Arbeitgeber gezahlt und damit immer in dem Land des Arbeitgebers. Hat man einen Arbeitsunfall während seiner Anstellung in einem anderen Land, muss auch der dort zuständige Versicherungsträger zahlen. Dabei gelten die Gesetze des entsprechenden Landes. So werden z. B. auch Renten in einer Höhe gezahlt, die in dem Staat üblich ist, in dem der Unfall geschieht.

Die einzelnen Sozialversicherungsabkommen sind sehr unterschiedlich. Die wesentlichen Regelungen können beim Bundesministerium für Gesundheit – www.bmg.bund.de – nachgelesen werden.
Die Sozialversicherungsabkommen gelten nur für Arbeitnehmer. Als Tourist ist man nicht in allen Ländern krankenversichert.
Genauere Informationen und Auskünfte zur Krankenversicherung gibt es bei allen Krankenkassen sowie bei der Deutschen Verbindungsstelle Krankenversicherung – Ausland:
www.dvka.de

Auskünfte und Informationen zur Rentenversicherung erhält man bei den Dienststellen der Rentenversicherungsanstalten.

Unter den Stichworten „Europa für Sie" und „Bürgerwegweiser" findet man im Internet alle relevanten Informationen zum Leben und Arbeiten in Europa.

Auskünfte gibt der Spitzenverband der gewerblichen Berufsgenossenschaften
www.dguv.de

Aufgaben

1. *Herr Müller aus Magdeburg hat die letzten acht Jahre vor dem Beginn seiner Rente in Paris gelebt und gearbeitet. Mit dem Eintritt in das Rentenalter zieht er wieder in seine ehemalige Heimatstadt zurück.*
   Wo muss er die Rente beantragen und wer muss sie zahlen?

2. *Frau Gerdes aus Köln hat im Jahr 2009 in Luxemburg gelebt und gearbeitet. Dort hatte sie einen Arbeitsunfall, der erst nach Jahren Folgeschäden zeigt. In*

   Deutschland würde man aufgrund dieser Folgeschäden keine Leistungen, in Luxemburg jedoch eine kleine Entschädigung erhalten.
   Hat Frau Gerdes Ansprüche? Begründen Sie Ihre Antwort.

3. *Martin fährt nach Marokko in den Urlaub und wird dort krank. Besitzt er einen Krankenversicherungsschutz?*

Sozialpolitik und Strukturwandel

3.1.10 Individualversicherung

individuell:
das Individuum betreffend; der Eigenart des Einzelnen entsprechend

Durch die gesetzliche Sozialversicherung und die Sozialfürsorge – und damit durch die staatliche Gemeinschaft – sind wir finanziell so weit abgesichert, dass zumindest unsere Grundversorgung und unser Lebensminimum gewährleistet sind. Unser Vermögen und unseren Lebensstandard müssen wir jedoch selbst durch zusätzliche private Versicherungen gegen die Risiken des Alltags schützen. Da jeder Mensch anderen Risiken unterliegt und daher einen anderen Versicherungsschutz benötigt, spricht man hier von **Individualversicherung.** Sie zahlt bei auftretenden Schäden einen finanziellen Ausgleich für den jeweiligen Schaden.

Man unterscheidet:

Individualversicherung		
Personenversicherungen (Versicherung der Person gegen Krankheiten und Unfälle)	**Sachversicherungen** (Versicherung von Sachen gegen Verlust und Zerstörung)	**Vermögensversicherungen** (Sicherung des Vermögens gegen Verlust und Ansprüche anderer)
• private Unfallversicherung • private Krankenversicherung • private Pflegeversicherung • Lebensversicherung • Ausbildungsversicherung • Berufs- und Arbeitsunfähigkeitsversicherung • etc.	• Hausratversicherung • Glasversicherung • Einbruchs- und Diebstahlversicherung • Feuer- (Brand-) Versicherung • Reisegepäckversicherung • Transportversicherung • etc.	• private Haftpflichtversicherung • Tierhalterhaftpflichtversicherung • KFZ-Haftpflichtversicherung • Rechtsschutzversicherung • private Arbeitslosenversicherung • Mietausfallversicherung • etc.

Anders als bei den gesetzlichen Sozialversicherungen kann jeder entsprechend seiner Lebenssituation selbst entscheiden,

- ob er eine solche Versicherung benötigt oder nicht und
- bei welcher Versicherungsgesellschaft er einen Vertrag abschließen möchte.

Lediglich die Haftpflichtversicherung für Kraftfahrzeughalter und die Brandversicherung für Hausbesitzer bilden eine Ausnahme – sie sind im Interesse der Gesellschaft vom Staat gesetzlich vorgeschrieben worden.

Welche Versicherungsart abgeschlossen werden sollte und welche Versicherungsgesellschaft die besten Konditionen bietet – hierfür gibt es keine eindeutige Antwort. Ein Vertrag, der für den einen optimal ist, kann für den anderen herausgeworfenes Geld sein.

Sozialpolitik in der Bundesrepublik

Grundsätzlich gilt es, für jeden Versicherungsabschluss Folgendes zu bedenken:

- Benötige ich diese Versicherung überhaupt? Wie wahrscheinlich ist es, dass ich jemals einen solchen Versicherungsfall erleben werde? Oder ist er vielleicht sogar schon durch eine andere, bereits bestehende Versicherung mit abgedeckt?

- Immer mehrere Angebote verschiedener Versicherungsunternehmen einholen und miteinander vergleichen! Die Leistungen und Tarife sind in den allgemeinen Versicherungsbedingungen (AVB) der einzelnen Versicherungen beschrieben und können erheblich voneinander abweichen. Nicht immer ist daher das billigste Angebot das beste. Auch solche Dinge wie Beratung, Kundenservice, Schnelligkeit der Schadenregulierung usw. sind wichtig.

- Die Fragen im Versicherungsvertrag müssen wahrheitsgemäß und vollständig ausgefüllt werden. Bei Personenversicherungen können falsche Angaben (z. B. über den Gesundheitszustand) dazu führen, dass die Police nichtig wird. Bei Sach- und Vermögensversicherungen kann es durch Falschangaben zu einer **Unter- oder Überversicherung** kommen. Um dies zu vermeiden, sollte man auch regelmäßig überprüfen, ob die angegebenen Werte überhaupt noch dem aktuellen Stand entsprechen. Wurden vielleicht inzwischen wertvolle Gegenstände angeschafft oder verkauft? Dann sollte die Versicherungspolice angepasst werden!

- Stelle ich nach der Unterschrift fest, dass der Vertrag doch nicht meinen Vorstellungen entspricht, kann er innerhalb von 14 Tagen nach Unterschrift noch widerrufen werden. Langfristige Verträge (fünf oder zehn Jahre) können danach noch zum Ablauf des fünften und jedes darauffolgenden Jahres gekündigt werden.

Police:
vom Versicherer ausgestellte Urkunde über den Abschluss einer Versicherung; Nachweis

Überversicherung:
Die angegebene Versicherungssumme ist höher als der wirkliche Versicherungswert. Die Prämien sind dementsprechend hoch, die Versicherung zahlt aber trotzdem nur den tatsächlichen Schaden.

Unterversicherung:
Die angegebene Versicherungssumme ist geringer als der wirkliche Versicherungswert. Die Prämien sind dementsprechend gering. Die Versicherung zahlt dann den entstanden Schaden auch nur anteilig. Beträgt der Versicherungswert z. B. 150.000 Euro, die Versicherungssumme aber nur 75.000 Euro, so zahlt die Versicherung auch nur 50 % des entstandenen Schadens. Bei einem Schadensfall von 20000 Euro wären dies also nur 10000 Euro.

Aufgaben

1. Welche Individualversicherungen sind Ihrer Meinung nach für jeden unerlässlich?
   Begründen Sie Ihre Antwort.
2. Erstellen Sie überschlägig eine Liste aller Gegenstände Ihres Besitzes mit dem entsprechenden Wiederbeschaffungswert. Vergessen Sie nicht, Dinge aufzuführen wie Gardinen, Inhalt der Schränke und Taschen usw. Fragen Sie bei verschiedenen Versicherungen an, wie hoch für Sie die Prämie einer Hausratversicherung wäre.

3. Welche Versicherung ist jeweils zuständig?
   - Herr Meier bucht eine Kretareise, erkrankt aber am Tag vor der Abreise schwer.
   - Der Hund rennt über die Straße; ein ausweichendes Auto verursacht dabei einen Auffahrunfall.
   - Ein Spülmaschinenschlauch platzt, das Wasser tropft durch Fußboden/Decke in die Unterwohnung.

3.1.11 Die soziale Sicherung – Geschichte und Zukunft

Die sogenannte Kaiserliche Botschaft vom 17.11.1881 gilt als „Geburtsurkunde" der deutschen Sozialversicherung. Kaiser Wilhelm I. forderte in seiner Thronrede zur Eröffnung des Reichstags – auf den Rat des Reichskanzlers Otto von Bismarck hin – zur „positiven Förderung des Wohls der Arbeiter" auf. Er empfahl damit dem Reichstag, Gesetze zum Schutz der Arbeiter gegen Krankheit, Unfall, Invalidität und Alter zu beschließen.

Wie so viele Bereiche des menschlichen Zusammenlebens musste sich auch das **soziale Bewusstsein** – also die Fürsorge und Verantwortung für andere – in der Geschichte der Menschheit zunächst einmal entwickeln. Je mehr sich die Menschen von einer Organisation in Stämmen und Sippen entfernten und zu einer arbeitsteiligen und städtischen Lebensweise übergingen, umso stärker wuchs auch das soziale Gewissen.

So waren bei den Germanen alte, kranke und mittellose Menschen auf die Hilfe ihrer Familie und Sippe angewiesen. Geriet die ganze Sippe (z.B. durch eine schlechte Ernte oder Überfälle anderer Stämme) in Not, zeigte sich der Stamm verantwortlich. In der Fremde – ohne Sippe – blieb man auf sich allein gestellt.

Das Familien- und Sippensystem der sozialen Sicherung besteht heute noch in vielen Entwicklungsländern (vergleiche Abschnitt 8.4.2).

Im Mittelalter begann die Kirche, soziale Fürsorge zu leisten. Klöster und Ritterorden (z.B. die Johanniter) gründeten Krankenstationen und Hospitäler. Viele Klöster nahmen alte und arbeitsunfähige Personen und Waisen in ihre Obhut. Auch die größeren Städte schufen nach und nach – vor allem wegen der Seuchengefahr – öffentliche Hospitäler.

Zunehmende wirtschaftliche Schwierigkeiten, die kirchlichen Zerwürfnisse durch die Reformation und die Wirren des Dreißigjährigen Krieges führten zu einem Rückgang dieser Fürsorgeeinrichtungen. An ihrer Stelle übernahmen die Zünfte und Gilden Sorge für ihre Mitglieder.

Der Dreißigjährige Krieg *(1618–1648) ließ Mitteleuropa völlig zerstört zurück. Nahezu 50 % der Bevölkerung kamen in den Kriegswirren ums Leben.*

Jedes Mitglied hatte einen bestimmten Betrag in die Zunftbüchse zu entrichten. Dafür sorgten die Zunfthäuser für ihre in Not geratenen Brüder und auch für deren Witwen und Waisen.

Mit dem Beginn der Industrialisierung verloren die Zünfte und Gilden ihre Bedeutung. Immer mehr Menschen zogen in die Städte, um Arbeit in den Fabriken zu

Sozialpolitik in der Bundesrepublik

finden, ohne von einer Zunft in einem Beruf ausgebildet zu sein. Ohne Zugehörigkeit zu einer Gemeinschaft waren die Fabrikarbeiter bei Krankheit, Invalidität oder Alter auf sich allein gestellt. Fehlende soziale Einrichtungen und die Ausbeutung der Arbeiter durch die Industriellen führten zu einer zunehmenden Verelendung der Massen. Immer mehr Arbeiter begannen, sich den Gewerkschaften und der Sozialdemokratischen Arbeiterpartei, dem Vorläufer der Sozialdemokratischen Partei Deutschlands (SPD), anzuschließen.

In Deutschland nahm die Industrialisierung insbesondere in den so genannten Gründerjahren (1871–1873) eine rasante Entwicklung.

Kinderarbeit

Sozialpolitik und Strukturwandel

Um diesen Entwicklungen entgegenzuwirken, nahm der Staat die soziale Fürsorge selbst in die Hand. Durch die „Kaiserliche Botschaft" vom 17.11.1881 (vergleiche Seite 118) wurde der Aufbau der Arbeiterversicherung eingeleitet. 1883 verabschiedete der Reichstag das Krankenversicherungsgesetz als erstes Gesetz zur sozialen Sicherung der Bevölkerung. Nach und nach wurden bis in unsere Jahre per Gesetz immer mehr Versicherungen eingeführt und Verordnungen erlassen, ergänzt und an die aktuellen Probleme angepasst.

Nach dem Ende des Zweiten Weltkriegs nahm die deutsche Sozialversicherung durch die Teilung Deutschlands in zwei Staaten getrennte Wege.
In der Bundesrepublik Deutschland wurde das bestehende System weitgehend übernommen. In der DDR entwickelte sich eine Einheitsversicherung, in der die Kranken-, Unfall- und Rentenversicherung zusammengefasst waren. Sie wurde von zwei Trägern verwaltet:
- Für die Genossenschaftsmitglieder und die selbstständig Tätigen war die staatliche Versicherung der DDR zuständig.
- Die Arbeiter und Angestellten, also ca. 85 % der Bevölkerung, waren dem FDGB (Freier Deutscher Gewerkschaftsbund) zugeordnet.

Nach der Wiedervereinigung wurde das Sozialsystem der DDR im Mai 1990 dem Sozialsystem des westlichen Bundesgebietes zunächst angeglichen. Ab 1991 wurde dann das Sozialstaatssystem der westlichen Bundesländer auf die östlichen Bundesländer übertragen.

Trotz der hundertjährigen konfliktreichen Entwicklung unserer Sozialversicherung müssen immer wieder Neuerungen erfolgen. Die europäischen Länder schließen sich immer enger zusammen. Um soziale Ungerechtigkeiten zu vermeiden, muss daher auch die Sozialpolitik angeglichen werden. In Europa kennt man drei nationale Sozialstaatsmodelle:

- **Das kontinentaleuropäische Sozialstaatsmodell**
  (= Bismarck-Modell) beinhaltet eine Sicherung der arbeitenden Bevölkerung. Durch die Sozialversicherungsabgaben soll in Notfällen ein Lebensstandard über dem Mindeststandard gesichert werden. Die Bevölkerungsteile, die nicht erwerbstätig sind (Kinder, Hausfrauen usw.), werden über andere Maßnahmen abgesichert.
- **Der Wohlfahrtsstaat skandinavischer Prägung**
  verfolgt die Absicherung der gesamten Bevölkerung über dem Mindestlebensstandard. Diese Absicherung erfolgt weniger über Sozialabgaben von Lohn und Gehalt, sondern über Steuerabgaben.
- **Das anglikanische „Welfare State"-Modell**
  (= Beveridge-Modell) ist eine Sicherung des Mindestlebensstandards der gesamten Bevölkerung.

Trotz der Unterschiede – alle Länder wollen die Folgen von Alter, Invalidität, Krankheit und Arbeitslosigkeit mindern. Und sicher wird auch die EU ein „europäisches Sozialmodell" entwickeln.

Otto von Bismarck
(1815–1898) ist erster Reichskanzler des 1871 gegründeten Deutschen Reiches. Nach Zerwürfnissen mit dem deutschen Kaiser Wilhelm II. wird er von diesem 1890 entlassen.

Die Sozialstaatsmodelle Europas unterscheiden sich erheblich von dem der USA. Dort wird nur in geringem Maß eine Mindestsicherung der Bevölkerung gewährleistet. Eine öffentliche Krankenversicherung – abgesehen von einem System für Ältere und Bedürftige – kennt man dort nicht.

W. H. Beveridge
(1879–1963): englischer Politiker, der 1942 im amtlichen Auftrag eine Denkschrift ausarbeitete, nach der 1946 der staatliche Gesundheitsdienst in Großbritannien aufgebaut wurde.

Sozialpolitik in der Bundesrepublik

Entwicklung der Sozialversicherungsgesetzgebung:

1883	Krankenversicherungsgesetz für Arbeiter
1884	Unfallversicherungsgesetz; Bildung der ersten Ortskrankenkasse
1889	Gesetz über Invaliden- und Altersversicherung der Arbeiter
1911	Reichsversicherungsverordnung (RVO) sowie Angestellten-versicherungsgesetz
1913	In-Kraft-Treten des Angestelltenversicherungsgesetzes
1916	Festlegung der Rentenaltersgrenze für Männer (65 J.) und Frauen (60 J.)
1927	Gesetz über Arbeitsvermittlung und Arbeitslosensversicherung
1952	Mutterschutzgesetz
1954	Sozialgerichte nehmen ihre Arbeit auf
1957	Einführung der bruttolohnbezogenen dynamischen Rente
1957	Altershilfe für Landwirte
1963	Neuordnung der gesetzlichen Unfallversicherung
1968	Versicherungspflicht aller Angestellten
1971	Unfallversicherung für Kinder, Schüler und Studenten
1972	Öffnung der Rentenversicherung für Selbstständige und Hausfrauen
1972	Einführung der flexiblen Altersgrenze
1975	Gesetz über die Sozialversicherung Behinderter
1983	Gesetz über die Versicherung selbstständiger Künstler und Publizisten
1986	Reform der Hinterbliebenenrenten (Gleichstellung von Witwer und Witwe)
1986	Einführung der Kindererziehungszeiten
1989	Gesundheitsreformgesetz zur Kostendämpfung
1990	Rentenreform (Nettolohnbezug)
1992	Das neue Sozialversicherungsrecht tritt in der gesamten Bundesrepublik in Kraft
1992	Betriebsrentengesetz (Unverfallbarkeit der Leistungen)
1995	Einführung der Pflegeversicherung
2002	Altersvermögensgesetz („Riester-Rente")
2003	Erstes Gesetz für moderne Dienstleistungen am Arbeitsmarkt (Hartz I), u. a. mit Regelungen zur Förderung der beruflichen Weiterbildung durch die Arbeitsagentur
2003	Zweites Gesetz für moderne Dienstleistungen am Arbeitsmarkt (Hartz II) mit Regelungen zu Ich-AG, Mini- und Midijob
2004	Drittes Gesetz für moderne Dienstleistungen am Arbeitsmarkt (Hartz III): Umbau der Bundesanstalt für Arbeit zur Bundesagentur für Arbeit
2005	Viertes Gesetz für moderne Dienstleistungen am Arbeitsmarkt (Hartz IV): Zusammenführung von Arbeitslosen- und Sozialhilfe zum Arbeitslosengeld II. Das bisherige Arbeitslosengeld wird zum Arbeitslosengeld I und dessen Laufzeit auf maximal ein Jahr reduziert.
2007	Verabschiedung des Gesundheitsreformgesetzes, GKV-Wettbewerbsstärkungsgesetz (Einführung der Krankenversicherungspflicht)
2008	Eigenheimrentengesetz (Wohnriester)
2009	Start des 2007 beschlossenen Gesundheitsfonds

Ein einheitliches Sozialsystem bzw. eine Harmonisierung der unterschiedlichen Sozialsysteme in der EU ist derzeit nicht vorgesehen. Die EU geht aber von zwei wesentlichen Voraussetzungen aus:
- *die Bürger der EU sind in ihren sozialen Rechten grundsätzlich gleichgestellt und*
- *der Aufenthalt in einem Mitgliedstaat ist dem Aufenthalt in den anderen Mitgliedsstaaten grundsätzlich gleichgestellt.*

Aus diesem Grund besteht zwischen den EU-Mitgliedsstaaten ein Sozialversicherungsabkommen (vergleiche Seite 98).

Unter den Stichworten „Europa für Sie" und „Bürgerwegweiser" findet man im Internet alle relevanten Informationen zum Leben und Arbeiten in Europa.

Aufgaben

1. *Erklären Sie in Stichpunkten, warum das „kontinental-europäische Sozialstaatsmodell" auch als „Bismarck-Modell" bezeichnet wird.*
2. *In welchen Sozialversicherungsgesetzen wurden unsere fünf Sozialversicherungszweige (Renten-, Arbeits-losen-, Kranken-, Pflege- und Unfallversicherung) zum ersten Mal festgeschrieben? Notieren Sie das entsprechende Gesetz mit der Jahreszahl seiner Verabschiedung.*

Sozialpolitik und Strukturwandel

3.2 ÄNDERUNG DER ARBEITSWELT

3.2.1 Strukturwandel

*Informationen zum Begriff **Bruttoinlandsprodukt** finden sich in Abschnitt 2.3.4.*

Unter dem Begriff „Wirtschaftsstruktur" wird verstanden, in welchem Maße die verschiedenen Branchen und Wirtschaftszweige an der Wertschöpfung beteiligt sind, d. h., welchen Beitrag sie zur Erarbeitung des Bruttoinlandsproduktes leisten. Die Wirtschaftsstruktur kann dabei für eine einzelne Region, ein Land oder aber für ein ganzes Wirtschaftsgebiet (z. B. die EU) ermittelt werden.

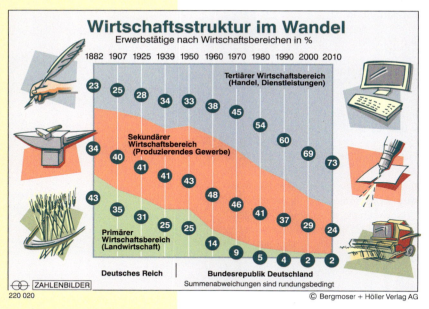

Im Allgemeinen nimmt man zur Bestimmung der Wirtschaftsstruktur zunächst eine Unterscheidung vor. Dabei wird die Wirtschaft unterteilt in

- den **Primärsektor**, zu dem Wirtschaftsbereiche mit einem hohen Anteil am Produktionsfaktor „Natur" zählen, also Land- und Forstwirtschaft sowie Fischerei.
- den **Sekundärsektor**, bei dem der Produktionsfaktor „Kapital" überwiegt, d. h. alle produzierenden Gewerbe einschließlich des Bergbaus, der Energie- und Wasserwirtschaft sowie der Bauwirtschaft.
- den **Tertiärsektor**, der überwiegend vom Produktionsfaktor „Wissen und Know-how" bestimmt wird. Dazu gehören Handel, Banken und Versicherungen, Verkehr, Telekommunikation und öffentliche Dienstleistungen.

Je nachdem, welcher Bereich innerhalb der Wirtschaftsstruktur den größten Anteil besitzt, spricht man daher von einer Agrar-, einer Industrie- oder einer Dienstleistungsgesellschaft. Tendenziell durchlaufen alle Länder diese drei Gesellschaftsarten, wenn auch in unterschiedlicher Geschwindigkeit und in unterschiedlicher Ausprägung. Während in Deutschland noch vor hundert Jahren der

Änderung der Arbeitswelt

landwirtschaftliche Bereich überwog, also eine Agrargesellschaft bestand, hatte Deutschland sich in den 60er-Jahren des 20. Jahrhunderts zu einer Industriegesellschaft gewandelt. In den 80er-Jahren hatte der tertiäre Bereich einen Gleichstand mit dem Sekundärbereich erreicht und nimmt seither langsam, aber stetig zu.

Für die Zukunft, so wird von entsprechenden Forschungseinrichtungen vorausgesagt, wird diese Tendenz noch anhalten und Deutschland sich immer mehr zu einer Dienstleistungsgesellschaft entwickeln.

Bei einem Strukturwandel kommt es immer zu Beschäftigungsverschiebungen. Man kann davon ausgehen, dass in einem kleiner werdenden Sektor Entlassungen und Betriebsschließungen und damit fallende Arbeitnehmerzahlen zu verzeichnen sind. Ein sich vergrößernder Sektor dagegen besitzt meist ein wachsendes Arbeitsplatzangebot, da es zu Betriebsgründungen kommt. Im Idealfall finden die in dem einen Sektor arbeitslos gewordenen Menschen eine neue Beschäftigung in dem wachsenden Sektor.

Geschieht dies nicht, so kommt es zu einer **strukturellen Arbeitslosigkeit,** wie wir sie in den letzten Jahren erleben mussten. In diesem Fall gibt es also nicht genügend Wachstumsbereiche, sondern zu viele strukturschwache Branchen oder Regionen.

Die Ursachen von Strukturschwächen können vielfältig sein:
- Nachfrageänderungen, die z. B. durch neue gesetzliche Vorschriften, durch erhöhten Wettbewerb aus anderen Ländern, technische Neuerungen o. Ä. entstehen und auf die nicht schnell genug oder gar nicht reagiert wurde.
- fehlende oder zu geringe technische Neuerungen bei den Produktionsprozessen, die zu hohen Lohnkosten und damit hohen Preisen der Produkte führen. Gegen billigere Anbieter hat man so keine Chancen.
- Regionen haben häufig mit unzulänglichen Verkehrsanbindungen in einer Randlage, veralteten Kommunikationsnetzen oder auch Imageproblemen zu kämpfen.

Der Staat versucht durch seine **Strukturpolitik**, Strukturschwächen und strukturelle Arbeitslosigkeit zu vermindern. So können zukunftsträchtige Branchen mit finanziellen Hilfen gefördert, sich im Abbau befindende Branchen durch Subventionen gebremst werden (z. B. der Bergbau). Strukturschwache Regionen werden insbesondere durch infrastrukturelle Maßnahmen oder durch Steuererleichterungen für sich neu ansiedelnde Betriebe gefördert.

Die Aussage „Deutschland entwickele sich immer mehr zu einer Dienstleistungsgesellschaft" gilt für die Bundesrepublik Deutschland als Gesamtheit. In den einzelnen Regionen können jedoch andere Sektoren vorherrschen.

Strukturschwache und damit so genannte Krisenbranchen sind insbesondere:
- *Lederverarbeitung*
- *Bauwirtschaft*
- *Teile des Einzelhandels*
- *Textil- und Bekleidungsgewerbe*

Strukturschwach und damit Krisenregionen sind u.a. Ostfriesland, die Lausitz, der Bayerische Wald, Vorpommern und die Oberpfalz.

Aufgaben

1. Ordnen Sie die Bilder am Beginn dieser Seite den verschiedenen Sektoren zu.
2. Welcher Sektor herrscht in Ihrer Region vor? Begründen Sie Ihre Meinung. Versuchen Sie, die realen Zahlen bei der zuständigen Behörde (z. B. Wirtschaftsamt Ihres Landkreises) zu ermitteln, und vergleichen Sie diese mit Ihrer Einschätzung.
3. Gehört Ihre Region Ihrer Meinung nach zu den „Krisenregionen"? Tragen Sie Informationen zu Maßnahmen der Strukturförderung zusammen, die in Ihrer Region bestehen. Erläutern Sie, was im Einzelnen jeweils damit bezweckt werden soll.

3.2.2 Arbeitslosigkeit und Arbeitslosenquote

Die Arbeitslosigkeit ist eines der großen politischen und wirtschaftlichen Themen unserer Zeit. Genauer betrachtet, ist sie jedoch ein sehr komplexes Phänomen, denn die Arbeitslosenzahlen eines Landes setzen sich aus unterschiedlichen Anteilen zusammen:

- Die strukturelle Arbeitslosigkeit beruht auf dem strukturellen Wandel innerhalb eines Landes (vergleiche Kapitel 3.2.1).
- Die Höhe der konjunkturellen Arbeitslosigkeit hängt vor allem davon ab, in welcher Konjunkturphase sich ein Land gerade befindet (vergleiche Kapitel 2.3.5).
- Die saisonale Arbeitslosigkeit spielt dagegen eine geringere Rolle. Zwar sinken die Arbeitslosenzahlen zum Sommer hin – da in Bereichen wie Touristik (Gastgewerbe, Verkehr), Bauwirtschaft oder im Erntebetrieb Arbeitsplätze besetzt werden – und steigen zum Winter hin wieder an. Diese saisonalen Schwankungen zeigen sich jedoch Jahr für Jahr in ähnlicher Weise und sind somit in etwa vorhersehbar.
- Die friktionale Arbeitslosigkeit ist die kurzfristige Arbeitslosigkeit, die gegebenenfalls bei einem Wechsel des Arbeitsplatzes auftritt. Sie ist nicht zu verhindern und unproblematisch, da es sich ja für Arbeitnehmerin bzw. Arbeitnehmer um eine absehbare Übergangszeit handelt.
- Die Sockelarbeitslosigkeit bleibt selbst dann bestehen, wenn die Konjunktur sich vollständig erholen würde, da ein Teil der Arbeitslosen aus unterschiedlichen Gründen auch bei ausreichendem Stellenangebot keine Arbeit aufnehmen würden.

Um die Arbeitslosenzahlen zwischen den einzelnen Ländern vergleichen zu können, wird eine Arbeitslosenquote errechnet.
In Deutschland ist hierfür die Bundesagentur für Arbeit zuständig und verwendet folgende Formel:

$$\text{Arbeitslosenquote} = \frac{\text{registrierte Arbeitslose}}{\text{zivile Erwerbspersonen}} \times 100\,\%$$

Das Statistische Bundesamt errechnet dagegen die Erwerbslosenquote nach den Kriterien der ILO, um einen internationalen Vergleich zu ermöglichen:

Hinweis:
Neben dieser Einteilung, die den Anlass der Arbeitslosigkeit zugrunde legt, gibt es noch eine Vielzahl anderer Gliederungen (Langzeit-/Kurzzeitarbeitslosigkeit; freiwillige/unfreiwillige Arbeitslosigkeit usw.).

ILO: *internationale Arbeitsorganisation (International Labour Organization). Sonderorganisation der Vereinten Nationen. Schwerpunkt ihrer Arbeit ist die Formulierung und Durchsetzung internationaler Arbeits- und Sozialnormen. Internetpräsenz:*
http://www.ilo.org

Änderung der Arbeitswelt

$$\text{Erwerbslosenquote} = \frac{\text{registrierte Erwerbslose}}{\text{zivile Erwerbspersonen}} \times 100\,\%$$

Durch die unterschiedliche Definition von Arbeitslosigkeit ist die Erwerbslosenquote in Deutschland deutlich niedriger als die Arbeitslosenquote. Arbeitslosigkeit ist dabei ein weltweites Problem mit vielfältigen ökonomischen und gesellschaftlichen Aspekten, die in allen Ländern Auswirkungen haben. So liegen zum Beispiel die materiellen Folgen für den Arbeitslosen klar auf der Hand: keine Arbeit – kein Geld. Viele Wünsche müssen unerfüllt bleiben. Dies zieht aber auch soziale Folgen nach sich. Wer aus Geldmangel nicht mehr an gesellschaftlichen Aktivitäten (Kino, Reisen, Sport usw.) teilnehmen kann, verliert schnell den Kontakt zu anderen (vergleiche auch Abschnitt 3.1.7). Auch die Auswirkungen auf das Selbstwertgefühl sind groß. Länger dauernde Arbeitslosigkeit wird häufig als persönliches Defizit empfunden, zuletzt traut man sich selbst gar nichts mehr zu.

Arbeitslosigkeit bildet aber auch für die Gesellschaft ein finanzielles Problem. Arbeitslose müssen durch den Staat unterstützt werden (in Deutschland z. B. durch das Arbeitslosengeld, Eingliederungszuschüsse usw.). Sie kosten also Geld, das – durch die Erhebung von Abgaben – von der erwerbstätigen Bevölkerung aufgebracht werden muss. Hohe Abgaben führen zu Unmut und oft zur Geringschätzung der Verursacher: Arbeitslose werden immer häufiger als Drückeberger betrachtet, die schon Arbeit finden würden, wenn sie nur wollten. Soziale Spannungen sind die Folge.

Durch eine hohe Arbeitslosigkeit geht aber auch bei der erwerbstätigen Bevölkerung das Sicherheitsgefühl mehr und mehr verloren. Oft wächst aus Angst, den eigenen Lebensstandard zu verlieren, der Widerstand gegen Reformen. Populistische und autoritäre Strömungen, die mit einfachen Konzepten Lösungen versprechen, erhalten so häufig einen Aufschwung. Auch die Forderung, die Einwanderungszahlen stärker zu begrenzen, wie auch fremdenfeindliche Tendenzen werden in der Regel lauter geäußert.

Insbesondere für junge Demokratien kann eine hohe Arbeitslosigkeit eine Bedrohung des politischen Systems darstellen. Vielfach wird erwartet, dass Demokratie automatisch auch die wirtschaftliche Situation verbessert.

Ebenso wirkt sich Arbeitslosigkeit auf alle anderen Bereiche des politischen, wirtschaftlichen und gesellschaftlichen Lebens aus.

---

registrierte Arbeitslose: alle bei einer Arbeitsagentur oder einem kommunalen Träger gemeldeten Personen, die eine Arbeit von mindestens 15 Wochenstunden suchen und dabei maximal 14 Wochenstunden arbeiten

registrierte Erwerbslose: alle registrierten und nicht registrierten Arbeitssuchenden, die keine einzige Wochenstunde arbeiten

Erwerbslosenquoten ausgewählter Länder im Februar 2011 in Prozent

Land	Prozent
Niederlande	4,3
Luxemburg	4,5
Lettland	17,3
Österreich	4,8
Italien	6,8
Finnland	6,5
EU-Durchschnitt	9,5
Deutschland	6,3
Spanien	20,5
Griechenland	14,1
Litauen	17,4

Quelle: OECD mit ILO oder Regierungsangaben

Aufgaben

1. Analysieren Sie die Grafik am Abschnittsanfang. Wie haben sich die Arbeitslosenzahlen in den letzten 64 Jahren entwickelt und welche Gründe liegen für deren Anstieg bzw. Abfall vor?
2. Aus welchen Arbeitslosigkeitsarten setzt sich die Gesamtarbeitslosigkeit zusammen? Wie sind die einzelnen Arten definiert?
3. Erklären Sie den Unterschied zwischen den Begriffen „Arbeitslosenquote" und „Erwerbslosenquote". Warum fällt in Deutschland die Erwerbslosenquote niedriger als die Arbeitslosenquote aus?
4. Die Auswirkungen der Arbeitslosenquote sind vielfältig. So verändert sich beispielsweise auch der Krankenstand der Arbeitnehmer. Informieren Sie sich (im Internet, in Tageszeitungen usw.) über den Verlauf des Krankenstandes in den letzten Jahren. Diskutieren Sie die möglichen positiven und negativen Auswirkungen.

Sozialpolitik und Strukturwandel

3.2.3 Ursachen der Arbeitslosigkeit

Zahl der Arbeitslosen sinkt um 67.000

Euro-Krise, hoher Ölpreis, schwächelnde Weltkonjunktur – der deutsche Arbeitsmarkt zeigt sich von solchen Problemen ungerührt. Die Zahl der Erwerbslosen ist im Juni erneut gesunken, auf 2,89 Millionen. Allerdings verlangsamt sich das Tempo des Rückgangs.

Nürnberg – Mag die wirtschaftliche Lage im Rest der Welt sich auch verdüstern – in Deutschland setzt sich das kleine Arbeitsmarktwunder fort. Im Juni ist die Zahl der Arbeitslosen erneut gesunken. Wie die Bundesagentur für Arbeit (BA) mitteilte, waren 2,89 Millionen Menschen ohne Job. Das sind 67.000 weniger als im Mai und 255.000 weniger als vor einem Jahr. [...]

40,8 Millionen Menschen sind erwerbstätig

Tatsächlich herrschen für Arbeitssuchende derzeit gute Zeiten. Die Unternehmen stellen ein wie seit Jahren nicht mehr. Bereits am Mittwoch hatte die BA mitgeteilt, dass die Nachfrage nach Arbeitskräften im Juni auf einen Rekordwert gestiegen sei. Das hat vor allem zwei Gründe: Zum einen stellen die Unternehmen neue Mitarbeiter ein, um die vollen Auftragsbücher abzuarbeiten. Zum anderen nutzen viele Arbeitnehmer die günstige Konjunkturphase, um den Job zu wechseln. Etliche Stellen bleiben derzeit laut BA unbesetzt, weil die Betriebe Probleme haben, entsprechende Fachkräfte zu finden. [...]

Der deutsche Arbeitsmarkt profitiert vor allem von der starken Konjunktur. Zuletzt hatten sich allerdings die Anzeichen gehäuft, dass der Boom zu Ende gehen könnte. Vor allem die leicht sinkende Nachfrage aus den Schwellenländern bereitet den Konjunkturexperten Sorgen. [...]

(aus: www.spiegel.de, 30.06.2011)

Einer Beschäftigungskrise entgegenzuwirken bildet eine wichtige Aufgabe des Staates. Als **mögliche Ursachen** der Arbeitslosigkeit gelten dabei u. a.:

- Die **Lösung von den traditionellen Lebens- und Verhaltensweisen:** Frauen lassen sich heutzutage beispielsweise nicht mehr auf die klassische Hausfrauenrolle festlegen. Häufig bleiben sie auch nach der Familiengründung im Beruf oder verzichten ganz auf die Gründung einer traditionellen Familie (Rückgang der Geburtenrate). Umfangreiche medizinische Versorgung und gesundheitsbewusstes Verhalten
führen zu einer steigenden Lebenserwartung. Zudem wird für viele Menschen durch die Öffnung der Grenzen die Ausbildung und Arbeit in einem anderen Land zunehmend attraktiver. So drängen immer mehr Arbeitssuchende auf einen Arbeitsmarkt, der Konkurrenzdruck steigt.

- **Starre Lohnsysteme** führen dazu, dass sich die Löhne nicht oder nur stark verzögert an die wirklichen Absatz- und Produktionsverhältnisse anpassen können. Einerseits sind so die Produktionskosten hoch, andererseits halten sich die Produzenten bei den Einstellungen zurück.

- **Hohe Lohnnebenkosten**, also die Abgaben für die soziale Sicherung, verursachen Kosten für den Arbeitgeber und vermindern seine Wettbewerbsfähigkeit. Zudem sinkt das Einkommen der Arbeitnehmer, gegebenenfalls entsteht das Gefühl, dass sich Arbeit nicht mehr lohnt.

Andererseits fördert ein sicherer Arbeitsplatz das Zugehörigkeitsgefühl der Arbeitnehmer zu „ihrem" Betrieb und damit die Qualität ihrer Arbeit.

Änderung der Arbeitswelt

■ Staatliche **Regulierung des Arbeitsmarktes**: Liegt ein starker Kündigungsschutz vor, dann entlassen Unternehmen ihre Arbeitnehmer zwar nicht so schnell wie in konjunkturschwachen Zeiten, halten sich aber in Zeiten steigender Konjunktur deutlich bei den Einstellungen zurück. So erschwert der Kündigungsschutz den Wechsel von der Arbeitslosigkeit in die Erwerbstätigkeit und fördert damit die Langzeitarbeitslosigkeit. Er wirkt sich also mehr auf die Verteilung als auf die Höhe der Arbeitslosigkeit aus.

■ Staatliche **Regulierung des Produktmarktes**: Eine zu geringe Wettbewerbspolitik fördert beispielsweise die Monopol- und Kartellbildung. Die Folge sind hohe Preise, damit eine geringere Nachfrage und daraus folgend eine sinkende Beschäftigung.

■ **Mangelhafte Bildungspolitik**: Sie führt dazu, dass sich vorhandene und benötigte Qualifikation von Schulabgängern und Arbeitnehmern immer weniger decken. Nicht nur die Zahl der Arbeitslosen, sondern auch die Zahl der offenen Stellen ist in den letzten Jahren gestiegen. Dies bildet international einen Wettbewerbsnachteil.

■ **Globalisierung:** Die Politik ist immer stärker in internationale Organisationen und Abmachungen eingebunden. Dennoch haben ihre Maßnahmen nur innerhalb des eigenen Staates Gültigkeit. Die Arbeitgeber dagegen können ihr Kapital in der ganzen Welt anlegen. Hoch qualifizierte Spezialisten können in Staaten abwandern, die ihnen hohe Löhne oder Karrierechancen bieten.

■ **Ineffiziente Arbeitsmarktpolitik:** Bürokratische Regelungen machen individuelle Förderung und Forderung schwierig; auf Änderungen der Verhältnisse kann häufig nur stark verzögert reagiert werden usw.

Die genannten Ursachen sind sowohl untereinander wie auch mit allen Bereichen von Politik und Wirtschaft eng verwoben. Gegenmaßnahmen wirken sich auch immer auf andere Aspekte aus. Senkung der Steuern und Löhne, Vereinfachung des Arbeitsrechtes, Reformen im Gesundheitssystem und in der Bildungspolitik, Verringerung des Föderalismus: Ansätze, die dargestellte Tendenz auf dem Arbeitsmarkt zu stoppen, sind auch nach Einführung der Hartz-Reformen vielfältig. Keiner der genannten Ansätze wird das Problem alleine lösen können; Regierung, Unternehmen, Gewerkschaften und andere Organisationen werden zukünftig noch enger zusammenarbeiten müssen.

Direkte Maßnahmen zur Senkung der Arbeitslosenzahlen sind z. B.:
- *Arbeitsbeschaffungsmaßnahmen (ABM),*
- *finanzielle Förderung von Ausbildung, Weiter- und Fortbildung nach dem Bundesausbildungsförderungsgesetz (BaföG) und dem SGB III-Arbeitsförderung,*
- *finanzielle Beihilfen wie Eingliederungszuschuss, Lohnkostenzuschuss, Beschäftigungshilfen etc. zur Minderung der Arbeitslosigkeit aber auch zu ihrer Verhinderung, wie z. B. Kurzarbeitergeld,*
- *alle strukturpolitischen Maßnahmen zur Hebung der Konjunktur (vgl. Kapitel 3.2.1 und Kapitel 2.3.4 bis 2.3.5).*

Beispielsweise sind Senkungen der Lohnnebenkosten nicht ohne weiteres möglich, da sie einen wichtigen Beitrag für das soziale Sicherungssystem bilden. Erhöhungen der Ausgaben im Bildungssektor entziehen beispielsweise anderen Bereichen die Gelder.

Aufgaben

1. *Lesen Sie die Meldung am Beginn des Abschnitts durch. Welche Prognosen für den Arbeitsmarkt werden hier angesprochen und welche Gründe genannt?*
2. *Auch bei steigenden Absatzzahlen halten sich viele Unternehmen mit Neueinstellungen zurück.*
   a) Erstellen Sie in Gruppenarbeit eine Mind Map, die Zusammenhänge zwischen den Ursachen der
   Arbeitslosigkeit verdeutlicht.
   b) Vergleichen Sie Ihre Gruppenergebnisse und ergänzen Sie Ihre Mind Map gegebenenfalls.
3. *Häufig wird behauptet, dass die Bekämpfung der Arbeitslosigkeit eine reine Angelegenheit des Staates sei. Erklären Sie, warum es auch im Interesse der Unternehmen ist, wenn keine zu hohe Arbeitslosenquote besteht.*

3.2.4 Flexibilisierung der Arbeitswelt

Verfolgt man die Nachrichten, so liefert uns die Presse immer häufiger Meldungen über Tarifabschlüsse mit neuen Arbeitszeitmodellen, betriebliche Umstrukturierungen, Fachkräftemangel bei gleichzeitig hoher Arbeitslosenquote, Leiharbeit usw. Die Begriffe „Flexibilisierung", „Globalisierung" und „Virtualisierung" sind in aller Munde. Damit einher geht eine entscheidende Veränderung der Arbeitswelt, der Arbeitsbedingungen und der Anforderungen an den Einzelnen.

Von jeher unterlagen das Arbeitsleben und damit auch der Alltag der Menschen einem stetigen Wandel. Eine wesentliche Umwälzung ergab sich durch den Schritt von der Agrar- zur Industriegesellschaft. Die technischen Revolutionen beeinflussten vor allem die Arbeitsteilung und im Folgenden die körperlichen Arbeitsbelastungen.

Heute erleben wir den Wandel von einer Industrie- zu einer Dienstleistungs- und Wissensgesellschaft. Bereits mehr als 70% der Beschäftigten sind im Dienstleistungsbereich tätig (siehe Kapitel 3.2.1). Diese Ausweitung der Dienstleistung (Tertiarisierung) hat aber zugleich die Veränderung des Marktes bewirkt. Früher handelte es sich im Wesentlichen um einen Verkäufermarkt. Heute bestimmt mehr und mehr die Nachfrage das Angebot, die Produkte werden kundenspezifischer und dienstleistungsintensiver. Dadurch nimmt der Servicebereich einen immer höheren Anteil an der Dienstleistung ein, deren Hauptanteil aus Informationsarbeit besteht. Man spricht daher auch von einer „Wissens- und Informationsgesellschaft". „Wissen" wird damit zum wesentlichen Faktor.

Die Globalisierung sowie die Entwicklung der Informations- und Kommunikationstechnologien schreiten rapide voran (vergleiche Abschnitt 2.3.6). Die Arbeit ist immer weniger an einen bestimmten Arbeitsort oder an feste Arbeitszeiten gebunden, auch die Grenze zwischen Arbeit und Freizeit verwischt immer mehr. Diese Entwicklung wird zumeist pauschal mit „Flexibilisierung" beschrieben.

Die **Flexibilisierung der Arbeitszeit** ist der bekannteste und am weitesten fortgeschrittene Aspekt. Nicht nur Beginn und Ende der Arbeitszeit oder Art und Lage von Pausen wird verstärkt individuell ausgehandelt. Immer häufiger wird keine tägliche Arbeitszeit, sondern ein bestimmtes Arbeitsvolumen pro Woche, Monat oder sogar Jahr festgelegt. Gleichzeitig werden die Arbeitszeitformen (Teilzeit, Gleitzeit, Arbeitszeitkonten, Jahresarbeitszeitverträge usw.) immer vielfältiger und unübersichtlicher (siehe auch Abschnitt 1.1.5).

Die **Flexibilisierung des Arbeitsortes** ist dagegen eine relativ neue Entwicklung. In vielen Dienstleistungsbereichen ist eine persönliche Anwesenheit im Betrieb nicht unbedingt nötig. Teleheimarbeit oder Home-Office-Work sind nur die bekanntesten Beispiele. Andererseits wird durch hohe Mobil- oder Außendienstarbeit versucht, die Leistungen näher an den Kunden zu bringen. Wo gearbeitet wird und wie viel räumliche Bewegung notwendig ist, wird damit immer mannigfaltiger.

- Als *(erste) technische Revolution* wird die Industrialisierung im 18. Jahrhundert bezeichnet.
- Die *zweite technische Revolution* bezeichnet die Automatisierung, also den Einzug der Roboter in die Fertigung.
- Die *dritte technische Revolution* beinhaltet den Einzug computergesteuerter Geräte in Bereichen außerhalb der Fertigung.
- Heute spricht man von einer vierten, der *elektronischen Revolution*, mit der ein Wandel von persönlicher Dienstleistung zu Internetleistungen gemeint ist (E-Commerce, Internetbanking usw.).

Verkäufermarkt: Die Nachfrage ist stärker als das Angebot und der Verkäufer befindet sich damit in der bestimmenden Position.

Änderung der Arbeitswelt

Die **Flexibilisierung der Arbeitsinhalte und der Qualifikation** ist nötig, da sich erworbenes Wissen in der heutigen Zeit immer schneller überholt. Beschäftigte müssen ständig neu lernen. Wer nicht nur Fach- und Faktenwissen erworben, sondern gelernt hat zu lernen, ist dabei im Vorteil.

Die **Flexibilisierung der Einbindung in die Unternehmenshierarchie** wird daran deutlich, dass die Beschäftigten in vielen Bereichen nur noch bedingt feste Kollegenkreise, Vorgesetzte bzw. Untergebene haben, sondern stattdessen mit häufig wechselnden Projektpartnern zusammenarbeiten.

Die Einflüsse der Flexibilisierung der Arbeitswelt auf unsere Gesellschaft sind vielfältig; wie bei jedem Wandel gibt es Vor- und Nachteile. Eine zeitliche und räumliche Flexibilisierung kann von großem Vorteil sein, wenn sie eine freie Zeiteinteilung erlaubt. So kann z. B. eine Arbeit spätabends erledigt werden, die am Tag wegen anderen Verpflichtungen nicht geschafft wurde und so termingerecht vorliegen. Andererseits kann in der Regel über die konkrete Arbeitszeit gar nicht allein entschieden werden, sondern es sind auch betriebliche Belange zu berücksichtigen und man muss auf Abruf bereitstehen. Das erschwert die Abstimmung in der Familie oder im Freundeskreis und kann letztlich zur Einschränkung der sozialen Kontakte führen.

Ort und Zeit geben dann auch nicht mehr zwingend einen Wechsel von Arbeits- und Freizeit vor, die Grenzen verschwimmen zunehmend. Dieser Effekt wird noch durch die stetige Qualifizierung verstärkt. Das „Neulernen" verdichtet den Arbeitsalltag oder verlängert ihn, wenn Lernen zusätzlich in der Freizeit erfolgen muss. Im Verbund mit einem ständig wechselnden Aufgabenfeld erfordert dies ein hohes Maß an selbstständiger Organisation der Arbeit. Diesen Anforderungen sind aber nicht alle Menschen gewachsen.

Durch die flexiblen Arbeitszeitregelungen wird das frühere „Normalarbeitsverhältnis" mit Vollzeitarbeit in einem unbefristeten Vertrag zunehmend verdrängt. Die neuen Arbeitsformen führen auch zu neuen Verträgen, die durch die herkömmlichen Regelungen der Arbeits- und Kündigungsschutzbestimmungen und Tarifregelungen nur unzureichend erfasst werden. Sogenannte atypische Arbeitsverhältnisse nehmen zu.

Immer häufiger werden Schwankungen im Arbeitsaufkommen durch Leih- oder Zeitarbeitnehmer abgedeckt. Damit wird voraussichtlich auch der „Patchwork-Lebenslauf", d. h., der häufige Wechsel zwischen Erwerbsphasen und Nichterwerbsphasen, zum Normalfall werden.

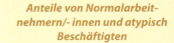

Anteile von Normalarbeitnehmern/-innen und atypisch Beschäftigten

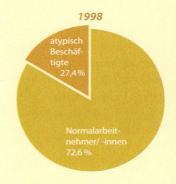

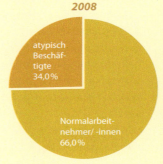

(Statistisches Bundesamt)

atypische Arbeitsverhältnisse umfassen alle Arbeitsformen, die nicht einem Normalarbeitsverhältnis mit festem Arbeitsbeginn und -ende, einem betrieblich vorgegebenen Arbeitsort und entsprechender sozialer Absicherung entsprechen.

Aufgaben

1. Erklären Sie, was man unter „Tertiarisierung der Arbeitswelt" versteht.
2. Welche Arten atypischer Arbeitsverhältnisse sind in ihrem Betrieb zu finden? Welche Vor- und welche Nachteile sehen Sie für die Beschäftigten? Diskutieren Sie Ihre Ergebnisse im Plenum.
3. Die Veränderung der Arbeitswelt bieten nach Meinung der Befürworter insbesondere Gruppen, die auf dem Arbeitsmarkt sonst ehre benachteiligt sind (Alleinerziehende, Berufsrückkehrer, Behinderte, Ältere usw.) besondere Chancen. Stellen Sie in Gruppenarbeit ein Thesenpapier auf, wie diese Gruppen von dem Wandel profitieren können.

METHODE

FRAGEBOGEN

Mit Fragebögen können viele unterschiedliche Personen zu etwas befragt und ihre Antworten schnell ausgewertet werden. Um aber genaues Datenmaterial zu erhalten, aus dem dann auch Antworten gewonnen werden können, muss ein Fragebogen gut durchdacht und müssen die Fragen genau gestellt werden. Dabei ist insbesondere zu beachten:

■ **Welche Informationen sollen mit dem Fragebogen genau gewonnen werden?**
Es ist gründlich zu überlegen, welche Zusammenhänge bestehen könnten, um dann entsprechende Fragen aufzustellen. Wovon könnte z. B. das Freizeitverhalten abhängen: vom Alter, vom Einkommen oder von der gefahrenen Automarke?

■ **Welche Gruppe und Menge an Personen soll befragt werden?**
Will man das Freizeitverhalten von Jugendlichen ermitteln, ist es sicherlich sinnlos, einen Rentner zu befragen. Sind in der Gemeinde 2000 Jugendliche gemeldet, wird man kaum alle befragen können. Aber befragt man nur zwei, wird man keine repräsentative Aussage erhalten. Sind die Jugendlichen ungefähr zur Hälfte männlich oder weiblich, so sollte auch die Gruppe der Befragten dieses Verhältnis annähernd widerspiegeln.

■ **Wo und wann sollte die Befragung stattfinden?**
Das Ergebnis darf durch Orte und Zeiten nicht beeinflusst werden. Eine Befragung z. B. nur vor Diskotheken erfasst keine Jugendlichen, die vor dem Computer sitzen oder zum Sport gehen.

■ Wie soll der Fragebogen aussehen?
– Unnötige Fragen weglassen! Die wenigsten Leute haben viel Lust oder Zeit, einen Fragebogen auszufüllen. Er sollte daher möglichst kurz und leicht zu beantworten sein.

– Die Fragen sollten möglichst durch Ankreuzen beantwortbar sein. Zur Sicherheit kann immer noch ein Kästchen „Sonstiges: _____" eingefügt werden.

– Die Fragen müssen möglichst eindeutig sein. Wenn mehrere Antworten möglich sind, muss dies deutlich in der Fragestellung erkennbar sein (z. B. Fettschrift).

– Bei Fragen, deren Beantwortung dem Befragten unangenehm sein könnten, müssen die Rubriken möglichst weit gefasst werden. Niemand wird Ihnen z. B. in einem Fragebogen sein genaues Gehalt angeben. Auch werden die wenigsten zugeben, dass sie viel fernsehen. Hier können ähnliche Fragen an unterschiedlichen Stellen des Fragebogens (Kontrollfragen) manchmal hilfreich sein.

– Bei Bewertungsfragen zeigen die meisten Menschen eine so genannte „Mittentendenz". Die meisten scheuen sich, eine Person oder Sache ganz gut oder ganz schlecht zu beurteilen. Bei Bewertungen kann man daher mehr Rubriken einfügen als bei der Auswertung benötigt werden und dann die beiden ersten und die beiden letzten zu einer Rubrik zusammenfassen.

– Der Fragebogen soll ordentlich und übersichtlich sein. Im Fragebogenkopf sollte das Thema der Befragung deutlich erscheinen. Fassen Sie die Fragen sinnvoll zusammen und geben Sie den einzelnen Abschnitten sinnvolle Überschriften.

■ **Auswertung und Präsentation:**
Bei der Auswertung müssen zwei oder mehr Fragen miteinander in Beziehung gesetzt werden. In der Regel werden die Zusammenhänge in Prozentwerten ausgedrückt und in Diagrammen dargestellt.

Aufgaben

Erstellen Sie eine Umfrage zu dem Thema:

1. Zukunftsängste und private Zukunftssicherung in unserer Gemeinde/unserem Kreis

2. Veränderung der Arbeit und der Anforderungen durch neue Technologien

4 DER MENSCH IN DER GESELLSCHAFT

Der Mensch in der Gesellschaft

4.1 SOZIALE SCHICHTUNG

4.4.1 Soziale Schichten und Milieus

soziale Ungleichheit: ungleiche Verteilung materieller und immaterieller Güter innerhalb einer Gesellschaft

Prestige: Ansehen, Wertschätzung

Soziale Schichten in Deutschland (in % an der Gesamtbevölkerung)
(Quelle: Institut für Demoskopie Allensbach)

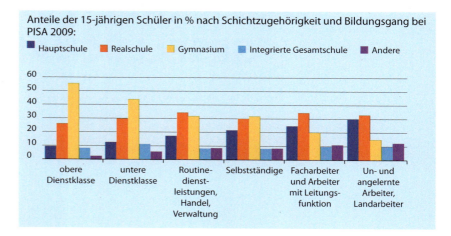

Die soziale Ungleichheit in der Gesellschaft kann als soziale Schichtung dargestellt werden (siehe die Grafik links unten). In diesen Schichten werden Menschen zusammengefasst, die ähnliche Lebensbedingungen aufweisen. Sie sind geprägt durch

- Einkommen, - Bildung, - Beruf und - Sozialprestige.

Bei der Betrachtung des Schichtenmodells darf man auf keinen Fall von einer scharfen Abgrenzung der Schichten untereinander ausgehen. Der Schichtenwechsel erfolgt vielmehr fließend. Der Wechsel zwischen den Schichten ist möglich, so kann sich beispielsweise ein Facharbeiter durch Weiterbildungsmaßnahmen oder Schulungen zu einem Abteilungsleiter hocharbeiten – und damit von der Arbeiterschicht zur Mittelschicht aufsteigen. Genauso kann aber auch ein leitender Angestellter – zum Beispiel durch Rationalisierung und Verlust des Arbeitsplatzes – „sozial" absteigen. Man spricht dabei von der sogenannten „vertikalen Mobilität".

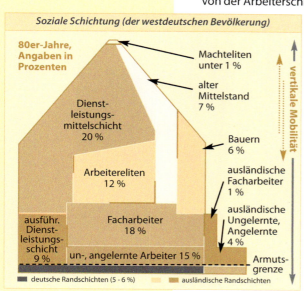

Eine ausführlichere Analyse der Gesellschaft ermöglicht die **Milieuforschung.** Hier werden Menschen in sogenannten sozialen Milieus zusammengefasst, die ähnliche Lebensstile, Wertorientierungen und Lebensziele besitzen. So kann man beispielsweise den Teil der jugendlichen Bevölkerung, der sich als Lebensziel „Spaß und Freizeit" gesetzt hat, ohne sich dem Druck der Leistungsgesellschaft zu unterwerfen, dem hedonistischen Milieu zuordnen. Die Aufstellung der Milieus dient hauptsächlich der Marktforschung, um so neue Produkte für bestimmte Zielgruppen auf den Markt zu bringen.

Soziale Schichtung

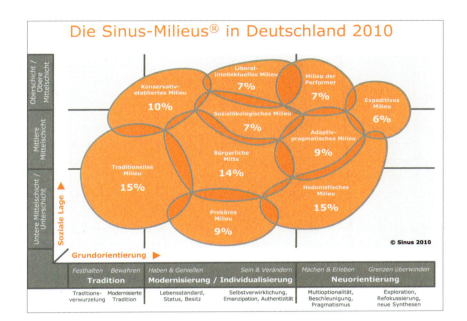

Milieu: Umwelt, Umfeld, Lebensverhältnisse. Das Milieu wird als die Gesamtheit der natürlichen, gesellschaftlichen und kulturellen Gegebenheiten aufgefasst, die auf einen Einzelnen oder eine Gruppe einwirken. Die Grenzen zwischen den Milieus sind fließend. Lebenswelten sind nicht so exakt eingrenzbar wie soziale Schichten.

Performer: Gestalter

Hedonismus: Streben nach Sinneslust und Genuss

Milieus	Bevölkerungs-anteil	Beschreibung
Performer	7 %	Multi-optionale, effizienzorientierte Leistungselite mit global-ökonomischen Denken und stilistischem Avantgarde-Anspruch.
liberal-intellektuell	7 %	Aufgeklärte Bildungselite mit liberaler Grundhaltung, postmateriellen Wurzeln, Wunsch nach selbstbestimmten Leben, vielfältige intellektuelle Interessen.
konservativ-etabliert	10 %	Verantwortungs- und Erfolgsethik, Exklusivitäts- und Führungsansprüche versus Tendenz zu Rückzug und Abgrenzung.
expeditiv	6 %	Stark individualistisch geprägte digitale Avantgarde: unkonventionell, kreativ, mental und geografisch mobil; Suche nach neuen Grenzen und Veränderung.
sozialökologisch	7 %	Idealistisch, konsumkritisch/-bewusst mit ausgeprägtem ökologischen und sozialen Gewissen.
adaptiv-pragmatisch	9 %	Mobile, zielstrebige junge Mitte der Gesellschaft mit Lebenspragmatismus und Nutzenkalkül.
bürgerlich	14 %	Leistungs- und anpassungsbereite bürgerliche Mainstream: generelle Bejahung der gesellschaftliche Ordnung.
traditionell	15 %	Sicherheit und Ordnung liebende Kriegs- und Nachkriegsgeneration; in der alten kleinbürgerlichen Welt bzw. in der Arbeiterkultur verhaftet.
hedonistisch	15 %	Spaßorientierte moderne Unterschicht/untere Mittelschicht: Leben im Hier und Jetzt, Verweigerung von Konventionen und Verhaltenserwartungen der Leistungsgesellschaft.
prekär	9 %	Teilhabe und Orientierung suchende Unterschicht mit starken Zukunftsängsten und Ressentiments.

Aufgaben

1. Deuten Sie das Eingangs gezeigte Diagramm zur sozialen Ungleichheit und diskutieren Sie über dessen Aussage in Ihrer Klasse.
2. Der Begriff „soziales Milieu" dient dazu, unsere moderne Gesellschaft in ihrer Sozialstruktur zu beschreiben. Ist Ihrer Meinung nach die Aufteilung in die einzelnen Milieus ausreichend oder könnten Sie sich eine weitere Unterteilung der einzelnen Milieus vorstellen? Erarbeiten Sie diese Frage am Beispiel der hedonistischen Jugendlichen in unserer Gesellschaft und notieren Sie Ihr Ergebnis stichpunktartig.

Der Mensch in der Gesellschaft

Gesellschaftliche Werte und Normen, also das, was „normal" ist, können sich im Verlauf der Zeit ändern. So galten noch vor wenigen Jahrzehnten ledige Mütter als laster- und triebhaft und wurden von der Gesellschaft geschnitten. Heute hat man es als ledige Mutter zwar auch nicht leicht, ist aber nicht mehr mit einem Makel behaftet.

Vorurteile:
positive oder negative Einschätzungen anderer, die nicht auf Tatsachen basieren. Es können stereotype Vereinfachungen, unkritisch übernommene Meinungen oder auch Erfindungen sein. Sie sind tief in der Person und der Gesellschaft verankert und daher nur schwierig zu verändern.

Die Folgen der Ausgrenzung sind vielfältig und ihre Übergänge fließend. Sie reichen vom ungünstigen Ansehen über Kontaktverlust, Verlust von Berufschancen bis zur vollständigen Ausgliederung aus der Gesellschaft und zur psychischen, aber auch physischen Vernichtung.

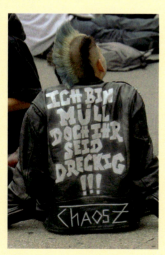

Jugendliche aus der Gruppe der Punks

4.1.2 Randgruppen: Von der Gesellschaft gemacht?

> Sako manus hin aver, al'e manusa sam savoré
> Jeder Mensch ist anders, aber wir alle sind Menschen
> Roma - Sprichwort

Jede funktionsfähige Gesellschaft besitzt eine Vielzahl an unterschiedlichen Werten, Normen und Richtlinien, die das Verhalten des Einzelnen prägen und so ein Miteinander erst ermöglichen. In jeder Gesellschaft findet man aber auch Personen, die diese Werte und Normen entweder nicht erfüllen können oder aus den unterschiedlichsten Gründen nicht erfüllen wollen.

Wer sich von dem, was die Gesellschaft als „normal" definiert, unterscheidet, wird als einer **Randgruppe** zugehörig betrachtet. Da es nahezu unendlich viele Normen innerhalb einer Gesellschaft gibt, lassen sich auch nahezu unendlich viele Randgruppen definieren. In der Bundesrepublik könnten derzeit unter anderem dazuzählen: Alte, Farbige, Körperbehinderte, Migranten, Homosexuelle, Blinde, Juden, Drogenabhängige, Obdachlose, Geisteskranke, Strafentlassene, Prostituierte usw.

Mit der Zugehörigkeit zu einer Randgruppe schlagen einer Person meist gleichzeitig eine Vielzahl von Vorurteilen entgegen, die mit der eigentlichen Abweichung von der Norm nichts zu tun haben. So ist für viele Menschen ein Blinder nicht nur jemand, der nicht sehen kann, sondern er wird häufig auch als „traurig", „hilflos" und „ernst" eingeschätzt. Neben der Vielzahl negativer Vorurteile wird einigen Randgruppen auch die eine oder andere positive Eigenschaft zugeschrieben. So gelten Blinde bei einem Großteil der Bevölkerung als besonders intuitiv, Homosexuelle als besonders künstlerisch begabt. Und wer kennt nicht den Spruch, dass nur ein Farbiger wirklich guten Jazz spielen könne.

Manche Menschen besitzen mehr Vorurteile, manche weniger – ganz frei von Vorurteilen ist jedoch keiner von uns. Vorurteile entstehen im Wesentlichen aus folgenden Gründen:
- Menschen fühlen sich in bekannten Situationen sicherer; „Unbekanntes", „Fremdes" macht unsicher. So neigt man dazu, dem „Fremden" ein „Etikett" zu geben, um es leichter einordnen zu können. Im privaten Bereich kann es z. B. eine Person sein, die dem „doofen" Nachbarn ähnlich sieht und einem gleich auf Anhieb unsympathisch ist.
- Gesellschaftlich richten sich solche Mechanismen gleich gegen ganze Gruppen.
- Vorurteile dienen vielen Menschen auch dazu, Frustrationen und Aggressionen abzubauen. Einer aus gesellschaftlicher Sicht „schwächeren" Gruppe wird die Schuld an einer Misere zugewiesen, ihre Mitglieder werden zu „Sündenböcken" gemacht. In der europäischen Geschichte findet man dies vor allem in den Judenpogromen, die im Dritten Reich ihren schrecklichen Höhepunkt fanden. Heute ist es vor allem das Schlagwort von „den Ausländern, die uns die Arbeitsplätze wegnehmen", das die Unsinnigkeit dieser Vorurteile deutlich macht.

- Letztlich können auch verdrängte Ängste oder Triebansprüche zu Vorurteilen führen. Kleinere Abweichungen von der Norm werden verdrängt, die eigene „Normalität" wird unterstrichen: „Psychisch Kranke sind alles sabbernde Idioten. Ich laufe nicht sabbernd herum, also habe ich kein psychisches Problem."

Nicht immer wird man aber in eine Rolle hineingedrängt. Häufig wir eine Zugehörigkeit zu einer bestimmten Gruppe selbst gewählt und durch entsprechende Kleidung, Sprache und Selbstdarstellung nach außen deutlich gemacht. Insbesondere Jugendliche haben schon immer diese Möglichkeit der „Szene" gewählt, um sich von anderen vorsätzlich abzugrenzen (vergleiche Kapitel 4.3.1). Szenegänger schätzen vor allem die Möglichkeiten der Selbstinszenierung, Rituale und Erlebnisse, durch die sie sich selbst ausdrücken können.

Während früher diese Jugendsubkulturen relativ überschaubar und klar voneinander abgegrenzt waren, gibt es heutzutage jedoch eine Vielzahl unterschiedlicher Jugendkulturen und -subkulturen. Man schätzt die Zahl der (bekannten) Szenen derzeit auf ungefähr 400 bis 600 – und es werden immer mehr. Die Ursache liegt vermutlich darin, dass die Kleidung, die Musik usw. immer schneller kommerzialisiert werden. Und wenn die Mutter den gleichen Kleidungsstil übernimmt und der Vater dieselbe Musik hört, wie soll man sich dann noch abgrenzen? So werden immer mehr und immer schneller Subkulturen kreiert.

Egal, ob selbst gewählt oder von anderen zugewiesen, die Zugehörigkeit zu einer Randgruppe birgt auch Gefahren. Häufig werden ihnen von der Gesellschaft bestimmte Eigenschaften zugewiesen. Aus dieser Rolle lässt sich dann nur schwer entkommen. Eigenschaften, die einer Person fälschlich zugeschrieben werden, können aber auch das Selbstbild erheblich beeinflussen. So können diese Eigenschaften durch den als „Selbsterfüllungsprophezeiung" (Self-fulfilling Prophecy) bezeichneten Mechanismus letztlich Wirklichkeit werden.

Wave-Gothic-Treffen in Leipzig

kommerzialisieren:
Dinge oder ideele Werte, die nicht in den Bereich der Wirtschaft gehören, wirtschaftlichen Interessen unterordnen.

In der Jugendkultur findet man so unterschiedliche Szenen wie z. B.: Emo, Biker, Hooligan, Rapper, Trekkie, Goth, Raver, Fashonista, Hiphopper, Öko, Skater, Straight-Edger, Tierrechtler... Letztendlich wird so eigentlich der „Normalo" zur Randgruppe.

Selbsterfüllungsprophezeiung:
Wer ständig als „dumm" bezeichnet wird, beginnt irgendwann, selbst daran zu glauben, und wird unsicher. Aus Unsicherheit macht man dann Fehler und traut sich nichts mehr zu. Dadurch hat man zu wenig Übung und kann daher zuletzt tatsächlich weniger als andere.

Aufgaben

1. Lesen Sie das Sprichwort am Abschnittsbeginn noch einmal durch. Was soll damit ausgesagt werden?
2. Sammeln Sie Witze, die Sie in letzter Zeit gehört oder gelesen haben. Welche sind auf Randgruppen gemünzt und welche Vorurteile werden in den Witzen angesprochen.
3. Welche Jugendsubkulturen finden Sie in ihrer Schule und Umgebung?
   a) Stellen Sie eine Liste auf, wie und mit welchen Eigenschaften Sie diese Gruppe beschreiben würden.
   b) Wie beschreiben sich diese Gruppen selbst? Stellen Sie in Gruppenarbeit die wesentlichen Unterscheidungsmerkmale dar.

Der Mensch in der Gesellschaft

4.1.3 Randgruppen in unserer Gesellschaft

Eine Untergliederung oder Auflistung der Randgruppen, die man in der Bundesrepublik findet, fällt schwer. Je nach
- Normen oder Werten, die nicht erfüllt werden,
- Stärke einer Abweichung oder
- Grad der gesellschaftlichen Ablehnung

lassen sich die unterschiedlichsten Randgruppen identifizieren.
Im Allgemeinen kann man jedoch unterscheiden:
- ethnische und kulturelle Randgruppen und
- soziale Randgruppen.

Die Übergänge sind fließend, da Randgruppen durchaus beiden Kategorien angehören können.

Ethnische und kulturelle Randgruppen

Hierzu gehören alle Gruppen, die einer anderen Ethnie, Kultur oder Gesellschaftsform angehören oder aber in ihr ganz oder teilweise aufgewachsen sind. Insbesondere zählen also Einwohner mit Migrationshintergrund, andersstämmige Deutsche erster, zweiter, manchmal auch späterer Generation, Aussiedler usw. zu dieser Gruppe. Von der Bevölkerung werden diese sehr unterschiedlichen Gruppen mit zum Teil vollkommen anders gelagerten Eigenheiten und Problemen oft pauschal als „Ausländer" eingeordnet.

Der Anteil ausländischer Einwohner betrug 2010 in Deutschland 8,8 % – in den ostdeutschen Bundesländern lag er sogar unter 3 %. Die Vorurteile, mit denen diese Bevölkerungsgruppe in Deutschland zu kämpfen hat, entstehen aus einer Vielzahl sich wechselseitig beeinflussender Faktoren.

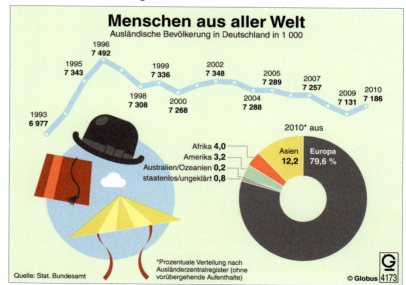

Wer in erster Generation in einem fremden Land lebt, der ist nicht nur mit einer anderen Sprache aufgewachsen, sondern mit einem anderen Wertsystem, ggf. sogar mit einem komplett anderen Moralbegriff und einer anderen Religion.

Andere Begriffe zum Wort Ausländer:

Als Ausländer werden bestimmte Personen und Personengruppen bezeichnet, die eine andere Staatsangehörigkeit haben als die Mehrzahl der Einwohnern des Landes haben, aus dessen Perspektive die Betrachtung erfolgt. Um die mit dem Begriff Ausländer vermeintlich verbundene negative Bedeutung zu vermeiden, wird im deutschen Sprachgebrauch teilweise fälschlich das Wort Migrant (von lateinisch migrare = wandern) gebraucht. Die Begriffe Ausländer und Migrant überlappen sich aber nur teilweise: Migranten sind nur solche Ausländer, die ihr Heimatland verlassen haben. Umgekehrt sind beispielsweise nach Kanada ausgewanderte Deutsche zwar Migranten, aber – solange sie ihre Staatsbürgerschaft behalten – aus deutscher Sicht keine Ausländer. Eine Teilmenge der Migranten beschreiben die Begriffe Einwanderer und Zuwanderer, bei denen es sich um bedeutungsgleiche deutsche Bezeichnungen für das Wort Immigrant handelt.
Um Missverständnisse zu vermeiden, wird in jüngster Zeit zunehmend der – der politischen Korrektheit verpflichtete – Begriff Personen mit Migrationshintergrund verwendet. Dieser Begriff wird auch für Menschen verwendet, die die deutsche Staatsbürgerschaft besitzen und zum Teil auch in Deutschland geboren wurden, aber immer noch als Ausländer wahrgenommen werden. Er soll beispielsweise den missverständlichen Begriff Einwanderer der zweiten Generation ersetzen.

Die Reaktionen eines solchen Menschen sind von den Bürgern eines Gastlandes nur schwer nachzuvollziehen – ihm schlagen Ablehnung und Misstrauen entgegen. Andererseits findet er sich im Gastland nur schwer zurecht. Typisch in solchen Situationen ist eine **Ghettobildung**: Man zieht dorthin, wo bereits viele Landsleute leben und man sich heimischer fühlt. Dies verstärkt aber wiederum die Trennung und das Misstrauen.

Mitbürger – ob ausländisch oder inzwischen eingebürgert –, die bereits in Deutschland geboren und aufgewachsen sind, sowie Deutsche mit einem ausländischen Elternteil haben dagegen weniger oder keine Probleme, sich in unserem Kulturkreis zurechtzufinden. Dennoch schlagen ihnen rassistische Vorurteile entgegen, da jeder sie auf Anhieb als „Ausländer" zu identifizieren meint.

Soziale Randgruppen

Zu dieser Kategorie werden zunächst alle Randgruppen gezählt, deren soziale Lage problematisch ist, die also von Armut gekennzeichnet sind (Obdachlose, Süchtige, Personen unterhalb der Armutsgrenze usw.). Aber auch Randgruppen, die im Denken der Bevölkerung und damit im sozialen Gefüge einen geringeren Stellenwert einnehmen, werden hierzu gezählt. Die Zugehörigkeit zu dieser Gruppe kann, muss aber nicht mit Armut einhergehen.

In Deutschland gibt es ein Netz von professionell oder ehrenamtlich organisierten Hilfen für soziale Randgruppen. Sozialarbeiter und Sozialpädagogen, die mit Randgruppen arbeiten, sind überwiegend bei den Wohlfahrtsverbänden und sozialen Einrichtungen beschäftigt oder arbeiten als so genannte Streetworker bei den Kommunen. Darüber hinaus gibt es ehrenamtlich organisierte Selbsthilfegruppen, Freundschafts- und Hilfevereine für bestimmte Zielgruppen und karikative Initiativen vor allem im kirchlichen Umfeld. Im Zuge der Einsparungen in den öffentlichen Haushalten werden insbesondere auch die Mittel für die Randgruppenarbeit gestrichen.

Ein ähnliches Phänomen findet sich bei deutschen Auswanderern in den USA, Australien oder Südafrika. Auch hier haben sich Gemeinden gebildet, in denen nahezu nur deutschstämmige Einwohner leben. Von den anderen teils belächelt, teils massiv angegriffen, pflegen sie dort ihre deutsche Kultur.

Kinder, die in Armut aufwachsen – so eine Sozialwissenschaftliche These – werden in der Regel auch arm bleiben. Sie haben weniger soziale Kontakte, da das Geld für Vereinsmitgliedschaften, Ferienreisen usw. fehlt. Es fehlen Bildungsanreize, da Theater- oder Kinobesuche und Bücher zu teuer sind. Damit sind Kinder aus armen Verhältnissen sowohl auf dem sozialen als auch auf dem Bildungssektor gehandicapt.

Wenn Herkunft über Zukunft entscheidet

Eine Studie zeigt, wie stark das Elternhaus über die Schullaufbahn von Kindern bestimmt

Die wichtigste Ursache [...] ist der elterliche Einfluss auf die Schullaufbahn. Eltern treffen hier eher konservative Entscheidungen, um ihre Sozialstruktur zu bewahren. So geht ein Kind aus den oberen Schichten mit mittelmäßigen Noten trotz des Risikos zu scheitern aufs Gymnasium, um mindestens den Bildungsstand der Eltern zu halten. Dagegen steht ein Kind aus unteren Schichten mit mittelmäßigen Noten schon mit einem Realschulabschluss so gut da wie seine Eltern. Wegen der fehlenden familiären Erfahrung schätzt es das Risiko, auf dem Gymnasium zu versagen, zu hoch ein und entscheidet sich gegen diese Schulform.

(aus: Die Zeit, 13.03.2008)

Aufgaben

1. Listen Sie die Ihnen bekannten Randgruppen auf und ordnen Sie diese den genannten Kategorien zu.
2. Ermitteln Sie, wie hoch der Anteil ausländischer Einwohner in Ihrer Stadt/Ihrem Kreis ist. Findet sich eine „Ghettobildung"?
3. Lesen Sie den Zeitungsausschnitt und beurteilen Sie in eigenen Worten, inwieweit die soziale Herkunft die Schullaufbahn bestimmt.
4. Lassen Sie sich als „Sehbehinderter" von einem Mitschüler durch Geschäfte, Cafés oder ähnliche öffentliche Plätze führen (einige Einkaufszentren stellen für ihre Kunden auch Rollstühle bereit. Fragen Sie an der Information, ob Sie diese für den Versuch nutzen dürfen). Schreiben Sie einen Erfahrungsbericht und diskutieren Sie Ihre Ergebnisse in der Klasse.

138 | Der Mensch in der Gesellschaft

4.1.4 Ausländer in Deutschland - das Aufenthaltsrecht

Seit dem Jahr 2005 gilt die so genannte **Integrationskursverordnung**, die Ausländern mit einem Aufenthaltstitel die Teilnahme an einem Integrationskurs zusichert. Außerdem kann die Ausländerbehörde Ausländer, die nicht mindestens einfache Deutschkenntnisse besitzen, verpflichten, an einem Kurs teilzunehmen. Ein Integrationskurs soll neben Alltagswissen und Kenntnissen der Rechtsordnung, der Kultur und der Geschichte in Deutschland, insbesondere auch die Werte des demokratischen Staatswesens der Bundesrepublik Deutschland und die Prinzipien der Rechtsstaatlichkeit, Gleichberechtigung, Toleranz und Religionsfreiheit vermitteln.

Flüchtlinge sind Menschen, die ihre Länder nicht aus freiem Willen verlassen, sondern dazu gezwungen werden.
Im Sinne der Genfer Konventionen ist ein Flüchtling, wer
- begründete Furcht vor Verfolgung wegen seiner Religion, Nationalität, Zugehörigkeit zu einer bestimmten sozialen Gruppe oder politischen Überzeugung hat,
- sich außerhalb seines Herkunftslandes befindet und
- den Schutz dieses Landes nicht in Anspruch nehmen kann oder aus Furcht vor Verfolgung nicht in Anspruch nehmen will oder nicht dorthin zurückkehren kann oder will.

Genfer Konvention:
Sie sind zwischenstaatliche Abkommen und ein wichtiger Bestandteil des humanitären Völkerrechts. Sie enthalten für den Fall eines bewaffneten Konflikts Regeln für den Schutz von Personen, die nicht an den Kampfhandlungen teilnehmen.

Die erste große Welle von Migranten kam ab 1961 – nach Anwerbeabkommen des deutschen Staates mit fremden Staaten – als damals so genannte Gastarbeiter. Nach dem Rotationsprinzip sollten die meist jungen, unverheirateten Arbeiter zwei Jahre in deutschen Industrie- und Bergbaubetrieben arbeiten, danach in ihre Heimat zurückkehren und durch neue Gastarbeiter ersetzt werden. Dieses Prinzip wurde allerdings kaum angewendet, da die Unternehmen nach zwei Jahren nicht auf ihre eben eingearbeiteten Mitarbeiter verzichten wollten und die Gastarbeiter aus verschiedenen Gründen oft nicht wieder zurück in ihre Heimat wollten. Neben Türken kamen damals vor allem Italiener, Griechen, Spanier, Jugoslawen und Portugiesen als Gastarbeiter nach Deutschland.

Wenn Ausländer nach Deutschland einreisen wollen, benötigen sie ein Visum. Das Visum muss bei den deutschen Auslandsvertretungen beantragt werden. EU-Bürger benötigen kein Visum.
Am 1. Januar 2005 wurde durch das Inkrafttreten des **Zuwanderungsgesetzes** das neue Aufenthaltsgesetz eingeführt. Die erste Anlaufstelle für Arbeit suchende Ausländer ist nun die Ausländerbehörde bzw. die deutsche Auslandsvertretung. Diese Behörden entscheiden über die Erteilung eines Aufenthaltstitels nach dem Aufenthaltsgesetz. Die Bundesagentur für Arbeit erklärt dazu gegenüber der Ausländerbehörde bzw. der deutschen Auslandsvertretung – bei Vorliegen der gesetzlichen Voraussetzungen – die Zustimmung zur Beschäftigungsaufnahme.
Nach dem **Zuwanderungsgesetz** gibt es nur noch zwei Aufenthaltstitel:
■ eine (befristete) **Aufenthaltserlaubnis** und
■ eine (unbefristete) **Niederlassungserlaubnis.**

Die Voraussetzungen für die Erteilung oder Verlängerung der Aufenthaltserlaubnis richten sich nach dem Zweck des Aufenthalts in Deutschland (Ausbildung, Erwerbstätigkeit, Familiennachzug, humanitäre Gründe).

Soziale Schichtung

Asylberechtigte und so genannte **Konventionsflüchtlinge** (Flüchtlinge im Sinne der Genfer Konvention) erhalten zunächst eine befristete Aufenthaltserlaubnis. Diese wird nach drei Jahren in eine unbefristete Niederlassungserlaubnis umgewandelt, wenn die Fluchtgründe weiter vorliegen.

Hoch qualifizierten Arbeitnehmern (z. B. Wissenschaftler, Spezialisten und leitende Angestellte) kann bereits mit ihrer Einreise eine (unbefristete) Niederlassungserlaubnis erteilt werden. Diese Menschen sind keine Flüchtlinge, denn sie wandern aus ihrer Heimat zum Zweck einer Arbeitsaufnahme nach Deutschland aus. Die Niederlassungserlaubnis berechtigt zur Ausübung einer Erwerbstätigkeit. Sie ist nicht auf eine bestimmte Aufenthaltszeit und einen bestimmten Aufenthaltsort festgelegt.

Einem Ausländer ist die Niederlassungserlaubnis zu erteilen, wenn er unter anderem
- seit fünf Jahren die Aufenthaltserlaubnis besitzt (Ausnahme: Asylberechtigte und Konventionsflüchtlinge, siehe oben),
- mindestens 60 Monate Pflichtbeiträge oder freiwillige Beiträge zur gesetzlichen Rentenversicherung geleistet hat,
- in den letzten drei Jahren nicht wegen einer vorsätzlichen Straftat zu einer Jugend- oder Freiheitsstrafe von mindestens sechs Monaten oder einer Geldstrafe von mindestens 180 Tagessätzen verurteilt worden ist,
- über ausreichende Kenntnisse der deutschen Sprache verfügt,
- über Grundkenntnisse der Rechts- und Gesellschaftsordnung und der Lebensverhältnisse in Deutschland verfügt,
- über ausreichenden Wohnraum für sich und seine mit ihm in häuslicher Gemeinschaft lebenden Familienangehörigen verfügt,
- sein Lebensunterhalt gesichert ist.

Möchte ein Eingereister den Ehegatten nach Deutschland nachholen, um mit ihm zusammen zu leben, so darf er dies nur, wenn ausreichender Wohnraum gesichert ist und der Lebensunterhalt aus eigenen Mitteln bestritten wird.

Besitzen die Eltern eine Aufenthalts- oder Niederlassungserlaubnis, können ihre Kinder grundsätzlich bis zur Vollendung des 16. Lebensjahres nachziehen. Darüber hinaus kann ein Kind bis zur Vollendung des 18. Lebensjahres zu seinen Eltern nachziehen, wenn es die deutsche Sprache beherrscht oder es sicher erscheint, dass es sich in die Lebensverhältnisse in Deutschland einfügen kann.

Einbürgerung:
Eigentlich gilt in Deutschland das Abstammungsprinzip. Trotzdem können ausländische Arbeitnehmer und ihre Familien, die sich schon lange in Deutschland aufhalten, die deutsche Staatsbürgerschaft erhalten. Sie müssen die deutsche Sprache mündlich und schriftlich beherrschen und eine gesicherte Existenzgrundlage besitzen. Sie dürfen nicht wegen einer Straftat verurteilt worden sein. Ab dem 1.1.2000 geborene Kinder ausländischer Eltern, die dauerhaft und rechtmäßig hier leben, sind automatisch deutsche Staatsbürger. Seit dem 1. September 2008 müssen Ausländer, die sich in Deutschland einbürgern lassen wollen, einen Einbürgerungstest bestehen. Er besteht aus 33 Fragen aus einem Katalog von 310 Fragen, von denen 17 richtig beantwortet werden müssen Dabei wird ein Verfahren verwendet, das zu jeder Frage vier Antwortmöglichkeiten vorgibt, von denen genau eine als richtig gewertet wird. Der Test ist mit 25 Euro Gebühren belegt und kann beliebig oft wiederholt werden. Zusätzlich können die Bundesländer Einbürgerungsgespräche führen.

Abstammungsprinzip:
(z. B. Deutschland): Ein Kind erhält die Staatsbürgerschaft der Eltern.

Territorialprinzip *(z. B. USA, Frankreich): Ein Kind erhält die Staatsbürgerschaft des Landes, in dem es geboren wurde.*

Aufgaben

1. Betrachten Sie die Einstiegskarikatur. Benennen Sie die Probleme, die der Zeichner hier anschneidet.
2. Erklären Sie mit Ihren eigenen Worten einem gerade eingereisten und Deutsch verstehenden Ausländer die Unterschiede im Aufenthaltsstatus.
3. Bei der Niederlassungserlaubnis ist es dem Gesetzgeber wichtig, dass der Lebensunterhalt aus eigenen Mitteln gesichert wird. Nennen Sie mögliche Gründe dafür.

Der Mensch in der Gesellschaft

Die Ehe und die Familie stehen unter besonderem Schutz des Staates. Sie sind im Artikel 6 GG verbrieft.

Artikel 6 (Ehe und Familie; nichteheliche Kinder)
(1) Ehe und Familie stehen unter dem besonderen Schutze der staatlichen Ordnung.
(2) Pflege und Erziehung der Kinder sind das natürliche Recht der Eltern und die zuvörderst ihnen obliegende Pflicht. Über ihre Betätigung wacht die staatliche Gemeinschaft.
(3) Gegen den Willen der Erziehungsberechtigten dürfen Kinder nur aufgrund eines Gesetzes von der Familie getrennt werden, wenn die Erziehungsberechtigten versagen oder wenn die Kinder aus anderen Gründen zu verwahrlosen drohen.
(4) Jede Mutter hat Anspruch auf den Schutz und die Fürsorge der Gemeinschaft.
(5) Den unehelichen Kindern sind durch die Gesetzgebung die gleichen Bedingungen für ihre leibliche und seelische Entwicklung und ihre Stellung in der Gesellschaft zu schaffen wie den ehelichen Kindern.

4.2 GESELLSCHAFTLICHER GRUNDBAUSTEIN – DIE FAMILIE

4.2.1 Wandel der Familie

Familie früher – die Großfamilie
Machen Sie eine kleine Zeitreise: Vor 100 Jahren hätten Sie Ihre Kindheit mit fünf bis zehn Geschwistern in einem Zimmer verbracht. Kinder waren zur damaligen Zeit wichtig, da sie für die Eltern eine Absicherung im Alter darstellten.
Im Haus würden neben Ihren Eltern die Großeltern, unverheiratete Tanten und Onkel und vielleicht noch Bedienstete leben.
Sie hätten schon mit jungen Jahren im Haushalt und auf dem Feld mitgeholfen, denn alle Familienmitglieder mussten für ihr Auskommen mitarbeiten. Wurde ein Familienmitglied krank, so halfen die Mitglieder und pflegten es wieder gesund. Das Oberhaupt der Familie wäre Ihr Vater, der als Einziger im nahe liegenden Dorf – beispielsweise als Schmied – Geld verdient.

Familie heute – nur die Kleinfamilie?
Großfamilien sind selten geworden. Die meisten Familien bestehen heutzutage aus den Eltern und ein bis zwei Kindern. Den Lebensunterhalt bestreiten zumeist beide Elternteile, indem sie einer Arbeit nachgehen. Die soziale Absicherung hat weitgehend der Staat in Form von Sozialversicherungen – wie beispielsweise die Renten- und die Krankenversicherung – übernommen (siehe Kapitel 3.1).
Die Frauen sind selbstständig und unabhängig geworden, der Mann ist nicht mehr das alleinige Oberhaupt der Familie. Verstehen sich Mann und Frau nicht mehr, so können sie sich scheiden lassen, was zur Zeit der Großfamilie sehr schwierig, beinahe unmöglich war.
Wie die nebenstehende Grafik zeigt, haben sich in den letzten Jahrzehnten neben der Kleinfamilie zunehmend weitere Lebensformen gebildet.

Zusammengefasst lassen sich die Wandlungstendenzen der Familie in den letzten 30 Jahren wie folgt beschreiben:

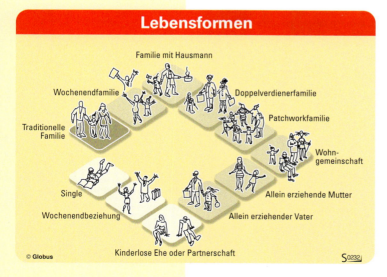

Gesellschaftlicher Grundbaustein – die Familie

- hohe Scheidungsraten,
- Entstehung von Patchworkfamilien,
- zunehmende Berufstätigkeit der Frau und somit Verschwinden der reinen Hausfrau-und-Mutter-Rolle,
- Rückgang der Kinderzahl mit der Tendenz zur Einkindfamilie,
- zunehmender Verzicht auf Familiengründungen.

Problem des Wandels: Armutsrisiko Alleinerziehender

Die hohen Scheidungsraten führen dazu, dass die Zahl der allein erziehenden Eltern stetig steigt (siehe Abschnitt 4.2.4). Über 90 % der Alleinerziehenden sind Frauen. Alleinerziehende verfügen meist über ein wesentlich geringeres Einkommen als Paare mit Kindern. Bereits der Armutsbericht der Bundesregierung vom März 2005 macht darauf aufmerksam, dass für Alleinerziehende ein überdurchschnittlich hohes Risiko besteht, unter die Armutsgrenze zu rutschen. Ihre Einkünfte liegen zumeist unter 60 % des Durchschnittsnettoeinkommens (zurzeit ungefähr 730 € in den westlichen und ca. 600 € in den östlichen Bundesländern). Mehr als ein Drittel der Betroffenen gilt laut dieses Berichts als arm. Gründe dafür sind u. a.:

- fehlende Betreuungsplätze und somit kaum Möglichkeit, Arbeit zu finden oder nur in Teilzeit zu arbeiten, und die
- Hartz IV-Regelung, die das Kindergeld bei der Berechnung des Arbeitslosengelds II mit berücksichtigt.

Der dritte Armuts- und Reichtumsbericht 2008 verweist auf den deutlichen Zusammenhang zwischen der Nichterwerbstätigkeit der Eltern und dem Armutsrisiko von Familien und Kindern. So sinkt mit der Aufnahme einer Vollzeitbeschäftigung durch ein oder mehrere erwerbsfähige Haushaltsmitglieder die Armutsgefährdung von Familien mit Kindern von 48% auf 8% bzw. 4%.

Patchwork: (englisch) Flickenteppich

Patchworkfamilie: Wenn ein Elternteil eine Beziehung mit einem neuen Partner eingeht und beide ihre Kinder in die neue Lebensgemeinschaft mitbringen, spricht man von Patchworkfamilien. Gemeinsame Kinder können diese Lebensgemeinschaft erweitern. Jede siebte Familie, so schätzt man, lebt heute als Patchworkfamilie.

Schon gewusst?
Seit 2001 haben homosexuelle Paare die Möglichkeit, einen familienrechtlichen Status als „eingetragene Lebenspartnerschaft" einzugehen. Eine gemeinsame Elternschaft durch Adoption o. Ä. ist bisher ausgeschlossen.

Aufgaben

1. Bearbeiten Sie in Kleingruppen folgende Fragestellung und visualisieren Sie Ihr Ergebnis in Form einer Mind Map: Welche Aufgaben hat die Familie Ihrer Meinung nach? (Informationen zur Erstellung einer Mind Map finden Sie auf Seite 80.)
2. Bearbeiten Sie die Karikatur auf dieser Seite.

Gehen Sie wie folgt vor:
a) Beschreiben Sie, was in der Karikatur gezeigt wird.
b) Erklären Sie dann, was der Zeichner mit der Karikatur zum Ausdruck bringen möchte.
c) Nehmen Sie begründet Stellung: Trifft die Aussage der Karikatur zu?

Der Mensch in der Gesellschaft

4.2.2 Deutschland und seine Kinder – die demografische Entwicklung

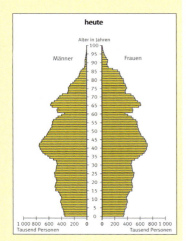

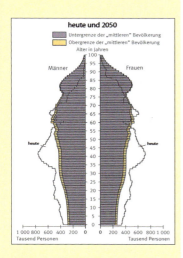

Die demografische Entwicklung in Deutschland

Wie an der derzeitigen Alterspyramide zu sehen ist, verschiebt sich das zahlenmäßige Verhältnis zwischen älteren und jüngeren Menschen zunehmend. Es gibt immer weniger Geburten – zurzeit sind es 1,4 Kinder pro Frau – bei gleichzeitig steigender Lebenserwartung der Menschen. Das Statistische Bundesamt hat für das Jahr 2050 eine Bevölkerungsvorausberechnung erstellt. Dabei ging es von einer gleich bleibenden Geburtenrate, einer Erhöhung der Lebenserwartung und der Einwanderung von jährlich 200.000 Menschen aus. Das Ergebnis dieser so genannten „mittleren Variante" der Bevölkerungsvorausberechnung lässt sich vereinfacht wie folgt zusammenfassen:

- Die Bevölkerung wird auf ungefähr 74 Millionen Einwohner sinken.
- Die Lebenserwartung für Frauen steigt auf über 86 Jahre, für Männer auf über 81 Jahre.
- Jeder Dritte in Deutschland wird 60 Jahre oder älter sein.

Mögliche Ursachen für den Geburtenrückgang

Ab Mitte der 60er-Jahre des letzten Jahrhunderts sanken die Geburtenzahlen. Dieser Rückgang fällt mit der Einführung der Pille als Verhütungsmittel zusammen und ist als so genannter „Pillenknick" in der langfristigen Bevölkerungsentwicklung verzeichnet. Wir wissen heute, dass neben der Familienplanung durch sichere Verhütungsmittel weitere Faktoren als Ursache für den Geburtenrückgang verantwortlich gemacht werden müssen:

- **Wandel der Familie:** Wie bereits im Kapitel 4.2.1 beschrieben, haben Kinder heute nicht mehr die gleiche Bedeutung für die soziale Absicherung im Alter, wie es noch vor wenigen Genrationen der Fall war.
- **Lebensstil:** Kinder bedeuten Freude, aber auch hohe Kosten und Zeitaufwand. Ein junges Paar wird durch ein Kind in seiner bisherigen Lebensweise eingeschränkt. Viele wollen aber ihren Lebensstandard und ihre Ungebundenheit beibehalten.

Gesellschaftlicher Grundbaustein – die Familie

- **Gleichberechtigung der Frau:** Die Frau ist nicht mehr wie früher „nur" Hausfrau und Mutter, sondern gleichberechtigter Partner in der Lebensgemeinschaft. Der Wunsch nach Beruf und Karriere stehen dem Kinderwunsch häufig entgegen.

Familienpolitik kann Eltern unterstützen

Probleme, die sich aus der demografischen Entwicklung ergeben, sind z. B.:
- Gefährdung des Sozialstaates mit seinen gesetzlichen Sozialversicherungen, insbesondere des Generationenvertrags (vergleiche Kapitel 3.1.5),
- höhere Lebensarbeitszeit,
- zu wenig Menschen im erwerbsfähigen Alter.

Was kann vonseiten der Politik unternommen werden, damit die Geburtenrate wieder steigt? Nach einer Umfrage des Meinungsforschungsinstituts FORSA vom vom August 2008 werden auf die Frage „Warum finden Sie, dass man als Familie mit Kindern in Deutschland nicht gut leben kann?" folgende Gründe am Häufigsten benannt:
- Weil die Lebenshaltungskosten zu hoch sind.
- Weil der Staat Familien mit Kindern zu wenig entlastet.
- Weil es zu wenige und nicht ausreichend flexible Kinderbetreuungsmöglichkeiten gibt.

Mit den möglichen Ursachen für den Geburtenrückgang, den Wünschen junger Eltern und dem steigenden Armutsrisiko Alleinerziehender (vergleiche Kapitel 4.2.1) lassen sich folgende Ziele für eine moderne Familienpolitik beschreiben:
- **finanzielle Unterstützung der Eltern und Alleinerziehenden** durch – beispielsweise – steuerliche Entlastungen oder das Elterngeld,
- **Familie und Beruf in Einklang bringen** durch – beispielsweise – den weiteren Ausbau von Kinderkrippen, Kindergärten, Horten und Ganztagsschulen und die Flexibilisierung der Betreuungszeiten,
- **Elternhilfe** durch – beispielsweise – kompetente Beratung in Erziehungsfragen durch Kindergärten, Schulen, Familienberatungsstellen oder Familienhelfer.

Der demografische Wandel verändert zusehends das Gesicht der Gesellschaft und schafft neue Herausforderungen für die Politik und alle an ihr beteiligten Institutionen. Entscheidend für die Zukunft ist daher auch eine an den tatsächlichen Bedürfnissen der Gesellschaft angepasste Familienpolitik.

Demografie:
Bevölkerungswissenschaft; sie beschäftigt sich mit dem Leben, Werden und Vergehen menschlicher Bevölkerungen. Dies betrifft sowohl ihre Zahl als auch ihre Verteilung im Raum sowie die Faktoren, die für Veränderungen verantwortlich sind. Die Erforschung der Regelmäßigkeiten und Gesetzmäßigkeiten in Zustand und Entwicklung der Bevölkerung wird mithilfe der Statistik erfasst und gemessen.

FORSA:
eines der größeren Markt- und Meinungsforschungsinstitute Deutschlands

Generationenvertrag:
Er bezeichnet ein angenommenes gesellschaftliches Übereinkommen, das die Finanzierung der gesetzlichen Rentenversicherung sichern soll. Die jeweils Erwerbstätigen zahlen mit ihren Beiträgen die Renten der aus dem Erwerbsleben ausgeschiedenen Generation und erwerben dabei selbst Ansprüche auf ähnliche Leistungen der nachfolgenden Generationen.

Aufgaben

1. Welche Probleme werden mit den gezeigten Karikaturen angesprochen?
2. Für den Geburtenrückgang in unserer Gesellschaft werden mehrere Ursachen verantwortlich gemacht. Welche Faktoren halten Sie für entscheidend? Begründen Sie Ihre Aussagen stichpunktartig.
3. Wenn Sie Politiker wären, welche Empfehlungen für eine moderne Familienpolitik würden Sie geben? Begründen Sie Ihre Ausführungen.

Der Mensch in der Gesellschaft

4.2.3 Familie und Partnerschaft

Familie – was ist das eigentlich?
Der Begriff „Familie" ist nicht ganz eindeutig definiert, da er sich zum einen auf Verwandtschaftsbeziehungen und zum anderen auf die kleinste Lebensgemeinschaft von Erwachsenen und Kindern bezieht.
Heutzutage muss ein Familienbegriff aber auch den Lebensgemeinschaften Rechnung tragen, die im Rahmen steigender Zahlen unehelicher Kinder, wachsender Scheidungsraten und alternativer Lebensformen bestehen (vergleiche Abschnitt 4.2.1 und 4.2.4).
Die Familie wird hauptsächlich als Ort emotionaler Geborgenheit angesehen. Auch wenn sich das Bild einer heutigen Familie geändert hat, nimmt sie für die Entwicklung der Persönlichkeit und für das Zusammenleben in der Gesellschaft eine zentrale Rolle ein – denn Gefühle, Bedürfnisse und Beziehungen wirken sich auf die Charakterbildung der heranwachsenden Generation entscheidend aus.

Kinder und Familie
Stellt sich in einer Partnerschaft Nachwuchs ein, sollte die Verantwortung der Kindererziehung von beiden Partnern gemeinsam getragen werden. Diese Situation stellt an die werdenden Eltern große Anforderungen. Oft stehen die Partner vor der Frage: „Wie erziehe ich mein Kind richtig?" Vergleiche mit früheren Generationen zeigen, dass viele Eltern heute bereit sind, ihren Kindern mehr Mitspracherechte und größere Freiheiten einzugestehen. Auf das Miteinander innerhalb der familiären Gemeinschaft kommt es an. Bei der Erziehung der Kinder geht es nicht nur um die Vermittlung von Werten, auch Selbstständigkeit und Kritikfähigkeit werden heutzutage als vorrangige Erziehungsziele genannt.
So ist neben den Werten und Normen in unserer Gesellschaft besonders das positive Verhalten der Eltern für die moralische, geistige und körperliche Entwicklung von Kindern wichtig.

Statistisch betrachtet, haben in den letzten Jahren die Zahlen der unvollständigen Familien erheblich zugenommen. Das ursprüngliche Erscheinungsbild einer Familie hat sich verändert. Immer mehr Kinder wachsen nicht mehr in der traditionellen Familie auf. Familien mit Hausmännern, Alleinerziehende, Patchworkfamilien – die Lebensformen unserer modernen Industrie- und Dienstleistungsgesellschaft sind vielfältig (vergleiche Abschnitt 4.2.1).

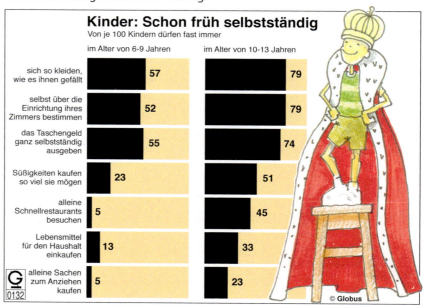

Gesellschaftlicher Grundbaustein – die Familie

Erziehung als Lebenshilfe

Da, wo Menschen in Gruppen zusammenleben, existieren Normen und Verhaltensregeln. Diese Regeln dienen dazu, das Zusammenleben so zu gestalten, dass Konflikte und Schwierigkeiten im Umgang miteinander so weit wie möglich verhindert werden.

Eltern wollen ihre Kinder auf das „Leben" vorbereiten. Das heißt, sie versuchen ihnen beizubringen, was im Leben notwendig ist, um es in Privatleben und Beruf zu Anerkennung, Zufriedenheit und Erfolg zu bringen. Eigenschaften wie Hilfsbereitschaft, Höflichkeit oder Bescheidenheit sind Wertvorstellungen, die in der heutigen Zeit oft als nicht ausreichend erscheinen, um sich in der Gesellschaft zu bewähren und zu behaupten. Erziehungsziele unterliegen aber zeitlichen Veränderungen. In ihnen spiegeln sich die jeweiligen Lebensverhältnisse einer bestimmten Zeitspanne wider.

So ist anstelle von Gehorsamkeit und Unterordnung des Kindes in vielen Familien die partnerschaftliche Erziehung getreten. Erziehende erfahren aber im Alltag oftmals schnell, dass die von ihnen angestrebten Erziehungsziele nicht mühelos zu erreichen sind.

Mittel zur Erziehung sind Lob, Tadel, Hilfe zu geben, Mut zu machen, aber auch Grenzen durch Verbote und Strafen aufzuzeigen. Im Erziehungsprozess geht es nicht darum, alles richtig zu machen. Wichtiger ist es, Verständnis zu entwickeln und aus Erfahrungen zu lernen. Jeder, aber erst recht ein Kind, braucht einen Freund oder Vertrauten, an den man sich wenden kann. Dieser muss oft nur zuhören können.

Ansprechpartner für Kinder und Jugendliche, die Probleme mit ihren Eltern oder Erziehungsberechtigten haben, sind:
- *Kinderschutzzentren*
- *Erziehungsberatungsstellen*
- *Jugendämter*

§ 1631 BGB
(2) Kinder haben ein Recht auf gewaltfreie Erziehung. Körperliche Bestrafungen, seelische Verletzungen und andere entwürdigende Maßnahmen sind unzulässig.

Aufgaben

1. Finden Sie heraus, welchen Stellenwert die Familie für jeden Einzelnen in Ihrer Klasse hat. Bilden Sie hierfür Kleingruppen, in denen Sie Ihre Meinungen zusammentragen, und stellen Sie Ihre Ergebnisse der ganzen Klasse vor.
2. Nennen Sie mindestens drei Gründe, die für eine „moderne partnerschaftliche Beziehung und Erziehung" sprechen.
3. a) Betrachten Sie die Grafik „Erziehungsziele". Suchen Sie fünf der für Sie wichtigsten Erziehungsziele heraus und ordnen Sie diese in einer persönlichen Rangfolge.
   b) Vergleichen Sie Ihr Ergebnis mit dem Ihres Tischnachbarn und erläutern Sie Ihre Rangfolge.

146 Der Mensch in der Gesellschaft

4.2.4 Spannungsfelder in der Familie

BGB §1619
(Dienstleistungspflicht in Haus und Geschäft):
Das Kind ist, solange es dem elterlichen Hausstand angehört und von den Eltern erzogen oder unterhalten wird, verpflichtet, in einer seinen Kräften und seiner Lebensstellung entsprechenden Weise den Eltern in ihrem Hauswesen und Geschäft Dienste zu leisten.

Mit dem Begriff „Familie" verbinden wir meist eigene emotionale Bindungen. Die soziale Verantwortung innerhalb der Familie hat sich jedoch in den letzten 100 Jahren grundlegend verändert. Während die Frau für die Familie, d. h. für die Kindererziehung und die anfallende Hausarbeit, zuständig war, wurde dem Mann die Erwerbstätigkeit zugeordnet.

Heutzutage sind oftmals beide Ehepartner berufstätig, sodass häufig der Zeitrahmen für die Erziehung der Kinder und die weiteren familiären Verpflichtungen enger bemessen wird. Dennoch sind die grundlegenden Aufgaben der Familie gleich geblieben. Es handelt sich hierbei um

- die Sicherung des Unterhalts (Geldverdienen),
- die Versorgung und Betreuung der Kinder,
- die Erziehung der Kinder,
- die Haushaltsführung und
- die rechtliche Vertretung (Abschluss von Verträgen).

Eine Ursache von Meinungsverschiedenheiten kann aber die Doppelbelastung der Frau durch Beruf und ihre meist große Belastung im häuslichen Alltag sein. Denn auch neben einer Berufstätigkeit lastet in den meisten Familien der überwiegende Teil der anfallenden Hausarbeit immer noch auf der Frau. Der ständige

Gesellschaftlicher Grundbaustein – die Familie

Kampf um eine annähernd gleiche Verteilung der häuslichen Pflichten führt nicht selten zu Spannungen.
Unter diesen Umständen führt dann eine mangelnde Bereitschaft der heranwachsenden Kinder, im Haushalt mitzuhelfen, zu zusätzlichen Spannungen, die sich nur durch die Bereitschaft zur Zusammenarbeit lösen lassen.

Auch die Erziehung der Kinder stellt viele Familien täglich auf eine neue Probe. Die Erwartungen der Eltern sind oftmals auf das familiäre häusliche Miteinander und die schulischen und beruflichen Ausbildungsergebnisse der Kinder ausgerichtet. Für Jugendliche steht hingegen oft ihr eigenes soziales Umfeld im Vordergrund (z. B. die Clique, der Freundeskreis). Viele Eltern können es nicht verstehen, dass für ihre Kinder Ausdauer und Leistungsfähigkeit nicht an vorrangiger Stelle stehen.

Eine zusätzliche Bewährungsprobe für eine Familie kann ein finanzieller Engpass durch Arbeitslosigkeit oder durch eine längere Krankheit sein.

Aber auch das Mithalten bei aufkommenden Modeerscheinungen in der Clique stellt so manche Familie vor eine echte Zerreißprobe. Da in dieser Frage oft schon unterschiedliche Auffassungen zwischen den Eltern bestehen, ist es möglich, mit diesem Wissen einen Elternteil zu umgehen. Der Streit der Eltern ist dann vorprogrammiert.

Die hier aufgeführten Problembereiche stehen natürlich nur beispielhaft für viele weitere mögliche Konflikte, die innerhalb einer Familie auftreten können. Eine Problemlösung in solchen schwierigen Situationen zu finden ist nicht einfach. Sie erfordert von allen Beteiligten ein Höchstmaß an Toleranz, aber auch die Bereitschaft, eigene Entscheidungen und Interessen zu überprüfen.

BGB § 1618a
(Gegenseitige Pflicht zu Beistand und Rücksichtnahme):
Eltern und Kinder sind einander Beistand und Rücksicht schuldig.

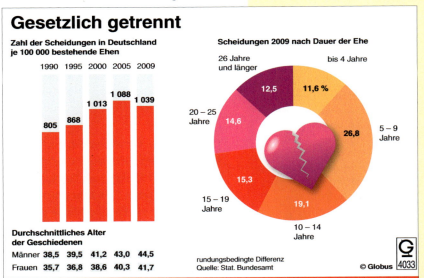

Aufgaben

1. Beurteilen Sie die Aussagen im Eingangsbeispiel. Führen Sie auf, was Sie von Ihren Eltern im alltäglichen Umgang erwarten.
2. Notieren Sie sich drei Aufgabenbereiche der Familie und stellen Sie einen Vergleich von damals zu heute her.
3. Worin sehen Sie Ursachen für die hohen Scheidungsraten in Deutschland? Nennen Sie drei Gründe, die Ihrer Meinung nach zu dieser Entwicklung beitragen.
4. a) Nennen Sie neben den im Text dargestellten Ursachen weitere Beispiele aus täglichen Situationen, die zu Spannungen in der Familie führen können.
   b) Schlagen Sie Lösungen vor, wie diese Spannungen vermieden werden können.

Der Mensch in der Gesellschaft

4.2.5 Familienrecht

Artikel 3 GG
(Gleichheit vor dem Gesetz):
(2) Männer und Frauen sind gleichberechtigt.

Artikel 6 GG
(Ehe und Familie, nichteheliche Kinder):
(1) Ehe und Familie stehen unter dem besonderen Schutz der staatlichen Ordnung.

Artikel 13 GG
(Unverletzlichkeit der Wohnung):
(7) Eingriffe und Beschränkungen dürfen im Übrigen nur zur Abwehr einer gemeinen Gefahr oder einer Lebensgefahr für einzelne Personen, aufgrund eines Gesetzes auch zur Verhütung dringender Gefahren für die öffentliche Sicherheit und Ordnung, insbesondere zur Behebung der Raumnot, zur Bekämpfung von Seuchengefahr oder zum Schutze gefährdeter Jugendlicher vorgenommen werden.

*Das **Kindergeld** ist nach der Zahl der Kinder gestaffelt. Monatlich gezahlt werden für das*
1. Kind 164 Euro/Monat,
2. Kind 164 Euro/Monat,
3. Kind 170 Euro/Monat,
4. und weitere Kinder 195 Euro/ Monat.

Hinweis:
Kinderzuschlag *erhalten Alleinerziehende und Elternpaare für im Haushalt lebende unverheiratete Kinder unter 25 Jahren. Die Höhe bemisst sich nach dem Einkommen und Vermögen der Eltern sowie der Kinder und beträgt höchstens 140 Euro pro Monat je Kind.*

Das Kindschaftsrecht

Das Kindschaftsrecht, das seit dem 01.07.98 gilt, macht ein Ende mit der einseitigen Vergabe des elterlichen Sorgerechts und hebt die Benachteiligungen nichtehelicher Kinder auf. Mit diesen Gesetzesänderungen werden Eltern endlich in die Lage versetzt, in allen Lebenssituationen Entscheidungen über das Wohl ihrer Kinder gemeinsam zu treffen. So ist es jetzt möglich, dass Väter nichtehelicher Kinder das Sorgerecht erhalten – ledige Mütter brauchen sich in Sachen Erziehung ihrer Kinder nicht vom Jugendamt reinreden zu lassen.

Bei einer Scheidung und sogar bei der Trennung eines unverheirateten Paares bleibt es beim gemeinsamen Sorgerecht. Nach diesem Gesetz haben nun die Kinder das Recht, dass sich beide Elternteile um sie kümmern. Dabei spielt es keine Rolle mehr, ob sie verheiratet sind oder nicht. Ganz bewusst will der Gesetzgeber mit diesem Rückzug aus der Privatsphäre Eltern ermutigen, sich auch in problembehafteten Situationen – wie etwa der einer Trennung – gemeinsam weiter um ihre Kinder zu sorgen.

Die Änderungen in diesem Punkt sind besonders wichtig für die über 2.000.000 unverheirateten Paare in Deutschland. Im Rahmen eines gemeinsamen Sorgerechtes ist es jetzt auch den Vätern möglich, die Erziehung ihrer Kinder mitzubestimmen. Die Regelungen erleichtern dem Vater die Übernahme von Verantwortung im Alltag, z.B. bei Arztbesuchen oder – später – auch in Gesprächen mit Lehrern, da er jetzt als Sorgeberechtigter ebenfalls Entscheidungen im Sinne des Kindes treffen kann. Auf diesem Weg bekommt auch das Kind das wichtige Gefühl, dass es zwei gleichberechtigte Elternteile hat.

Der Schutz der Familie wird in der Bundesrepublik durch die **Artikel 6 und 13 des Grundgesetzes (GG)** gewährleistet. Die formalen Grundlagen der Gleichberechtigung schafft Artikel 3 des Grundgesetzes, der Frauen und Männer mit gleichen Rechten ausstattet. Durch ihr steigendes gesellschaftliches Engagement nehmen Frauen eine immer aktivere Rolle im öffentlichen Leben ein.

Der Staat reagiert mit einer Vielzahl familienpolitischer Maßnahmen auf diese Entwicklung. Um die besondere Wertschätzung der Familie hervorzuheben, wurde in den letzten Jahren der finanziellen Zuwendung für Familien und deren Kinder immer mehr Bedeutung beigemessen. Das Kindergeld ist eine wichtige finanzielle Leistung des Staates für die Familie. Es dient der Angleichung von Lebensbedingungen und unterstützt die Wahrnehmung der Erziehungsfunktionen. Darüber hinaus treten finanzielle Erleichterungen mit der Zahlung des Elterngeldes in Kraft (vergleiche Abschnitt 1.3.4).

Besonderen Belastungen sind Familien ausgesetzt bei
- Arbeitslosigkeit (Träger ist hier die Bundesagentur für Arbeit),
- längerer Krankheit (Träger sind die Krankenkassen),
- Behinderung von Familienmitgliedern (Träger sind auch hier die Krankenkassen).

Gesellschaftlicher Grundbaustein – die Familie

In diesen besonderen Situationen stehen die genannten Träger zur Verfügung, um Vorsorgemöglichkeiten wie auch unterstützende Maßnahmen zu bieten.

Staatliche Rahmenbedingungen für die Familienpolitik

Am 1. Juli 1998 wurden durch das neue Kindschaftsrecht die bis dahin bestehenden rechtlichen Unterschiede zwischen ehelichen und nichtehelichen Kindern aufgehoben.

- Das Umgangsrecht gewährleistet nach einer Trennung der Eltern den Kontakt des gemeinsamen Kindes zu beiden Elternteilen.
- Das gemeinsame Sorgerecht verpflichtet die Eltern, bei wichtigen Entscheidungen, die das Kind betreffen, gemeinsam zu beraten.

Nicht immer ist in der Familie Eintracht zu spüren. Werden die Kinder älter, wachsen auch ihre Ansprüche. Dies stellt Vater und Mutter mitunter vor schwierige Entscheidungen. Mancher Konflikt kann nur durch Kompromissbereitschaft gelöst werden. Unterstützende Richtlinien enthält das Bürgerliche Gesetzbuch (BGB).

Ein Problem für Eltern und Jugendliche sind Meinungsverschiedenheiten besonders dann, wenn sie sich zu verhärten drohen. Jugendliche empfinden das Fürsorgeverhalten der Erziehungsberechtigten oft als altmodisch.

Doch wie sollen sich Eltern verhalten, wenn ihre 16 Jahre alte Tochter zu einem 25-jährigen Freund ziehen möchte oder wenn der Sohn seine Berufsausbildung abbricht und eine neue Lehre aufnehmen möchte, die seinem eigentlichen Berufswunsch entspricht?

Wenn die Altersgruppe des Jugendlichen immer mehr zum Ersatz einer Bezugsperson wird, entzieht er sich immer stärker der Verantwortung der Familie. Der Clique, dem Freund oder der Freundin kommt als Gesprächspartner bei Problemen eine immer größere Bedeutung zu.

Solche „Abnabelungsprozesse" gehören zum Erwachsenwerden. Es kann in diesen Situationen aber auch zu grundsätzlichen Meinungsverschiedenheiten kommen. Sind die Positionen und Einstellungen über die Gestaltung des täglichen Lebens zwischen Eltern und Jugendlichen scheinbar unvereinbar, kann eine außen stehende Person oder das Jugendamt für einen Vermittlungsversuch hinzugezogen werden. Kommt es auch hier zu keiner Einigung, sollte das Vormundschaftsgericht eingeschaltet werden.

---

§1626 BGB
(Elterliche Sorge; Berücksichtigung der wachsenden Selbstständigkeit des Kindes):
(2) Bei der Pflege und Erziehung berücksichtigen die Eltern die wachsende Fähigkeit und das wachsende Bedürfnis des Kindes zu selbstständigem verantwortungsbewusstem Handeln. Sie besprechen mit dem Kind, soweit es nach dessen Entwicklungsstand angezeigt ist, Fragen der elterlichen Sorge und streben Einvernehmen an.

§1631 BGB
(Personensorge):
(1) Die Personensorge umfasst insbesondere die Pflicht und das Recht, das Kind zu pflegen, zu erziehen, zu beaufsichtigen und seinen Aufenthalt zu bestimmen.

Vormundschaftsgericht
Es ist für alle Familienangelegenheiten zuständig, die nicht durch das Familiengericht entschieden werden können. So zum Beispiel:
- *Vormundschaft*
- *Regelungen zur elterliche Sorge*
- *Adoption*
- *Betreuung nichtehelicher Kinder*

Aufgaben

1. Notieren Sie Empfehlungen, die einen „vernünftigen" Umgang zwischen Eltern und Jugendlichen fördern.
2. Diskutieren Sie in Ihrer Klasse, wie sich Eltern verhalten sollten, wenn ihre minderjährigen Kinder aus der elterlichen Wohnung ziehen wollen. Wie würden Sie als Eltern reagieren?
3. Entwerfen Sie ein Rollenspiel, in dem Vater, Mutter und Kind Entscheidungen treffen müssen. Folgende Themen sind mögliche Probleme, die zu lösen sind:
   - Tätowierung mit 15 Jahren
   - 16 Jahre und Urlaub mit den Eltern
   - Diskobesuch bis weit nach Mitternacht

150 Der Mensch in der Gesellschaft

4.3 IN DER GESELLSCHAFT LEBEN

4.3.1 Vom Mitmachen, Dazugehören und Anderssein – Sozialisation im Jugendalter

Zu der Frage, wie der Mensch im Laufe seines Lebens von seiner Umwelt geprägt wird, gibt es viele verschiedene Vorstellungen: „Kein Mensch ist eine Insel" oder „Jeder Mensch ist das Produkt seiner Gesellschaft", aber auch „Eine Rose ist eine Rose ist eine Rose". Welche Teile des Charakters und der Persönlichkeit angeboren, welche anerzogen bzw. angelernt sind, können auch die Experten nicht eindeutig beantworten.

Unbestritten ist aber, dass der Mensch ein „Herdentier" ist. „Dazugehören" ist für den Menschen ein wichtiger Handlungsgrund. Was Menschen, die uns nahe stehen oder die für uns von besonderer Bedeutung sind, über uns selbst, „Gott und die Welt" denken, können wir nicht einfach ignorieren.

Was prägt den Menschen?
Die Wissenschaft versucht, diese Frage z. B. auch durch die „Zwillingsforschung" zu beantworten. Hierfür werden die Lebenswege von Zwillingen untersucht, die bei der Geburt getrennt wurden. Da dies aber nicht allzu häufig vorkommt, liegen bisher nur geringe Erkenntnisse vor.

Während man als Kleinkind noch unbesehen an das „Allwissen" der Eltern glaubt, erkennt man mit zunehmendem Alter, dass auch Eltern, Lehrer usw. weder alles wissen noch immer Recht haben. Die Welt, die für ein Kind noch klar strukturiert erscheint, wird für den Jugendlichen viel unsicherer. Hinzu kommt, dass sich in dieser Zeit auch der Körper drastisch verändert und man sich erst einmal in seinem neuen Selbst zurechtfinden muss. „Wer bin ich eigentlich?" wird zu einer zentralen Frage. Im Jugendalter löst man sich mehr und mehr vom Elternhaus. Es entsteht eine soziale und emotionale Lücke, für die man einen angemessenen Ersatz benötigt und die zu der Frage „Wo gehöre ich hin?" führt.

Die Frage, welche Lebensjahre das „Jugendalter" bezeichnet, kann nicht eindeutig beantwortet werden. Während der Gesetzgeber unter „Jugend" die Zeit vom 15. bis zum 21. Lebensjahr versteht, zählt die Soziologie häufig die Zeit vom 13. bis 24. Lebensjahr, manchmal sogar bis zum 29. Jahr zur „Jugend". Individuell gesehen, liegt die Jugend einer Person irgendwo innerhalb dieser Zeit und ist von der persönlichen Entwicklung und Reife abhängig.

Als Jugendlicher hat der Mensch also eine Reihe von Entwicklungsaufgaben zu bewältigen:
- die Aufnahme sozialer Beziehungen zu Gleichaltrigen,
- die Ausbildung eines persönlichen Werte- und Normensystems,
- die Entwicklung des eigenen politischen Bewusstseins,
- den Aufbau eines eigenen Lebensstils,
- den Erwerb von Qualifikationen in Schule, Ausbildung und Studium als Grundlage einer beruflichen Existenz.

Dabei entsteht zunächst einmal ein Konflikt mit der Erwachsenenwelt. Jede neue Generation Jugendlicher versucht, durch Kleidung, Frisuren, Musikgeschmack und Verhalten zu zeigen: „Wir sind anders als unsere Eltern!" Häufig werden in

In der Gesellschaft leben

dieser Zeit neue Vorbilder und Idole gesucht. Da wird heute dieser Pop- und morgen jener Filmstar angehimmelt oder nachgeahmt. Auch Redewendungen und Meinungen bekannter Persönlichkeiten werden wiederholt.

Gleichzeitig werden die Meinungen und Ansichten Gleichaltriger sowie das „Dazugehören" zu einer Gruppe zunehmend wichtig. Freundeskreise und Cliquen bieten den nötigen Raum, um sich in dieser Phase der Neuorientierung auszuprobieren und zu entfalten. Sie üben aber auch mehr oder minder einen Gruppenzwang aus. In dieser Zeit ist man also sehr „anfällig" für Neues jeder Art – damit aber auch für falsche Freunde und Vorbilder. In dieser Zeit wird häufig der Grundstein gelegt für Probleme wie
- Drogenkonsum,
- Zugehörigkeit zu Sekten, extremen Gruppierungen oder Gangs,
- soziales Abdriften.

Die Gefahr ist umso höher, je größer die Missstände im persönlichen sozialen Umfeld sind, da mit Missständen häufig auch ein negatives Selbstkonzept eines Menschen verbunden ist. Unter solchen Umständen distanziert sich die oder der Betroffene häufig in den eigenen Denkweisen von der Gesellschaft und zeichnet sich durch ein Verhalten aus, das von den allgemeinen Normen abweicht.

Im Normalfall entwickelt man im Verlaufe seiner Jugendzeit jedoch ein Selbstkonzept und eine eigene Identität, die dazu befähigt,
- Gruppenzwang und Druck von außen zu erkennen,
- Nein zu sagen, denn „Ich muss nicht so sein wie alle anderen".

Gänzlich frei von äußeren Einflüssen kann man sich jedoch niemals machen. Immer wieder wird es Zwänge geben, denen man mehr oder weniger wissentlich nachgibt. Entscheidend ist aber, sich dieser Zwänge bewusst zu sein und sich zu fragen, ob man etwas wirklich will oder einfach nur mitmacht.

Die Persönlichkeit eines Menschen entwickelt sich unter den unterschiedlichsten Einflüssen. Sie kann also nur innerhalb seiner Umwelt und seiner Kultur begriffen werden. Es gibt vier „Systeme", die den Menschen umschließen:

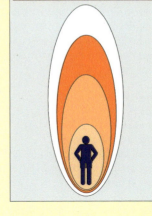

Aufgaben

1. „Die Jugend will sich von den Erwachsenen unterscheiden – das war immer so und wird wohl auch so bleiben."
   a) Beurteilen Sie diese Aussage. Grenzen Sie und Ihre Freunde sich von Ihren Eltern ab?
   b) Befragen Sie Ihre Eltern und Großeltern. Wie wollten sie sich von ihren Eltern unterscheiden?

2. Stellen Sie eine Liste von „Lebensweisheiten" auf, denen Sie zustimmen (z.B. „Rauchen ist männlich", „Studiere, was du nicht gut kannst, denn was man kann, lernt man nebenbei", „schlank ist schön"). Notieren Sie stichpunktartig, wie Sie zu dieser Meinung gekommen sind (z.B. durch eigene Erfahrung, die Einstellung von Freunden, Lehrern oder Verwandten, durch Bücher, durch Werbung usw.).

Der Mensch in der Gesellschaft

4.3.2 Extremismus in Deutschland

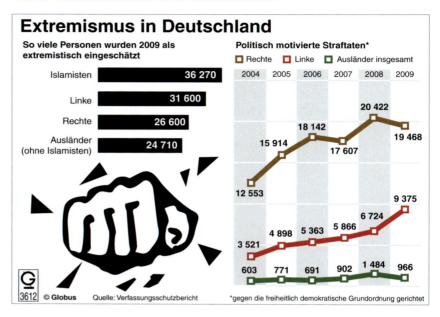

Der Begriff der politischen Ausrichtung in „rechts" und „links" stammt geschichtlich aus der Sitzordnung in der französischen Nationalversammlung von 1789. Spätere Parlamente haben diese Einteilung dann übernommen.

Runen:
Schriftzeichen, die seit dem 1. Jahrhundert n. Chr. bei den Germanen verbreitet waren

SS (Abk. für Schutzstaffel):
nationalsozialistische paramilitärische Organisation, die maßgeblich an der Ermordung der europäischen Juden und an anderen schwerwiegenden Verbrechen beteiligt war. Seit 1946 ist die SS mit ihren Untergruppierungen und ihren Symbolen verboten.

StGB = Strafgesetzbuch
§ 86 Verbreitung von Propagandamitteln verfassungswidriger Organisationen
§ 86 a Verwendung von Kennzeichen verfassungswidriger Organisationen

Extremismus: bezeichnet politische Gesinnungen und Bestrebungen, die sich gegen die freiheitliche demokratische Grundordnung oder gegen den Bestand oder die Sicherheit der Bundesrepublik oder eines ihrer Länder richten und somit unseren demokratischen Verfassungsstaat ablehnen.

Extremismus bezeichnet Ideologien, Einstellungen und Bestrebungen bestimmter Personen und Gruppen, die sich gegen die freiheitlich demokratische Grundordnung der Bundesrepublik Deutschland richten (vergleiche Abschnitt 5.2.3). Die politische Ausrichtung kann dabei „rechts" oder „links" von den demokratischen Parteien liegen.

Rechtsextreme Einstellungen werden von verschiedenen Gruppen in unserer Gesellschaft vertreten. Das Spektrum reicht von den rechtsextremistischen Parteien (z. B. der „Nationaldemokratischen Partei Deutschlands", NPD) und Organisationen (Kameradschaften) bis zu mehr oder weniger organisierten Gruppen von Skinheads, Neonazis, Fußballhooligans und gewaltbereiten Anhängern rechter Rockbands.
Das Rechtsextremistische Weltbild wird insbesondere von der Überzeugung geprägt, dass die ethnische Zugehörigkeit den Wert eines Menschen bestimmt. Die Ideen des Faschismus und Nationalsozialismus dienen häufig als Vorbilder, deren Verbrechen verharmlost werden (siehe hierzu Abschnitt 6.1.4).

In der Regel steht ein aggressiv vertretener Nationalismus im Vordergrund: Alles, was nicht einer „deutschen Gesinnung" entspricht, wird offen abgelehnt und als minderwertig definiert.
Der Verfassungsschutz beobachtet, dass Deutschlands Rechtsextreme zunehmend aktiver und auch gewaltbereiter werden. Dies zeigt sich anhand neonazistischer Schmierereien (SS-Runen, Hakenkreuze), der Beschädigung jüdischer Friedhöfe, brutalen Übergriffen auf Ausländer und andere Minderheiten, zunehmender Aufmärsche und den dort geäußerten Parolen wie „Ausländer raus", „Deutschland den Deutschen".

In der Gesellschaft leben

Linksextremismus

Linksextremistische Gruppierungen weisen ein breites Spektrum in ihrer politischen Ausrichtung auf.
So streben Autonome und Anarchisten ein „herrschaftsfreies" Leben ohne staatliche Autorität an, sie sind jedoch selten in feste Organisationsformen eingebunden.

Auf der anderen Seite stehen linksextremistische Vereinigungen und Parteien, die den Kommunismus beziehungsweise den Marxismus-Leninismus als ihr politisches Leitbild betrachten und für die Abschaffung des Kapitalismus eintreten.
In den 70er-Jahren des letzten Jahrhunderts stellte der Terror der Roten Armee Fraktion (RAF), die auch als Baader-Meinhof-Gruppe bezeichnet wird, eine Bedrohung für den Rechtsstaat dar.
Die Anzahl der Straftaten mit vermutetem linksextremistischem Hintergrund ist in den letzten Jahren wieder angestiegen, hat aber längst nicht die Dimension rechtsextremistischer Gewalttaten.
Gewaltbereite Linksextreme sind vor allen der autonomen Szene zuzurechnen. Bei öffentlichen Kundgebungen und Aktionen treten sie häufig deutlich sichtbar als „schwarzer Block" auf. Gewalttätige Auseinandersetzungen mit der Polizei und dem politischen Gegner sehen sie als legitimes Mittel an.

Ausländerextremismus

In Deutschland leben rund 7 Millionen Ausländer aus fast allen Teilen der Welt. Nur eine kleine Minderheit ist Mitglied in extremistischen Organisationen. Die politische Ausrichtung dieser Organisationen weist eine breite Streuung auf und reicht vom linksextremistischen über das nationalistische hin bis zum islamistischen Spektrum.
Die Ziele der Ausländergruppierungen sind meistens durch politische Ereignisse in deren Heimatländern bestimmt. Ihre Aktivitäten richten sich selten gegen die demokratische Grundordnung der Bundesrepublik Deutschland, sondern sie wollen mit ihren Mitteln die Ziele der jeweiligen Gruppierungen in den Heimatländern unterstützen.
Eine wachsende Bedrohung geht aber auch in Deutschland durch mögliche Terroranschläge und gewalttätige Aktionen islamischer Organisationen aus (vgl. Abschnitt 8.2.3). Ihre Anhänger fordern die „Wiederherstellung" der „islamischen Ordnung" und sind bereit, diese auch mit Gewalt durchzusetzen. Insbesondere das Terrornetzwerk al-Qaida bekennt sich offen zur Gewalt.

Anarchie: Der Begriff bezeichnet einen Zustand der Abwesenheit von Herrschaft. Ziel ist eine Gesellschaft, die ohne Herrschaft, Zwang, Gesetze, Staat und Autorität auskommt.

Autonome: Mitglieder bestimmter anarchistischer Bewegungen. Autonome Gruppen sind weder parteipolitisch noch sonst formal als Verein organisiert. Untereinander bestehen lose Verbindungen und Netzwerke.

Was kann man im Alltag gegen Gewalt und Rassismus tun? Zivilcourage ist gefordert. Bei akuter Gefahr den Polizeinotruf 110 wählen oder (je nach Bundesland unterschiedlich) die Hotline gegen Rechtsextremismus anwählen.

Aussteigerprogramm für Rechtsextremisten
Das Bundesamt für Verfassungsschutz (BfV) bietet ausstiegswilligen Rechtsextremisten unterschiedliche Hilfen an.
Info-Telefon des Verfassungsschutzes (Bund): 0221-79262
E-Mail:aussteiger@verfassungsschutz.de

Informationen zum Thema Extremismus finden Sie auf der Internetseite des Bundesamts für Verfassungsschutz:
www.verfassungsschutz.de

Aufgaben

1. Schildern Sie kurz, welche Erfahrungen Sie bereits selbst mit rechts- bzw. linksextremen Einstellungen gemacht haben.
2. Was kann man gegen rechte Gewalt tun? Entwickeln Sie in Gruppen Aktionen gegen rechte Gewalt und Ausländerhass. Präsentieren Sie anschließend ihre Ideen.
3. Überlegen Sie, wie sich Ihr Alltag verändern würde, wenn es in Deutschland keinerlei ausländische Produkte mehr gäbe und keine Ausländer bei uns leben würden. Beschreiben sie den veränderten Alltag unter diesen Bedingungen.
4. Extremistische Gruppierungen sind nicht unbedingt gewaltbereit. Diskutieren Sie, inwieweit sie trotzdem eine Mitschuld am Terrorismus haben können.

Der Mensch in der Gesellschaft

4.3.3 Jugendkriminalität

Gleiche Deliktsbelastung bei ähnlichen sozialen Verhältnissen

Menschen mit und ohne Migrationshintergrund weisen die gleiche Deliktsbelastung auf, wenn sie einen ähnlichen familiären, sozialen und wirtschaftlichem Hintergrund haben. Dies stellte Prof. Pfeifer bei der Enquetekommission Integration in Hessen klar.

Am vergangenen Freitag tagte die Enquetekommission Migration und Integration in Hessen. Einer der geladenen Gäste war Prof. Dr. Christian Pfeiffer, ehemaliger niedersächsischer Justizminister und Direktor des kriminologischen Forschungsinstituts Niedersachsen. Er stellte klar, dass die höhere Deliktsbelastung unter Migranten sich im Vergleich zu Deutschen völlig ausgleicht, wenn man Menschen mit ähnlichem familiärem, sozialem und wirtschaftlichem Hintergrund vergleicht. [...]

(aus: www.migazin.de, 02.11.2010)

Autodieb gefasst: schwerer Unfall – 2 unbeteiligte Kinder verletzt! Raserei endete mit Schwerverletzten.

Berlin. Gestern Abend wurde der polizeibekannte Autodieb Thomas G. (15) endlich gefasst. Am Wochenende verletzte er auf der Flucht mit einem gestohlenen Auto zwei Kinder schwer.

Der 15-jährige Wiederholungstäter kann dieses Mal nicht mit einer Bewährungsstrafe rechnen. Aufgrund der Tatschwere ist von einer Haftstrafe auszugehen.

Thomas und seine Clique sind der Polizei bekannt: Ladendiebstahl, Vandalismus, Einbruch und Drogenbesitz. Bisherige Verurteilungen auf Bewährung und Arbeitsauflagen haben zu keinem Umdenken geführt. Die Mutter verzweifelt: „Thomas kam fast nie nach Hause. Nur um die Kleidung zu wechseln und um sich den Bauch voll zu schlagen. Auch in die Schule ist er immer seltener gegangen."

Eine Jugendpsychologin zu den Ursachen der Jugendkriminalität: „Die Jugendlichen haben keine realistischen Vorbilder und sehen häufig keine Zukunftsperspektiven. Die Clique ist ihr einziger Halt, sozusagen eine Art Ersatzfamilie. Durch die Straftaten versuchen sie dann, die Anerkennung zu erhalten, die ihnen sonst versagt bleibt."

Fast täglich erscheinen in den Medien Sensationsberichte über die steigende Gewaltbereitschaft und Kriminalität in unserer Gesellschaft: „Morddrohungen an Lehrer", „Überfälle und Taschendiebstähle durch Jugendbanden", „Großstädte werden immer unsicherer". Man könnte den Eindruck gewinnen, nirgendwo mehr sicher zu sein, niemandem mehr trauen zu können. Gerade ältere Menschen fürchten sich zusehends. Gewaltdelikte von Jugendlichen richteten sich jedoch meistens gegen annähernd Gleichaltrige. Das Problem der Jugendgewalt wird aber vor allem in der Schwere der Delikte vielfach überbewertet.

Untersuchungen zum Thema Jugendgewalt stellen fest, dass die Gewaltbereitschaft der Kinder und Jugendlichen insgesamt nicht zugenommen hat. Laut polizeilicher Kriminalstatistik bildet der Ladendiebstahl

In der Gesellschaft leben

bei Jugendlichen den größten Deliktsanteil. Intensivtäter bzw. Mehrfachtäter, deren Straffälligkeit in eine langwierige kriminelle Karriere mündet, sind für die Gruppe der jugendlichen Straftäter eher untypisch – sie finden aber durch die Medien oftmals große Beachtung in der Öffentlichkeit und werden so fälschlicherweise als typische Vertreter der Jugendkriminalität wahrgenommen.

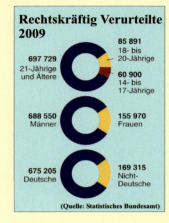

> Grundsätzlich kann man nach der internationalen Forschung davon ausgehen, dass zwischen vier und sechs Prozent eines Geburtsjahrgangs für die weit überwiegende Mehrzahl (ca. 40 % bis 60 %) der (registrierten) Delikte verantwortlich sind, die dieser Geburtsjahrgang insgesamt begeht. Dies bedeutet, dass einige wenige für sehr viele Delikte und für ein hohes Maß an Kriminalität verantwortlich sind.
>
> (aus: Prof. Dr. Werner Maschke: „Kinder und Jugenddelinquenz"; in: Sicherheit und Kriminalität, Heft 1/2003. Hrsg.: Landeszentrale für politische Bildung in Baden Württemberg)

Delikt: Vergehen, Straftat

Bagatelldelikt: Delikt, bei dem die Schuld des Täters gering ist und kein öffentliches Interesse an einer Strafverfolgung besteht

primär: an erster Stelle stehend, ursprünglich

Jugendstrafrecht

Kinder unter 14 Jahren sind nach dem Strafgesetzbuch generell strafunmündig. Jugendliche (über 14 – noch nicht 18 Jahre) sind bedingt strafrechtlich verantwortlich. Heranwachsende (18 – noch nicht 21 Jahre) können noch nach dem Jugendstrafrecht verantwortlich gemacht werden. Das Jugendstrafrecht will vor allem erzieherisch auf jugendliche Täter einwirken, um sie von weiteren Straftaten abzuhalten.

Bei Taten mit Bagatellcharakter kann das Verfahren ohne eine Verurteilung eingestellt werden. In der Regel werden folgende Erziehungsmaßnahmen verhängt:
- das Ableisten von Arbeitsstunden im gemeinnützigen Bereich,
- die Betreuung und Aufsicht durch einen Betreuungshelfer,
- die Teilnahme an sozialen Trainingskursen sowie
- Bemühungen um einen Täter-Opfer-Ausgleich.

Erst wenn diese Maßnahmen nicht ausreichen, können Zuchtmittel angewendet werden, wie die Zahlung einer Geldbuße oder Arrest bis maximal vier Wochen. Freiheitsentzug in einer Jugendstrafanstalt wird erst bei schwersten Delikten bis zu einem Höchstmaß von zehn Jahren verhängt. Eine Jugendstrafe von bis zu zwei Jahren soll aber möglichst zur Bewährung ausgesetzt werden.

Aufgaben

1. Welche Umstände führen Ihrer Meinung nach dazu, dass ein Jugendlicher straffällig wird? Zählen Sie Ihnen bekannte Umstände auf und erläutern Sie, wie sich etwas sinnvoll dagegen unternehmen lässt.
2. Angesichts der vermeindlich steigenden Jugendkriminalität fordern viele härtere Strafen.
   a) Sammeln Sie schriftlich (in Gruppen) Argumente für und gegen härtere Jugendstrafen. Berücksichtigen Sie dabei auch die genannten jugendstrafrechtlichen Sanktionen.
   b) Führen Sie eine Pro-und-Kontra-Diskussion zum Thema „Härtere Strafen für jugendliche Täter" durch.
3. Welche primäre Zielsetzung haben die jugendstrafrechtlichen Sanktionen? Erläutern Sie dies anhand eines Beispiels.

Der Mensch in der Gesellschaft

4.3.4 Drogen sind wie Münzen: Sie haben zwei Seiten

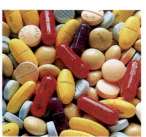

Heimliches Rauchen, „Wettkampftrinken" unter Freunden, „Partydrogen" zum richtigen Abtanzen, Relaxen bei einem Joint, Pillen zur Leistungssteigerung – Drogen spielen seit Jahrtausenden in den unterschiedlichsten Völkern und Kulturen eine Rolle. Einige Drogen können als Heilmittel sinnvoll verwendet werden. Sie werden aber auch als Suchtmittel missbraucht und können dann zu schweren körperlichen und seelischen Schädigungen führen. Die Bandbreite der Drogen wird unterteilt in legale und illegale Drogen.

- **Legale Drogen:** So genannte Alltagsdrogen, wie z. B. Tabakwaren, Alkohol und auch Arzneimittel, sind rechtlich erlaubt und gesellschaftlich akzeptiert. Wirtschaft und Staat verdienen an ihrer Verbreitung und ihrem Verkauf.
- **Illegale Drogen:** Sie werden auch als Betäubungsmittel oder umgangssprachlich als „Rauschgift" bezeichnet. Der Besitz, Handel und Gebrauch sind strafbar bzw. unterliegen gesetzlichen Auflagen.

Welche Arten von Drogen verboten und welche akzeptiert und als Heilmittel eingesetzt werden, änderte sich im Laufe der Geschichte und ist in verschiedenen Kulturkreisen unterschiedlich. Bis zum Ende des 19. Jahrhunderts waren opiumhaltige Heilmittel weit verbreitet und wurden gegen Krankheiten wie z. B. Fieber, Schmerzen, Durchfall und Husten eingesetzt. Die Gefahr der Abhängigkeit durch Opiate wurde aber allgemein unterschätzt.

In Deutschland legt heute das Betäubungsmittelgesetz (BtMG) fest, welche Stoffe als Betäubungsmittel anzusehen sind. Durch diese Festlegung schafft es die Voraussetzung für die Ahndung von Rauschgiftdelikten und soll dem Schutz der menschlichen Gesundheit dienen.

Drogen können
- natürlichen Ursprungs sein (Tabak, Alkohol) oder
- synthetisch hergestellt werden (Designerdrogen, Medikamente).

Alle Drogen – auch die legalen – können Krankheit und Sucht auslösen oder zum Tod führen.
Volksdroge Nummer eins in Deutschland ist das Nikotin, gefolgt von Alkohol (siehe auch Abschnitt 4.3.5).

Drogen sind alle natürlichen und chemisch-synthetischen Stoffe, die in die Abläufe des Körpers eingreifen und Stimmungen, Wahrnehmungen, Gefühle und Handlungen beeinflussen.

synthetisch:
künstlich hergestellt

Weitere Infos zum Thema Drogen erhalten Sie z. B. bei
- den Krankenkassen
- der Bundeszentrale für gesundheitliche Aufklärung (BZgA)
  Postfach 910151
  51071 Köln
  www.bzga.de
- Bundesministerium für Gesundheit
  www.bmg.bund.de

Strafrechtliche Konsequenzen bei Verstößen nach dem BtMG sind beispielsweise Führerscheinentzug und Bußgelder, sonstige Geldbußen, Arbeitsauflagen und Haftstrafen.

In der Gesellschaft leben

Wobei unter Jugendlich die Attraktivität des Rauchens abnimmt, dafür aber das sogenannte Koma-Saufen deutlich zugenommen hat (siehe Grafik rechts).

Die am häufigsten konsumierte illegale Droge in Deutschland ist Cannabis (Marihuana, Haschisch). Laut einer Bundesstudie des Bundesministeriums für Gesundheit haben fast die Hälfte der jungen Erwachsenen (zwischen 18 – 24 Jahre) schon einmal Cannabis konsumiert. Die Einstiegskonsumenten bei Cannabis werden immer jünger, das Einstiegsalter liegt heute im Durchschnitt bei 16 Jahren. Viele Jugendliche haben, bevor sie zum „Kiffer" werden, schon geraucht oder getrunken. Das Risiko, süchtig zu werden oder an psychischen Störungen zu erkranken, steigt, je jünger die Konsumenten sind. Neben Schädigungen der Lunge sowie des Herz-Kreislauf-Systems kommt es besonders bei jungen Menschen zu psychischen Störungen, wie z. B. Konzentrationsschwäche, verminderte Aktivität, Antriebsschwäche bis hin zu Angstzuständen (Psychosen) bzw. Panikattacken.

Seit Anfang der 80er-Jahre sind die sogenannten Partydrogen im Umlauf, insbesondere Ecstasy (MDMA). Diese synthetisch hergestellten Drogen können in der Zusammensetzung sehr unterschiedlich sein. Der Konsum kann sich nie sicher sein, wie die „Pille" wirkt – gleichzeitig ist die Gefahr der Überdosierung besonders hoch. In Studien wird besonders auf die gesundheitlichen Gefahren eines Mischkonsums mit Alkohol hingewiesen.
Die Schädigungen reichen von negativem Einfluss auf die Gedächtnisfähigkeit, psychischen Störungen bis hin zu Leberschäden und lebensbedrohlichem Kreislaufkollaps.

Bei den halluzinogen wirkenden Drogen wurde ein zunehmender Konsum von berauschenden Pilzen festgestellt. In den Medien finden sich aktuell Berichte über den Missbrauch eines verschreibungspflichtigen Medikaments (Tilidin), dass in seiner Wirkung schmerzstillend, stark anregend und enthemmend wirkt. Besonders häufig wurde der Medikamentenmissbrauch bei jugendlichen Gewalttätern festgestellt.
Nicht alle Drogen machen körperlich abhängig, oft sind aber die psychischen Abhängigkeiten noch schwerer zu bewältigen.
Drogen wirken bei jedem und jedes Mal anders – welche Wirkung erreicht wird, hängt neben der Zusammensetzung der Droge auch von der körperlichen und seelischen Verfassung eines Konsumenten und dessen Umfeld ab.

Tabak **Der Reiz lässt nach**
Die Zahl der 12- bis 17-Jährigen Raucher sinkt seit Jahren stark; *Angaben in %*

Quelle: BZgA

Anmerkung:
Bundesweit wurden Nichtraucherschutzgesetze eingeführt, allerdings unterscheiden sie sich in den Bundesländern immer noch erheblich.

psychisch: *seelisch*

halluzinogen: *Sinnestäuschungen hervorrufend*

Aufgaben

1. Welche gesellschaftlichen Anlässe kennen Sie, bei denen legale Drogen konsumiert werden? Nennen Sie drei Beispiele.
2. „Drogen sind wie Münzen: Sie haben zwei Seiten …", vervollständigen Sie den Satz, sodass er eine sinnvolle Aussage macht.
3. Beschreiben Sie den Unterschied zwischen legalen und illegalen Drogen mit eigenen Worten.
4. Welche Drogen sind Ihnen bekannt? Halten Sie deren jeweilige Bezeichnung auf einer Karte fest und sortieren Sie diese Karten nach illegal und legal.
5. Recherchieren Sie das in Ihrem Bundesland gültige Nichtraucherschutzgesetz. Führen Sie eine Pro-und-Kontra-Diskussion zum Thema „absolutes Rauchverbot" durch.

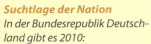

Der Mensch in der Gesellschaft

4.3.5 Abhängigkeit

Suchtlage der Nation
In der Bundesrepublik Deutschland gibt es 2010:
- Rund 16 Mio. Raucher.
- Ca. 1,3 Mio. Alkoholabhängige leben in der Bundesrepublik Deutschland.
- Rund 1,4–1,9 Mio. Menschen sind in der Bundesrepublik Deutschland tablettenabhängig.
- Ca. 200.000 Menschen in der Bundesrepublik Deutschland konsumieren illegale Drogen.
- Es gibt ungefähr 100.000 Spielsüchtige in der Bundesrepublik Deutschland.
- 2 bis 4 Prozent aller Frauen zwischen 18 und 35 Jahren leiden an Bulimie und rund 1 Prozent an Anorexia nervosa.
- Laut seriösen Schätzungen 160.000 – 180.000 spielsüchtige Menschen.

Flaterate-Party bedeutet, dass einmal pauschal beim Einlass in eine Gaststätte bezahlt wird und dann grenzenlos (Alkohol) getrunken werden kann. Hierbei handelt es sich um einen zunehmenden Trend in deutschen Großstädten mit schlimmen Folgen: Die Zahl der Alkoholvergiftungen bei Jugendlichen nimmt zu.

Der Konsum und Missbrauch von illegalen und legalen Drogen (vgl. Abschnitt 4.3.4) macht oftmals körperlich (physisch) und/oder seelisch (psychisch) abhängig bzw. süchtig.
Suchtmittel können aber nicht nur bestimmte Substanzen sein (Drogen, Alkohol usw.). Auch psychische Abhängigkeiten, wie z.B. die Glücksspiel- und Computersucht, Kaufsucht und Magersucht (Anorexia nervosa), zählen zu den Suchtmitteln. Ihre negativen Auswirkungen können für den Betroffenen ganz ähnlich sein: Neben gesundheitlichen Schäden können sie zu massiven sozialen und finanziellen Problemen führen.

Unter **Abhängigkeit** bzw. **Sucht** versteht man ganz allgemein das zwanghafte Verlangen nach bestimmten Stoffen oder Verhaltensweisen, um mit ihnen ein Lustgefühl zu erzeugen oder ein Missempfinden vorübergehend zu lindern. Sie bedeutet für den Abhängigen Unfreiheit, denn seine Lebensgestaltung wird in der Regel durch die Sucht bestimmt.

- Bei **physischer Abhängigkeit** treten beim Nichteinnehmen der Stoffe körperliche Entzugserscheinungen wie Schweißausbrüche, Krämpfe, Fieber und Erbrechen auf.
- Bei **psychischer Abhängigkeit** treten zwar keine körperlichen Entzugserscheinungen auf, das Konsumverlangen ist jedoch sehr stark. Wird der Stoff nicht mehr konsumiert, kann es zu starken Stimmungsschwankungen, Unlustgefühlen und Niedergeschlagenheit kommen.

Wie schnell ein Mensch abhängig wird, hängt neben dem Suchtmittel auch von der Persönlichkeitsstruktur und seinem sozialen Umfeld ab.

Folgende Verhaltensweisen sind Hinweise dafür, dass man von einem Suchtmittel abhängig ist:

- Um mit Belastungen fertig zu werden und sich wohl zu fühlen, braucht man eine bestimmte Menge des Suchtmittels.
- Man macht sich und anderen etwas vor, was die tatsächlich konsumierte Menge des Suchtmittels angeht.
- Man ist nicht in der Lage, mit dem Konsum aufzuhören.
- Man leidet physisch und psychisch, sobald das Suchtmittel ausgeht.
- Man ergreift jede Möglichkeit, unbemerkt an das Suchtmittel zu gelangen.
- Man erträgt es nicht, keinen Vorrat des Suchtmittels zu haben.

In der Gesellschaft leben

Die Abhängigkeit von einem Suchtmittel entwickelt sich häufig schleichend und aus der Gewohnheit heraus. So ist z.B. das Trinken von Alkohol gesellschaftlich akzeptiert und für viele etwas alltägliches. Täglicher Alkoholkonsum ist jedoch ein Zeichen für Abhängigkeit.

Umfragen zeigen, dass der Alkoholkonsum auch unter Jugendlichen bedenklich hoch ist. Besonders das maßlose Rauschtrinken hat stark zugenommen und endet immer öfter mit Krankenhausaufenthalten durch Alkoholvergiftungen.

Dabei weisen immer häufiger wissenschaftliche Studien darauf hin, das bereits der Konsum von 40 Gramm Alkohol (ungefähr 1 Liter Bier) bei Männern und 20 Gramm Alkohol (ungefähr ½ Liter Bier) bei Frauen als Grenzwert gilt.

Erhöhter Alkoholkonsum kann die Gesundheit erheblich beeinträchtigen und zu einer Schädigung von Herz, Magen, Leber, Gehirn und Nervensystem führen und Alkoholvergiftungen hervorrufen, die tödlich enden können.

Das Jugendschutzgesetz (JuSchG) dient dem Schutz von Kindern und Jugendlichen in der Öffentlichkeit. Es enthält Bestimmungen für den Alkohol- und Tabakverkauf, den Verleih von Filmen und PC-Spielen, dem Besuch von Discos, Gaststätten sowie Kinos und der Glücksspielautomatennutzung.

Es zeigt sich, dass neben der eigenen Persönlichkeit auch das soziale Umfeld (Freunde, Familie, Schule, Gesellschaft) große Bedeutung bei der Entstehung einer Abhängigkeit bzw. Sucht haben kann. Fehlende zwischenmenschliche Beziehungen, falsche Vorbilder, Probleme in Familie und Partnerschaft oder übertriebene Leistungsanforderungen können ein Auslöser sein.

Um einem abhängigen Menschen helfen zu können, müssen also auch seine Lebensumstände und -hintergründe berücksichtigt werden. Die unterschiedlichsten Beratungsstellen bieten hier gezielte und professionelle Hilfen an.

Alkohol in Deutschland – Komasaufen nimmt zu

Besonders Senioren und Jugendliche landen immer häufiger mit akutem Rausch im Krankenhaus. [...] Die Deutschen saufen sich öfter ins Koma als in der Vergangenheit – auch wenn der Alkoholkonsum in den vergangen Jahren im Durchschnitt nicht gestiegen ist. Das geht aus dem Jahrbuch Sucht 2010 der Deutschen Hauptstelle für Suchtfragen (DHS) hervor. Demnach kamen 2008 circa 109.300 Menschen mit akutem Rausch ins Krankenhaus. Das waren nach Angaben des Statistischen Bundesamtes doppelt so viele wie im Jahr 2000. [...] Im Jahr 2008 mussten rund 25.700 Kinder und Jugendliche ins Krankenhaus gebracht werden, was eine Steigerung um fast das Dreifache im Vergleich zu 2000 darstellt.

„Akuter Rausch und sogenanntes Komasaufen ist nicht allein ein jugendspezifisches Alkoholproblem", erklärte Raphael Gaßmann, Geschäftsführer der DHS. Durch Alkohol verursachte Gesundheitsstörungen führten jährlich zu mehr als 73.000 Toten. „Gut ein Fünftel aller Todesfälle zwischen 35 und 65 Jahren sind alkoholbedingte Todesfälle", sagte Gaßmann.

(aus: sueddeutsche.de, 07.04.2010)

Aufgaben

1. Erklären Sie die Begriffe „physische und psychische Abhängigkeit".
2. „Warum trinken Jugendliche Alkohol?" Führen Sie eine Umfrage in Ihrer Klasse durch und diskutieren Sie die Ergebnisse. (Zum Thema **Umfrage** bzw. **Fragebogen** können Sie sich auf Seite 130 informieren.)
3. a) Ermitteln Sie die gesetzlichen Regelungen im Jugendschutzgesetz.
   b) Werden die Gesetze konsequent eingehalten? Berichten Sie aus Ihren eigenen Erfahrungen? Arbeiten Sie in Kleingruppen und stellen Sie ein Fallbeispiel vor.
4. Wie sollte man sich gegenüber einem Süchtigen verhalten? Ermitteln Sie Beratungsstellen in Ihrer Region und tragen Sie die Informationen zusammen.

Der Mensch in der Gesellschaft

4.3.6 „Freizeitgesellschaft" und Freizeitgestaltung

Vergleicht man die heutige Situation von Arbeitnehmern mit der Situation früherer Generationen, so lässt sich feststellen, dass die Arbeitszeit – trotz der derzeitigen teilweisen Rücknahme der verkürzten Arbeitszeit – insgesamt abgenommen hat. Galt beispielsweise um 1900 noch die 6-Tage-Woche bei einer Arbeitszeit von 60 Wochenstunden, so ist heute durch Tarifverträge eine wöchentliche Regelarbeitszeit von 35–40 Stunden vereinbart. Damit hat sich das Verhältnis von Arbeitszeit und freier Zeit deutlich geändert.

Unter Freizeit lässt sich ganz allgemein die frei zur Verfügung stehende Zeit des Einzelnen verstehen – ohne Erwerbstätigkeit, Schulaufgaben, Hausarbeit usw. Sie dient im Wesentlichen dazu,
- sich zu entspannen und zu erholen,
- Beziehungen zu anderen Menschen zu pflegen,
- sich weiterzubilden bzw. seinen Interessen nachzugehen (Musik, Theater, Kino, handwerkliche Hobbys usw.).

Wie jeder Einzelne seine Freizeit letztendlich gestaltet, hängt von unterschiedlichen Faktoren ab:

Jugendliche in der Freizeit

Mediennutzung als Freizeitbeschäftigung steht bei Jugendlichen ganz hoch im Kurs. Das Fernsehen hat aber seinen früheren Spitzenplatz verloren. So rangieren Musik hören, im Internet surfen und das Handy nutzen noch vor dem Fernsehen. Während Mädchen in ihrer Freizeit eher lesen, bevor sie fernsehen, beschäftigen sich Jungen gerne mit PC-Spielen (vergleiche hierzu Abschnitt 5.1.1).

Neben diesen medialen Aktivitäten verbringen Jugendliche ihre Freizeit am liebsten damit,
- Freunde zu treffen,
- Sport zu treiben oder
- einfach gar nichts zu tun.

Aber auch das Zusammensein mit der Familie hat nach wie vor einen hohen Stellenwert.

Jahr	Wochenarbeitszeit
1825	82 Stunden
1875	72 Stunden
1900	60 Stunden (in 6 Tagen)
1913	57 Stunden
1918	8-Stunden-Tag
1932	42 Stunden
1941	50 Stunden
1950	48 Stunden
1956	Übergang zur 5-Tage-Woche
1965	40 Stunden
1984	38,5 Stunden
1995	35 Stunden (Druck-, Metall- und Elektroindustrie
2007	durchschnittl. 37,9

(aus: Novalis aktuell. Informationen zum Zeitgeschehen aus Politik, Wirtschaft, Wissenschaft und Kultur. Nr. 7/8 1994); BMAS (2008); Statistisches Taschenbuch, Berlin)

Aus einem Lexikon:
Freizeit: *Der Zeitraum, der dem arbeitenden Menschen neben seinen beruflichen oder berufsähnlichen Verpflichtungen verbleibt.; häufig wird Freizeit auch in reproduktive oder regenerative (Ernährung, Schlaf, Körperpflege) und frei verfügbare Zeit (Vergnügen, Tätigkeiten zur Selbstverwirklichung, besonders in Form der Pflege sozialer Kontakte, von Interessengebieten, künstlerischer und handwerklicher Neigungen) unterteilt.*
In den letzten Jahrzehnten hat im Zug der Verkürzung der Arbeitszeit und Verlängerung des Urlaubs die Freizeit fast aller Arbeitnehmer erheblich zugenommen. Die Vermehrung der Freizeit wurde besonders durch das Steigen der Arbeitsproduktivität begünstigt; die Güterproduktion konnte trotz kürzerer Arbeitszeit erhöht werden. So war es einerseits möglich, das Angebot an Konsumgütern auszuweiten, andererseits regte der Zuwachs an Freizeit die Nachfrage nach solchen Gütern an. Die freizeitbezogenen Produktions- und Dienstleistungsbetriebe werden unter dem Begriff der Freizeitindustrie zusammengefasst.
(aus: DTV-Lexikon)

In der Gesellschaft leben

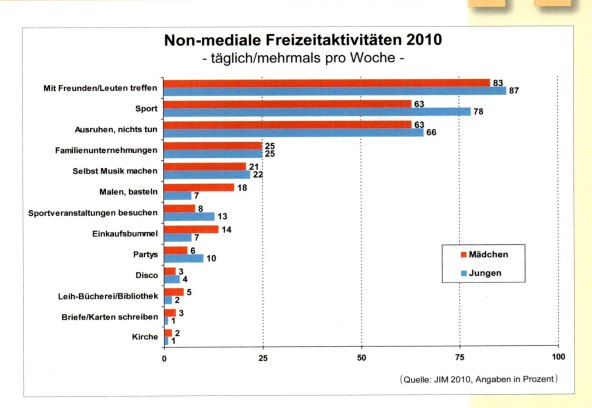

Mehr Freizeit – Auswirkungen auf die Gesellschaft

Die Freizeit hat in unserer heutigen Gesellschaft einen hohen Stellenwert. Insbesondere in wirtschaftlich guten Zeiten war vom Weg in die Freizeitgesellschaft die Rede. Zu dieser Auffassung haben vor allem geringere Arbeitszeiten und eine verkürzte Lebensarbeitszeit beigetragen. Dabei zeigte sich, dass sich vor allem die Bedeutung von Arbeit und Freizeit für die Lebensplanung verschoben hatte: Statt zu leben, um zu arbeiten, steht nun die Arbeit als Grundlage für ein angenehmes Leben im Vordergrund.

Gleichzeitig zeichnet sich immer mehr ab, dass das Freizeitverhalten großer Teile der Bevölkerung in einer direkten Abhängigkeit zur gesamtwirtschaftlichen Situation steht: In wirtschaftlich schlechten Zeiten wird auch am Freizeitbudget gespart.

Aufteilung der Zeit:

Jahr	Arbeits-zeit	Obligations-zeit*	Frei-zeit	Schlaf-zeit
1950	31 %	18 %	18 %	33 %
1970	26 %	18 %	22 %	33 %
1990	23%	20 %	24 %	33 %
2010	19 %	22 %	26 %	33 %

* Obligationszeit: Zeit für Hygiene und Gesundheit, Essen, Einkäufe, Besorgungen und soziale Verpflichtungen

Aufgaben

1. a) Erstellen Sie für Ihre Klasse einen Umfragebogen, um die beliebtesten Freizeitaktivitäten zu ermitteln.
   b) Werten Sie die Umfrage aus. Was fällt Ihnen zum Freizeitverhalten in Ihrer Klasse auf?
   c) Vergleichen Sie die Rangliste der Freizeitaktivitäten Ihrer Klasse mit den Ergebnissen der JIM-Studie. Welche Unterschiede bzw. Gemeinsamkeiten können Sie feststellen?
2. Nennen Sie mögliche Gründe dafür, warum sich Jugendliche heutzutage verstärkt in sozial engagierten Organisationen betätigen.
3. Welche Möglichkeiten der Freizeitgestaltung gibt es in Ihrer Region? Zählen Sie diese stichpunktartig auf.
4. Sind Sie mit dem Freizeitangebot in Ihrer Region zufrieden? Machen Sie Verbesserungsvorschläge.

Der Mensch in der Gesellschaft

4.3.7 Sekten

> **Stell dir vor:**
>
> Du bist gerade neu in eine Stadt gezogen …
>
> Deine beste Freundin hat keine Zeit mehr für dich …
>
> Du hast bei einer wichtigen Prüfung versagt …
>
> Du rennst alleine durch trostlose Straßen …
>
> Deine Eltern verstehen dich nicht …

missionieren:
eine Glaubenslehre verbreiten

Erkennungszeichen von Sekten
- *Checklisten, mit deren Hilfe man selber prüfen kann, ob es sich bei einer Gruppierung um eine Sekte handelt, erhält man u. a.. bei:*
- *Die Eltern- und Betroffeneninitiative gegen psychische Abhängigkeit – für geistige Freiheit e. V.*
  Heimat 27
  14165 Berlin
  Tel 030-81 83 211
  Internet Adresse:
  www.ebi-berlin.de
  E-Mail-Adresse:
  EBI-Berlin-Brandenburg@gmx.de

- *Berliner Senatsverwaltung für Bildung, Wissenschaft und Forschung*
  Internetadresse:
  www.berlin.de/sen/bwf

Religiöse und weltanschauliche Gruppen, Psychoseminare in vielen Varianten – die Zahl der Anbieter nimmt ständig zu. Es wird geworben, informiert, missioniert: Es sollen neue Wege beschritten werden auf der Suche nach dem „Sinn des Lebens".

Immer mehr Menschen wenden sich von den traditionellen Organisationen und Kirchen ab und suchen andere Lösungen. Gründe, einer Sekte beizutreten, können entstehen durch
- die persönliche Situation (soziales Umfeld, innere Unzufriedenheit),
- einen besonderen Lebensabschnitt der Person (Lebenskrise, z.B. durch den Tod eines Angehörigen),
- eine ausgefeilte Werbestrategie der Sekte.

In Deutschland gibt es ungefähr 300 mehr oder weniger bekannte Glaubensgemeinschaften. Ob es sich bei einer Gruppierung um eine Sekte handelt, entscheiden die Struktur und ihr Aufbau – die Lehren sind oftmals wenig entscheidend. Zunehmend treten auch Sekten mit nicht-religiösen Inhalten in Erscheinung.

Sekten sind allgemein dadurch gekennzeichnet, eine Gemeinschaft zu sein, deren Mitglieder in ihrer Freiheit beschränkt sind und in einem starken Abhängigkeitsverhältnis stehen.

Typische Merkmale einer Sekte:
- **Führung:** In der Regel gibt es einen Sektenführer (seltener eine Führungsspitze), der oder die von den Anhängern als Vorbild verehrt wird. Es wird absoluter Gehorsam verlangt, häufig verbunden mit einer Überwachung der Mitglieder.
- **Wahrheitsanspruch:** Nur innerhalb der Gruppierung gewinnt man Erleuchtung, Wissen und Glück.
- **Kritikverbot:** Kritische Äußerungen gegen die Lehren oder die Führung werden nicht toleriert.
- **Abkapselung:** Kontakte außerhalb der Gruppierung werden vermieden oder sogar unterbunden. Verbindungen zu früheren Freunden oder der Familie des Sektenmitglieds brechen vielfach ab.
- **Ausbeutung:** Sektenmitglieder arbeiten häufig unbezahlt und geben oftmals ihr gesamtes Privatvermögen ab oder bezahlen teure Gebühren für Angebote der Sekte.

In der Gesellschaft leben

- **Undurchschaubarkeit:** Die Botschaften der Sekte sind in ihren Konsequenzen häufig nicht durchschaubar. Den umworbenen Personen werden falsche Versprechungen gemacht.

Ein wichtiges Kriterium für eine Einteilung der Gruppierungen bilden die jeweils verfassten Grundsätze.

- **Gruppen mit christlichem Hintergrund, z. B.:**
  - Die Vereinigungskirche (Mun-Bewegung), in der Öffentlichkeit bekannt geworden durch Massenhochzeiten, die per Satellit in vielen Städten der Welt gleichzeitig stattfinden.
  - Die Sekte Fiat Lux („Es werde Licht"), über deren Führerin Uriella (Erika Berschinger-Eicke) in den 90er-Jahren häufig in der Presse berichtet wurde.
  - Die Zeugen Jehovas, die sich als wahres Volk Gottes sehen, das als einziges den Weltuntergang überleben wird. Sie sind missionarisch sehr aktiv. Die Zeitung Wachturm („Sprachrohr Gottes") hat eine Auflage von 25 Mio. Exemplaren.

- **Gruppen mit hinduistischem Hintergrund, z. B.:**
  - Hare Krishna (International Society for Krishna Consciousness), gegründet 1966, mit dem Ziel, das „Krishna-Bewusstsein" in der westlichen Welt zu verbreiten.

- **Kommerziell ausgerichtete Gruppen, z. B.:**
  - Scientology, gegründet von dem amerikanischen Science-Fiction-Autor L. R. Hubbard (1913–1986).
  - TM (Transzendentale Meditation), begründet sich auf die Lehre des Inders Maharishi Mahesh Yogi. Teure Meditationsseminare werden mit dem Ziel angeboten, eine „ideale Gesellschaft" zu erschaffen.

- **Gruppen mit sektenähnlichen Strukturen, z. B.:**
  - Satanismusszene, besonders durch die Verbreitung via Internet sehr unüberschaubar. Steigende Zahl von selbst ernannten Satanspriestern mit oft sehr medienwirksamer Darstellung. In Deutschland bekannte Gruppen sind Oto und Thelma.

Scientology:
Kunstwort, steht für die „Lehre vom Wissen" („scire" [lat.] = wissen, „logos", [griech.] = „Lehre"). Scientology ist laut dem Bayerischen Staatsministerium ein weltweit tätiger Wirtschaftskonzern, der vorgibt, eine Religionsgemeinschaft zu sein. In teuren, mehrstufigen Trainingseinheiten werden deren Anhänger in Techniken zur Betriebsführung und Persönlichkeitsänderung unterrichtet. Als Ziel wird eine gesteigerte Leistungsfähigkeit angegeben. Berichte über die aggressiven, primär wirtschaflichen Aktivitäten der Scientologen sorgen auch in Deutschland immer wieder für Negativschlagzeilen.

Information im Internet:
- *www.stmi.bayern.de hier das Stichwort „Scientology" eingeben.*
- *www.religio.de*

Aufgaben

1. Nennen Sie Ursachen, die dazu führen können, dass die Werbung einer Sekte eine Person anspricht.
2. Wie kann man erkennen, ob es sich bei einer Gruppierung um eine Sekte handelt? Erstellen Sie eine eigene Checkliste.
3. Mit welchen Mitteln werben Sekten um neue Mitglieder? Berichten Sie ggf. über eigene Erfahrungen mit öffentlichen Werbeversuchen.
4. a) Vervollständigen Sie die Sätze des Eingangszitats.
   b) Nennen Sie weitere Lebensumstände, die Jugendliche in die Arme einer Sekte treiben können.

WANDZEITUNG

Ziel
Informationen sollen gut verständlich und schnell erfassbar sein.

Form
1. Auf einer Wandzeitung soll nur Wichtiges stehen.
2. Das Allerwichtigste wird hervorgehoben, z. B. durch:
   - eine größere Schrift, eine hervorstechende Farbe, besondere Fotos oder Zeichnungen.
3. Eine Wandzeitung ist übersichtlich.

Material
Eine Wandzeitung kann angefertigt werden auf:
- Packpapier, der Rückseite eines Plakates oder einer Tapete, einem Flip-Chart, einer Pinnwand, einem schwarzen Brett usw.

Außerdem sollten verfügbar sein:
- Scheren, Kleber und verschiedenfarbige Stifte unterschiedlicher Strichstärke.

Wandzeitung als Informationswand
Diese Art der Wandzeitung soll über ein bestimmtes Thema informieren.

Als Vorbereitung werden zum Thema gesammelt:
- Artikel aus Zeitungen und Zeitschriften; Stellungnahmen von Parteien, Vereinen, Gewerkschaften usw.; wichtige politische Entscheidungen; Karten, Schaubilder, Tabellen, Statistiken, Fotos, Chronologien usw.

Die eigentliche Arbeit besteht
- im Auswählen der wichtigen Informationen und Materialien und
- deren Zusammenstellung.

Für die Gestaltung eines Themas sollte jeweils ein einzelner Schüler oder eine übersichtliche Gruppe verantwortlich sein.

Die fertige Wandzeitung wird vor der Klasse präsentiert und erläutert und durch die Klasse besprochen und diskutiert.

Zu einem Thema können auch zwei Gruppen jeweils eine Wandzeitung erstellen. Die unterschiedlichen Vorgehensweisen und Blickwinkel sollten in der Auswertung verglichen und besprochen werden.

Wandzeitung zum Festhalten von Ergebnissen
Diese Ergebniswand wird genutzt, um die Ergebnisse einer Gruppenarbeit übersichtlich festzuhalten und der ganzen Klasse, der Schulöffentlichkeit usw. zu präsentieren. Die Wandzeitung wird mündlich durch Vertreter der Gruppe erläutert.

Wandzeitung als Meinungswand
Die Meinungswand gibt eine Gelegenheit für die Veröffentlichung unterschiedlicher Meinungsäußerungen und persönlicher Stellungnahmen, z. B. zu einem Unterrichtsprojekt, zur Schulordnung oder zu politischen Ereignissen.

Um einen wirklichen Meinungsaustausch zu ermöglichen, kann die Regel abgesprochen werden, dass jeder Beitrag unterschrieben wird.

Außerdem kann es hilfreich sein, wenn die Meinungswand in verschiedene Bereiche eingeteilt wird. Das könnten z. B. Kritik, Ideen oder Wünsche sein.

Aufgaben

1. Bilden Sie Gruppen von maximal fünf Personen. Erstellen Sie in Gruppenarbeit Wandzeitungen als Informationswände zu den folgenden Themen:
   a) Jugendliche und Droge
   b) Jugendkriminalität und Jugendstrafen
   c) Rechtsextremismus unter Jugendlichen
   d) Ausländer in Deutschland
   e) Formen des Zusammenlebens in der heutigen Gesellschaft

5 POLITISCHE MEINUNGS- UND WILLENSBILDUNG

Politische Meinungs- und Willensbildung

5.1 MEINUNGSBILDUNG MIT UND DURCH MEDIEN

5.1.1 Aufgaben und Funktion der Massenmedien

Was verstehen wir unter Massenmedien?
In der Zeichnung sind unterschiedliche Massenmedien zu sehen. Sie dienen als Vermittler von Information und Unterhaltung in
- gedruckter,
- bildlicher und
- akustischer Form.

Zu den Massenmedien zählen z. B. Zeitungen, Zeitschriften, Hörfunk und Fernsehen, Filme, Videos und das Internet. Im weiteren Sinne können auch Tonträger wie Schallplatten, CDs und Tonbänder dazugezählt werden.
Mit diesen Medien können aufgrund hoher Auflagenzahlen und hoher Einschaltquoten viele Menschen erreicht werden. Deshalb heißen sie Massenmedien.

Demonstration gegen das SED-Regime am 23. Okt. 1989 in Leipzig

Rechtliche Stellung der Massenmedien
Die rechtlichen Grundlagen für die Massenmedien ergeben sich aus **Artikel 5** des Grundgesetzes. Hier sind festgelegt:
- Meinungsfreiheit,
- Informationsfreiheit,
- Pressefreiheit.

Sie gehören zu unseren Grundrechten und sind in einem demokratischen System für die Meinungs- und Willensbildung des Einzelnen durch die Massenmedien nicht wegzudenken.
Dies bedeutet aber nicht, dass jede Meinung frei geäußert werden darf. Wer Volksverhetzung, Aufforderungen zu Gewalttätigkeiten, Beleidigung, üble Nachrede usw. betreibt, muss z. B. nach den Bestimmungen des Strafgesetzbuches mit Strafe rechnen.

Artikel 5 GG:
(1) Jeder hat das Recht, seine Meinung in Wort, Schrift und Bild frei zu äußern und zu verbreiten und sich aus allgemein zugänglichen Quellen ungehindert zu unterrichten. [...]
(2) Diese Rechte finden ihre Schranken in den Vorschriften der allgemeinen Gesetze, den gesetzlichen Bestimmungen zum Schutze der Jugend und in dem Recht der persönlichen Ehre.

Meinungsbildung mit und durch Medien

Welche Funktionen erfüllen die Massenmedien in unserer Gesellschaft?
Die Massenmedien haben folgende Funktionen:

- **Information:** Die Massenmedien haben die Aufgabe, die Bürger zu informieren. Dabei sollen sie so sachlich, vollständig und verständlich wie möglich ihre Beiträge dem Medienbenutzer zur Verfügung stellen. Nur durch ausreichende Information sind die Bürger in der Lage, das öffentliche Geschehen zu verfolgen.

- **Mithilfe bei der Meinungsbildung:** Sind die Bürger informiert und haben sie die Möglichkeit, auch bei kontrovers diskutierten Themen alle Meinungspositionen der Beteiligten zu erfahren, ist eine Bildung der eigenen Meinung über ein bestimmtes Thema oder über eine Sachlage möglich.

- **Kritik und Kontrolle:** Die Aufgabe der Massenmedien ist es unter anderem, Missstände in der Politik und der Gesellschaft aufzuspüren und diese der Öffentlichkeit bekannt zu machen. So helfen sie mit, Regierung, Verwaltung, Parteien, Verbände usw. zu kontrollieren und bei entsprechendem Anlass die Verantwortlichen zu kritisieren.

- **Bildung und Unterhaltung:** Aufgrund des Freizeitverhaltens haben sie einen großen Anteil an der Unterhaltung und Bildung (vergleiche die Grafik).

kontrovers:
gegeneinander gerichtet, strittig

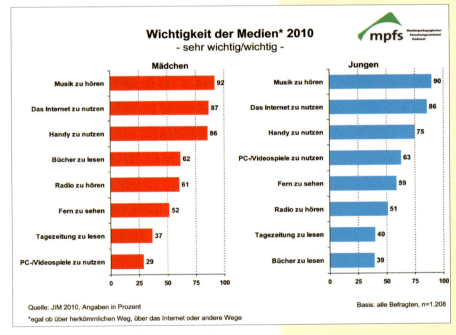

Aufgaben

1. In der eingangs gezeigten Grafik können Sie einige Massenmedien erkennen.
   a) Erarbeiten Sie in Ihrer Klasse eine Liste mit den Ihnen bekannten Massenmedien.
   b) Diskutieren Sie in der Klasse, welche Bedeutung die einzelnen Massenmedien für Sie persönlich haben.
2. Erörtern Sie in Ihrer Klasse, welche Chancen sich durch die Meinungs-, Informations- und Pressefreiheit eröffnen und welche Grenzen eingehalten werden müssen.
3. Ermitteln Sie anhand einer Hitliste in Ihrer Klasse, welche Medien bei Ihnen am beliebtesten sind. Vergleichen Sie Ihr Ergebnis mit der Grafik „Medien-Zeitvertreib der Jugendlichen".

Politische Meinungs- und Willensbildung

5.1.2 Bilder für Millionen – Welche Auswirkungen hat der Fernsehkonsum auf uns?

Unser Abendessen gibt es immer bei der Tagesschau. Das finde ich blöd, da wir uns nicht unterhalten können. Aber man weiß immer, was in der Welt los ist.

Ich schaue mir am liebsten Musik-Videos auf MTV/VIVA an, da kann ich häufig meine Lieblingsgruppe sehen. Außerdem bin ich immer auf dem neuesten Stand, was man so anzieht und welche Musik in ist.

Ich schaue am liebsten "Abenteuer Forschung" und "Quarks&Co", denn da kann man richtig was lernen.

Ich schaue nicht viel Fernsehen, aber die Serie "Verbotene Liebe" gefällt mir so gut, dass ich bisher noch keine Folge verpasst habe. Das ist manchmal schwer, da wir zu Hause kein Video haben. Ich musste schon Verabredungen absagen, um die Serie schauen zu können.

Schon gewusst? Die privaten Sender dürfen bis zu 20 % ihrer Sendezeit mit Werbeblöcken füllen. Das sind pro Stunde bis zu 12 Minuten.
Die öffentlich-rechtlichen Sender dagegen dürfen pro Tag nur 20 Minuten ihrer Sendezeit mit Werbung füllen. Nach 20.00 Uhr ist keine Werbung im herkömmlichen Sinne mehr erlaubt.

Das Massenmedium Fernsehen

Fernsehen gehört zu den Massenmedien und hat all die Funktionen zu erfüllen, die bereits im Abschnitt 5.1.1 besprochen wurden. Es ist ein faszinierendes Medium mit einer alles abdeckenden Programmvielfalt. Die Bedeutung des Fernsehens ist schon durch den großen Freizeitanteil, den ein jeder mit ihm verbringt, gegeben (vergleiche Seite 160). Hinzu kommt, dass durch Kabel- und Satellitenfernsehen das Fernsehen in den letzten Jahren immer beliebter wurde und der Fernsehkonsum beständig zunimmt.

"Blödsinn – diese Werbung"

Das Fernsehen besitzt eine hohe Glaubwürdigkeit. Der Grund dafür liegt in der Annahme, dass die Informationen im Fernsehen durch Bilder bewiesen werden können. Doch Tatsache ist, dass wir heute durch die zur Verfügung stehenden technischen Mittel häufig nicht mehr beurteilen können, ob es sich bei den Aufnahmen um echte oder manipulierte Bilder handelt. So werden z. B. Dinosaurier wieder zum Leben erweckt, oder ein Filmschauspieler schüttelt einem schon längst verstorbenen amerikanischen Präsidenten die Hand.

Auswirkungen des Fernsehkonsums

Durch den hohen Fernsehkonsum und die große Glaubwürdigkeit des Fernsehens mit seinen Nachrichten, Filmen,

Meinungsbildung mit und durch Medien

Reality-Shows, Werbesendungen, Talkshows usw. besteht die Gefahr, dass unser Verhalten manipuliert wird.

In der Zeit, die wir benötigen, um fernzusehen, wird unser Freizeitverhalten beeinflusst. So gehen z. B. soziale Kontakte im Jugendclub, Sportverein, in der Clique usw. zurück. Oder wir richten unsere Zeitplanung nach bestimmten Fernsehsendungen.

Inhalte und Aussagen von Fernsehsendungen können weitere Verhaltensänderungen bewirken. So wird insbesondere in der Werbung berichtet, wie man sich kleiden sollte, die Wohnung eingerichtet sein sollte, was man lieber essen und trinken sollte usw. Dies wird geschickt verpackt, sodass wir es oft nicht bewusst mitbekommen.

Darüber hinaus bieten uns Fernsehserien, Videoclips, Filme usw. Idole, Lifestyle, Charaktere und Helden im Überfluss an.

Im Kabel- oder Satellitenfernsehen gibt es immer mehr Programme, die ihren Schwerpunkt auf leichte Unterhaltung legen, wie z. B. Talkshows, Reality Shows oder Richtersendungen. Dadurch kann eine Flucht in imaginäre Welten (Scheinwelten) entstehen – mit der möglichen Folge, dass der eigene Antrieb, sich zu informieren, die schöpferische Kraft sowie das Bewusstsein für die Wirklichkeit drastisch abnehmen.

Hinzu kommen die oft diskutierten möglichen Auswirkungen bei Jugendlichen durch Gewaltdarstellungen im Fernsehen. Es kann zu aggressivem Verhalten, Schlafstörungen und Übererregbarkeit kommen. Untersuchungen haben ergeben, dass Kinder und Jugendliche ihr eigenes aggressives Verhalten sehr häufig durch Vorbilder aus Gewaltfilmen rechtfertigen. Allerdings können Gewaltdarstellungen im Fernsehen nicht als alleinige Ursache für ein aggressives Verhalten verantwortlich gemacht werden, sondern stehen im engen Zusammenhang mit dem sozialen Umfeld des Jugendlichen.

manipulieren: beeinflussen

Besser als in echt

Dass Fernsehen die Realität verzerrt, wussten wir schon lange. Jetzt ist bewiesen: Die Realität ahmt sogar das Fernsehen nach. [...] In Deutschland ist es nun passiert. Keine zehn Jahre versuchen sich Profirichterin Salesch und ihre Kollegen als Amateurschauspieler, und – zack – schon vertraut die Bevölkerung der Glotze mehr als der Realität. Seitdem, so klagt jetzt der deutsche Richterbund, würden immer mehr Zuschauer während der Verhandlungen ihre Kommentare in den Saal hineinrufen. Und sie glaubten, alle Fälle drehten sich um Sex und Überraschungszeugen, die in letzter Sekunde das Blatt wenden, klagen die Richter. Dabei weiß, wer einmal eine deutsche Gerichtsverhandlung besucht hat: Weniger Action gibt es nicht mal bei der Liveübertragung der Papst-Ostergrüße.

(aus: Financial Times Deutschland, 20.04.2009)

Als *Reality-TV* bezeichnet man ein Genre von Fernsehprogrammen, in dem möglichst genau versucht wird, die Wirklichkeit abzubilden. Geschieht dies in Form einer Show, so spricht man von einer *Reality-Show*.

Aufgaben

1. Diskutieren Sie in Ihrer Klasse, welche Bedeutung das Fernsehen für Sie hat, und vergleichen Sie Ihre Aussagen mit denen der Jugendlichen in der Abbildung.
2. Erstellen Sie eine Tabelle, in der Sie positive und negative Auswirkungen des Fernsehens gegenüberstellen. Finden Sie für die einzelnen positiven und negativen Auswirkungen konkrete Beispiele aus Ihrem Erfahrungsbereich.
3. Geben Sie die Aussagen in der Abbildung am Abschnittsbeginn in eigenen Worten wieder. Haben Sie schon ähnliche Erfahrungen gemacht? Sprechen Sie darüber in der Klasse.
4. Erarbeiten Sie in Kleingruppen einen Maßnahmenkatalog, wie Sie persönlich gegen die negativen bzw. ungewollten Auswirkungen des Fernsehkonsums vorgehen würden. Präsentieren Sie Ihre Ergebnisse in der Klasse.

Politische Meinungs- und Willensbildung

5.1.3 Die Rundfunklandschaft in der Bundesrepublik Deutschland

dual:
zwei, hier: zweigleisig

zensieren:
auf unerlaubte Inhalte durchsuchen und diese streichen

Während des nationalsozialistischen Regimes von 1933 bis 1945 hatte der Rundfunk in erster Linie einem politischen Zweck zu dienen. Er war weder frei noch unzensiert und stand unter direkter Staatsaufsicht. Er wurde zu Propagandazwecken missbraucht, um so die Bevölkerung zu beeinflussen. Nach dem Ende des Zweiten Weltkrieges legten die alliierten Besatzungsmächte die Grundlage für einen von staatlichen und wirtschaftlichen Einflüssen unabhängigen Rundfunk. Es entstanden Landesfunkanstalten, die als Einrichtungen der Gesellschaft per Gesetz und mit Staatsverträgen rechtlich abgesichert waren – also öffentlich-rechtliche Organisationen.

1950 schlossen sich die Landesfunkanstalten aus Kostengründen zu der Arbeitsgemeinschaft der öffentlich-rechtlichen Rundfunkanstalten Deutschland (ARD) zusammen. Sie veranstalten seit 1953 ein gemeinschaftliches Erstes Deutsches Fernsehprogramm und verbreiteten daneben eigene Hörfunk- und Fernsehsendungen. 1961 kam dann das durch die Länder gegründete Zweite Deutsche Fernsehen (ZDF) mit einem bundesweit einheitlichen Fernsehprogramm dazu.

Ab 1984 änderte sich die Medienlandschaft mit dem Erscheinen privater Hörfunk- und Fernsehanstalten, die zunächst nur über das Kabel- und Satellitennetz zu empfangen waren. So stehen heute öffentlich-rechtliche und private Rundfunkanstalten nebeneinander und werden als so genanntes duales Rundfunksystem bezeichnet.

Der kleine große Unterschied
Ob öffentlich-rechtlicher oder privater Rundfunk, finanzieren müssen sie sich beide. Die öffentlich-rechtlichen Rundfunkanstalten beziehen ihre Mittel aus Rundfunk- und Fernsehgebühren und Werbung. Rundfunk- und Fernsehgebühren werden durch die Gebühren-Einzugs-Zentrale (GEZ) erhoben, und jeder, der ein eigenes Radio oder Fernsehgerät besitzt, muss Gebühren entrichten. Personen mit geringem Einkommen können unter Umständen von dieser Gebührenpflicht befreit werden. Hierzu müssen sie einen Antrag auf Gebührenbefreiung an die GEZ richten. Auch Kinder, die im Haushalt leben und ein eigenes Rundfunkgerät betreiben, müssen keine Gebühren zahlen, wenn ihre Einkünfte, z. B. das BAFöG oder die Ausbildungsvergütung, unter dem Sozialhilferegelsatz liegen.

Der Werbeanteil darf bei den öffentlich-rechtlichen Rundfunkanstalten nicht länger als 20 Minuten je Werktag sein und nicht nach 20:00 Uhr erfolgen. Die privaten Rundfunkanstalten müssen sich ausschließlich durch Werbung finanzieren. Der Werbeanteil beträgt teilweise über 20 % der gesamten Sendezeit, und das rund um die Uhr. Da es sich hier um private Unternehmen handelt, steht die Gewinnerwirtschaftung an erster Stelle. So ist der Kampf um Einschaltquoten groß, denn diese bringen die Werbeaufträge und sichern somit die Einnahmen für die Sender.

Die Landesmedienanstalten
Der Rundfunk- bzw. Fernsehrat berät und kontrolliert die öffentlich-rechtlichen Rundfunkanstalten (siehe Grafik). Als Aufsichtsorgan für die privaten Rundfunkanstalten wurden seit 1984 in allen Bundesländern Landesmedienanstalten gegründet. Ihre Aufgaben bestehen in
- der Vergabe von Lizenzen für Hörfunk- und Fernsehprogramme und
- der Überwachung der bei Lizenzvergabe gemachten Vereinbarungen.

Darüber hinaus kontrollieren sie,
- ob die Bestimmungen zum Schutz der Jugend eingehalten werden,
- ob keine Sendungen gesendet werden, die Gewalt verherrlichen.

Organisationsschema der öffentlich-rechtlichen Rundfunkanstalten

Rundfunkgebühren für Hörfunk und Fernsehen monatlich in Euro

1995: 12,17 — 1997: 14,44 — 2001: 16,15 — 2005: 17,03 — 2009: 17,98 — 2011: 17,98

Hinweis:
Die Rundfunkgebühr in Deutschland soll 2013 grundlegend reformiert werden – weg von einer Gerätegebühr hin zu einer Haushaltsabgabe.

Aufgaben
1. Welche Gefahren stecken Ihrer Meinung nach im harten Wettbewerb der privaten Rundfunkanstalten um Einschaltquoten?
Machen Sie sich stichpunktartig Notizen.
2. Erläutern Sie mit eigenen Worten das Organisationsschema der öffentlich-rechtlichen Rundfunkanstalten.
3. Nehmen Sie sich ein Fernsehprogrammheft und vergleichen Sie Sendungen der öffentlich-rechtlichen und der privaten Fernsehsender, die an einem Tag laufen. Machen Sie sich Notizen und werten Sie das Ergebnis aus. Hinweis: Vergleichen Sie die Anzahl der Nachrichtensendungen, politischen Kommentare und Sendungen, Unterhaltungssendungen usw.

5.1.4 Das Internet – Chancen und Gefahren

EU kämpft gegen Mobbing im Internet

Der Terror begann mit einem Paar neuer Schuhe. Das hatte sich Alina gekauft, weil ihre beste Freundin Alex das gleiche hatte. Doch Alex war darüber sehr wütend. Wie sehr, das merkte Alina, als sie sich auf schuelerVZ einloggte, einem beliebten Internet-Netzwerk für Jugendliche und Kinder in Deutschland. „Dreckschlampe" stand plötzlich auf der Pinnwand der 14 Jahre alten Schülerin. Bald bildete sich auf schuelerVZ eine Alina-Hassgruppe, auf der anonyme Nutzer gegen das Mädchen hetzten, es täglich beleidigten und sogar gefälschte Bilder veröffentlichten.

Alinas Geschichte ist kein Einzelfall. Nach Angaben der Europäischen Kommission in Brüssel wurde bereits jeder fünfte Schüler in Deutschland im Internet gemobbt. In anderen EU-Ländern ist Cyber-Mobbing sogar noch verbreiteter. Untersuchungen ergaben, dass in Großbritannien jeder dritte Jugendliche und in Polen sogar jeder Zweite schon einmal im Netz fertig gemacht wurde. Cyber-Mobbing steht deshalb an diesem Dienstag im Zentrum des *Safer Internet Day*, an dem Schüler und Lehrer weltweit dazu aufgerufen sind, über die Gefahren im Internet zu diskutieren. […]

(Quelle: www.computerwoche.de, 09.02.2009)

Viele Menschen nutzen das Internet sowohl privat wie auch beruflich. Es ist mittlerweile allgegenwärtig: Auktionen, Einkäufe und Bankgeschäfte werden online abgewickelt. Auch Informationen können über das Internet schneller verbreitet werden. Nicht nur Zeitungen und Zeitschriften haben ihre eigenen Onlineangebote, auch die Parteien informieren im Netz über ihre Arbeit.

Ebenso als Wahlkampfplattform gewinnt das Internet immer mehr an Bedeutung. Vor allem in den USA wird der Wähler verstärkt über das Internet angesprochen, wie bei der Präsidentschaftswahl 2008 zu beobachten war. Dabei wird insbesondere auf Diskussionen und Meinungsaustausch unter den Benutzern gesetzt. In politischen Blogs kann der „Blogger" seine Meinung zu Themen verbreiten, aber auch mit anderen diskutieren.

Blogs sind nicht immer privat. Sie können auch von einer Partei betrieben sein. Häufig benutzen auch Politiker Blogs, in denen sie eine Art Tagebuch führen.

Neben diesen Funktionen von Blogs können sie aber auch, vor allem für Menschen in totalitären Systemen, eine Möglichkeit bieten ihre Meinung anonym frei zu äußern sowie auf Missstände hinzuweisen. Problematisch ist jedoch, dass auch Terroristen und Extremisten Propaganda über das Internet und über Blogs verbreiten können. Durch die Anonymität im Netz sind die Urheber einer Seite oft nicht ersichtlich, weshalb Informationen grundsätzlich kritisch hinterfragt werden sollten.

Gefahren des Internets

Durch die weltweite Vernetzung können Internetbenutzer innerhalb von Sekunden Seiten aus aller Welt aufrufen. So kann auch auf Inhalte zugegriffen werden, die in Deutschland verboten sind. Vor allem beim Jugendschutz gibt es Probleme.

Blog: Eine Art Journal im Internet. Der Betreiber („Blogger") schreibt über sein Leben und seine Ansichten. Andere Nutzer können Kommentare hinterlassen. So ist das Blog mit einem Internetforum vergleichbar.

ARPA: Advanced Research Projects Agency

Eine kurze Geschichte des Internets
Die Arbeitsgruppe des Verteidigungsministeriums der Vereinigten Staaten von Amerika (ARPA) hatte Ende der 60er-Jahre die Idee, ihre Rechner miteinander zu verbinden, um diese Großrechneranlage allen angeschlossenen Rechnern zugänglich zu machen. Das erste mit Telefonleitungen vernetzte Computernetz war geschaffen.

Da dieses Netzwerk nur für Akademien und Universitäten zugänglich war, die für die ARPA Forschung betrieben, gründeten Ende der 70er-Jahre große Universitäten ihr eigenes Computernetz, welches allen Universitäten offen stand.

Ein wichtiger Schritt zur Nutzung als universelles Kommunikationsnetz für die breite Öffentlichkeit war die Entwicklung des World Wide Web (WWW) 1990. Onlinedienste schossen wie Pilze aus dem Boden, um den Markt zu decken und preisgünstige Zugänge ins Internet anzubieten. Das World Wide Web breitete sich immer mehr aus und ist heute der am weitesten verbreitete Dienst im Internet.

Hinweis:
Bei Mobbing im Internet finden Sie u.a. Hilfe unter:
www.klicksafe.de

Meinungsbildung mit und durch Medien

So sind die Barrieren auf pornografischen Seiten für unter 18-Jährige häufig nach deutschen Maßstäben unzureichend. Auch verbotene Inhalte, wie z. B. Kinderpornografie, können durch die Anonymität des Internets verbreitet werden. Ebenso stellen die Verletzung der Privatsphäre (z. B. durch unerlaubt ins Internet gestellte Fotos) und die Missachtung von Urheberrechten Probleme dar.

Gefahren für Jugendliche liegen auch im Suchtpotenzial des Internets. So genannte „Multiplayer-Online-Spiele" können dazu führen, dass Spieler sich von der Realität, ihren Freunden und Familien entfernen. Im schlimmsten Fall können Grundbedürfnisse wie Essen, Trinken und Schlafen vergessen werden. Außerdem können durch die Monatsgebühren der Spiele finanzielle Probleme entstehen.

Auch die Risiken, die durch die Teilnahme an **sozialen Netzwerken** auftreten können, sollten nicht unterschätzt werden (siehe rechts).

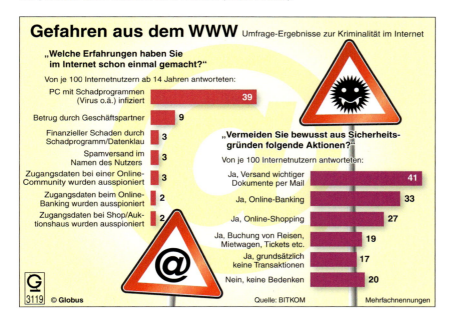

Risiken sozialer Netzwerke
Soziale Netzwerke wie beispielsweise Facebook oder Xing sind schon jetzt nicht mehr aus dem Leben vieler Menschen wegzudenken. Ein Profil bei solch einer Community ermöglicht es, bestehende Kontakte zu halten und neue zu knüpfen. Die Gefahren durch virtuelle Profile werden aber oftmals unterschätzt. Meist sind es gerade die Informationen, die ein Nutzer selbst oder unbewusst öffentlich macht, die für Personen, mit denen man privat nichts zu tun hat, interessant sind. Es können so nicht nur berufliche, sondern auch private Informationen, Hobbys und Status-Meldungen ausgespäht werden. Die veröffentlichten Hinweise können von Schnüfflern genutzt werden, um ein besseres Bild von jemandem zu bekommen, um ihn dann besser einzuschätzen. Nicht nur Arbeitgeber, auch Kreditinstitute, Versicherer oder Vermieter können diese Informationen einsehen und gegebenenfalls zum Nachteil der jeweiligen Person auslegen. Auch Online-Schwindlern wird durch eine zu freizügige Preisgabe von persönlichen Informationen eine gute Plattform geboten, um das Vertrauen der Nutzer zu gewinnen und am Ende auszunutzen. Diese Art von Spionage kann weder ausgeschlossen noch zurückverfolgt werden, der Profilbesitzer bekommt davon nämlich nichts mit.
Alle, die von sozialen Netzwerken Gebrauch machen, sollten sich auf ihr gesundes Misstrauen vor allem bei Freundschaftsanfragen verlassen. Auch ist es ratsam, die Privatsphäre-Einstellungen einzuschränken und nur sehr sparsam zu veröffentlichen.

Aufgaben

1. Lesen Sie den Zeitungsartikel am Beginn des Abschnitts durch. Was würden Sie tun, wenn Sie persönlich betroffen wären? Diskutieren Sie darüber in Ihrer Klasse.
2. Stellen Sie in einer Tabelle gegenüber, welche Gefahren und welche Chancen Sie im Internet sehen.
3. Informieren Sie sich in den Medien über aktuelle Versuche, die vom Internet ausgehenden Gefahren einzudämmen. Schlagen Sie eigene Maßnahmen vor.

Politische Meinungs- und Willensbildung

5.2 DAS POLITISCHE SYSTEM DER BUNDESREPUBLIK DEUTSCHLAND

5.2.1 Herzstück unseres Staates – das Grundgesetz

Veränderungen

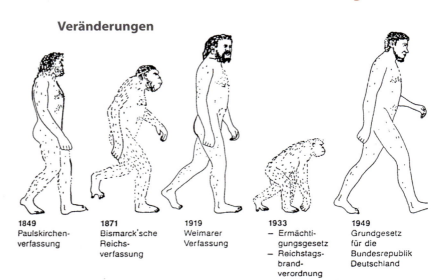

Parlamentarischer Rat:
Er bestand aus 65 Mitgliedern der Landtage der westdeutschen Länder. Es handelte sich hierbei um eine verfassungsgebende Versammlung, die unter dem Vorsitz Konrad Adenauers (1876–1967) in der Zeit vom 1. September 1948 bis 23. Mai 1949 den Entwurf des Grundgesetzes ausarbeitete.

Memorandum:
Denkschrift, Merkbuch

Warum heißt die Deutsche Verfassung Grundgesetz?
Um zu kennzeichnen,
• dass die volle Freiheit zur eigenständigen Verfassungsgebung nicht vorhanden war und
• das die Verfassung einen vorläufigen Charakter hat (vergleiche Artikel 146 GG)

Als im September 1948 der Parlamentarische Rat erstmals zusammentraf, war seine Aufgabe die Ausgestaltung einer Verfassung für die Bundesrepublik Deutschland – das Grundgesetz. Dabei spielten die historischen Erfahrungen eine große Rolle, die man
▪ mit der Weimarer Verfassung (vergleiche Abschnitt 6.1.1) und
▪ mit der katastrophalen Entwicklung im Dritten Reich gemacht hatte.
Man wollte sicherstellen, dass sich ein solches Unheil nicht mehr durch Fehler in der Verfassung wiederholen kann. Darüber hinaus nahmen die westlichen Besatzungsmächte Einfluss, indem sie dem Parlamentarischen Rat im November 1948 in einem Memorandum empfahlen, föderalistische Grundsätze stärker zu berücksichtigen. Nachdem der Parlamentarische Rat das Grundgesetz in einer Abstimmung mit 53 gegen 12 Stimmen angenommen hatte, wurde die Genehmigung durch die westlichen Besatzungsmächte erteilt. Am 24. Mai 1949 trat schließlich das Grundgesetz in Kraft.

Die herausragende Stellung der Grundrechte im Grundgesetz
Liest man im Grundgesetz, so fällt auf, dass die Grundrechte an erster Stelle im Grundgesetz stehen. Erst danach folgen die Grundlagen der staatlichen Ordnung.
Gerade weil während der Schreckensherrschaft der Nationalsozialisten im Dritten Reich die Menschenrechte auf abscheuliche Art und Weise verletzt worden waren, gab der Parlamentarische Rat den Grundrechten eine zentrale Stellung. Dies spiegelt sich dementsprechend in der Position der Grundrechte im Grundgesetz wider.

Das politische System der Bundesrepublik Deutschland

In den Grundrechten des Grundgesetzes wird sich im Wesentlichen auf **Menschenrechte** und **Bürgerrechte** beschränkt.

- Menschenrechte sind jedem Menschen seit seiner Geburt mitgegeben, unabhängig von seiner Herkunft oder Rasse. Sie sind unveräußerlich. Ausgangspunkt ist die unantastbare Würde des Menschen. Menschenrechte sind im Grundgesetz daran zu erkennen, dass von „allen Menschen" oder „jeder" gesprochen wird.
- Bürgerrechte sind Grundrechte, die nur allen Deutschen im Sinne des Grundgesetzes zustehen. Dazu gehört:
   Artikel 8 GG: (1) **Alle Deutschen** haben das Recht, sich ohne Anmeldung oder Erlaubnis friedlich und ohne Waffen zu versammeln.

Das Grundgesetz zielt auf die Geltung, den Schutz und die Wirksamkeit der Grundrechte durch
- ihren Anspruch auf unmittelbare Geltung,
- das Verbot ihrer Beseitigung,
- Sicherungen im Falle ihrer Einschränkung,
- Vorkehrungen für den Fall ihrer Verletzung.

Sicherung und Schutz der Grundrechte
Das Grundgesetz zielt auf die Geltung, den Schutz und die Wirksamkeit der Grundrechte durch
- *ihren Anspruch auf unmittelbare Geltung (siehe Artikel 1 Absatz 3)*
- *das Verbot ihrer Beseitigung (siehe Artikel 79 Absatz 3)*
- *Sicherungen im Falle ihrer Einschränkung (siehe Artikel 19 Absatz 1 Satz 1 und Satz 2, Artikel 19 Absatz 2)*
- *Vorkehrungen für den Fall der Verletzung (siehe Artikel 19 Absatz 4 und Artikel 93 Absatz 1)*

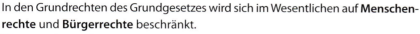

Die Grundrechte
Grundgesetz für die Bundesrepublik Deutschland, Artikel 1 bis 19

- Schutz der (1) Menschenwürde
- Freiheit der Person (2) — (3) Gleichheit vor dem Gesetz
- Glaubens- und Gewissensfreiheit (4) — (5) Freie Meinungsäußerung
- Schutz der Ehe und Familie (6) — (7) Elternrechte, staatliche Schulaufsicht
- Versammlungsfreiheit (8) — (9) Vereinigungsfreiheit
- Brief- und Telefongeheimnis (10) — (11) Recht der Freizügigkeit
- Freie Berufswahl (12) — (12a) Wehrdienst/Zivildienst
- Unverletzlichkeit der Wohnung (13) — (14) Eigentumsgarantie
- Überführung in Gemeineigentum (15) — (16) Staatsangehörigkeit, Auslieferung
- Asylrecht (16a) — (17) Petitionsrecht
- Aberkennung von Grundrechten (18) — (19) Rechtsweggarantie
- Volkssouveränität, Widerstandsrecht (20) — (101) Anspruch auf den gesetzlichen Richter
- Gleicher Zugang zu öffentlichen Ämtern (33) — (103) Anspruch auf rechtliches Gehör vor Gericht
- Wahlrecht (38) — (104) Schutz vor willkürlicher Verhaftung

ZAHLENBILDER
60 110
© Erich Schmidt Verlag

Aufgaben

1. Beschreiben Sie, was die eingangs gezeigte Karikatur über die Entwicklung deutscher Verfassungen aussagt.
2. Teilen Sie die Grundrechte – mithilfe des Grundgesetzes – tabellarisch in Menschenrechte und Bürgerrechte auf.
3. Erarbeiten Sie mithilfe der Übersicht „Sicherung und Schutz der Grundrechte" und dem Grundgesetz, wie die Grundrechte in der Bundesrepublik Deutschland geschützt werden. Tragen Sie Ihr Ergebnis in Form eines Kurzvortrages vor.

Politische Meinungs- und Willensbildung

5.2.2 Merkmale von Demokratie und Diktatur

Der Begriff **Demokratie** hat seinen Ursprung in den Stadtstaaten des antiken Griechenlands. Er bedeutete ursprünglich nur „Volksherrschaft".
Laut eines Urteils des Bundesverfassungsgerichtes hat die Demokratie folgende Merkmale:

- **Die Achtung der Menschenrechte**
   Die staatlichen Machtorgane sind verpflichtet, die Menschenrechte zu achten und zu garantieren. Die Menschen- bzw. Grundrechte sind für die Demokratie ausgesprochen wichtig. Sie stehen daher im Grundgesetz der Bundesrepublik Deutschland an erster Stelle (vergleiche Abschnitt 5.2.1).

- **Die Volkssouveränität**
   Volkssouveränität bedeutet, dass alle Macht des Staates vom Volk ausgeht. Die wahlberechtigte Bevölkerung bestimmt also durch Wahlen, wer staatliche Macht ausüben darf (siehe hierzu in Abschnitt 5.2.3 das Grundgesetz, Artikel 20 Absatz 2).

- **Die Gewaltenteilung**
   Gewaltenteilung bedeutet, dass die Staatsgewalt oder Staatsmacht nicht von einer Person oder einer Gruppe von Personen allein ausgeübt wird, sondern auf drei staatliche Machtorgane verteilt ist:
   – Legislative (gesetzgebende Gewalt),
   – Exekutive (ausführende/vollziehende Gewalt),
   – Judikative (rechtsprechende Gewalt).
   Diese drei Machtorgane sollen sich gegenseitig kontrollieren, damit die Bevölkerung vor einem Machtmissbrauch geschützt ist (siehe Abschnitt 5.2.4).

- **Die Verantwortlichkeit der Regierung**
   Eine demokratische Regierung muss sich für ihr Handeln vor dem Parlament verantworten. Das bedeutet, dass die Regierung bzw. der Regierungschef vom Parlament abgewählt werden kann. In Deutschland besteht die Möglichkeit, dass der Bundestag einen Bundeskanzler abwählt.

Formen der Demokratie:
- *Die unmittelbare oder direkte Demokratie:*
  Bei dieser ursprünglichsten Form der Demokratie entscheiden die Bürger selbst per Abstimmung alle wichtigen Fragen (z. B. einige Kantone der Schweiz).

- *Die mittelbare oder repräsentative Demokratie:*
  Hier wählen die Bürger in bestimmten zeitlichen Abständen Volksvertreter (Abgeordnete, Repräsentanten). Diese Volksvertreter stimmen anstelle der Bevölkerung über alle wichtigen Fragen ab. Diese Form der Demokratie ist bei großen Gemeinwesen notwendig, da Millionen von Bürgern nicht ständig über alles abstimmen können (z. B. Italien, Dänemark).

Das politische System der Bundesrepublik Deutschland

■ **Die Gesetzmäßigkeit der Verwaltung**
Die gesamte öffentliche Verwaltung muss sich in einer Demokratie an Gesetz und Ordnung halten.

■ **Die Unabhängigkeit der Richter**
Richter müssen unparteiisch entscheiden. Sie sind bei ihren Entscheidungen nur an die gültigen Gesetze gebunden. Keine Regierung und keine andere Macht darf ihnen vorschreiben, wie sie urteilen.

■ **Das Mehrparteienprinzip und die Chancengleichheit für alle politischen Parteien**
Im Gegensatz zu verschiedenen Diktaturen muss es in einer Demokratie mehrere unterschiedliche Parteien geben. Der Wähler kann sich bei einer demokratischen Wahl zwischen diesen frei entscheiden. Die konkurrierenden Parteien müssen im Wahlkampf die gleichen Chancen haben (vergleiche Abschnitt 5.3.1).

■ **Das Recht auf Opposition**
In einer Demokratie gibt es das Recht, politischer Gegner der Regierung zu sein. Diese so genannte Opposition kontrolliert die Regierung (siehe Abschnitt 5.2.7).

Diktatur ist die Herrschaft einer Person, Gruppe, Partei oder Klasse, die die alleinige Staatsmacht besitzt und sie ohne Einschränkung ausübt. Eine Diktatur besitzt folgende Merkmale:
■ Die Gewaltenteilung ist abgeschafft. Alle Staatsmacht liegt also in einer Hand. Die Diktatoren erlassen Gesetze, sprechen Recht und regieren, wie sie wollen.
■ Eine Opposition ist nicht erlaubt. Die Diktatoren werden nicht kontrolliert.
■ Es gibt keine Pressefreiheit.
■ Es gibt keine unabhängigen Richter.
■ Die Bevölkerung kann sich nicht auf Menschenrechte berufen, denn diese spielen keine Rolle in den Entscheidungen der Diktatoren.

• *Die parlamentarische Demokratie:*
Der Regierungschef wird von den Volksvertretern, dem Parlament, gewählt. Er wird vom Parlament kontrolliert und kann von diesem auch abgesetzt werden. In dieser Demokratieform ist der Regierungschef nicht gleichzeitig Staatsoberhaupt (z. B. Polen, Österreich).

• *Die präsidiale Demokratie:*
Der Regierungschef wird direkt von den wahlberechtigten Bürgern gewählt. Er wird als Präsident bezeichnet und ist auch das Staatsoberhaupt. Da der Präsident nicht vom Parlament gewählt wird, ist er diesem auch nicht verantwortlich. Er kann vom Parlament auch nicht abgesetzt werden (z. B. die USA).

Aufgaben

1. Betrachten Sie die beiden Fotografien auf der linken Seite. Ordnen Sie den Bildern entweder den Begriff „Demokratie" oder den Begriff „Diktatur" zu. Begründen Sie Ihre Entscheidung.
2. Ordnen Sie die Bundesrepublik Deutschland den Formen der Demokratie zu. Begründen Sie Ihre Zuordnung.
3. Stellen Sie in einer Tabelle stichpunktartig die Unterschiede zwischen Demokratie und Diktatur gegenüber.
4. Nennen Sie Beispiele für demokratische und diktatorische Staaten.
5. Beurteilen Sie die Aussagerichtigkeit der folgenden These: „In einer Diktatur gibt es auch immer politische Flüchtlinge."

Politische Meinungs- und Willensbildung

5.2.3 Das Fundament der Demokratie – die Verfassungsgrundsätze

Das **Grundgesetz (GG)** hat sich für die Republik und gegen die Monarchie entschieden. Das bedeutet die Ablehnung eines Königs oder Kaisers und die Einführung eines gewählten Staatsoberhauptes auf Zeit.

Artikel 20 Grundgesetz:
(1) Die Bundesrepublik Deutschland ist ein demokratischer und sozialer Bundesstaat.
(2) Alle Staatsgewalt geht vom Volke aus. Sie wird vom Volk in Wahlen und Abstimmungen und durch besondere Organe der Gesetzgebung, der vollziehenden Gewalt und der Rechtsprechung ausgeübt.
(3) Die Gesetzgebung ist an die verfassungsmäßige Ordnung, die vollziehende Gewalt und die Rechtsprechung sind an Gesetz und Recht gebunden.
(4) Gegen jeden, der es unternimmt, diese Ordnung zu beseitigen, haben alle Deutschen das Recht zum Widerstand, wenn andere Abhilfe nicht möglich ist.

Wer im Grundgesetz der Bundesrepublik Deutschland liest, wird früher oder später auf einen Artikel stoßen, der als „Verfassung in Kurzform" bezeichnet wird. Es handelt sich hierbei um den Artikel 20 GG. Was ist darunter zu verstehen?

Das Grundgesetz regelt die Aufgaben und die Organisation des Staates und darüber hinaus die verfassungsrechtliche Stellung der Bürger. Es stellt demnach die rechtliche Grundordnung unseres Staates dar. Der Artikel 20 GG enthält entscheidende Grundsätze über unseren Staatsaufbau und die politische und staatliche Ordnung. Hierzu zählen:

■ Demokratie, ■ Sozialstaat, ■ Bundesstaat und ■ Rechtsstaat

In Artikel 79 Absatz 3 des Grundgesetzes sind die unveränderbaren Kernelemente unserer Verfassung festgelegt. Demnach sind auch die Verfassungsgrundsätze unabänderbar.

Die Demokratie des Grundgesetzes

Die Bundesrepublik Deutschland ist ein demokratischer Staat, in dem die Staatsgewalt – durch Wahlen und Abstimmungen – vom Volk ausgeht. Das Volk wählt in bestimmten Abständen die Volksvertretungen des Bundes, der Länder und der Kommunen. Diese Form der Herrschaftsausübung wird auch als Volkssouveränität bezeichnet.

Der Sozialstaat im Grundgesetz

Die zentrale Zielsetzung des Sozialstaates ist das Prinzip der sozialen Gerechtigkeit. Dies wird in der Bundesrepublik mithilfe des sozialen Handelns des Staates angestrebt, z. B. in Form von Kindergeld, sozialer Steuervergünstigung, Sozialversicherungen, Arbeitsförderung, Sozialhilfe, Arbeitslosenhilfe usw. Die Ausgestaltung der sozialen Sicherung hängt zum einen von der wirtschaftlichen und sozialen Lage, aber auch vom gesellschaftlichen Bewusstsein ab. Das Sozialstaatsprinzip ist demnach ein sich wandelndes Prinzip, das einer ständigen Anpassung bedarf (vergleiche Abschnitt 3.1.1).

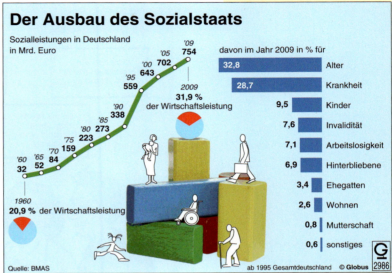

Der Bundesstaat im Grundgesetz
Die Bundesrepublik Deutschland setzt sich aus 16 Bundesländern zusammen. In Artikel 20 GG ist diese Gliederung des Staates in Bund und Länder verbindlich vorgeschrieben. Einen solchen Staatsaufbau bezeichnet man als föderalistisch (vergleiche Abschnitt 5.2.4).

Der Rechtsstaat im Grundgesetz
Der Rechtsstaat hat die Aufgabe, die Freiheit zur Entfaltung der Persönlichkeit und die Rechtsgleichheit des Einzelnen zu gewährleisten. Wichtige Grundsätze sind hierbei unter anderem:
- Garantie und Schutz der Grundrechte durch den Staat,
- Gewaltenteilung in Gesetzgebung, vollziehende Gewalt und Rechtsprechung,
- Bindung aller Staatsorgane an Gesetz und Recht,
- Bindung aller Gesetze an die verfassungsmäßige Ordnung,
- gerichtlicher Schutz gegen Rechtsverletzungen durch die öffentliche Gewalt,
- das Bundesverfassungsgericht als Hüter der verfassungsmäßigen Ordnung (vergleiche Abschnitt 5.2.10).

Das Widerstandsrecht
Das Widerstandsrecht in Artikel 20 Absatz 4 GG ist nur zulässig, wenn versucht wird, die Prinzipien Demokratie, Sozialstaat, Bundesstaat oder Rechtsstaat zu beseitigen. Der Widerstand kann sich dabei gegen die Staatsgewalt, revolutionäre Kräfte, einen Volksaufstand usw. richten. Der Widerstand ist das letzte Mittel, wenn alle anderen Möglichkeiten ausgeschöpft sind und die Institutionen des Rechtsstaates handlungsunfähig sind.

föderalistisch: bundesstaatlich

Das Grundgesetz kann nach Artikel 79 Absatz 2 durch ein Gesetz geändert werden (vgl. Abschnitt 5.2.8). Ein solches Gesetz bedarf aber der Zustimmung von zwei Dritteln *der Mitglieder des Bundestages und* zwei Dritteln *der Stimmen des Bundesrates. Die Artikel 1 und 20 des Grundgesetzes dürfen nicht geändert werden.*

Artikel 79 GG:
(3) Eine Änderung dieses Grundgesetzes, durch welche die Gliederung des Bundes in Länder, die grundsätzliche Mitwirkung der Länder bei der Gesetzgebung oder die in den Artikeln 1 und 20 niedergelegten Grundsätze berührt werden, ist unzulässig.

Aufgaben

1. Entwerfen Sie in Partnerarbeit oder Kleingruppen ein Plakat, das alle Verfassungsgrundsätze darstellt und stichpunktartig erläutert. Besteht die Möglichkeit, dann hängen Sie es in Ihrem Klassenraum auf.

2. Nehmen Sie zu der Abbildung am Abschnittsbeginn Stellung, indem Sie sich auf die Verfassungsgrundsätze und auch das Widerstandsrecht beziehen

Politische Meinungs- und Willensbildung

5.2.4 Wie der Staatsaufbau der Bundesrepublik gegliedert ist

Föderalismus:
kommt von dem lateinischen Wort foedus, was so viel bedeutet wie Bund, Bündnis oder Vertrag.

Kompetenz:
Zuständigkeit, Fähigkeit

Die **horizontale Gewaltenteilung** wird auch als klassische Gewaltenteilung bezeichnet. Sie wurde in ihrer Bedeutung bereits von dem griechischen Philosophen Aristoteles (384–322 v. Chr.) erkannt. Der Engländer John Locke (1632–1704) und der Franzose Charles de Montesquieu (1689–1755) arbeiteten sie theoretisch aus und forderten sie politisch.

Föderalismusreform:
Am 1. September 2006 wurde die Föderalismusreform mit der notwendigen Zweidrittelmehrheit in Bundestag und Bundesrat angenommen. Das Gesetz sieht eine Neugliederung in den Bereichen Gesetzgebungskompetenz, Beamtenrecht, Umwelt und Bildung vor. Besonders das Gesetzgebungsverfahren soll schneller und transparenter gestaltet werden. Aus diesem Grunde werden weniger Verfahren auf die Zustimmung des Bundesrates angewiesen sein.
Am 8. März 2007 hat sich eine Kommission aus Bundestag und Bundesrat gebildet, deren Aufgabe es ist, Vorschläge zur Modernisierung der Bund-Länder-Finanzbeziehungen zu erarbeiten. Diese Reform wird als Föderalismusreform II bezeichnet.

Föderalismus

Was ist Föderalismus?
1949 beschloss der Parlamentarische Rat (vgl. Abschnitt 6.2.2) die Einführung eines föderalistischen Systems. Das bedeutet, mehrere Gliedstaaten werden zu einem Gesamtstaat zusammengefasst. Dabei behalten die Gliedstaaten – in der Bundesrepublik Deutschland sind es die Bundesländer – weitreichende Entscheidungskompetenzen. In diesen Bereich der eigenständigen Entscheidung fallen z. B.:
■ Bildungswesen, ■ Polizei, ■ Kultur, ■ Gesundheitswesen,
■ Verwaltungsorganisation von Städten, Gemeinden und Landkreisen.
Darüber hinaus wirken die Bundesländer über den Bundesrat bei der Gesetzgebung des Bundes mit (vgl. Abschnitt 5.2.6).

Die Aufteilung staatlicher Macht zwischen Bund und Ländern wird als **vertikale Gewaltenteilung** bezeichnet. Neben dieser vertikalen Gewaltenteilung gibt es in der Bundesrepublik Deutschland noch die **horizontale Gewaltenteilung**. Hierbei handelt es sich um eine scharfe Trennung der Staatsgewalt in
■ Gesetzgebung (Legislative),
■ Verwaltung (Exekutive) und
■ Rechtsprechung (Judikative).
Das Ziel dieser doppelten Gewaltenteilung ist ein System gegenseitiger Kontrolle und Mäßigung.

Das politische System der Bundesrepublik Deutschland

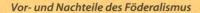

Vor- und Nachteile des Föderalismus	
Einige Vorteile	**Einige Nachteile**
■ **Vertikale Gewaltenteilung:** Da die staatlichen Aufgaben zwischen Bund und Ländern aufgeteilt sind, müssen sie zusammenarbeiten. Dadurch kontrollieren sie sich gegenseitig.	■ **Schwerfälliger Entscheidungsprozess:** Der Entscheidungsprozess ist schwerfällig, denn Bund und Länder müssen zum Teil langwierige Verhandlungen führen, bis es zu einer Entscheidung kommen kann.
■ **Mehr Demokratie:** Die Bürger haben nicht nur die Möglichkeit, bei der Bundestagswahl ihre Stimme abzugeben, sondern auch bei den Landtagswahlen. Das bedeutet mehr politische Beteiligung.	■ **Unübersichtliches System:** Das Zusammenwirken vieler politischer Zentren verwischt eine klare Abgrenzung der Kompetenzen. Dadurch können Entscheidungsprozesse für den Bürger undurchsichtig werden.
■ **Chance zum politischen Wechsel:** In den Bundesländern kann die Opposition politische Alternativen zur Bundesregierung anbieten, die durchaus die richtigen Antworten für bestimmte Länder darstellen. Dadurch wird der Wettbewerb der Parteien untereinander gefördert, und die Chancen für einen Wechsel werden ermöglicht.	■ **Uneinheitlichkeit:** Die Eigenständigkeit der Bundesländer führt zwangsläufig zu Unterschieden, so z. B. im Bildungswesen, sodass Zeugnisse und Ausbildungsnachweise nicht immer vergleichbar sind. Dadurch können sich bei einem Wohnortwechsel Nachteile für die Bürger ergeben.
■ **Einheit in Vielfalt:** Kulturelle Unterschiede, landsmannschaftliche Eigenheiten und Traditionen einzelner Länder bleiben erhalten. Jedes Bundesland kann sich nach seinen Gegebenheiten entwickeln.	■ **Hohe Kosten:** Die Bundesrepublik Deutschland hat 16 Landesregierungen, -parlamente und -verwaltungen. Kritiker des Bundesstaates behaupten, diese kosteten viel mehr Geld als die Organe eines Einheitsstaates.

Hinweis: Es gibt in der Politik immer wieder Diskussionen darüber, einzelne Bundesländer zusammenzulegen.
Die rechtliche Grundlage für solche Zusammenlegungen liefert der Artikel 29 des Grundgesetzes:

Artikel 29 Absatz 1:
Das Bundesgebiet kann neu gegliedert werden, um zu gewährleisten, dass die Länder nach Größe und Leistungsfähigkeit die ihnen obliegenden Aufgaben wirksam erfüllen können. […]

Viele Staaten der Erde sind nach ihrer Verfassung Bundesstaaten, z. B. die Vereinigten Staaten von Amerika, Kanada, Indien, die Schweiz und die Bundesrepublik Deutschland. In Frankreich gibt es keine Länder mit Eigenstaatlichkeit, sondern nur Verwaltungsprovinzen. Entsprechend gibt es auch nur ein Parlament, eine Verfassung und eine Regierung. Diese Staatsform wird als **Einheitsstaat** oder **Zentralstaat** bezeichnet.

Aufgaben

1. Entscheiden Sie sich für eine Antwort der Auszubildenden in der Abbildung am Abschnittsbeginn und begründen Sie Ihre Wahl.
2. Nennen Sie die Unterschiede zwischen horizontaler und vertikaler Gewaltenteilung.
3. Der Föderalismus hat Vor- und Nachteile. Finden Sie in Ihrer Klasse Argumente und Beispiele, die diese Vor- und Nachteile untermauern, und diskutieren Sie darüber.

Politische Meinungs- und Willensbildung

5.2.5 Das Spielfeld der Politik – der Deutsche Bundestag

Im Gegensatz zum freien Mandat gibt es das so genannte **imperative Mandat**. Hier müssen sich die Abgeordneten an Weisungen ihrer Wähler halten, ansonsten können sie abberufen werden. Dieses Mandat war z. B. in den Ständegesellschaften bis ins 19. Jahrhundert hinein üblich.

Fraktion: Mitglieder der gleichen Partei bilden eine Fraktion.

Disziplin: Gehorsam

Artikel 46 GG:
(1) Ein Abgeordneter darf zu keiner Zeit wegen seiner Abstimmung oder wegen einer Äußerung, die er im Bundestag oder in einem seiner Ausschüsse getan hat, gerichtlich oder dienstlich verfolgt oder sonst außerhalb des Bundestages zur Verantwortung gezogen werden. Dies gilt nicht für verleumderische Beleidigungen.
(2) Wegen einer mit Strafe bedrohten Handlung darf ein Abgeordneter nur mit Genehmigung des Bundestages zur Verantwortung gezogen oder verhaftet werden, es sei denn, dass er bei Begehung der Tat oder im Laufe des folgenden Tages festgenommen wird.

Die eigentliche parlamentarische Arbeit wird in Ausschüssen geleistet. Die Mitglieder der Ausschüsse sind Abgeordnete des Bundestages. Hier werden z. B. Gesetzesentwürfe diskutiert und entworfen.

Hinweis: Informationen zum Bundestag finden Sie unter: www.bundestag.de

Die Mitglieder des Deutschen Bundestages

Der Bundestag ist das einzige Verfassungsorgan auf Bundesebene, das vom Volk direkt gewählt wird (vgl. Abschnitt 5.3.3). Die Mitglieder des Deutschen Bundestages sind die Abgeordneten, sie gelten als Vertreter des gesamten Volkes. Sie sind nach Artikel 38 GG nicht an Aufträge und Weisungen ihrer Partei oder der Wähler gebunden. Die Abgeordneten haben ein freies Mandat, das ihnen ermöglicht, sich im Bundestag so zu entscheiden, wie es nach ihrem Gewissen notwendig ist. Da in der Regel jeder Abgeordnete das Mitglied einer Partei ist, deren Ziele und Aufgaben er mitbestimmt, ist er einer Fraktionsdisziplin verpflichtet. Dies bedeutet aber nicht, dass ein Abgeordneter zu einer bestimmten Ausübung gezwungen werden darf, denn Fraktionszwang ist verboten.

Das politische System der Bundesrepublik Deutschland

Um die Funktionsfähigkeit des Deutschen Bundestages zu schützen, stehen nach Artikel 46 GG dem Abgeordneten **Indemnität** (Art. 46 GG Abs. 1) und **Immunität** (Art. 46 GG Abs. 2) zu. Darüber hinaus hat der Abgeordnete nach Artikel 47 GG ein Zeugnisverweigerungsrecht. Vertrauliche Mitteilungen zwischen Bürgern und Abgeordneten werden somit geschützt.

Aufgaben des Deutschen Bundestages

Zu den wichtigsten Aufgaben des Bundestages zählen

- die Regierungsbildung (vergleiche Abschnitt 5.2.7),
- die Gesetzgebung (vergleiche Abschnitt 5.2.8),
- die Kontrolle der Exekutive (Regierung und Verwaltung).

Kontrolle der Exekutive

Die Kontrolle von Regierung und Verwaltung bedarf einer Vielzahl von Kontrollmitteln. So z. B.:

- **Das Budgetrecht** bildet den Rahmen für den Bundestag, wenn er durch das Haushaltsgesetz den Haushaltsplan des Bundes festlegt. Die Bundesregierung hat jedes Jahr Rechenschaft über die Ausgaben und Einnahmen des Staates abzulegen.
- Bei der **kleinen Anfrage** können schriftlich Fragen einer Fraktion an die Regierung gestellt werden. Diese müssen schriftlich beantwortet werden. Bei der **großen Anfrage** wird nach der schriftlichen Beantwortung zusätzlich eine Debatte im Plenum angesetzt. So werden wichtige politische Fragen öffentlich diskutiert.
- Die **aktuelle Stunde** kann von einer Fraktion zu einem aktuellen Thema beantragt werden. Die Diskussionsbeiträge werden im Plenum abgehalten. Jeder Redner hat dazu maximal fünf Minuten Zeit.
- In der **Fragestunde** können einzelne Abgeordnete Fragen an die Regierung stellen. Die Fragen müssen zuvor schriftlich eingereicht worden sein, sie werden dann in einer Plenarsitzung mündlich beantwortet.
- Der **Untersuchungsausschuss** ist ein Kontrollmittel, um z. B. Missstände in der Verwaltung oder Affären zu untersuchen. Er wird tätig, wenn ein Viertel der Mitglieder des Bundestags ihn beantragt.
- Das **konstruktive Misstrauensvotum** ist das Recht, den Bundeskanzler abzuberufen, indem die absolute Mehrheit des Bundestages einen neuen Kanzler wählt.
- Der **Petitionsausschuss** gehört zu den ständigen Ausschüssen des Bundestags. Jeder Bürger hat das Recht, Beschwerden oder Bitten an die Volksvertretung zu richten. Der Petitionsausschuss bearbeitet die Beschwerden und Bitten und leitet die Ergebnisse an den Bundestag weiter.

Weitere Aufgaben des Bundestages sind z. B.:

- *Mitwirkung bei der Wahl des Bundespräsidenten (vergleiche Abschnitt 5.2.9)*
- *Wahl der Hälfte der Bundesverfassungsrichter (vergleiche Abschnitt. 5.2.10)*

Möchten Sie mit Ihrer Klasse den Bundestag besuchen und eine Plenarsitzung miterleben? *Es ist möglich, eine Plenarsitzung auf der Besuchertribüne live mitzuerleben. Dazu ist eine schriftliche Anmeldung notwendig. In der Anmeldung müssen neben Anschrift und Telefonnummer auch die Anzahl der Besucher sowie gewünschtes Datum und Uhrzeit angegeben werden. Aufgrund der großen Nachfrage sollten Sie auch zusätzliche Ausweichtermine angeben. Diese Anmeldung schicken Sie dann an:*
Deutscher Bundestag
- Besucherdienst -
Platz der Republik 1
11011 Berlin

Absolute Mehrheit: *vergleiche Abschnitt 5.3.3*

Für seine Tätigkeit erhält der Abgeordnete ein Einkommen, Diäten genannt. Da es sich bei seiner politischen Ausübung um eine Ganztagsbeschäftigung handelt, die mit großer Belastung und Verantwortung verknüpft ist, hat er Anspruch auf eine angemessene Entlohnung. In der Öffentlichkeit werden die Höhe der Einkünfte und die Tatsache, dass die Abgeordneten selbst die Entlohnung festlegen, oft kritisiert.

Aufgaben

1. Erklären Sie Peter in schriftlicher Form den Aufbau und die wesentlichen Aufgaben des Deutsches Bundestags.
2. Bringen Sie in Erfahrung, welcher Bundestagsabgeordnete in Ihrem Wahlkreis tätig ist und was er für seinen Wahlkreis leistet.
3. Beschreiben Sie mit eigenen Worten den Unterschied zwischen Indemnität und Immunität.
4. Diskutieren Sie in Ihrer Klasse, warum es zur Kontrolle der Exekutive einer so großen Anzahl von Kontrollmitteln bedarf.

5.2.6 Ländereinfluss auf die Bundespolitik – der Bundesrat

Die Stimmen der Bundesländer im Bundesrat teilen sich wie folgt auf	
Bundesland	**Stimmen**
Nordrhein-Westfalen	6
Bayern	6
Baden-Württemberg	6
Niedersachsen	6
Hessen	5
Sachsen	4
Rheinland-Pfalz	4
Berlin	4
Sachsen-Anhalt	4
Thüringen	4
Brandenburg	4
Schleswig-Holstein	4
Mecklenburg-Vorpommern	3
Hamburg	3
Saarland	3
Bremen	3

Bei den Landtagswahlen entscheidet der Wähler über die Landesregierung und die Zusammensetzung des Landtages. Indirekt wird mit der Landtagswahl festgelegt, wer im Bundesrat Stimme und Sitz erhält.

Mitglieder und Aufbau des Deutschen Bundesrates
Der Deutsche Bundesrat setzt sich nach Artikel 51 des Grundgesetzes aus Mitgliedern der Regierungen der Länder zusammen. Jede Landesregierung entsendet demnach Regierungsmitglieder in den Bundesrat. Das können die Ministerpräsidenten und Minister der Länder und die Bürgermeister und Senatoren der Stadtstaaten sein. Da es keine Bundesratswahlen gibt, stellt er verfassungsrechtlich ein „ewiges Organ" dar. Nur die Landtagswahlen haben Einfluss auf seine Zusammensetzung und erneuern ihn von Zeit zu Zeit.

Jedes Bundesland hat entsprechend seiner Einwohnerzahl zwischen 3 und 6 Stimmen. Zurzeit hat der Bundesrat insgesamt 69 Stimmen. Jede Stimme steht für ein Mitglied im Bundesrat.

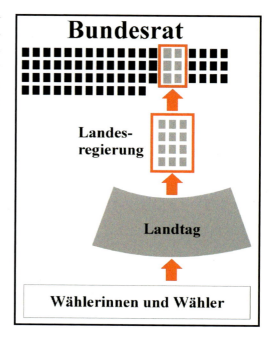

Das politische System der Bundesrepublik Deutschland

Das Grundgesetz schreibt vor, dass jedes Land seine Stimmen nur einheitlich abgeben darf. Die Landesregierungen müssen sich also im Vorfeld jeder Bundesratssitzung einigen, wie ihre Stimmen abgegeben werden sollen. Für einen Beschluss im Bundesrat ist in der Regel die absolute Mehrheit (35 Stimmen) erforderlich. Bei einer Verfassungsänderung muss eine Zweidrittelmehrheit (46 Stimmen) erreicht werden.

Organe des Bundesrates:
- **Bundesratspräsident:** Jedes Jahr wird der Regierungschef eines Landes zum Bundesratspräsidenten gewählt. Die wichtigsten Aufgaben des Bundesratspräsidenten liegen in der Einberufung und Leitung der Plenarsitzungen, der Vertretung des Bundesrates nach außen und der **Vertretung des Bundespräsidenten**, wenn dieser verhindert ist oder sein Amt vorzeitig beendet.
- **Ausschüsse:** Die eigentliche Arbeit wird im Bundesrat in den Ausschüssen geleistet. Hier werden alle eingereichten Vorlagen beraten und dem Plenum entsprechende Empfehlungen gegeben.
- **Plenum:** Das Plenum, auch Vollversammlung genannt, tagt meistens im Abstand von drei Wochen. Auf der Basis der Empfehlungen der Ausschüsse fasst das Plenum verbindliche Beschlüsse.
- **Ständiger Beirat:** Der ständige Beirat wird von 16 Bevollmächtigten der Länder gebildet. Seine Aufgabe ist es, wichtige Informations- und Koordinationsaufgaben wahrzunehmen. Er ist darüber hinaus als beratendes Gremium für den Bundesratspräsidenten und das Präsidium tätig.

Aufgabe des Deutschen Bundesrates
Zu den wesentlichen Aufgaben des Deutschen Bundesrates zählen:
- Mitwirkung bei der Gesetzgebung des Bundes (vergleiche Abschnitt 5.2.8),
- Mitwirkung bei der Verwaltung des Bundes: Die meisten Rechtsverordnungen und allgemeinen Verwaltungsvorschriften erfordern eine Zustimmung des Bundesrates. Hierbei haben Länder oft wichtige Entscheidungen zu treffen, so z. B. beim Lebensmittelrecht, beim Umweltschutz oder beim Straßenverkehrsrecht. Auf diese Weise ist eine wirksame Kontrolle über den weiten Bereich der Verwaltung des Bundes möglich.

Zurzeit hat der Bundesrat 16 Ausschüsse:
- *Agrar*
- *Arbeit und Sozialpolitik*
- *Auswärtige Angelegenheiten*
- *Europa*
- *Familie und Senioren*
- *Finanzen*
- *Frauen und Jugend*
- *Gesundheit*
- *Inneres*
- *Kultur*
- *Recht*
- *Umwelt*
- *Verkehr*
- *Verteidigung*
- *Wirtschaft*
- *Wohnungsbau*

Aufgaben

1. Bringen Sie in Erfahrung, welche aktuellen Gesetzesentwürfe zurzeit im Bundesrat beraten werden. Nutzen Sie hierzu Nachrichtensendungen, Tageszeitungen oder das Internet. Verfolgen Sie die aktuelle Entwicklung und berichten Sie anhand eines Beispiels darüber in Ihrer Klasse.
2. Die Anzahl der Stimmen im Bundesrat richtet sich nach der Bevölkerungszahl eines jeden Bundeslandes. Diskutieren Sie in Ihrer Klasse, ob es sich hierbei um ein gerechtes Verfahren handelt oder ob es noch andere Möglichkeiten geben könnte.
3. In den 50er-Jahren wurde u.a. folgendes Motto für den Wahlkampf ausgegeben: „Deine Wahl im Hessenstaat zählt im Bonner Bundesrat." Erläutern Sie die Bedeutung dieses Wahlkampfslogans.

Politische Meinungs- und Willensbildung

5.2.7 Die Akteure im Deutschen Bundestag – Regierungsfraktionen und Opposition

Artikel 65 GG:
Der Bundeskanzler bestimmt die Richtlinien der Politik und trägt dafür die Verantwortung. Innerhalb dieser Richtlinien leitet jeder Bundesminister seinen Geschäftsbereich selbstständig und unter eigener Verantwortung. Über Meinungsverschiedenheiten zwischen den Bundesministern entscheidet die Bundesregierung. Der Bundeskanzler leitet ihre Geschäfte nach einer von der Bundesregierung beschlossenen und vom Bundespräsidenten genehmigten Geschäftsordnung.

Ressort:
Arbeits- und Aufgabengebiet

Der **Stellvertreter** des Bundeskanzlers ist ein von ihm ernannter Bundesminister.

Die Bundesregierung

Die Bundesregierung muss sich nach Artikel 62 GG aus dem Bundeskanzler bzw. der Bundeskanzlerin und den Bundesministern zusammensetzen. Sie bilden das so genannte Kabinett. Die Bundeskanzlerin bzw. der Bundeskanzler wird auf Vorschlag des Bundespräsidenten vom Bundestag mit der absoluten Mehrheit der Abgeordneten gewählt. Die Minister werden auf Vorschlag des Bundeskanzlers bzw. der Bundeskanzlerin vom Bundespräsidenten ernannt bzw. entlassen. Die Aufgabe der Bundesregierung ist es, die politische Führung in der Bundesrepublik Deutschland zu übernehmen, indem sie den Willen der parlamentarischen Mehrheit politisch umsetzt. Zu den Besonderheiten der Arbeit der Bundesregierung gehören nach Artikel 65 GG:
- Kanzlerprinzip
- Ressortprinzip
- Kollegialprinzip

Das politische System der Bundesrepublik Deutschland

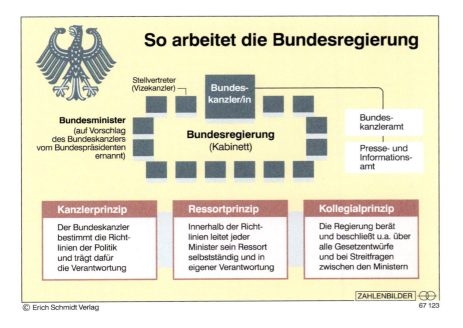

oppositionell:
gegensätzlich, gegnerisch

Zu den wichtigen Funktionen der Opposition gehören:
- *Kritik und Kontrolle der Regierung durch z. B. kleine und große Anfragen oder Untersuchungsausschüsse.*
- *Mitwirkung bei Gesetzgebungsverfahren durch Vorschläge und Einwände, um so die Gesetze in ihrem Sinn zu verbessern.*
- *Anbieten von Alternativen im sachlichen und personellen Bereich, um für einen Regierungswechsel bereitzustehen.*
- *Informieren der Öffentlichkeit über die eigenen politischen Vorhaben und Sachthemen.*

Die Opposition

All die Abgeordneten des Deutschen Bundestages, die nicht zur Regierungsmehrheit zählen, gehören zur Opposition. Der Begriff „Opposition" kommt im Grundgesetz nicht vor. Durch das Bundesverfassungsgericht wurde aber festgeschrieben, dass das Recht, eine Opposition zu bilden und auszuüben, zu den grundlegenden Prinzipien der freiheitlich demokratischen Grundordnung gehört. Die Opposition als politische Gegenkraft zur Regierungsmehrheit ist somit ein unverzichtbarer Bestandteil einer jeden parlamentarischen Demokratie. Die Oppositionsarbeit zielt darauf ab, die Regierungsverantwortung zu übernehmen, indem sie den Wähler von der Notwendigkeit eines politischen Richtungswechsels überzeugt.

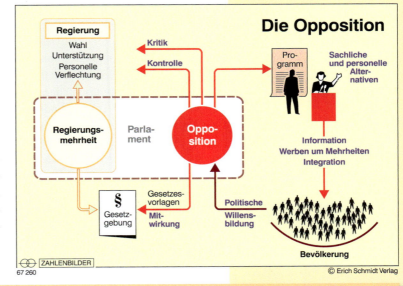

Aufgaben

1. Was will der Zeichner mit der Karikatur zu Beginn des Abschnitts zum Ausdruck bringen? Fassen Sie Ihre Meinung stichpunktartig zusammen und präsentieren Sie sie der Klasse.
2. Wie setzt sich die derzeitige Bundesregierung zusammen? Bringen Sie die Namen der Bundesministerinnen und Bundesminister in Erfahrung und ordnen Sie die einzelnen Personen ihrem jeweiligen Ministerium zu.
3. Begründen Sie mit eigenen Worten, warum die Oppositionsarbeit so wichtig für unsere parlamentarische Demokratie ist.
4. Wie gehen Regierung und Opposition in Bundestagsdebatten sprachlich miteinander um? Sehen Sie sich hierzu Ausschnitte aus einer Bundestagsdebatte an und beurteilen Sie die Art und Weise der Auseinandersetzung.

Politische Meinungs- und Willensbildung

5.2.8 Wie ein Gesetz entsteht

Artikel 76 GG:
(1) Gesetzesvorlagen werden beim Bundestag durch die Bundesregierung, aus der Mitte des Bundestages oder durch den Bundesrat eingebracht.

Initiativrecht:
das Recht, Gesetzesvorlagen einzubringen

Gesetzesvorlagen der Bundesregierung
werden zunächst dem Bundesrat zur Stellungnahme zugeleitet. Erst nach dieser Stellungnahme kann die Gesetzesvorlage im Bundestag eingereicht werden.

Gesetzesvorlagen des Bundesrats
müssen zunächst an die Bundesregierung geleitet werden. Die Bundesregierung leitet dann die Gesetzesvorlage mit einer eigenen Stellungnahme an den Bundestag weiter.

Gesetzesvorlagen aus der Mitte des Bundestages
können nur von einer Fraktion oder mindestens 5 % der Abgeordneten eingereicht werden.

Opposition:
siehe Seite 187

Nach Artikel 76 des Grundgesetzes hat das Initiativrecht zur Gesetzesvorlage
- die Bundesregierung,
- der Bundestag,
- der Bundesrat.

Mit dem Einbringen eines Gesetzentwurfs beim Bundestag beginnt das eigentliche Gesetzgebungsverfahren.

Alle Gesetzentwürfe müssen im Bundestag dreimal beraten werden. Diese Beratungen werden Lesungen genannt.

- In der **ersten Lesung** findet eine Aussprache über die Gesetzesvorlage nur bei politisch wichtigen Entwürfen statt. Der Gesetzentwurf wird an einen Ausschuss oder in besonderen Fällen an mehrere Ausschüsse überwiesen. Im Ausschuss werden die Gesetzesvorlagen geprüft und mehr oder weniger stark verändert. Der Ausschuss gibt dann die Gesetzesvorlage mit einer Beschlussempfehlung an den Bundestag zurück.
- In der **zweiten Lesung** werden die einzelnen Vorschriften der Gesetzesvorlage einzeln beraten, Änderungsanträge durch einzelne Abgeordnete gestellt und zur Abstimmung aufgerufen.
- Die **dritte Lesung** erfolgt sofort nach der zweiten Lesung, wenn keine Änderungsanträge angenommen wurden. Der Schwerpunkt der dritten Lesung ist die allgemeine Aussprache im Plenum. Regierung und Opposition legen ihre Entscheidungen dar und begründen diese. Der Adressat dieser Aussprache ist in erster Linie die Öffentlichkeit. Die dritte Lesung endet mit der Schlussabstimmung. Dadurch wird die Gesetzesvorlage zum Gesetz, das noch durch den Bundesrat geprüft werden muss.

An dieser Stelle muss nun unterschieden werden, um welches Gesetz es sich handelt. Denn dadurch wird der weitere Gang der Gesetzgebung bestimmt.

Das politische System der Bundesrepublik Deutschland

Zustimmungsgesetze sind Gesetze, die Länderrecht und Länderinteressen berühren. Sie benötigen eine Zustimmung durch den Bundesrat, um in Kraft treten zu können. Hierzu zählen Gesetze, die

- das Grundgesetz ändern,
- Einfluss auf die Finanzen der Länder haben,
- die Verwaltungshoheit der Länder betreffen.

Einfache Gesetze, auch **Einspruchsgesetze** genannt, sind Gesetze, die keine Zustimmung durch den Bundesrat benötigen, um in Kraft treten zu können. Der Bundesrat hat hier nur die Möglichkeit, Einspruch einzulegen. Er kann aber durch den Bundestag überstimmt werden.
Der genaue Ablauf der Gesetzgebung lässt sich anhand der nebenstehenden Grafik nachvollziehen. Eine zentrale Rolle nimmt hierbei der Vermittlungsausschuss ein.

Der **Vermittlungsausschuss** setzt sich im gleichen Verhältnis aus Mitgliedern des Bundestages und des Bundesrates zusammen. Er kann bei Meinungsverschiedenheiten über ein strittiges Gesetz angerufen werden. Je nachdem, ob es sich um Einspruchsgesetze oder Zustimmungsgesetze handelt, können Bundesrat, Bundesregierung oder Bundestag den Vermittlungsausschuss anrufen (siehe die Grafik). Seine Hauptaufgabe besteht darin, zwischen Bundestag und Bundesrat zu vermitteln, was häufig in einem Kompromissvorschlag endet. Die Sitzungen des Vermittlungsausschusses sind nicht öffentlich.

Sind alle Hürden der Gesetzgebung genommen, da der Bundesrat einem Gesetz des Bundestages zugestimmt hat, keinen Einspruch eingelegt hat oder der Einspruch zurückgewiesen wurde, wird das Gesetz ausgefertigt. Hierbei unterschreiben zunächst die Fachminister und der Bundeskanzler. Das Gesetz wird dann dem Bundespräsidenten zur Unterschrift und Verkündung zugeleitet. Das neue Gesetz wird zu guter Letzt im Bundesgesetzblatt veröffentlicht.

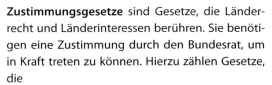

Aufgaben

1. Beantworten Sie mit eigenen Worten die Frage der Person aus dem Eingangsbild. Fassen Sie Ihre Antwort stichpunktartig zusammen und tragen Sie sie in Ihrer Klasse vor.
2. Verfolgen Sie an einem aktuellen Beispiel den Verlauf der Gesetzgebung in den Medien. Unterscheiden Sie, ob es sich hierbei um ein Zustimmungsgesetz oder Einspruchsgesetz handelt. Erstellen Sie ein Plakat, das den Gang der Gesetzgebung für Ihr Beispiel deutlich zeigt.

Politische Meinungs- und Willensbildung

5.2.9 Oberster Repräsentant des Staates – der Bundespräsident

Hinweis:
Das Amt des Bundespräsidenten ist bisher nur von Männern besetzt worden (vergleiche die weiter unten folgende Liste).
Natürlich kann dieses Amt auch von einer Frau ausgeführt werden.

> ### Amtseid des Bundespräsidenten
>
> „Ich schwöre, dass ich meine Kraft dem Wohle des deutschen Volkes widmen, seinen Nutzen mehren, Schaden von ihm wenden, das Grundgesetz und die Gesetze des Bundes wahren und verteidigen, meine Pflichten gewissenhaft erfüllen und Gerechtigkeit gegen jedermann üben werde. So wahr mir Gott helfe."
>
> **Artikel 56 GG**

Der Bundespräsident ist das Staatsoberhaupt der Bundesrepublik Deutschland und stellt ein eigenständiges Verfassungsorgan dar.

Die Wahl des Bundespräsidenten

Für die Neuwahl eines Bundespräsidenten tritt alle fünf Jahre, spätestens 30 Tage vor Ende der Amtszeit des amtierenden Bundespräsidenten, die Bundesversammlung zusammen. Sie besteht aus allen Abgeordneten des Deutschen Bundestages und aus einer gleich großen Anzahl von Mitgliedern, die von den Volksvertretungen der Länder gewählt werden. Die Größe der Bundesversammlung kann demnach variieren, da sie abhängig von der Mitgliederzahl des Bundestages ist. Wie viele Mitglieder jedes Länderparlament entsenden darf, hängt von der Größe des jeweiligen Bundeslandes ab.

Deutsche Bundespräsidenten und ihre Amtszeit:	
Theodor Heuss	(1949-1959)
Heinrich Lübke	(1959-1969)
Gustav Heinemann	(1969-1974)
Walter Scheel	(1974-1979)
Karl Karstens	(1979-1984)
Richard von Weizsäcker	(1984-1994)
Roman Herzog	(1994-1999)
Johannes Rau	(1999-2004)
Horst Köhler	(2004-2010)
Christian Wulff	(seit 2010)

Zunächst müssen Vorschläge für einen neuen Bundespräsidenten gesammelt werden. Jedes Mitglied der Bundesversammlung ist berechtigt, einen Wahlvorschlag einzureichen. Als Kandidat kann jede und jeder Deutsche, die oder der das Wahlrecht zum Deutschen Bundestag besitzt und mindestens 40 Jahre alt ist, benannt werden.

Die Wahl erfolgt geheim und ohne vorherige Debatten. Gewählt ist, wer die meisten Stimmen auf sich vereinen kann. Hat im ersten Wahlgang keiner der Kandidaten die absolute Mehrheit erreicht, kommt es zu einem weiteren Wahlgang. Gibt es auch im zweiten Wahlgang keine absolute Mehrheit für eine Kandidatin oder einen Kandidaten, wird schließlich in einem dritten Wahlgang die Kandidatin oder der Kandidat mit den meisten Stimmen die Wahl für sich entscheiden.

Schon Gewusst?
Aufgrund massiver Kritik an Äußerungen zu den Auslandseinsätzen der Bundeswehr in Afghanistan ist Horst Köhler 2010 mit sofortiger Wirkung von seinem Amt zurückgetreten.

Der neu gewählte Bundespräsident hat nun eine Amtszeit von fünf Jahren vor sich. Er kann nur einmal wiedergewählt werden.

Aufgaben des Bundespräsidenten

Die Weimarer Verfassung hatte seinerzeit den Reichspräsidenten mit umfangreichen Machtbefugnissen ausgestattet (vergleiche Abschnitt 6.1.1). Mit diesen Befugnissen, insbesondere dem Notverordnungsrecht, hatte Reichspräsident von Hindenburg den Weg zur nationalsozialistischen Machtübernahme geebnet (vergleiche Abschnitt 6.1.2). Der Parlamentarische Rat hatte dieses unheilvolle

Das politische System der Bundesrepublik Deutschland

Ereignis bei der Gestaltung des Grundgesetzes mit berücksichtigt und dem Bundespräsidenten eine wesentlich schwächere Stellung zugewiesen. Zu den klassischen Aufgaben des Bundespräsidenten zählen die Repräsentation der Bundesrepublik Deutschland und ihre völkerrechtliche Vertretung (vergleiche Artikel 59 GG). Weitere Aufgaben sind in der folgenden Grafik dargestellt:

Artikel 59 GG:
(1) Der Bundespräsident vertritt den Bund völkerrechtlich. Er schließt im Namen des Bundes die Verträge mit auswärtigen Staaten. Er beglaubigt und empfängt die Gesandten.

Artikel 60 GG:
(1) Der Bundespräsident ernennt und entlässt die Bundesrichter, die Bundesbeamten, die Offiziere und Unteroffiziere, soweit gesetzlich nichts anderes bestimmt ist.
(2) Er übt im Einzelfall für den Bund das Begnadigungsrecht aus.

Weitere Informationen über den Bundespräsidenten finden Sie im Internet unter:
www.bundespraesident.de

Schon gewusst?

Nach Artikel 82 Grundgesetz gehört die Prüfung, Unterzeichnung und Verkündung von Bundesgesetzen zu den Aufgaben des Bundespräsidenten (vergleiche die Grafik). Mit anderen Worten, wenn er sich weigert, ein Gesetz zu unterzeichnen, tritt es nicht in Kraft. Ein Beispiel hierfür: Im Dezember 2006 wies Bundespräsident Horst Köhler das Verbraucherinformationsgesetz zurück, da es aus seiner Sicht nicht mit Artikel 84 vereinbar ist. Bereits wenige Wochen vorher, im Oktober 2006, hatte er seine Zustimmung zum Gesetz über die Teilprivatisierung der Flugsicherung verweigert.
In der Geschichte der Bundesrepublik kam ein Nein des Bundespräsidenten erst acht Mal vor.

Aufgaben

1. Besprechen Sie den Inhalt des Amtseides, den der Bundespräsident bei seinem Amtsantritt leisten muss. Führen Sie hieraus Rückschlüsse auf seine Tätigkeit und notieren Sie diese stichpunktartig.
2. Welche Vor- und Nachteile sehen Sie darin, dass der Bundespräsident durch die Bundesversammlung und nicht direkt durch das Volk gewählt wird?
3. Recherchieren Sie den politischen Werdegang des jetzigen Bundespräsidenten.
Hinweis: Nutzen Sie das Internet oder setzen Sie sich mit der Pressestelle des Bundespräsidialamtes in Verbindung, um aktuelle Informationen zu erhalten.

Politische Meinungs- und Willensbildung

5.2.10 Hüter des Grundgesetzes – das Bundesverfassungsgericht

Das Bundesverfassungsgericht hat seinen Sitz in Karlsruhe. Es ist ein selbstständiges und unabhängiges Verfassungsorgan mit der Aufgabe, über die Einhaltung des Grundgesetzes zu wachen und für die Durchsetzung der Grundrechte zu sorgen.
Die Entscheidungen des Bundesverfassungsgerichts sind unantastbar und für alle Staatsorgane verbindlich. In Artikel 93 GG ist die Zuständigkeit des höchsten deutschen Gerichtes festgelegt. So entscheidet das Gericht z. B. über

- Auslegung des Grundgesetzes,
- Vereinbarkeit von Bundesrecht und Landesrecht mit dem Grundgesetz,
- Meinungsverschiedenheiten über Rechte und Pflichten des Bundes und der Länder,
- Verfassungsbeschwerden von Bürgern, die in ihren Grundrechten durch die öffentliche Gewalt verletzt wurden,
- Verfassungsbeschwerden von Gemeinden und Gemeindeverbänden wegen Verletzung des Rechtes auf Selbstverwaltung.

Die Organisation des Bundesverfassungsgerichtes

Das Bundesverfassungsgericht besteht aus 16 Richterinnen und Richtern, welche in zwei Senaten zu je 8 Mitgliedern aufgeteilt sind. Sie werden je zur Hälfte vom Bundestag und Bundesrat gewählt. Die Amtszeit der Richterinnen und Richter beträgt 12 Jahre, längstens bis zum 68. Lebensjahr.

Gesamte Verfahrenseingänge beim Bundesverfassungsgericht

Jahr	Verfahrenseingänge
1951	481
1955	594
1960	1382
1965	1504
1970	1677
1975	1588
1980	3107
1985	3141
1990	3400
1995	5246
1999	4885
2000	4831
2001	4620
2002	4692
2003	5200
2004	5589
2005	5105
2006	6115
2007	6154
2008	6378
2009	6508
2010	6422

Das Bundesverfassungsgericht wird nur auf Antrag tätig.

Verlauf einer Verfassungsbeschwerde durch einen Bürger

Jeder Bürger besitzt in der Bundesrepublik Deutschland einen Individualrechtsschutz. Das heißt, jeder kann durch eine Verfassungsbeschwerde seine Grund-

Das politische System der Bundesrepublik Deutschland

rechte wahren und durchsetzen. Eine Grundrechtsverletzung kann
- in einem Gesetz,
- einer Anordnung durch eine Verwaltungsbehörde oder
- in einem Gerichtsurteil liegen.

Die Verfassungsbeschwerde kann nur schriftlich eingereicht werden. Bevor der Bürger Verfassungsbeschwerde einlegen kann, muss er zunächst den allgemeinen Instanzenweg durchlaufen. Erreicht der Bürger dabei keine Beseitigung der Grundrechtsverletzung, kann er die Verfassungsbeschwerde beim Bundesverfassungsgericht einreichen. In Ausnahmefällen darf eine Verfassungsbeschwerde an das Bundesverfassungsgericht ohne Einhaltung des Rechtsweges durch die Instanzen direkt erhoben werden. Solch eine Ausnahme liegt z. B. dann vor, wenn der Bürger durch ein Gesetz selbst und unmittelbar betroffen ist.

Ist bei der Verfassungsbeschwerde der richtige Rechtsweg eingehalten worden, so ist das Verfahren kostenlos. Es besteht kein Anwaltszwang. Bei Missbrauch kann das Bundesverfassungsgericht aber eine Gebühr von bis zu 2600,00 Euro auferlegen.

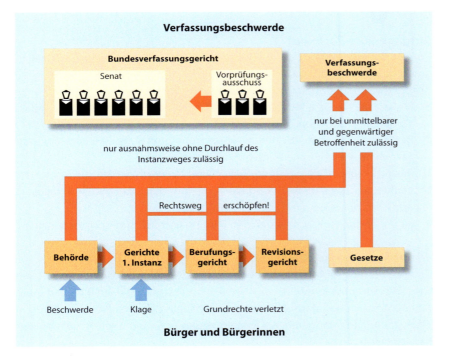

Aufgaben

1. Recherchieren Sie ein aktuelles Beispiel, bei dem das Bundesverfassungsgericht angerufen wurde.
   Hinweis: Unter der Internetadresse **www.bundesverfassungsgericht.de** können Sie unter der Rubrik Pressemitteilungen aktuelle Materialien finden. Tragen Sie Ihr Ergebnis in Ihrer Klasse vor.

2. Im Vergleich zu 1951 haben die Verfassungsbeschwerden beim Bundesverfassungsgericht drastisch zugenommen. Stellen Sie gemeinsam in Ihrer Klasse Überlegungen darüber an, warum dies so ist.

Politische Meinungs- und Willensbildung

5.2.11 Die politischen Vereine – die Parteien

> Partei ist eine Erscheinung des öffentlichen Lebens, die große, grundsätzlich breite Massen der Bevölkerung zu einer Einheit zusammenfasst, und zwar durch gemeinsame Interessen, Anschauungen und Ideen und mit der Absicht, im Staate die Herrschaft oder wenigstens die Macht über ein bestimmtes Gebiet zu erobern.

Quelle: F. Stier-Somlo: Politik, 2. Auflage, Leipzig 1911

§2 Parteiengesetz
(1) Parteien sind Vereinigungen von Bürgern, die dauernd oder für längere Zeit für den Bereich des Bundes oder eines Landes auf die politische Willensbildung Einfluss nehmen und an der Vertretung des Volkes im Deutschen Bundestag oder einem Landtag mitwirken wollen, wenn sie nach dem Gesamtbild der tatsächlichen Verhältnisse, insbesondere nach Umfang und Festigkeit ihrer Organisation, nach der Zahl ihrer Mitglieder und nach ihrem Hervortreten in der Öffentlichkeit eine ausreichende Gewähr für die Ernsthaftigkeit dieser Zielsetzung bieten. Mitglieder einer Partei können nur natürliche Personen sein.

Artikel 21 GG:
(1) Die Parteien wirken bei der politischen Willensbildung des Volkes mit. […]

Im pluralistischen System der Bundesrepublik Deutschland, in dem viele unterschiedliche Meinungen und Interessen vorhanden sind, hat ein Einzelner kaum Möglichkeiten, auf Entscheidungsprozesse Einfluss zu nehmen. Eine größere Anzahl an Bürgern mit den gleichen Interessen und Meinungen hat dagegen die Möglichkeit, Einfluss zu nehmen, indem sie sich organisieren und einen gewissen „Druck" ausüben. So kann es zur Bildung z. B. von Vereinen, Verbänden (vergleiche Abschnitt 5.2.12) oder Parteien kommen. Der größte Teil der politischen Beteiligung vollzieht sich über Parteien. Sie treten somit als Mittlerinstanz im politischen Entscheidungsprozess zwischen Bevölkerung und Staat auf. Sie sind ein notwendiger Baustein in unserer freiheitlich demokratischen Grundordnung.

Aufgaben der Parteien
Im Grundgesetz Artikel 21 wird die Aufgabe der Parteien festgelegt. Im Parteiengesetz von 1967 §1 Absatz 2 wird die Aufgabe konkretisiert. Parteien wirken bei der politischen Willensbildung mit, indem sie insbesondere

- Einfluss auf die Gestaltung der öffentlichen Meinung nehmen, dadurch dass sie für ihre politischen Ziele werben;
- Beiträge für die politische Bildung leisten, um somit die Bürger an der aktiven Teilnahme am politischen Geschehen zu motivieren;
- Bewerber für die Volksvertretungen in Bund, Ländern und Gemeinden stellen;
- Einfluss auf das Parlament und die Regierung durch alternative Vorschläge und Kritik nehmen;
- als Verbindungsglied zwischen den Bürgern und den Staatsorganen dienen.

Wie finanzieren sich Parteien?
Um die eben aufgeführten Aufgaben erfüllen zu können, benötigen die Parteien Geld. Mit diesem Geld müssen die Parteien ihre fest angestellten Mitarbeiter bezahlen, Werbe- und Informationsmaterial herstellen, die Wahlkampfkosten und Veranstaltungen finanzieren. Als Einnahmequellen für die Parteien können hier hauptsächlich

- Mitgliedsbeiträge,
- Spenden und
- die Wahlkampfkostenerstattung aus staatlichen Steuermitteln

genannt werden (vergleiche auch Abschnitt 5.3.5).
Die Parteien sind verpflichtet, über ihre Einnahmen jedes Jahr einen so genannten Rechenschaftsbericht abzulegen. Dabei müssen sie die Einnahmen nach Mitgliederbeiträgen, Spenden, staatlichen Erstattungsbeiträgen und sonstigen Quellen belegen. Aufgrund einer Vielzahl von Affären (z. B. Flick-Spendenaffäre) müssen die Parteien seit 1984 darüber hinaus auch Rechenschaft über die Verwendung der Gelder ablegen.

Das politische System der Bundesrepublik Deutschland

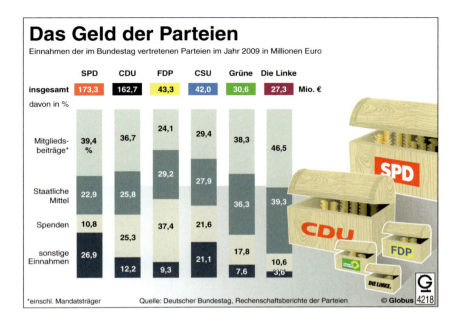

Mitwirkung in politischen Parteien

Neben den Wahlen hat jeder die Möglichkeit, aktiv in einer politischen Partei mitzuwirken, um so seine politischen Vorstellungen und Ziele wirkungsvoll einzubringen. Welche Möglichkeiten der Beteiligung es gibt, ist im folgenden Schaubild dargestellt:

Kann man politische Parteien verbieten?
Prinzipiell können politische Parteien verboten werden. Dies darf aber nur durch das Bundesverfassungsgericht (vergleiche Kapitel 5.2.10) geschehen. Die Voraussetzungen für das Verbot einer Partei sind im Artikel 21 Absatz 2 GG festgelegt.
In der Geschichte der Bundesrepublik Deutschland wurden bisher zwei Parteien verboten. 1952 wurde die Sozialistische Reichspartei (SRP) und 1956 die Kommunistische Partei Deutschlands (KPD) durch das Bundesverfassungsgericht verboten.

Artikel 21 Absatz 2 GG:
Parteien, die nach ihren Zielen oder nach dem Verhalten ihrer Anhänger darauf ausgehen, die freiheitliche demokratische Grundordnung zu beeinträchtigen oder zu beseitigen oder den Bestand der Bundesrepublik Deutschland zu gefährden, sind verfassungswidrig. […]

Aufgaben

1. Trifft Ihrer Meinung nach die Definition von Parteien aus dem Jahre 1911 noch zu? Vergleichen Sie die Eingangsaussage mit dem §2 Abs. 1 des Parteiengesetzes.
2. Welche Aufgabe der Parteien nach dem Parteiengesetz ist Ihrer Ansicht nach die wichtigste? Sprechen Sie darüber in der Klasse und werten Sie die einzelnen Aufgaben.
3. Könnten Sie sich vorstellen, aktiv in einer Partei mitzuwirken? Erarbeiten Sie in Kleingruppen Vorschläge, die Sie als aktives Parteimitglied versuchen würden durchzusetzen.

Politische Meinungs- und Willensbildung

5.2.12 Verbände – eine Möglichkeit für die Durchsetzung gesellschaftlicher Interessen

„**Wer gegen** den Baustopp von Kernkraftwerken ist, bitte die Hand heben!"

Jeden Tag stehen Meldungen von Verbänden in der Zeitung, so z. B., dass
- die Gewerkschaften mehr Geld und kürzere Arbeitszeiten für die Arbeitnehmer verlangen,
- die Arbeitgeberverbände eine Kürzung in den Sozialversicherungsleistungen fordern,
- der Bundesverband der Ärzte die Gesundheitsreform kritisiert oder
- Greenpeace versucht, den Transport von radioaktiven Brennelementen aus Atomkraftwerken zu verhindern.

Diese Liste wäre fast beliebig fortzusetzen. Beim näheren Betrachten wird deutlich, dass in der Bundesrepublik Deutschland fast alle gesellschaftlichen Interessen über Verbände organisiert werden. Sind verhältnismäßig wenige Bürger Mitglied in einer Partei (ca. 2,5 Mio., d. h., 5 % aller Bürger), so sieht es bei der Mitgliedschaft in einem Verein oder einem Verband ganz anders aus. Schätzungen zufolge sind 55 % aller Frauen und 75 % aller Männer als Mitglieder in Verbänden und Vereinen organisiert.

Rechtliche Stellung der Verbände

Interessenverbände werden trotz ihrer wichtigen Funktionen, die sie erfüllen, im Grundgesetz nur **mittelbar** erwähnt. Das heißt, der Begriff „Verbände" taucht im Grundgesetz nicht auf. Die rechtliche Stellung der Verbände ist somit nur mittelbar mit **Artikel 9 GG** in Verbindung zu bringen. Demnach haben alle Deutschen – es handelt sich hier um ein Bürgerrecht – das Recht, Vereine zu bilden, ihnen beizutreten und auch wieder aus ihnen auszutreten.

Einfluss der Interessenverbände auf die Politik

Die Verbände können Einfluss auf
- das **Parlament** durch so genannte Lobbyisten nehmen. Hierbei handelt es sich um Nichtparlamentarier unterschiedlichster Interessenvertretungen. Sie

---

Artikel 9 GG:
(1) Alle Deutschen haben das Recht, Vereine und Gesellschaften zu bilden.
(2) Vereinigungen, deren Zweck oder deren Tätigkeit den Strafgesetzen zuwiderlaufen oder die sich gegen die verfassungsmäßige Ordnung oder gegen den Gedanken der Völkerverständigung richten, sind verboten.
(3) Das Recht, zur Wahrung und Förderung der Arbeits- und Wirtschaftsbedingungen Vereinigungen zu bilden, ist für jedermann und für alle Berufe gewährleistet. [...]

Der Begriff Lobby steht für die Vorhalle des Parlamentes, in der sich auch Nichtparlamentarier aufhalten dürfen.

Das politische System der Bundesrepublik Deutschland

versuchen, durch gezielte Informationen, Argumente und Sachverstand Abgeordnete zu beeinflussen. Einfluss ist auch durch die Tätigkeit von Verbandsvertretern in Fraktionen und Bundestagsausschüssen gegeben.
- die **Regierung** nehmen, indem sie ihren Einfluss bei den so genannten **Hearings** (Anhörungen) in der Vorbereitung von Gesetzesentwürfen geltend machen.
- die **Parteien** durch finanzielle Unterstützung in Form von Spenden und personeller Durchdringung nehmen. Die Abgabe von Stimmenpaketen als Druckmittel wird als Einflussfaktor meistens überschätzt. Hier fordert ein Verband seine Mitglieder auf, einer bestimmten Partei die Stimme zu geben oder sich im Konfliktfall der Stimme zu enthalten.
- die **öffentliche Meinung** nehmen, indem die Verbände Massenmedien nutzen, um ihre Ziele einer breiten Öffentlichkeit zugänglich zu machen. Das können Handzettel, Verbandszeitschriften usw. sein. Ein weiteres Mittel, an die Öffentlichkeit zu gehen, sind die im Abschnitt 5.3.8 dargestellten Meinungsäußerungsformen der Demonstration und der Protestkundgebung, die insbesondere von Gewerkschaften oft eindrucksvoll eingesetzt werden.

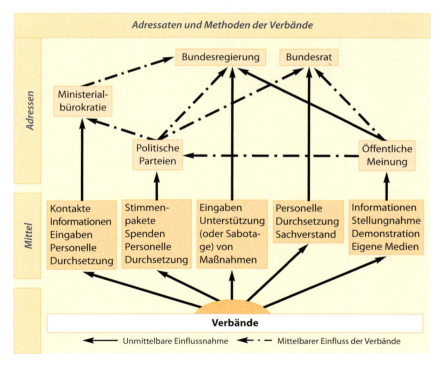

Aufgaben

1. Beschreiben Sie, was der Zeichner mit der eingangs gezeigten Karikatur ausdrücken möchte. Notieren Sie sich stichpunktartig die Kernaussagen.
2. Welche Interessenverbände spielen in Ihrem Leben eine Rolle? Stellen Sie eine Liste der einzelnen Verbände auf und sortieren Sie diese nach unterschiedlichen gesellschaftlichen Handlungsbereichen.
3. Wie beurteilen Sie den Einfluss der Verbände auf die Politik? Fassen Sie Ihre Meinung in einer Pro-und-Kontra-Liste stichpunktartig zusammen.

Politische Meinungs- und Willensbildung

5.3 WÄHLEN UND MITBESTIMMEN – GRUNDLAGEN DER DEMOKRATIE

5.3.1 Begriff und Funktion der Wahl

Artikel 20 GG:
(2) Alle Staatsgewalt geht vom Volke aus. Sie wird vom Volk in Wahlen und Abstimmungen und durch besondere Organe der Gesetzgebung, der vollziehenden Gewalt und der Rechtsprechung ausgeübt.

Direkte Demokratie:
Das Volk übt die Staatsgewalt selbst aus durch direkte Entscheidungen wie z. B. in den Landesgemeinden einiger Schweizer Kantone.

Repräsentative Demokratie:
Das Volk wählt Vertreter, die in seinem Namen die Staatsgewalt ausführen.

Repräsentation: Vertretung

Integration:
Zusammenführung

Wählen bedeutet, aus mehreren Möglichkeiten eine Auswahl zu treffen. Beziehen wir die Aussage auf die Politik, so hat der Wähler die Möglichkeit, zwischen unterschiedlichen politischen Vorstellungen und Programmen, die durch Parteien und Politiker vertreten werden, zu wählen. Dabei treten die verschiedenen Parteien in offene Konkurrenz zueinander. In der Bundesrepublik Deutschland ist dies im Artikel 20 Absatz 2 des Grundgesetzes verankert. Die Staatsgewalt geht demnach vom Volke aus. Dies kann grundsätzlich durch eine **direkte Demokratie** oder durch eine **repräsentative** Demokratie erfolgen. Wir haben in unserem Land eine repräsentative Demokratie. Das wahlberechtigte Volk wählt seine Repräsentanten, sodass jede staatliche Handlung letztlich das Ergebnis einer Willenserklärung des Volkes ist.

Funktionen der Wahl in der parlamentarischen Demokratie
Die Wahlen erfüllen bestimmte Grundfunktionen, die eine repräsentative Demokratie erst möglich machen. Zu diesen Grundfunktionen gehören:

- **Repräsentation des Volkes:** Die Meinungen und Interessen der Bürger werden durch die Gewählten (z. B. Abgeordneten) vertreten, die diese Meinungen und Interessen in politische Entscheidungen umsetzen müssen. Das gesamte Volk wird vertreten, indem gewährleistet wird, dass sich jede soziale Gruppe an dem politischen Wettbewerb beteiligen kann. In der repräsentativen Demokratie liegen Mehrheitsentscheidungen zugrunde.
- **Integration der Meinungen:** Mit der Wahl gibt jeder der über 60 Millionen wahlberechtigten Wähler seinen Willen kund. Das Wahlergebnis spiegelt den

Wählen und Mitbestimmen – Grundlagen der Demokratie

gesamten Wählerwillen wider, der so in das politische System eingefügt und zu einem politischen, aktionsfähigen Gemeinwillen zusammengefasst wird.

- **Legitimation der politischen Herrschaft:** Der Wille der Wähler kommt in der Wahl der Abgeordneten zum Deutschen Bundestag zum Ausdruck. Durch die Wahl in den Bundestag erhalten die Abgeordneten ihre auf vier Jahre begrenzte Legitimation für ihr politisches Handeln. Der gesamte Bundestag wird durch das Volk legitimiert, es zu vertreten. Doch nur die Mehrheit, die die Regierung stellt, ist zur Machtausübung berufen.
- **Kontrolle der politischen Herrschaft:** Die regelmäßige Wiederholung der Wahl – alle vier Jahre – hat die Funktion der Machtkontrolle. Durch die Wahl wird die Politik von Regierung und Opposition regelmäßig von den Wählern neu bewertet. Somit ist immer gewährleistet, dass die Opposition die Chance hat, an die Regierung zu kommen.

Legitimation: Rechtmäßigkeit

Die Informationsbroschüre von Karl-Rudolf Korte „Wahlen in der Bundesrepublik Deutschland", kann als PDF-Version unter folgender Internetadresse heruntergeladen werden:
www.bpb.de

Die Wahlbeteiligung in der Bundesrepublik Deutschland
— Bundestagswahlen
— Landtagswahlen (Durchschnitt)

Wahl zum 17. Deutschen Bundestag 2009
Wahltermin 27.09.2009

	Wahlbeteiligung %
Deutschland	70,8
Baden-Württemberg	73,1
Bayern	72,4
Berlin	71,8
Brandenburg	67,5
Bremen	71,0
Hamburg	72,3
Hessen	74,3
Mecklenburg-Vorpommern	63,3
Niedersachsen	73,8
Nordrhein-Westfalen	72,1
Rheinland-Pfalz	72,7
Saarland	74,3
Sachsen	65,3
Sachsen-Anhalt	60,8
Schleswig-Holstein	74,5
Thüringen	65,5

(Quelle: Der Bundeswahlleiter)

Aufgaben

1. Diskutieren Sie über die unterschiedlichen Aussagen, die die Jugendlichen in ihren Sprechblasen machen. Erläutern Sie den Begriff „Wählen" und stellen Sie stichpunktartig dar, welche Auswirkungen er auf Ihr berufliches und privates Leben hat.
2. Welches sind die wichtigen Funktionen der Wahl in der repräsentativen Demokratie? Listen Sie diese Funktionen auf und erläutern Sie diese kurz.
3. In der Bundesrepublik ist die Wahlbeteiligung in den letzten Jahren sehr zurückgegangen.
   a) Verfolgen und beschreiben Sie die Entwicklung der Wahlbeteiligung anhand des Diagramms.
   b) Diskutieren Sie in Ihrer Klasse folgende Aussage: „Ein Rückgang der Wahlbeteiligung ist darauf zurückzuführen, dass vielen die genaue Aufgabe und Funktion der Wahl nicht bekannt ist."

Politische Meinungs- und Willensbildung

5.3.2 Spielregeln für die Wahl – Wahlrechtsgrundsätze

Eine demokratische Wahl muss nach bestimmten Spielregeln durchgeführt werden. In den Spielregeln muss enthalten sein,
- wer wählen und wer gewählt werden darf (aktives und passives Wahlrecht) und
- wie die Wahl durchzuführen ist (Wahlrechtsgrundsätze).

Für das Kommunalwahlrecht gilt die Klausel der deutschen Staatsangehörigkeit nicht mehr ohne weiteres, da sich mit der Unterzeichnung des Vertrages von Maastricht auch Staatsangehörige anderer EU-Länder an Kommunalwahlen beteiligen können. Sehen Sie hierzu auch in Artikel 28 Absatz 1 Satz 3 des Grundgesetzes nach.

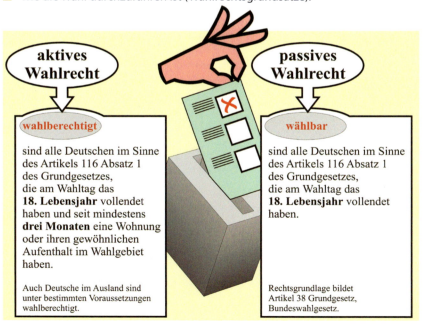

aktives Wahlrecht

wahlberechtigt

sind alle Deutschen im Sinne des Artikels 116 Absatz 1 des Grundgesetzes, die am Wahltag das **18. Lebensjahr** vollendet haben und seit mindestens **drei Monaten** eine Wohnung oder ihren gewöhnlichen Aufenthalt im Wahlgebiet haben.

Auch Deutsche im Ausland sind unter bestimmten Voraussetzungen wahlberechtigt.

passives Wahlrecht

wählbar

sind alle Deutschen im Sinne des Artikels 116 Absatz 1 des Grundgesetzes, die am Wahltag das **18. Lebensjahr** vollendet haben.

Rechtsgrundlage bildet Artikel 38 Grundgesetz, Bundeswahlgesetz.

Wählen und Mitbestimmen – Grundlagen der Demokratie

Das aktive und passive Wahlrecht

Die Abgeordneten des Deutschen Bundestages und die Volksvertretung der Länder, Kreise und Gemeinden werden nach den Wahlrechtsgrundsätzen allgemeiner, unmittelbarer, freier, gleicher und geheimer Wahl gewählt. Die Wahlrechtsgrundsätze sind in unserem Grundgesetz verankert. Für die Bundestagswahl ergeben sich die Wahlrechtsgrundsätze aus Artikel 38 Absatz 1 GG und für die Landtags- und Kommunalwahlen aus Artikel 28 Absatz 1 GG.

Die Bedeutung der Wahlrechtsgrundsätze

- **Allgemeine Wahl:** Der Grundsatz der allgemeinen Wahl besagt, dass das aktive und passive Wahlrecht alle Staatsbürger unabhängig von Rasse, Geschlecht, Einkommen, Sprache, Beruf, Stand, Bildung, Religion oder politischer Überzeugung ausüben dürfen.

- **Unmittelbare Wahl:** Die Wähler wählen die Abgeordneten unmittelbar, ohne dass eine dritte Instanz, z. B. Wahlmänner, zwischengeschaltet wird. Mit anderen Worten, die Wählerstimmen werden direkt für die Zuteilung der Abgeordnetensitze verwendet.

- **Freie Wahl:** Die freie Wahl bedeutet, dass der Wähler ohne Druck und Zwang von staatlicher oder nichtstaatlicher Seite seine Wahlentscheidung treffen kann.

- **Gleiche Wahl:** Alle Wahlberechtigten haben gleich viele Stimmen zu vergeben. Jede Wählerstimme hat das gleiche Gewicht und somit den gleichen Einfluss auf das Wahlergebnis. Darüber hinaus betrifft dieser Grundsatz z. B. die Wahlkreiseinteilung – jeder Wahlkreis hat annähernd gleich viel Wähler. Auch die Zuteilung von Sendezeiten für die Wahlwerbung durch öffentlich-rechtliche Rundfunkanstalten ist gleichmäßig auf die Parteien verteilt.

- **Geheime Wahl:** Hiermit soll gewährleistet werden, dass der Einzelne seine Wahl frei treffen kann, ohne dass andere erfahren, wie er sich entscheidet. Um diesen Grundsatz zu schützen, gibt es Mindestbestimmungen, die in der Bundeswahlordnung festgelegt wurden. Hierzu zählen z. B. sichtgeschützte Wahlzellen, verdeckter Wahlzettel, versiegelte Wahlurne und amtliche Wahlzettel, damit der Wähler nicht an den Schriftzügen erkannt werden kann.

Artikel 38 GG:
(1) Die Abgeordneten des Deutschen Bundestages werden in allgemeiner, unmittelbarer, freier, gleicher und geheimer Wahl gewählt.

Artikel 28 GG:
(1) In den Ländern, Kreisen und Gemeinden muss das Volk eine Vertretung haben, die aus allgemeinen, unmittelbaren, freien, gleichen und geheimen Wahlen hervorgegangen ist.

Wahlmänner sind durch die Bevölkerung gewählte Personen, die ihrerseits letzte Wahlentscheidungen zu treffen haben, so z. B. bei der Präsidentenwahl in den USA.

Aufgaben

1. In der Zeichnung am Abschnittsbeginn werden Verletzungen der Wahlrechtsgrundsätze in einem Wahllokal dargestellt. Erörtern Sie in Ihrer Klasse, welche Wahlrechtsgrundsätze Ihrer Meinung nach verletzt werden, und notieren Sie diese stichpunktartig.
2. Das aktive und passive Wahlrecht gilt für Bürgerinnen und Bürger, die unter anderem das 18. Lebensjahr vollendet haben. Empfinden Sie diese Regelung als sinnvoll? Begründen Sie Ihre Meinung, indem Sie Vor- und Nachteile dieser Regelung gegenüberstellen.
3. Stellen Sie auf einem DIN-A4-Blatt die Wahlrechtsgrundsätze übersichtlich dar und beschreiben Sie diese kurz.
4. Beschreiben Sie, wie ein Wahllokal aussehen muss, damit die Wahlrechtsgrundsätze „geheim" und „frei" gewährleistet sind.

Politische Meinungs- und Willensbildung

5.3.3 Das Wahlverfahren zum Deutschen Bundestag

Es gibt Länder, in denen im Gegensatz zur Bundesrepublik Deutschland in reiner Mehrheits- bzw. Verhältniswahl gewählt wird. So wird z. B. in Großbritannien das Britische Unterhaus nach dem relativen Mehrheitswahlsystem gewählt.

Jedes Wahlsystem lässt sich auf zwei Grundwahlsysteme zurückführen: auf das Mehrheits- und das Verhältniswahlsystem.

Mehrheitswahl	Verhältniswahl
Bei diesem Wahlsystem wird das gesamte Wahlgebiet in so viele Wahlkreise aufgeteilt, wie Sitze im Parlament zu vergeben sind. Die Parteien stellen für jeden Wahlkreis einen Kandidaten auf, der sich direkt zur Wahl stellt. Das Mandat erhält derjenige Bewerber, der die absolute (mehr als 50 % der Stimmen) oder die relative Mehrheit (mehr Stimmen als seine Mitbewerber) auf sich vereinigt hat. Die Stimmen für die anderen Bewerber haben keinen Einfluss auf die Zusammensetzung des Parlamentes und bleiben somit unberücksichtigt.	Bei diesem Wahlsystem wird nicht ein einzelner Kandidat gewählt, sondern der Wähler gibt seine Stimme der Liste einer Partei. Auf dieser Parteiliste sind die Kandidaten in einer bestimmten Reihenfolge aufgestellt. Die Partei erhält dann so viel Mandate, wie es ihrem prozentualen Anteil an Wählerstimmen entspricht. Damit werden politische Strömungen in der Wählerschaft ziemlich genau über die Abgeordneten im Parlament repräsentiert.

Zwei Stimmen zur Wahl des Deutschen Bundestages

Bei der Wahl zum Deutschen Bundestag verfügt jeder Wähler über zwei Stimmen: die **Erststimme** und die **Zweitstimme**. Der Deutsche Bundestag zählt regulär 598 Abgeordnete. Die Hälfte der Abgeordneten, also 299, wird mit der Erststimme durch relative Mehrheitswahl direkt in den Wahlkreisen gewählt. Mit der Zweitstimme werden die Landeslisten der Parteien über eine reine Verhältniswahl gewählt. So gelangen weitere 299 Abgeordnete in den Bundestag.

Die Verteilung der 598 Abgeordnetensitze auf die einzelnen Parteien erfolgt auf Grundlage der Zweitstimmen. Entsprechend dem Anteil an Zweitstimmen wird ermittelt, wie viele von den insgesamt 598 Mandaten jeder Partei zustehen. Die gesamten Mandate einer Partei werden nach Abzug der Direktmandate aus den 299 Wahlkreisen auf deren Landeslisten verteilt. Hier kann es dazu kommen, dass eine Partei mehr Direktmandate errungen hat, als ihr nach dem Verhältnis der Zweitstimme zustehen würden.

Das Wahlverfahren zum Deutschen Bundestag wird auch *personalisierte Verhältniswahl* genannt. Die Bezeichnung „personalisiert" rührt daher, dass die Erststimme eine personenbezogene Wahl ist, da hier ein Kandidat direkt in einem Wahlkreis gewählt wird. Infolge des vollen Verhältnisausgleiches handelt es sich dennoch um eine Verhältniswahl.

Wählen und Mitbestimmen – Grundlagen der Demokratie

Diese so genannten Überhangmandate verbleiben bei der Partei. Die Mitgliederzahl des Bundestages erhöht sich entsprechend. Bei der Bundestagswahl 2009 gab es 24 Überhangmandate, somit erhöhte sich die Zahl der Sitze im Bundestag auf insgesamt 622.

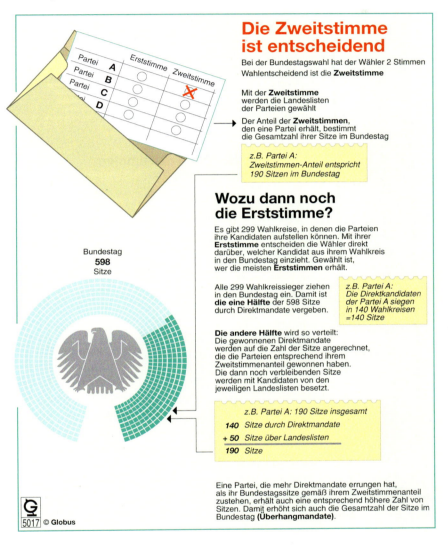

Eine Hürde – die Fünfprozentklausel

Bei der Vergabe der Bundestagsmandate werden Parteien nicht berücksichtigt,
- die weniger als 5 % der insgesamt abgegebenen gültigen Zweitstimmen oder
- nicht mindestens drei Direktmandate erreicht haben.

Somit wird verhindert, dass sehr kleine Parteien ins Parlament kommen und eine Parteienzersplitterung einsetzt. Auf der anderen Seite wird an der Fünfprozentklausel die Kritik geübt, dass z. B. kleine Parteien keine Möglichkeit haben, in den Bundestag einzuziehen, und somit die politische Meinungsvielfalt bedroht ist.

Aufgaben

1. Versuchen Sie mit eigenen Worten die Frage des jungen Wählers in der Abbildung zu beantworten.
2. Jedes Wahlverfahren hat Vor- und Nachteile. Diskutieren Sie in Ihrer Klasse, welche Vor- und Nachteile das Mehrheits- bzw. Verhältniswahlsystem hat. Notieren Sie sich tabellarisch diese Vor- und Nachteile.
3. Erarbeiten Sie einen Kurzvortrag, in dem Sie das Wahlsystem zum Deutschen Bundestag in Ihrer Klasse vorstellen.

Politische Meinungs- und Willensbildung

5.3.4 Wählen, Wählen, Wählen – die Landtags- und Kommunalwahlen

Bei den Landtagswahlen kommen auch andere Wahlsysteme als das personalisierte Verhältniswahlsystem mit zwei Stimmen zum Tragen. Eine Übersicht gibt die folgende Tabelle:

Bundesland	Wahl-periode	Ausgleich von Überhang-mandaten	Stimmen	Wahlsystem
Baden-Württemberg	5 Jahre	getrennt nach Regierungsbezirken	1	personalisierte Verhältniswahl
Bayern	5 Jahre	getrennt nach Regierungsbezirken	2	personalisierte Verhältniswahl
Berlin	5 Jahre	ja	2	personalisierte Verhältniswahl
Brandenburg	5 Jahre	ja	2	personalisierte Verhältniswahl
Bremen	4 Jahre	Überhangmandate nicht möglich	1	Verhältniswahl
Hamburg	4 Jahre	Überhangmandate nicht möglich	6	personalisierte Verhältniswahl
Hessen	5 Jahre	ja	2	personalisierte Verhältniswahl
Mecklenburg-Vorpommern	5 Jahre	ja	2	personalisierte Verhältniswahl
Niedersachsen	5 Jahre	ja	2	personalisierte Verhältniswahl
Nordrhein-Westfalen	5 Jahre	ja	2	personalisierte Verhältniswahl
Rheinland-Pflaz	5 Jahre	ja	2	personalisierte Verhältniswahl
Saarland	5 Jahre	Überhangmandate nicht möglich	1	Verhältniswahl
Sachsen	5 Jahre	ja	2	personalisierte Verhältniswahl
Sachsen-Anhalt	5 Jahre	ja	2	personalisierte Verhältniswahl
Schleswig-Holstein	5 Jahre	ja	2	personalisierte Verhältniswahl
Thüringen	5 Jahre	ja	2	personalisierte Verhältniswahl

Wie in Abschnitt 5.2.4 bereits behandelt, ist die staatliche Macht in Form einer vertikalen Gewaltenteilung in Bundesebene, Länderebene und Gemeindeebene aufgeteilt. Wie auf Bundesebene der Deutsche Bundestag gewählt wird, wurde bereits im vorhergehenden Abschnitt besprochen. Betrachtet wird jetzt das Wahlverfahren für die Länderebene und Gemeindeebene.

Das Wahlverfahren für die Landesparlamente
Bei einer Landtagswahl haben alle wahlberechtigten Bürger des betreffenden Bundeslandes die Möglichkeit, ihren politischen Willen in Form ihrer Wahlentscheidung auf Landesebene kundzutun. In den meisten Bundesländern herrscht das personalisierte Verhältniswahlsystem, so wie es für die Wahl des Deutschen Bundestages verwendet wird. Es gibt Wahlkreise, in denen

- die Landtagsabgeordneten in relativer Mehrheitswahl gewählt werden und
- weitere Landtagsabgeordnete auf der Grundlage der Verhältniswahl über Landeslisten der Parteien in den Landtag gelangen.

Wählen und Mitbestimmen – Grundlagen der Demokratie

Dem Wähler stehen dazu zwei Stimmen, die Erst- und Zweitstimme, zur Verfügung (eine Ausnahme bildet Hamburg, siehe die Tabelle links). Unterschiede zur Bundestagswahl bestehen hinsichtlich der Wahlperiode, die – je nach Bundesland – fünf Jahre betragen kann.

Auch der Ausgleich der Überhangmandate ist bei den Landtagswahlen in den meisten Bundesländern möglich. Das bedeutet, dass die Parteien ohne Überhangmandate (siehe Abschnitt 5.3.3) weitere Sitze entsprechend ihrem Zweitstimmenanteil erhalten.

Die Kommunalwahlen

Auf kommunaler Ebene können die wahlberechtigten Bürger ihre parlamentarische Vertretung in den Städten, Gemeinden und Kreisen wählen sowie durch Direktwahl die Bürgermeister bzw. Oberbürgermeister.

Die wichtigsten Besonderheiten des Kommunalwahlrechts:
- Staatsangehörige eines Mitgliedslandes der Europäischen Union besitzen das aktive und passive Wahlrecht.
- Das Alter für die Teilnahme an der Kommunalwahl wurde in einigen Bundesländern von 18 auf 16 Jahre herabgesetzt (z. B. Nordrhein-Westfalen).
- Der Wähler kann mehr als zwei Stimmen haben und besitzt die Möglichkeit, zu kumulieren und zu panaschieren.

Kumulieren und Panaschieren

Wie aus der Tabelle (siehe Randspalte) zu sehen ist, kommt beim Kommunalwahlrecht auch das Prinzip der Verhältniswahl zum Tragen. Hier reicht die Bandbreite vom reinen Listenwahlverfahren bis zum stark personalisierten Verfahren mit der Möglichkeit des Kumulierens und Panaschierens.

Beim **Kumulieren** hat der Wähler die Möglichkeit, einem Bewerber bis zu drei Stimmen zu geben. Die Anzahl der Stimmen, die ein Wähler insgesamt vergeben kann, variiert zwischen drei und so viel Stimmen, wie Gemeinderatsmitglieder zu wählen sind. Der Wähler kann damit zum Ausdruck bringen, welchen Kandidaten er besonders bevorzugt.

Beim **Panaschieren** hat der Wähler die Möglichkeit, mehrere Stimmen auf Kandidaten verschiedener Listen zu verteilen. Darüber hinaus kann der Wähler Bewerber einer Liste streichen. Er kann somit Kandidaten verschiedener Parteien mit seiner Stimme unterstützen oder ihnen seine Stimme entziehen.

Überblick über die Wahlsysteme bei den Kommunalwahlen in den einzelnen Bundesländern:

Bundesland	Wahlperiode	Stimmen	Wahlsystem
Baden-Württemberg	5	wie Gemeinderatsmitglieder zu wählen sind	Verhältniswahl freie Liste
Bayern	6	wie Gemeinderatsmitglieder zu wählen sind	Verhältniswahl freie Liste
Brandenburg	5	3	Verhältniswahl freie Liste
Bremen	4	5 (Ausgleich von Überhangmandaten nicht möglich)	Verhältniswahl mit offenen Listen
Hamburg	4	10 (Ausgleich von Überhangmandaten möglich)	Verhältniswahl mit offenen Listen
Hessen	5	wie Gemeinderatsmitglieder zu wählen sind	Verhältniswahl freie Liste
Mecklenburg-Vorpommern	5	3	Verhältniswahl freie Liste
Niedersachsen	5	3	Verhältniswahl freie Liste
Nordrhein-Westfalen	5	1	personalisierte Verhältniswahl
Rheinland-Pfalz	5	wie Gemeinderatsmitglieder zu wählen sind	Verhältniswahl freie Liste
Saarland	5	1	Verhältniswahl
Sachsen	5	bis zu 3	Verhältniswahl freie Liste
Sachsen-Anhalt	5	bis zu 3	Verhältniswahl freie Liste
Schleswig-Holstein	5	so viel, wie Direktmandate im Wahlkreis zu vergeben sind	personalisierte Verhältniswahl
Thüringen	5	bis zu 3	Verhältniswahl freie Liste

Aufgaben

1. Welchen Vorteil bietet Ihrer Meinung nach der Ausgleich von Überhangmandaten?
2. Welche Vor- und Nachteile bringt das Herabsetzen des Wahlalters auf 16 Jahre bei den Kommunalwahlen mit sich? Stellen Sie Ihre Argumente in einer Tabelle stichpunktartig gegenüber.
3. Erklären Sie mit eigenen Worten, was man unter Kumulieren und Panaschieren versteht. Benutzen Sie für Ihre Erklärung den eingangs gezeigten Stimmzettel für die Kommunalwahl.

Politische Meinungs- und Willensbildung

5.3.5 Werbung um Wählerstimmen - der Wahlkampf

Der Wahlkampf lässt sich in zwei Hauptphasen unterteilen. Man nennt sie „Vorwahlkampf" und „heiße Phase". Die heiße Phase beginnt etwa in den letzten vier Wochen vor der Wahl.

Was ist Wahlkampf?

Der Wahlkampf ist die politische Auseinandersetzung von Parteien um Wählerstimmen. Im Wahlkampf präsentieren die Parteien den Bürgern ihre politischen Ziele und stellen ihnen ihre personellen Entscheidungen vor. So steht bei den großen Parteien beispielsweise der Kanzlerkandidat von vornherein fest. Ziel ist es, die Sympathie und Zustimmung der Bürger zu gewinnen, um am Wahltag deren Stimme zu erhalten.

Im Vergleich zu früher hat der Anteil der **Wechselwähler** deutlich zugenommen. Hierbei handelt es sich um Wähler, die im Gegensatz zu den so genannten Stammwählern nicht auf eine bestimmte Partei festgelegt sind, sondern bei den verschiedenen Wahlen die gewählte Partei wechseln. Die Wechselwähler spielen für die Wahlwerbung der großen Parteien eine besondere Rolle, weil sie als wahlentscheidend gelten.

Wählen und Mitbestimmen – Grundlagen der Demokratie

Wahlkampf kostet Geld

Um die Gunst der Wähler zu gewinnen, wird Wahlwerbung heute von professionellen Werbebüros gestaltet. Dabei setzen die Parteien eine Vielzahl von Wahlkampfmitteln ein. So wird z. B. für TV-Spots, Hörfunkwerbung, Plakate, Flugblätter, Aufkleber, Anzeigen in Tages- und Wochenzeitungen, aber auch für Kleinwerbematerialien wie z. B. Luftballons, Kugelschreiber und neuerdings auch Kondome sehr viel Geld ausgegeben.

Da Wahlkämpfe zur modernen parlamentarischen Demokratie gehören und vom Bundesverfassungsgericht als staatspolitische Aufgabe anerkannt sind, erhalten die Parteien öffentliche Gelder für den Wahlkampf. Dabei dürfen die staatlichen Zuwendungen die selbst erwirtschafteten Einnahmen der Partei nicht übersteigen. So ist es für die Wahlkampfkostenerstattung nicht mehr so entscheidend, wie die Partei bei der Wahl abgeschnitten hat.

Wenn Sie wissen wollen,
- *welche politischen Ziele eine Partei verfolgt,*
- *was sie den Wählern verspricht und*
- *was sie in ihrer Amtszeit erreichen will,*

können Sie dies in den entsprechenden Wahlprogrammen der Parteien nachlesen. Die Wahlprogramme bekommen Sie kostenlos an den Wahlständen oder können Sie über die Parteigeschäftsstellen besorgen.

Parteienfinanzierung

Private Mittel
- Beiträge von Mitgliedern und Mandatsträgern
- Spenden
- Einnahmen aus Parteivermögen
- Sonstige Einnahmen

Staatliche Mittel

Zuschüsse für Wählerstimmen
- je 0,85 € für die ersten 4 Millionen Stimmen,
- 0,70 € für jede weitere Stimme bei Bundestags-, Europa- und Landtagswahlen

Voraussetzung: ein Stimmenanteil von mind. 0,5 % bei Wahlen auf Bundesebene bzw. 1,0 % bei Landtagswahlen

Zuschüsse zu den Beitrags- und Spendeneinnahmen
- 0,38 € für jeden Euro aus privaten Beiträgen und Spenden (bis zu einem Betrag von 3 300 € pro Person und Jahr)

Die staatlichen Zuschüsse dürfen nicht höher sein als die Eigeneinnahmen einer Partei. Für alle Parteien zusammen dürfen sie die Obergrenze von 133 Millionen € pro Jahr nicht übersteigen.

ZAHLENBILDER
95 054

© Erich Schmidt Verlag

Aufgaben

1. Der Zeichner der links oben abgebildeten Karikatur will etwas Bestimmtes mitteilen. Besprechen Sie in Ihrer Klasse den Aussagegehalt dieser Karikatur. Vergleichen Sie die Ergebnisse mit eigenen Erfahrungen, die Sie in der Wahlkampfzeit schon gemacht haben.
2. Erläutern Sie, welche Funktion des Wahlkampfes für Sie persönlich am wichtigsten ist. Machen Sie sich dazu Notizen.
3. Besorgen Sie sich aktuelle Wahlplakate einzelner Parteien und analysieren Sie diese nach ihren Aussagen und politischen Inhalten. Hinweis: Wahlplakate kann man bei den Geschäftsstellen der Parteien bekommen.
4. Bei der Berechnung der staatlichen Zuwendungen und bei der Wahlkampfkostenerstattung ist es nicht mehr so entscheidend, wie die Partei bei der Wahl abgeschnitten hat. Diskutieren Sie in Ihrer Klasse, welche Folgen diese Regelung für die Parteien hat.

Politische Meinungs- und Willensbildung

5.3.6 Keine Lust auf Politik – Politikverdrossenheit

Selbstbedienung

Was verstehen wir unter Politikverdrossenheit?
Unzufriedenheit und Enttäuschungen über Politiker, Parteien, politische Institutionen und Behörden oder ganz allgemein Misstrauen gegenüber der Politik können zur Politikverdrossenheit bei den Bürgern führen. Im Mittelpunkt der Verdrossenheit stehen immer wieder die Parteien. Sie werden somit zur Zielscheibe von Kritik, Wut, Frustration bis hin zur Abwendung und Protesthaltung. Dies macht sich dann durch Mitgliederschwund in den großen Parteien, Wahlverweigerung oder das Anwachsen von Protestparteien bemerkbar.

Die Abbildungen zeigen einige Ursachen von Kritikpunkten, auf die in Tageszeitungen, Zeitschriften und anderen Medien hingewiesen wird.

Der frühere Bundespräsident Richard von Weizsäcker äußerte sich zu dem Thema Politikverdrossenheit wie folgt:

„**Ich glaube,** uns liebt niemand mehr..."

Wählen und Mitbestimmen – Grundlagen der Demokratie

„Wer Grund hat, sich zu ärgern über das Verhalten von Personen, Parteien und Organisationen, denen es um die Macht geht, der sollte sich der Politik zuwenden, anstatt ihr verdrossen den Rücken zukehren. […] Parteien bieten mit ihrem Verhalten immer wieder Anlass zur Kritik. Letztlich zielt sie aber an die Adresse der Bürger selbst, wenn diese sich an der Praxis und den guten Sitten der Politik in ihrem persönlichen und örtlichen Umkreis zu wenig beteiligen, und an Intellektuelle, die dem politischen Dialog aus dem Wege gehen und dazu beitragen, die Trennung des Idealen vom Realen, von Geist und Macht zu befestigen."

Richard von Weizsäcker, 15.02.1993.
Presse- und Informationsamt der Bundesregierung: Bulletin vom 18.02.1993.

Richard von Weizsäcker,
*1920, von 1984 bis 1994 Bundespräsident

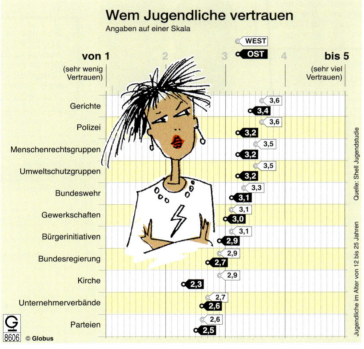

Intellektuelle:
Verstandesmenschen, Wissenschaftler

Bulletin:
Tagesbericht, Bericht, (amtliche) Bekanntmachung

Die Politikverdrossenheit kann nicht ohne negative Auswirkungen für die Demokratie bleiben, da diese durch die politische Beteiligung der Bürger lebt. Statt in Ohnmacht und Passivität zu verfallen, sollte man die Einsicht gewinnen, dass eine Weiterentwicklung der Demokratie auch von der Mitgestaltung, dem Einsatz und Verantwortungsbewusstsein des einzelnen Bürgers abhängig ist.

Quelle: Horst Pöztsch, die deutsche Demokratie, Bonn 1999.

Aufgaben

1. Ordnen Sie Ursachen von Kritik den einzelnen Karikaturen zu und notieren Sie Ihre Ergebnisse stichpunktartig.
2. Nehmen Sie Stellung: Inwieweit fühlen Sie sich durch die Aussage von Richard von Weizsäcker persönlich angesprochen?
3. Informieren Sie sich über die politischen Mitwirkungsmöglichkeiten als Mitglied in einer Partei. Zeigen Sie in Form eines Kurzvortrages stichpunktartig auf, welche Möglichkeiten der Mitwirkung und Entscheidung bestehen. Hinweis: Um Informationsmaterial zu bekommen, können Sie sich an die Geschäftsstellen der Parteien wenden.

210 | Politische Meinungs- und Willensbildung

Artikel 5 GG:
(1) Jeder hat das Recht, seine Meinung in Wort, Schrift und Bild frei zu äußern und zu verbreiten und sich aus allgemein zugänglichen Quellen ungehindert zu unterrichten. [...]

sympathisierend:
gleich gesinnt

Artikel 8 GG:
(1) Alle Deutschen haben das Recht, sich ohne Anmeldung oder Erlaubnis friedlich und ohne Waffen zu versammeln.
(2) Für Versammlungen unter freiem Himmel kann dieses Recht durch Gesetz oder aufgrund eines Gesetzes beschränkt werden.

Artikel 9 GG:
(1) Alle Deutschen haben das Recht, Vereine und Gesellschaften zu bilden.
(2) Vereinigungen, deren Zweck oder deren Tätigkeit den Strafgesetzen zuwiderlaufen oder die sich gegen die verfassungsmäßige Ordnung oder gegen den Gedanken der Völkerverständigung richten, sind verboten.

5.3.7 Bürgerinitiativen – Möglichkeit politischer Einflussnahme?

Was sind Bürgerinitiativen?
Unter Bürgerinitiativen versteht man Zusammenschlüsse von gleich gesinnten Personen, die auf lokaler Ebene meist spontan (ad hoc) entstehen. Anlass zur Bildung einer Bürgerinitiative ergibt sich z. B., wenn Bürger sich wehren wollen gegen
- politische Maßnahmen,
- öffentliche Planungen oder Unterlassungen,
- Missstände und befürchtete Fehlentwicklungen in sozialen und kulturellen Bereichen oder in der natürlichen Umwelt.

Dieses geschieht entweder auf dem Weg der Selbsthilfe oder auf dem Weg der öffentlichen Meinungswerbung und der Ausübung von politischem Druck.
Eine Bürgerinitiative besteht meist aus einer überschaubaren Gruppe von Mitgliedern mit einer mehr oder weniger großen Zahl von sympathisierenden Anhängern. Jeder von uns kann eine Bürgerinitiative gründen und jedes denkbare Anliegen kann zum Gegenstand gemacht werden.
Die rechtlichen Grundlagen zur Gründung von Bürgerinitiativen, ohne dass sie aber ausdrücklich benannt werden, sind im Grundgesetz in den Artikeln 5 GG (Meinungsfreiheit), 8 GG (Versammlungsfreiheit) und 9 GG (Vereinigungsfreiheit) festgelegt.

Funktionsweise von Bürgerinitiativen
Die Aktivitäten von Bürgerinitiativen bestehen im Allgemeinen darin, sich direkt an die zuständigen Stellen zu wenden, wie z. B. Planungs- und Genehmigungsbehörden, den Bürgermeister, den Gemeinderat, das Stadtparlament usw. Dazu ste-

Wählen und Mitbestimmen – Grundlagen der Demokratie

hen den Bürgerinitiativen eine Vielzahl von Mitteln zur Verfügung.

Damit erreichen die Bürgerinitiativen, dass die Missstände einer breiten Öffentlichkeit bekannt gemacht werden, um somit einen möglichst großen politischen Druck ausüben zu können. Bürgerinitiativen spielen als dritte Kraft neben Parteien und Verbänden eine wichtige Rolle in der politischen Willensbildung.

Der Schwerpunkt der Arbeit von Bürgerinitiativen liegt in der Kommunalpolitik. Hier sind Fehlentwicklungen für den Einzelnen am ehesten erkennbar, z. B. in den Bereichen von Bildung, Erziehung, Verkehr, Stadtplanung, Umweltschutz, Freizeit. Manchmal kommt es vor, dass sich Bürgerinitiativen auf das Gemeinwohlinteresse berufen, aber tatsächlich nur eine sehr begrenzte Anzahl von Bürgern repräsentieren.

Generell dienen Bürgerinitiativen dazu, dem Einzelnen zu helfen, die Realisierung seiner Grundrechte wirkungsvoll zu organisieren.

Erstmals sind Bürgerinitiativen in der Bundesrepublik Deutschland Ende der 60er-Jahre aufgetreten.

In den 70er-Jahren entstanden immer mehr Bürgerinitiativen und wuchsen schnell zu einer breiten Bewegung an. Gründe dafür lassen sich in der gesellschaftspolitischen Bewegung der außerparlamentarischen Opposition (APO) und dem Aufruf „Mehr Demokratie wagen" der ersten sozialliberalen Regierung finden.

Umfragen zeigen, dass Bürgerinitiativen in der Bevölkerung ein recht hohes Maß an Teilnahmebereitschaft vorfinden.

Der Unterschied von Parteien und Bürgerinitiativen	
Partei	**Bürgerinitiative**
Teilnahme an Wahlen mit eigenen Kandidatinnen und Kandidaten	
Will Einflussnahme auf alle Gebiete des öffentlichen Lebens	Will Einflussnahme auf einen beschränkten Bereich bzw. ein Ziel
Gesamtgesellschaftliche Ziele, die in einem Programm gebündelt sind	Setzt sich für ein Ziel einer Gruppe ein
Innere Ordnung einer Partei muss demokratischen Grundsätzen entsprechen	In der Regel freie Vereinbarung einer Verfahrensordnung
Kann zum besonderen Schutz der Verfassung verboten werden	
Bei Mitgliedern oder Mitgliedern des Vorstands darf die Mehrheit nicht aus Ausländern bestehen	Mitarbeit in der Regel für alle möglich
Dauerhafte Organisation; Mitgliedschaft ist nur in einer Partei möglich	Aktionsbündnis auf Zeit. In der Regel Mitarbeit ohne Mitgliedschaft möglich

Aufgaben

1. Diskutieren Sie in Ihrer Klasse, welche Möglichkeiten Rolf und Olaf haben, um sich dafür einzusetzen, dass sie ihren Jugendclub behalten.
2. Welche Anlässe zur Gründung einer Bürgerinitiative könnten Sie sich aufgrund von Mängeln, Missständen oder Fehlplanungen in Ihrer Gemeinde oder Stadt vorstellen?
3. Was wollen die Bürgerinitiativen mit ihren Aktivitäten, wie Austeilen von Flugblättern, Demonstrationen, Unterschriftensammlungen usw., erreichen? Sprechen Sie darüber in Ihrer Klasse und notieren Sie sich die Ergebnisse stichpunktartig.
4. Erarbeiten Sie in Ihrer Klasse, was Rolf und Olaf unternehmen müssen, wenn sie eine Bürgerinitiative zum Erhalt ihres Jugendclubs gründen wollen.

Politische Meinungs- und Willensbildung

5.3.8 Der wehrhafte Bürger – Petitionen und Demonstrationen

Friedliche Demonstration in der DDR

Demonstrationen können unter bestimmten Umständen sogar das politische System umfassend verändern (vergleiche hierzu auch Abschnitt 6.2.6)

Am Beispiel der Bürgerinitiative wurde bereits gezeigt, welche Möglichkeit neben den Wahlen besteht, sich politisch zu engagieren. In diesem Abschnitt sollen zwei weitere Beispiele für aktives politisches Handeln gezeigt werden.

Die Petition

In Artikel 17 GG ist das Grundrecht verankert, sich mit einer Bitte oder Beschwerde an die Volksvertretung zu wenden. Dies geschieht mithilfe einer Petition (Eingabe) in schriftlicher Form. Die Adressaten einer Petition sind die zuständigen Stellen und Volksvertretungen. Hierbei handelt es sich um

- die Gemeindevertretungen und Kreistage auf der kommunalen Ebene,
- die Länderparlamente auf der Landesebene und schließlich
- den Bundestag auf der Bundesebene.

Artikel 17 GG:
Jedermann hat das Recht, sich einzeln oder in der Gemeinschaft mit anderen schriftlich mit Bitten und Beschwerden an die zuständigen Stellen und an die Volksvertretung zu wenden.

Hinweis:
In Thüringen sieht die Landesverfassung in Artikel 14 vor, dass eine Petition auch in mündlicher Form erfolgen kann: „Jeder hat das Recht, sich einzeln oder in Gemeinschaft mit anderen schriftlich oder mündlich mit Bitten oder Beschwerden an die zuständigen Stellen und an die Volksvertretung zu wenden. Es besteht Anspruch auf begründeten Bescheid in angemessener Frist."

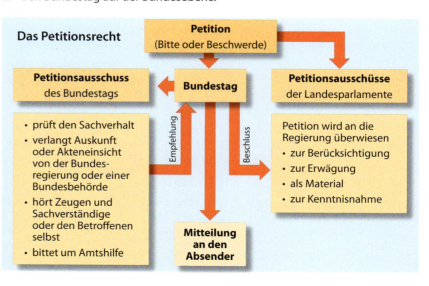

Wählen und Mitbestimmen – Grundlagen der Demokratie

Hat ein Bürger eine Petition in der richtigen Form eingereicht, so hat er einen Anspruch darauf, dass der Petitionsausschuss diese sachlich prüft und darüber entscheidet. Ist der Sachverhalt geklärt und das Anliegen als berechtigt eingestuft, werden Maßnahmen ergriffen, um den Missstand zu beseitigen.

Somit ist das Petitionsrecht ein wichtiger Bestandteil unserer Demokratie, da es eine Möglichkeit darstellt, sich gegen Ungerechtigkeit oder Benachteiligung durch staatliche Stellen zur Wehr zu setzen. Darüber hinaus bieten Petitionen aber auch die Möglichkeit, durch politische Vorschläge zur Gesetzgebung auf die „große Politik" Einfluss zu nehmen.

Das Demonstrationsrecht

Eine ganz andere – und auch viel lautere – Art, Forderungen zu stellen, Missstände und Beschwerden vorzutragen, ist die Demonstration. Sie hat das Ziel, die Aufmerksamkeit der Öffentlichkeit zu wecken und sie gegebenenfalls für sich zu gewinnen.
Im Grundgesetz wird das Demonstrationsrecht in Artikel 8 gewährleistet. Danach sind Versammlungen in **geschlossenen Räumen** ohne Anmeldung möglich. Sie unterliegen nur der Einschränkung, dass sie friedlich und ohne Waffen stattfinden müssen.

Bei Versammlungen unter **freiem Himmel** kann das Versammlungsrecht zusätzlich eingeschränkt werden. So müssen Veranstalter von Demonstrationen die geplante Demonstration mindestens 48 Stunden vor Beginn beim Ordnungsamt oder der Polizei anmelden. Die Polizei kann die geplante Demonstration verbieten oder nur unter bestimmten Auflagen genehmigen. Verbot und Auflösung von Demonstrationen dürfen allerdings nur als letzte Möglichkeit zur Gewährleistung der öffentlichen Sicherheit und Ordnung in Betracht gezogen werden. In Ausnahmen, z.B. bei einer spontan organisierten Demonstration aus aktuellem Anlass, entfällt die Anmeldepflicht.

Der Veranstaltungsleiter muss für einen ordentlichen Verlauf der Demonstration sorgen. Alle Teilnehmer sind verpflichtet, den Anordnungen des Veranstaltungsleiters Folge zu leisten.

Beispiel einer Petition:

Deutscher Bundestag
Petitionsausschuss
Platz der Republik 1
11011 Berlin

Herr
Mustermann
Musterstrasse 5
70815 Musterhausen

Sehr geehrte Damen und Herren,

ich möchte Sie hiermit bitten, den vorliegenden Fall zu überprüfen, da ich mich in meinem Recht erheblich verletzt fühle. Eine detaillierte Ausführung des Sachverhaltes ist beigelegt.

Mit freundlichen Grüßen

Mustermann

Artikel 8 GG:
(1) Alle Deutschen haben das Recht, sich ohne Anmeldung oder Erlaubnis friedlich und ohne Waffen zu versammeln.
(2) Für Versammlungen unter freiem Himmel kann dieses Recht durch Gesetz oder aufgrund eines Gesetzes beschränkt werden.

Aufgaben

1. *Könnten Sie sich vorstellen, eine Petition zu schreiben? Bilden Sie Kleingruppen und notieren Sie sich stichpunktartig Ihre Beschwerde oder Bitte. Tragen Sie Ihr Ergebnis in der Klasse vor und diskutieren Sie über die gemachten Vorschläge.*

2. *Neben den friedlichen Demonstrationen gibt es immer wieder solche, in denen es Gewaltausschreitungen gibt. Suchen Sie nach Beispielen und klären Sie mögliche Ursachen für Gewaltausschreitungen bei Demonstrationen.*

214   Methodenseite

INFORMATIONSBESCHAFFUNG/RECHERCHE

Ziel

Eine Grundvoraussetzung für erfolgreiches Lernen ist es, sich selbstständig und zielgerichtet Informationen zu beschaffen. Beim Erstellen von Referaten und Hausarbeiten ist das Suchen und Nutzen von Informationsquellen ein wichtiger Arbeitsschritt. Das Wort **recherchieren** kommt aus dem Französischen und bedeutet nachforschen.

Will man erfolgreich zu einem Thema nachforschen, ist es u.a. notwendig, systematisch zu lesen, Wichtiges zu markieren, mit Nachschlagewerken arbeiten zu können, Informationen zusammenzufassen, Bibliotheken und Archive zu nutzen, im Internet Suchmaschinen einzusetzen usw.

Wo und wie man sich informieren kann

Es sollten immer unterschiedliche Quellen für die Informationsbeschaffung genutzt werden. Nur so kann die Gefahr gemindert werden, einseitige Informationen zu erhalten.

Gerade bei politischen Fragestellungen gibt es unterschiedliche Meinungen, die aber vom Leser oft nicht leicht zu erkennen sind und fälschlicherweise für Tatsachen gehalten werden könnten. Um sich ein möglichst neutrales Bild zu verschaffen, sollten mehrere Autoren und Quellen herangezogen werden. Wichtig ist es, jeweils sorgfältig die Quelle der Information zu vermerken und anzugeben.

Möglichkeiten, sich Informationen zu beschaffen:

- Bibliotheken (z.B. Stadt- oder Schülerbibliothek) und Archive (Zeitungsarchive) nutzen
- Nachrichten in Tageszeitungen oder im Fernsehen verfolgen, ausschneiden bzw. aufnehmen

- Vertreter von Parteien und Interessenverbänden, Abgeordnete usw. aufsuchen
- Expertenbefragungen durchführen
- Interviews und Befragungen von Verwandten, Freunden oder Passanten durchführen
- an Bürgerversammlungen, öffentlichen Diskussionen usw. teilnehmen
- schriftlich Informationsmaterialien bei Behörden, Verbänden, Betrieben anfordern
- in Lexika und anderen Nachschlagewerken recherchieren
- im Internet forschen

Informationen aus Texten gewinnen

Häufig ist es nicht notwendig, einen Text Wort für Wort zu lesen. Genaues Durchlesen ist oftmals viel zu zeitaufwändig und raubt letztendlich die Lust.

Um festzustellen, ob ein Text die benötigten Informationen enthält, reicht es völlig aus, sich zunächst einen **groben Überblick** zu verschaffen. Überschriften, Einleitungen und bestimmte Schlüsselbegriffe vermitteln einen Überblick darüber, ob der Text geeignet ist.

Nach dem groben Überfliegen können Sie dann entscheiden, ob es sinnvoll ist, genauer zu lesen. In diesem zweiten Schritt sollten dann alle **wichtigen Stellen markiert** werden.

Im nächsten Schritt werden dann wichtige Informationen möglichst in **eigenen Worten** aufgeschrieben.

Überprüfen Sie zum Schluss nochmals, ob Sie Ihre **Notizen** auch verstehen. Die **Quellenangabe** nicht vergessen!

Aufgaben

1. Besorgen Sie sich unterschiedliche Tageszeitungen und vergleichen Sie die verschiedenen Artikel zu einem Thema. Vergleichen Sie die enthaltenen Informationen im Hinblick auf die Gemeinsamkeiten und Unterschiede.
2. Recherchieren Sie im Internet mithilfe unterschiedlicher Suchmaschinen zu einem selbst gewählten Begriff.
3. Schreiben Sie Parteien an und fragen Sie gezielt nach Informationen z.B. zum Thema Familienpolitik, Ausländerpolitik, Umweltschutz. Vergleichen Sie die erhaltenen Informationen.

6 JÜNGERE DEUTSCHE GESCHICHTE – EIN ÜBERBLICK

Jüngere deutsche Geschichte – Ein Überblick

6.1 VON WEIMAR BIS ZUM ENDE DES ZWEITEN WELTKRIEGS

6.1.1 Aufstieg und Fall der Weimarer Republik

> **Arbeiter und Soldaten!**
> Das deutsche Volk hat auf der ganzen Linie gesiegt.
> Das Alte, Morsche ist zusammengebrochen; der Militarismus ist erledigt.
> Die Hohenzollern haben abgedankt!
> Es lebe die Republik! […]
> […] Sorgen Sie dafür, dass die neue deutsche Republik,
> die wir errichten werden, nicht durch irgendetwas gefährdet werde!
> Es lebe die deutsche Republik!"
>
> (Auszug aus der Rede des sozialdemokratischen Reichstagsabgeordneten und späteren Reichskanzlers Philipp Scheidemann, die er vom Balkon des Reichstages zur Volksmenge sprach.)

Friedrich Ebert (1871–1925), der erste Reichspräsident der Weimarer Republik

Neben den Sozialdemokraten gab es die Kommunisten, die jedoch einen deutschen Staat nach dem Vorbild der Sowjetunion aufbauen wollten. Hierzu gehörten der Spartakusbund und die unabhängigen Sozialisten. Führende kommunistische Köpfe waren Karl Liebknecht und Rosa Luxemburg, die im Januar 1919 ermordet wurden.

Geburtsstunde der Weimarer Republik

Wie kam es zum Ausruf der Republik? Nach der Niederlage Deutschlands im Ersten Weltkrieg war das deutsche Kaiserreich politisch und militärisch am Ende. Am 3. November 1918 meutern in Kiel und Wilhelmshaven Marinesoldaten, und zwei Tage später finden die ersten Generalstreiks statt. Die revolutionäre Entwicklung breitet sich schnell auf fast ganz Deutschland aus. Am 9. November 1918 dankt Kaiser Wilhelm II. unter dem Druck der Revolution ab und flüchtet nach Holland ins Exil. Noch am selben Tag wird in Berlin von Philipp Scheidemann die Republik ausgerufen. Am 19. Januar 1919 finden in Deutschland die ersten demokratischen Wahlen zu einer Nationalversammlung statt. Die SPD, das Zentrum und die DDP (Deutsche Demokratische Partei) bilden in einer Koalition die Regierung, Friedrich Ebert wird der erste Reichspräsident und Philipp Scheidemann der erste Reichskanzler.

Die Nationalversammlung tagte – aufgrund der unruhigen politischen Situation in Berlin – im thüringischen Weimar.
Am 11. August 1919 wird die so genannte „Weimarer Verfassung" beschlossen. Die Weimarer Republik war geboren.

Philipp Scheidemann (1865–1939), Sozialdemokrat und erster Reichskanzler, ruft vom Balkon des Reichstages die Republik aus.

Von Weimar bis zum Ende des Zweiten Weltkriegs

Widerstand gegen die junge Demokratie

Die neue Weimarer Republik hatte schwer um ihren Bestand zu kämpfen. Aufstandsversuche und Putschversuche von linken und rechten Gruppen konnten nur mit Mühe niedergeschlagen werden.

Mit dem Friedensvertrag von Versailles, der am 28. Juni 1919 unterzeichnet wurde, musste Deutschland unter anderem Staatsgebiete (Elsass-Lothringen, Westpreußen, Oberschlesien und das Saargebiet) abtreten, hohe Reparation in Form von Geld- und Sachlieferungen leisten sowie die Alleinschuld am Krieg anerkennen.

Insbesondere rechte Parteien und Gruppierungen wollten sich diesem Friedensvertrag nicht beugen und bekämpften offen die Republik. Militärs, Nationalisten sowie Anhänger des Kaisers machten die Revolution für die Niederlage Deutschlands im Krieg verantwortlich. Die so genannte **„Dolchstoßlegende"** wurde verbreitet.

Schwächen der Weimarer Verfassung
1. Verhältniswahlrecht ohne 5 %-Klausel: Es führt zur Zersplitterung des Parlamentes. Mehrheitsbildung kaum möglich!
2. Starke Stellung des Reichspräsidenten: Er ist u.a. berechtigt, den Reichstag aufzulösen. Er hat den Oberbefehl über die Armee.
3. Notverordnungsrecht: Siehe Artikel 48 der Weimarer Verfassung.
4. Schwache Stellung des Reichskanzlers: Er kann jederzeit vom Reichstag gestürzt werden. Es kann zu häufigen Regierungswechseln kommen.

Wirtschaftskrise und Massenarbeitslosigkeit

In den Jahren von 1924 bis 1929 erlebte die Weimarer Republik einige Jahre der politischen Entspannung und wirtschaftlichen Erholung. Man spricht auch von den „Goldenen Zwanzigern". Mit dem „Schwarzen Freitag" an der New Yorker Börse am 24. Oktober 1929 begann die Weltwirtschaftskrise, die schnell auf Deutschland übergriff. Die Folge war eine hohe Arbeitslosigkeit, was für die Betroffenen zur damaligen Zeit Hunger und Elend bedeutete. In ihrer Not klammern sich viele Bürger an Versprechungen der radikalen Parteien. Sie geben der Weimarer Republik die Schuld an ihrem wirtschaftlichen Elend und glauben, eine Besserung der wirtschaftlichen Krise sei nur mit einer grundlegenden Änderung der Politik zu erreichen. So brachte die Reichstagswahl 1930 den Nationalsozialisten den ersten Erfolg. Sie konnten ihre bisher 12 Sitze auf 107 erhöhen. Mit den anderen radikalen Parteien zusammen wurde eine Mehrheitsbildung im Reichstag immer schwieriger und es ließ sich zu guter Letzt nur noch mit der Notverordnung des Reichspräsidenten regieren.

Reparation:
Wiedergutmachung

Dolchstoßlegende:
Es wurde fälschlicherweise verbreitet, dass das deutsche Heer im Krieg unbesiegt geblieben und die Revolution mit den Sozialdemokraten an ihrer Spitze dem Heer in den Rücken gefallen sei und ihm somit den „Dolchstoß" verpasst hätte.

Auszug aus der Weimarer Verfassung:
Artikel 48 (Notverordnungsrecht):
Wenn ein Land die ihm nach der Reichsverfassung oder den Reichsgesetzen obliegenden Pflichten nicht erfüllt, kann der Reichspräsident es dazu mithilfe der bewaffneten Macht anhalten.
Der Reichspräsident kann, wenn im deutschen Reich die öffentliche Sicherheit und Ordnung gestört oder gefährdet ist, die zur Wiederherstellung der öffentlichen Sicherheit und Ordnung nötigen Maßnahmen treffen, erforderlichenfalls die in den Artikeln 114 (Freiheit der Person), 115 (Unverletzlichkeit der Wohnung), 117 (Postgeheimnis), 118 (Recht auf freie Meinungsäußerung), 123 (Versammlungsfreiheit), 124 (Koalitionsfreiheit) und 153 (Sicherung des Eigentums) festgesetzten Grundrechte ganz oder zum Teil außer Kraft setzen. [...]

Aufgaben

1. Diskutieren Sie in Ihrer Klasse folgende Aussage: „Die Weimarer Republik" war eine Demokratie ohne Demokraten.
2. Notieren Sie sich, welche Vollmachten der Reichspräsident bei Anwendung des Artikels 48 der Weimarer Verfassung hatte, und vergleihen Sie diese mit den Vollmachten des heutigen Bundespräsidenten. Hinweis: Arbeiten Sie mit dem Grundgesetz.

6.1.2 Nationalsozialistische Machtergreifung

Die Zerstörung des Reichstags durch Brandstiftung schrieb Hitler den Kommunisten zu und nahm dies als Anlass für den Erlass von Notverordnungen. Die genauen Tatumstände, die zum Brand führten, wurden bis heute nicht restlos geklärt.

Gleichzeitig mit der Berufung Adolf Hitlers zum Reichskanzler durch den Reichspräsidenten Hindenburg am 30. Januar 1933 und der damit verbundenen Machtübernahme der Nationalsozialisten begann auch die Umwandlung der Weimarer Republik in eine **totalitäre Diktatur.**

Die Machteroberung der Nationalsozialisten verlief in den folgenden Schritten:

- Mit dem **Reichstagsbrand** in der Nacht vom 27. auf den 28. Februar. 1933 wurde eine Verhaftungswelle von Parteifunktionären der KPD und SPD eingeleitet. Noch am 28. Februar wurde „die Verordnung zum Schutz von Volk und Staat" erlassen, die die Grundrechte der Weimarer Reichsverfassung außer Kraft setzte.
- Am 24. März 1933 stimmte die Mehrheit des Reichstages dem **Ermächtigungsgesetz** zu. Damit machte der Reichstag Hitler zum Gastgeber und entmachtete sich gleichzeitig selbst.
- Im März 1933 wurden die Länder mit dem Reich gleichgeschaltet. Mit dieser **Gleichschaltung** wurde die föderative Struktur der Weimarer Republik aufgelöst. Kurze Zeit später wurden auch die Gewerkschaften und Parteien aufgelöst.
- Mit dem Tod des Reichspräsidenten Hindenburg am 2. August 1934 übernahm Hitler zusätzlich die Stellung des **Reichspräsidenten** und erlangte dadurch den Oberbefehl über die Wehrmacht.

---

totalitär:
alles erfassend und sich unterwerfend

KPD:
Kommunistische Partei Deutschlands

SPD:
Sozialdemokratische Partei Deutschlands

Zentrum/Zentrumspartei:
Partei des politischen Katholizismus, genannt nach ihren Plätzen in der Mitte des Sitzungssaals im Parlament. Sie machte eine Politik für die Festigung der Republik und bekämpfte die Nationalsozialisten.

Für die Verabschiedung des *Ermächtigungsgesetzes* war eine Zweidrittelmehrheit im Reichstag erforderlich. Die SPD lehnte dieses Gesetz entschieden ab, die anderen Parteien hatten Bedenken. Das Zentrum, dessen Stimmen für dieses Gesetz notwendig waren, verlangte die Wiederherstellung der Grundrechte. Hitler stimmte mündlich zu und versprach eine schriftliche Bestätigung.
Als zu Beginn der entscheidenden Reichstagssitzung die Bestätigung noch nicht eingetroffen war und die Zentrumsabgeordneten dem Gesetz nicht zustimmen wollten, versicherte der nationalsozialistische Innenminister, dass der Brief unterwegs sei. Dadurch stimmte die Zentrumspartei dem Gesetz zu.
Der Brief zur Wiederherstellung der Grundrechte war aber nur eine leere Versprechung der Nationalsozialisten, denn er wurde nie verfasst.

Der Leidensweg der jüdischen Bevölkerung

Die Rassenlehre war ein zentraler Bestandteil in der nationalsozialistischen Weltanschauung Adolf Hitlers (siehe Abschnitt 6.1.4). Schon kurze Zeit nach der Machtübernahme durch die Nationalsozialisten setzte eine gewaltige Propaganda gegen die jüdische Bevölkerung ein. Das menschenverachtende Vorgehen gegen diese Bevölkerungsminderheit war fester Bestandteil zur innen- und außenpolitischen Durchsetzung nationalsozialistischer Interessen und verlief in folgenden Etappen (siehe auch Abschnitt 6.1.5):

Nationalsozialistischer Boykott – Posten vor einem Berliner Warenhaus.

- In der Zeit von 1933 bis 1938 wurden die Bürger jüdischen Glaubens durch Gesetze und Verordnungen allmählich aus dem öffentlichen Leben verdrängt. Die Nürnberger Gesetze (September 1935) bildeten die Grundlage für einen vollständigen Ausschluss aus allen öffentlichen Arbeitsverhältnissen und verboten die Ehe zwischen Juden und Nichtjuden (Blutschutzgesetz). Die Möglichkeit zu arbeiten wurde auf wenige Berufszweige beschränkt. 1937 begann mithilfe von Drohung und Erpressung die so genannte „Arisierung" der Wirtschaft.
- In der Zeit von 1938 bis 1941 vollzog sich die massive Verfolgung der jüdischen Bevölkerung. Es wurden alle Lebensbereiche drastisch eingeschränkt. Ersten Verhaftungen folgte die staatlich organisierte Reichspogromnacht (9./10. November 1938). Jüdisches Eigentum wurde systematisch zerstört und 26.000 Bürger jüdischen Glaubens wurden verhaftet und in die Konzentrationslager Dachau, Buchenwald und Sachsenhausen verschleppt. Im Oktober 1941 wurde dann die Auswanderung verboten und die Verpflichtung zur Zwangsarbeit eingeführt. Es kam zu den ersten Deportationen nach Polen.
- Ab 1941 wurde die Massenvernichtung geplant und dann durchgeführt: In der Wannseekonferenz (Januar 1942) wurde die Durchführung der „Endlösung der europäischen Judenfrage" beschlossen. Im Sommer des gleichen Jahres fingen die Machthaber an, die Pläne zur Vernichtung umzusetzen (siehe hierzu Abschnitt 6.1.5).

Arisierung:
Jüdische Inhaber von Unternehmen und Läden wurden gezwungen, diese weit unter Wert an „arische" Deutsche zu verkaufen.
Deportation:
Zwangsverschickung
Endlösung:
Vernichtung der Juden

Verbrennungsöfen im Krematorium des KZs Auschwitz

Aufgaben

Ein Schritt der Machtergreifung durch die Nationalsozialisten war die Auflösung der föderalistischen Staatsstruktur der Weimarer Republik.
a) Informieren Sie sich in Abschnitt 6.1.3 zum nationalsozialistischen System und in Abschnitt 5.2.4 zum Begriff des Föderalismus.
b) Erläutern Sie, welchem Zweck die Zerschlagung der föderalistischen Staatsstruktur bei der Machtergreifung der Nationalsozialisten diente.

6.1.3 Das nationalsozialistische System

Auszüge aus Berichten der Gestapo:

Am 1. Februar 1934 wurde der Mechaniker Josef Gr. in Zumsweiher festgenommen, weil er die Wahl vom 12. November 1933 als einen Schwindel bezeichnete. (17.2.1934)

Der Staatsanwaltschaft überstellt wurde der Landwirt Alexander G. in Bühl, der dringend verdächtig ist, die in seinem Wohnort befindliche Hitler-Linde abgesägt zu haben. (17.3.1934)

Angezeigt wurde der verh. Kaufmann Hugo L. [...], weil er in der Wirtschaft [...] äußerte: „[...] jeden Tag wird es schlechter in Deutschland. Alle Steuern sind noch gleich hoch geblieben. Der Verdienst ist aber durch das schlechte Geschäft und die vielen Beitragszahlungen geschmälert worden." (1935)

Festgenommen wurde [...] der verheiratete Gastwirt Wilhelm A., [...] A. äußerte sich in seiner Wirtschaft: „Wenn die [früheren Regierungen] auch so rücksichtslos gewesen wären, dann wäre der Nationalsozialismus niemals an die Macht gekommen. Hitler ist überhaupt kein deutscher Staatsbürger, sondern er ist ja ein Ausländer. Überhaupt ist es eine Schande für das deutsche Volk, dass es so einen Führer hat." (15. – 24.8.1935)

(Quelle: J. Schadt: Verfolgung und Widerstand unter dem Nationalsozialismus in Baden, Stuttgart 1976)

---

sogenannter Röhm-Putsch:
*Wenn es um die Ausschaltung von Gegnern oder Konkurrenten ging, machte Hitler selbst vor alten Kampfgefährten nicht Halt. Am 30. Juni 1934 ließ Hitler etwa 200 hohe SA-Führer ohne Gerichtsverfahren von SS-Männern erschießen. Der oberste SA-Führer Ernst Röhm, ein alter Duzfreund Hitlers und bereits vor ihm Mitglied der NSDAP, wurde einen Tag später ermordet. Die Begründung für die Morde war, dass die Ermordeten einen Staatsstreich gegen die Hitlerregierung geplant hätten. Die Wahrheit war aber:
Die SA-Führung war zu stark und selbstbewusst geworden und wurde von SS und Reichswehr als Konkurrenz empfunden. Röhm hatte außerdem den Fehler begangen und Hitler kritisiert, indem er in einer Rede vom 18. April 1934 den Vorwurf äußerte, dass das neue Regime „nicht rücksichtslos aufgeräumt" hätte.*

Mit den Notverordnungen der Weimarer Republik beseitigten die Nazis alle bisherigen demokratischen Einrichtungen des Staates. So wurden

- alle Parteien außer der NSDAP aufgelöst,
- die Grundrechte aufgehoben,
- die deutschen Länder mit ihren gewählten Parlamenten und Regierungen aufgelöst und der Reichsregierung unterstellt (**Gleichschaltung**),
- die wichtigsten Vereine, Verbände und Organisationen in die Organisation der NSDAP übernommen, um alle gesellschaftlichen Gruppen zu kontrollieren,
- die Gewerkschaften zerschlagen und
- mit Hitlers eigener Ernennung zum obersten Gerichtsherren wurde die Gewaltenteilung beseitigt.

Der Staat wurde nach dem **Führerprinzip** neu geordnet. Das Führerprinzip bezeichneten die Nationalsozialisten als „Grundgesetz der nationalistischen Weltanschauung". Jede „Gefolgschaft" hatte ihrem Führer absoluten Gehorsam, unbedingte Unterordnung und bedingungslose Treue entgegenzubringen. Jeder Führer wiederum war Teil einer größeren Gefolgschaft, über die der jeweils höher stehende Führer uneingeschränkte Befehlsgewalt hatte. Oberster Führer war Adolf Hitler. Entscheidungen wurden nicht mehr durch demokratische Abstimmungen, sondern immer durch Befehle getroffen.

Nach diesem Führerprinzip waren die NSDAP und die angeschlossenen Verbände organisiert. Seit 1934 herrschte das gleiche Prinzip auch im Verhältnis zwischen Arbeitgeber und Arbeitnehmer. An der Spitze eines Betriebes stand der so genannte Betriebsführer. Die als Gefolgschaft bezeichnete Belegschaft war ihm zu Treue und Gehorsam verpflichtet.

Von Weimar bis zum Ende des Zweiten Weltkriegs

Viele Deutsche waren mehr oder weniger freiwillig Mitglieder in verschiedenen militärisch ausgerichteten und streng nach dem Führerprinzip geleiteten nationalsozialistischen Organisationen. Auch Kinder und Jugendliche traten schon frühzeitig in das Jungvolk und später dann in die Hitlerjugend (HJ) oder in den Bund deutscher Mädel (BDM) ein. In diesen Organisationen wurde die Bevölkerung ideologisch geschult und auf den Krieg vorbereitet.

Menschen, die anders als die Nazis dachten und andere Meinungen äußerten, verspürten Misstrauen und Angst, denn Leute wie sie wurden verfolgt, verhaftet und oft auch ermordet. Allein bei der „Köpenicker Blutwoche" im Juni 1933, einer Racheaktion der SA an politischen Gegnern, wurden 91 Bürger ermordet. Überall im Reich wurden so genannte **Konzentrationslager** errichtet („konzentrieren" heißt „zusammenfassen"). Bald wurden sie nur noch abgekürzt „KZ" genannt.

Zuerst wurden politische Gefangene ohne Gerichtsurteile in den KZs inhaftiert und gefoltert: Kommunisten, Sozialdemokraten und andere politische Gegner. Nach den politischen Gegnern folgten Menschen, die aus den verschiedensten Gründen von den Nationalsozialisten verfolgt wurden: Juden, Sinti und Roma, Homosexuelle, Zeugen Jehovas, so genannte „Arbeitsscheue" und viele andere mehr. Auch tatsächliche Straftäter inhaftierten die Nazis in KZs. Während des Krieges gab es entgegen den international üblichen Regeln sogar Kriegsgefangene in den KZs.

Mehrere Organisationen wie die **Geheime Staatspolizei (Gestapo)** oder der Sicherheitsdienst der SS (SD) bespitzelten die Bürger. Die NSDAP beauftragte außerdem so genannte Blockleiter (auch Blockwarte genannt) mit der genauen Beobachtung der Bewohner des ihnen unterstellten Wohnblocks. So wurden während des Krieges Menschen wegen des Hörens englischer Radiosender bespitzelt, angezeigt und zum Tode verurteilt.

Die Nationalsozialisten versuchten auf diese Art und Weise, jede Opposition zu verhindern und zu beseitigen.

Bericht des ersten Gestapo-Chefs Rudolf Diel über die ersten Konzentrationslager:

„ […] Nach den Berichten von Beamten und Freunden trat die SA mit eigenen Vernehmungsstellen in Berlin selbst in eine grauenvolle Tätigkeit ein. In den einzelnen Stadtteilen entstanden Privatgefängnisse. […] Ich konnte nun mit den Polizeimannschaften die Marterhöhle betreten. […] Die Opfer, die wir vorfanden, waren dem Hungertod nahe. Sie waren tagelang stehend in enge Schränke gesperrt worden, um von ihnen Geständnisse zu erpressen. Diese Vernehmungen hatten mit Prügeln begonnen und geendet; dabei hatte ein Dutzend Kerle in Abständen von Stunden mit Eisenstäben, Gummiknüppeln und Peitschen auf die Opfer eingedroschen. Eingeschlagene Zähne und gebrochene Knochen legten von den Torturen Zeugnis ab. Als wir eintraten, lagen diese lebenden Skelette reihenweise mit eiternden Wunden auf dem faulenden Stroh. Es gab keinen, dessen Körper nicht vom Kopf bis zu den Füßen die blauen, gelben und grünen Male der unmenschlichen Prügel an sich trug. Bei vielen waren die Augen zugeschwollen, und unter den Nasenlöchern klebten Krusten geronnenen Blutes."

Quelle: W. Michalka (Hsg.), Das Dritte Reich. Dokumente zur Innen- und Außenpolitik, Band 1, München 1985.

Opposition:
mit der Regierungspolitik nicht einverstandene Menschen oder Gruppen

---

Aufgaben

1. Lesen Sie die Ausschnitte aus den Gestapo-Berichten am Beginn des Abschnitts und erläutern Sie, warum die Gestapo in diesen Vergehen eine Gefahr für den nationalsozialistischen Staat sah.
2. Beschreiben Sie mit Ihren eigenen Worten das Führerprinzip. Erläutern Sie dabei auch, warum das Führerprinzip undemokratisch ist.
3. Benennen Sie die Bedingungen im Verhältnis von Betriebsleitung und Belegschaft, die heutzutage vorherrschen und die zur Zeit des Nationalsozialismus galten. Vergleichen Sie beide Zustände miteinander.
4. Welche Merkmale des nationalsozialistischen Systems passen in keine Demokratie? Zählen Sie diese stichpunktartig auf.

222　Jüngere deutsche Geschichte – Ein Überblick

6.1.4 Die Ideologie der Nationalsozialisten

Rassenideologie

Die Grundlage für die Ideologie der Nationalsozialisten bildete Hitlers Buch „Mein Kampf".

Rassismus

Die Nationalsozialisten teilten die Menschen wie die Tiere in „Rassen" ein, deren Charaktere und Fähigkeiten von Natur aus unterschiedlich seien. Sie erklärten, dass in einem „ewigen Kampf ums Dasein" zwischen angeblich höherwertigen und angeblich minderwertigen „Rassen" die höherwertigen „Rassen" siegen würden.

Die Deutschen würden der höherwertigen Rasse der Arier angehören und die besseren Eigenschaften besitzen. Die Juden auf der ganzen Welt, also auch die jüdischen Deutschen, sollten nach der Meinung der Nazis zu einer minderwertigen Rasse gehören. Obwohl sich Juden nur aufgrund ihrer Religion von ihren Mitbürgern unterschieden, wurden sie trotzdem zu einer „Rasse" erklärt. Nach der Ansicht Hitlers und seiner Anhänger waren die Juden schuld an allem Bösen und Schlechten, wie z. B. an der Weltwirtschaftskrise und der Arbeitslosigkeit. Dies wurde behauptet, obwohl viele jüdische Deutsche hervorragende Leistungen in der Wissenschaft, der Wirtschaft, der Kunst und der Politik erbracht hatten und weltweit geachtet wurden.

Neben den Juden galten Sinti und Roma, farbige Menschen, Asiaten, Slawen u. a. ebenfalls als minderwertig.

„Erweiterung des Lebensraumes"

Die Nationalsozialisten behaupteten, dass den Deutschen nicht genug Lebensraum zur Verfügung stehe. Um ausreichenden Lebensraum zu schaffen, sollten „rassisch minderwertige Völker" wie die Polen, Tschechen und Russen durch Kriege unterworfen, verdrängt oder vernichtet werden. Die von ihnen bewohnten Gebiete böten angeblich einen „natürlichen Lebensraum" für die „Arier". Der Rassismus der Nazis diente dazu, ihre gegen das Völkerrecht verstoßende Eroberungspolitik zu rechtfertigen.

Nationalsozialistisches Hetzplakat

Ideologie:
ein System von Weltanschauungen, Grundeinstellungen und Wertungen, das der Rechtfertigung und Begründung eigener politischer und wirtschaftlicher Ziele dient

Antisemitismus:
eine besondere Art des Rassismus, die sich gegen Juden richtet

Die Rolle der Frau:
Nach der Meinung der Nationalsozialisten war die einzig wahre Berufung der Frau, möglichst viele Kinder zu gebären, um die „Vermehrung und Erhaltung der Art und Rasse" zu sichern. Ihre Aufgabe sollte die „Heranzüchtung kerngesunder Körper" sein. Die Frauen sollten ihren Platz hinter dem Herd einnehmen und aus dem Berufsleben verschwinden.
Während des Krieges allerdings, als die meisten Männer ihre Arbeitsplätze verlassen mussten, holte man die Frauen zur Munitions- und Waffenproduktion in die Fabriken zurück.
Die Nationalsozialisten schlossen Frauen aus politischen Ämtern fast vollständig aus.

Antibolschewismus

Hitler meinte, dass der Kommunismus ein Teil der „jüdischen Weltverschwörung zur Vernichtung der Arier" sei. Deshalb ließ er Kommunisten zunächst in Deutschland und später auch in den besetzten Gebieten der Sowjetunion unbarmherzig verfolgen. Da die russischen Kommunisten sich Bolschewiki nannten, bezeichnet man diese Haltung als Antibolschewismus oder Antikommunismus.

„Volksgemeinschaft"

Alle deutschen „Volksgenossen" sollten zusammengefasst in der „Volksgemeinschaft" für den nationalsozialistischen Staat leben und arbeiten. Wer aber dazugehörte, bestimmten die Nationalsozialisten. Neben den jüdischen Deutschen wurden auch die politischen Gegner der Nazis aus dieser Gemeinschaft ausgeschlossen. Sie wurden meist ohne Gerichtsurteil in **Konzentrationslagern (KZ)** gefangen gehalten. Um aus der Volksgemeinschaft ausgeschlossen und in ein KZ eingeliefert zu werden, konnte es z. B. ausreichen, wenn jemand „arbeitsscheu" war. Dies war dann der Fall, wenn jemand arbeitslos war und „zwei angebotene Arbeitsplätze ohne berechtigten Grund" abgelehnt hatte. Andere Gründe konnten z. B. Kritik an der Regierung, die Partnerschaft mit einem „Nichtarier", Homosexualität, die Unterstützung Verfolgter, Landstreicherei oder eine körperliche oder geistige Behinderung sein.

„Lebensunwertes Leben"

Die Nationalsozialisten hielten körperlich oder geistig Behinderte für „lebensunwert". Zunächst wurde am 14. Juli 1933 das „Gesetz zur Verhütung erbkranken Nachwuchses" erlassen. In Schulbüchern und in der Presse wurde verbreitet, dass es für das deutsche Volk am besten wäre, wenn das „lebensunwerte Leben" vernichtet würde. Schließlich wurden 70.000 Geisteskranke und körperlich Behinderte mit Kohlenmonoxid vergast (**nationalsozialistisches Euthanasieprogramm**). Nach Beschwerden katholischer Bischöfe wurden diese offensichtlichen Morde eingestellt. Nun mordete man verdeckt in Form von „Hungerkost" oder dem Versagen von notwendigen Medikamenten.

Gesetz zur Verhütung erbkranken Nachwuchses (Auszug):
§ 1
[1] Wer erbkrank ist, kann durch chirurgischen Eingriff unfruchtbar gemacht (sterilisiert) werden [...]
[2] Erbkrank im Sinne dieses Gesetzes ist, wer an einer der folgenden Krankheiten leidet:
 1. angeborener Schwachsinn,
 2. Schizophrenie,
 3. zirkuläres Irresein,
 4. erbliche Fallsucht,
 5. erblicher Veitstanz,
 6. erbliche Blindheit,
 7. erbliche Taubheit,
 8. schwere erbliche körperliche Missbildung.
[3] Ferner kann unfruchtbar gemacht werden, wer an schwerem Alkoholismus leidet [...]

Euthanasie:
eigentlich die beabsichtigte Herbeiführung des Todes bei unheilbar Kranken durch Anwendung von Medikamenten, bei den Nationalsozialisten Ermordung Behinderter

---

Aufgaben

1. Beantworten Sie mithilfe der Abbildung zu Beginn dieses Abschnittes folgende Fragen:
 a) Welche Eigenschaften machen **nach Meinung der Nationalsozialisten** den Wert eines Menschen aus?
 b) Welche Eigenschaften machen **Ihrer Meinung nach** den Wert eines Menschen aus?
2. Schreiben Sie folgenden Satz ab und beenden Sie ihn: Die Ideologie der Nationalsozialisten war unmenschlich, weil ...
3. Gegen welche Menschenrechte verstößt das „Gesetz zur Verhütung erbkranken Nachwuchses"? (Informationen zu den Menschenrechten finden Sie in Abschnitt 8.1.)

6.1.5 Die Verfolgung und Ermordung der jüdischen Bevölkerung

Holocaust:
(griech.: „ganz verbrannt") bezeichnet ursprünglich die biblischen Brandopfer; nach dem Zweiten Weltkrieg wurde der Ausdruck zur Bezeichnung für den nationalsozialistischen Völkermord an den Juden benutzt. Heute wird der Ausdruck auch für den politischen Massenmord und für katastrophale Zerstörungen globalen Ausmaßes verwendet (z. B. „atomarer" oder „ökologischer" Holocaust).

Die jüdischen Opfer des NS-Völkermords
aus den einzelnen europäischen Ländern (in den Grenzen von 1937):

Belgien:	*28.500*
Dänemark:	*116*
Deutsches Reich:	*165.000*
Estland:	*1.000*
Frankreich:	*76.100*
Griechenland:	*59.200*
Italien:	*6.500*
Jugoslawien:	*60 – 65.000*
Lettland:	*67.000*
Litauen:	*220.000*
Luxemburg:	*1.200*
Niederlande:	*102.000*
Norwegen:	*760*
Österreich:	*65.500*
Polen:	*3.000.000*
Rumänien:	*270.000*
Sowjetunion:	*1.000.000*
Tschechoslowakei:	*260.000*
Ungarn:	*200.000*

Nachdem das Römische Reich im Altertum den Staat der Juden zerstört hatte, waren die Juden in verschiedene Gegenden der Welt ausgewandert. Im Laufe von Jahrhunderten waren sie in vielen Ländern heimisch geworden. In Deutschland hatten sie enorm zur kulturellen, wissenschaftlichen und wirtschaftlichen Entwicklung beigetragen. Sie waren, wie alle anderen Deutschen, Bürger des Deutschen Reiches. Sie zahlten wie alle anderen Steuern und kämpften im Ersten Weltkrieg wie alle anderen für ihr Heimatland Deutschland.

Da die jüdische Minderheit eine andere Religion als die christliche Mehrheit ausübte, betrachteten viele Christen sie mit Argwohn. Seit dem Mittelalter kam es auch immer wieder zu gewalttätigen Übergriffen auf Juden. Als die Nationalsozialisten mit ihrer Ideologie an die Macht kamen, wurden die jüdischen Deutschen nicht mehr nur als religiöse Minderheit betrachtet, sondern als eine „Rasse", die der „Todfeind" des deutschen Volkes sei. Sofort nach der Regierungsübernahme durch Adolf Hitler begann die Verfolgung der jüdischen Bürger. Obwohl die deutschen Juden nur 0,8% der deutschen Gesamtbevölkerung ausmachten, stellten die Nationalsozialisten sie als Sündenböcke für alle Probleme dar. Viele Menschen glaubten dieser hasserfüllten Propaganda, nur wenige halfen jüdischen Mitbürgern.

Der nationalsozialistische deutsche Staat organisierte in einem bis dahin ungeahnten Maße die Diskriminierung, die Verfolgung und schließlich die millionenfache grausame Ermordung von jüdischen Menschen. Opfer wurden dabei nicht nur deutsche Juden, sondern auch die Juden der durch Deutschland besetzten Gebiete Europas.

Auf der Wannsee-Konferenz am 20.1.1942 in Berlin beschlossen und organisierten hohe NSDAP-Funktionäre und Ministerialbeamte die so genannte „Endlösung der Judenfrage", d. h. die systematische und organisierte Ermordung aller Juden im Herrschaftsbereich der Nationalsozialisten.

Nach den Beschlüssen der Wannsee-Konferenz wurden die großen Vernichtungslager eingerichtet (Auschwitz, Treblinka, Belzec, Sobibor, Kulmhof, Majdanek). Jüdische Menschen (Männer, Frauen, Kinder und alte Leute) wurden zusammengepfercht in Güterwagen dorthin gebracht. Viele starben bereits während der unmenschlichen Fahrt. Nach der Ankunft entschieden SS-Ärzte, wer sofort ermordet („Sonderbehandlung") oder wer noch eine bestimmte Zeit im Lager Sklavenarbeit leisten sollte. In eigens eingerichteten Gaskammern wurden die Menschen systematisch ermordet. Danach ließen die Mörder die Leichen in Krematorien verbrennen, um so wenig Spuren wie möglich zu hinterlassen. Viele Menschen, sogar Kinder, mussten vor ihrer Ermordung in den Konzentrations- oder Vernichtungslagern noch grausame „medizinische" Experimente durch nationalsozialistische Ärzte erleiden (z. B. die Infizierung mit tödlichen Krankheiten oder das Aushalten extremer Kälte).

Von Weimar bis zum Ende des Zweiten Weltkriegs

Leidensweg der jüdischen Deutschen (Auszug)

1.4.1933	Boykott der jüdischen Geschäfte.
11.4.1933	Alle Beamten mit mindestens einem jüdischen Großelternteil werden entlassen.
22.4.1933	Jüdische Ärzte dürfen nicht mehr für Krankenkassen tätig sein.
4.5.1933	Alle jüdischen Arbeiter und Angestellten bei Behörden werden entlassen.
15.9.1935	Gesetz „zum Schutze des deutschen Blutes und der deutschen Ehre". In ihm wird festgelegt: §1 (1) Eheschließungen zwischen Juden und Staatsangehörigen deutschen oder artverwandten Blutes sind verboten. Trotzdem geschlossene Ehen sind nichtig […] §2 Außerehelicher Verkehr zwischen Juden und Staatsangehörigen deutschen oder artverwandten Blutes ist verboten.
20.6.1938	Juden dürfen keine Behörden betreten.
11.7.1938	Juden dürfen sich nicht an Kurorten aufhalten.
9.11.1938	Pogromnacht – Zerstörung vieler Synagogen, Wohnungen und Geschäfte jüdischer Bürger und Ausschreitungen gegen sie vor allem durch die SA.
12.11.1938	Juden dürfen keine Kinos, keine Konzerte und keine Theater mehr besuchen.
15.11.1938	Jüdische Kinder dürfen keine öffentlichen Schulen mehr besuchen.
3.12.1938	Juden müssen ihre Führerscheine abgeben.
1.1.1939	Juden müssen einen Zwangsvornamen annehmen. Männliche Juden erhalten zu ihrem Vornamen den Namen „Israel", weibliche den Zusatz „Sara".
21.2.1939	Juden müssen Schmuck und Edelsteine abliefern.
30.4.1939	Juden müssen „arische" Wohnhäuser räumen und werden in „Judenhäuser" eingewiesen.
12.9.1939	Juden dürfen nur in besonderen Geschäften einkaufen.
20.9.1939	Juden müssen ihre Radios abliefern.
23.1.1940	Juden erhalten keine Reichskleiderkarte, die zum Kauf von Kleidung berechtigt.
29.7.1940	Allen Juden werden die Telefonanschlüsse gekündigt.
4.3.1941	Juden werden zum Arbeitseinsatz herangezogen.
18.9.1941	Juden dürfen keine öffentlichen Verkehrsmittel mehr benutzen.
19.9.1941	Juden ab sechs Jahre müssen an ihrer Kleidung weit sichtbar einen gelben Stern tragen.
1.10.1941	Verbot der Auswanderung jüdischer Bürger aus dem Deutschen Reich.
10.10.1941	Juden dürfen ihren Wohnsitz nur mit einer besonderen Erlaubnis verlassen.
12.12.1941	Juden dürfen öffentliche Telefone nicht mehr benutzen.
20.1.1942	Auf der **Wannsee-Konferenz** in Berlin beschließen und organisieren hohe NSDAP-Funktionäre und Ministerialbeamte die so genannte „Endlösung der Judenfrage" (siehe linke Seite).
15.2.1942	Juden dürfen keine Haustiere mehr halten.
17.2.1942	Juden dürfen keine Zeitungen und Zeitschriften mehr abonnieren.
13.3.1942	Juden müssen ihre Wohnungstüren mit einem weißen Davidstern kennzeichnen.
12.5.1942	Juden dürfen keine „arischen" Friseure aufsuchen.
12.6.1942	Juden müssen alle elektrischen und optischen Geräte, Fahrräder und Schreibmaschinen abliefern.
19.9.1942	Juden erhalten keine Fleisch- und Milchmarken.
20.6.1943	Schließung aller jüdischer Schulen.
9.10.1943	Juden dürfen keine Bücher mehr kaufen.

Aufgaben

1. Einige Zeit hätten viele Juden noch die Möglichkeit gehabt auszuwandern. Trotz Diskriminierung und Verfolgung taten es aber nur wenige. Notieren Sie sich mögliche Gründe dafür, warum so wenige auswanderten. Besprechen Sie Ihre Ergebnisse in Ihrer Klasse.

2. Listen Sie auf, gegen welche allgemein gültigen Menschenrechte Deutschland damals verstieß.
(Hinweis: Informationen und Hinweise finden Sie in Abschnitt 8.1.)

6.1.6 Widerstand gegen den Nationalsozialismus

Aus dem letzten Flugblatt der „Weißen Rose" (1943):

Erschüttert steht unser Volk vor dem Untergang der Männer von Stalingrad. Dreihundertdreißigtausend deutsche Männer hat die geniale Strategie des Weltkriegsgefreiten sinn- und verantwortungslos in Tod und Verderben gehetzt. […]
Der Tag der Abrechnung ist gekommen, der Abrechnung der deutschen Jugend mit der verabscheuungswürdigsten Tyrannis, die unser Volk je erduldet hat. Im Namen der deutschen Jugend fordern wir vom Staat Adolf Hitlers die persönliche Freiheit, das kostbarste Gut der Deutschen, zurück, um das er uns in der erbärmlichsten Weise betrogen. […]
In einem Staat rücksichtsloser Knebelung jeder freien Meinungsäußerung sind wir aufgewachsen. […] Freiheit und Ehre! Zehn lange Jahre haben Hitler und seine Genossen die beiden herrlichen deutschen Worte bis zum Ekel ausgequetscht, abgedroschen, verdreht, wie es nur Dilettanten vermögen, die die höchsten Werte einer Nation vor die Säue werfen. […]
Auch dem dümmsten Deutschen hat das furchtbare Blutbad die Augen geöffnet, das sie im Namen von Freiheit und Ehre der deutschen Nation in ganz Europa angerichtet haben und täglich neu anrichten. Der deutsche Name bleibt für immer geschändet, wenn nicht die deutsche Jugend endlich aufsteht […]

Weltkriegsgefreiter:
Hitler hatte im Ersten Weltkrieg den Soldatendienstgrad Gefreiter.

Tyrannis:
[gr.-lat.] Gewaltherrschaft

Dilettant:
Nichtfachmann, der sich aber auf einem Gebiet betätigt, das nur Fachmänner bewältigen können

Ein geringer Teil der Deutschen lehnte das nationalsozialistische Regime von Beginn an offen ab. Einige wandten sich später gegen die Nationalsozialisten, als sie von deren Verbrechen erfuhren. Aber nur wenige Mutige leisteten gezielt Widerstand. Sie riskierten dabei, inhaftiert, gefoltert und ermordet zu werden. Aufgrund ihrer politischen Überzeugung leisteten vor allem **Kommunisten, Sozialdemokraten und Gewerkschafter** Widerstand. Sie verbreiteten unter Soldaten und Arbeitern Flugblätter (wir sagen heute „Flyer") und klebten kritische Plakate. Kommunistische Gruppen riefen zur Sabotage in Rüstungsfabriken auf, organisierten Anschläge, um die Rüstungsproduktion zu stören, und brachten Verfolgte in Sicherheit. Einige Kommunisten, wie die Gruppe Harnack/Schulze-Boysen, sammelten militärische Informationen, die sie der Sowjetunion zuleiteten. Viele Beteiligte kamen dafür ins Zuchthaus oder ins KZ.

Hans Scholl und Sophie Scholl

Zunächst wollten die christlichen Kirchen den Ausgleich mit der Diktatur. Doch bald leisteten **Christen der beiden großen Konfessionen** Widerstand, weil sie erkannten, dass das System der Nationalsozialisten menschenverachtend war und den christlichen Idealen widersprach. Einzelne Pfarrer und Pastoren wurden wie andere Regimegegner in Konzentrationslager gesteckt, weil sie gegen das nationalsozialistische Unrecht predigten. Zu ihnen gehörten die evangelischen Pastoren Niemöller und Schneider und der katholische Pastor Lichtenberg. Die Nationalsozialisten folterten Schneider und Lichtenberg zu Tode.

Die Bischöfe Wurm (evangelisch) und Graf von Galen (katholisch) erreichten durch ihre Predigten, dass die Ermordung von psychisch Kranken zeitweilig eingestellt wurde.

Auch **Jugendliche** kämpften gegen die Diktatur. Im Rheinland bildete sich spontan eine Gruppe, die sich „**Edelweißpiraten**" nannte. Diese Gruppe schrieb an Mauern Aufrufe wie „Nieder mit Hitler" oder „Nieder mit der Nazibestie" und verübte Sabotageakte. Wer verhaftet wurde, musste mit dem Schlimmsten rechnen. So wurden im Februar 1943 die Mitglieder einer anderen Gruppe, der „**Weißen Rose**" (die Geschwister Scholl und ihre Freunde), verhaftet und hingerichtet. Sie hatten auf Flugblättern zum Widerstand gegen Hitler aufgerufen.

Immer wieder gab es mutige Menschen, die das unmenschliche nationalsozialistische System stürzen wollten. Zu ihnen gehörte Georg Elser. Der 36-jährige Handwerker versuchte am 8. November 1939, Hitler mit einer selbst gebastelten Bombe bei einer Veranstaltung im Münchener Bürgerbräukeller zu töten. Er wollte mit der Tötung des Diktators den Zweiten Weltkrieg verhindern. Auf Hitlers Befehl hin wurde Georg Elser im April 1945 in einem KZ ermordet.

Die besten Chancen, wirkungsvoll Widerstand zu leisten, hatten hohe Offiziere der Wehrmacht, die eine bewaffnete Macht hinter sich bringen konnten. Die meisten von ihnen dachten allerdings, dass ein Aufstehen gegen Hitler Verrat an Deutschland wäre. Eine mutige Gruppe von Offizieren erkannte, dass der einzige Weg, sinnlose Opfer zu verhindern, die Beseitigung Hitlers war. Oberst Claus Graf von Stauffenberg schmuggelte am 20. Juli 1944 eine Sprengladung mit Zeitzünder zu einer Besprechung mit Hitler in die „Wolfsschanze" ein. Nachdem er die Bombe scharf gemacht hatte, verließ er die Besprechung und flog nach Berlin, um dort den Aufstand zu leiten. Nach der Explosion der Bombe stellte sich aber heraus, dass Hitler Glück gehabt hatte und nur leicht verletzt war. Damit war der Aufstand gescheitert. Stauffenberg wurde noch am gleichen Tag erschossen. Die übrigen Verschwörer wurden zumeist verhaftet, zum Tode verurteilt und grausam hingerichtet. Unter den vielen Verschwörern des 20. Juli waren nicht nur Offiziere, sondern auch Gewerkschafter, Beamte und ehemalige Politiker. Zu ihnen gehörten z. B. der ehemalige Leipziger Oberbürgermeister Carl Goerdeler und die Sozialdemokraten Julius Leber und Adolf Reichwein.

Aus der Predigt des Bischofs Graf von Galen in Münster 1941:
„Keiner von uns ist sicher, und mag er sich völliger Schuldlosigkeit bewusst sein, dass er nicht eines Tages aus seiner Wohnung geholt, seiner Freiheit beraubt, in den Kellern und Konzentrationslagern der Gestapo eingesperrt wird. […]
Wie viele deutsche Menschen schmachten in Polizeihaft, in Konzentrationslagern, sind aus ihrer Heimat ausgewiesen, die niemals von einem ordentlichen Gericht verurteilt sind […]"

Georg Elser
(1903–1945)

Claus Graf von Stauffenberg
(1907–1944)

Aufgaben

1. Welche Gründe für den Widerstand werden im Flugblatt der „Weißen Rose" angeführt?
   Notieren Sie sich stichpunktartig die Gründe und beurteilen Sie, ob diese Gründe auch für Sie wichtig wären. Begründen Sie Ihr Urteil.
2. Formulieren Sie in Partnerarbeit mit eigenen Worten einen Flyer oder entwerfen Sie ein Plakat, der oder das zum Widerstand gegen die Nationalsozialisten aufruft. Stellen Sie Ihr Arbeitsergebnis der Klasse vor.
3. Diskutieren Sie, ob man gegen eine Diktatur Widerstand leisten darf. Ziehen Sie auch das Grundgesetz zu Rate (Informationen finden Sie in Abschnitt 5.2.3).

6.1.7 Das Dritte Reich im Zweiten Weltkrieg

„Das Verhängnis"
(1932) von A. Paul Weber

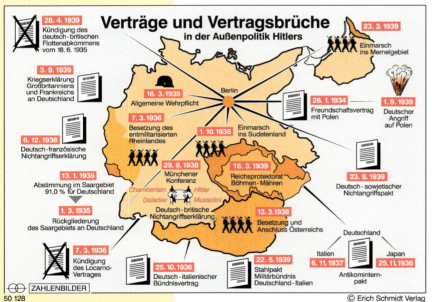

Die Außenpolitik Hitlers war gekennzeichnet durch Vertragsbrüche und Verträge, die der eigenen Machtausweitung dienten. Mit dem Überfall auf Polen am 1. September 1939 hatte Hitler den Zweiten Weltkrieg ausgelöst, um „Lebensraum für das deutsche Volk" zu schaffen. Innerhalb nur weniger Wochen kapitulierte Polen. Der „Blitzkrieg" war geschaffen, der in dieser Form noch einige Male glückte und Hitler mit dem Gefühl der absoluten Überlegenheit erfüllte.

Bis 1942 hatte Hitlers Armee nahezu ganz Europa unterworfen. Die Wende kam mit der Unterschätzung des Kriegsgeschehens in der UdSSR. Mit dem Verlust der VI. Armee in Stalingrad zeichnete sich das Ende von 1945 schon ab. Schließlich unterlag die Deutsche Wehrmacht der massiven Gegenwehr der alliierten Streitkräfte (USA, England, Sowjetunion). Am 9. Mai trat die Gesamtkapitulation Deutschlands in Kraft.

UdSSR:
Union der Sozialistischen Sowjetrepubliken (Sowjetunion)

„Natürlich empfanden die allermeisten Deutschen den 8. Mai 1945 schon deshalb befreiend, weil nicht mehr gestorben werden musste in einem längst sinnlos gewordenen Kriege. Und es steht leider fest, dass noch in den letzten zwölf Monaten des Krieges, der zum totalen geworden war, unter Einbeziehung der Heimat, der Greise und der Kinder, eine Million Deutsche ums Leben gekommen sind und unermessliche materielle und ideelle Güter in Schutt und Asche sanken. Denken Sie nur an die totale Zerstörung der herrlichen Stadt Dresden, des Elb-Florenz, am 13. und 14. Februar 1945, als das Ende schon absehbar geworden war und hier am Niederrhein der Krieg zahlreiche Städte und Dörfer zerstört hatte. In diesem Sinne der Genugtuung über das Ende des Sterbens und des Vernichtens bedeutet der 8. Mai sowohl Befreiung als auch Zusammenbruch und Niederlage."

Joachim Sobotta, Rheinische Post, Vortrag (Auszug) am 7. Mai 1985 in Krefeld

Von Weimar bis zum Ende des Zweiten Weltkriegs

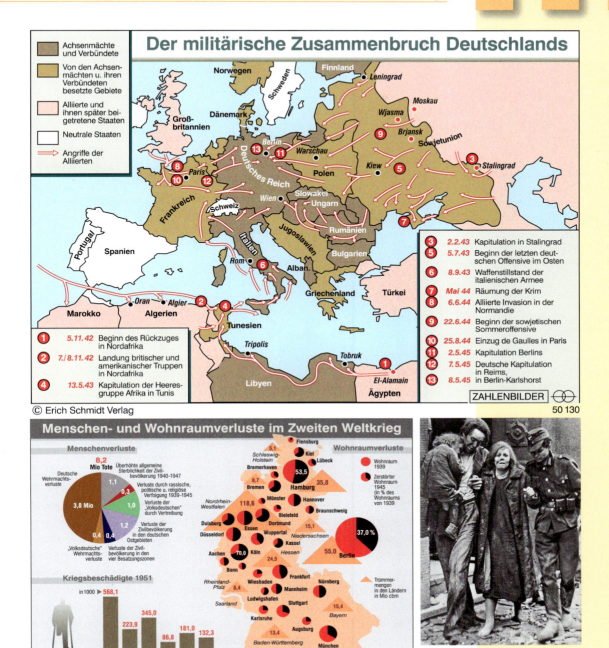

Deutsche Überlebende nach einem Bombenangriff

Aufgaben

1. Finden Sie Gründe, die es dem Karikaturisten A. Paul Weber schon 1932 ermöglichten, seine Vorahnung in einer Karikatur darzustellen. Notieren Sie Ihre Überlegungen stichpunktartig und fassen Sie diese in einem kurzen Text zusammen. (Weitere Informationen finden Sie in den Abschnitten 6.1.1 bis 6.1.4)

2. Betrachten Sie die Grafik zu Hitlers Außenpolitik und benennen Sie in Stichpunkten die Kennzeichen dieser Außenpolitik.

3. Nennen Sie die Gründe Joachim Sobottas, in dem Textauszug über das Kriegsende sowohl von einer Befreiung wie auch von einer Niederlage zu sprechen.

6.2 VON DER TEILUNG BIS ZUM EINIGUNGSPROZESS

6.2.1 Deutschland nach 1945 – das Potsdamer Abkommen

Alliierter Kontrollrat:
das Organ, durch das die USA, die UdSSR, Großbritannien und Frankreich die Macht ausübten. Der Kontrollrat legte in Berlin die Richtlinien für die Maßnahmen der vier Besatzungszonen fest.
Die unterschiedlichen politischen und wirtschaftlichen Auffassungen, die zwischen den Westmächten und der Sowjetunion bestanden, führten 1948 dazu, dass seine Tätigkeit eingestellt wurde.

Jalta-Konferenz:
Vom 4. bis zum 11. Februar 1945 in Jalta auf der Halbinsel Krim im Schwarzen Meer.
Die Teilnehmer einigten sich unter anderem über
- Vorfragen zur Gründung der Vereinten Nationen,
- die Festlegung der polnischen Ostgrenze,
- die territoriale Entschädigung Polens durch deutsche Ostgebiete,
- die Grundzüge der Besatzungspolitik in Deutschland.

Potsdamer Konferenz:
Vom 17. Juli bis zum 2. August 1945 trafen sich die verbündeten Siegermächte im Schloss Cecilienhof in Potsdam.
Neben dem Potsdamer Abkommen wurde hier auch die Potsdamer Deklaration beschlossen – die letzte Aufforderung an Japan zu kapitulieren.

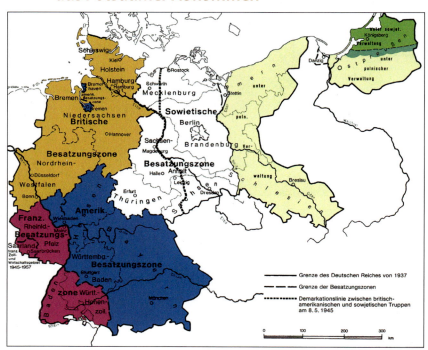

Mit der bedingungslosen Kapitulation der deutschen Wehrmacht am 8. und 9. Mai 1945 wurde der Zweite Weltkrieg auf dem europäischen Kontinent beendet und die nationalsozialistische Diktatur in Deutschland zerschlagen.
Am 8. August 1945 übernahm der **Alliierte Kontrollrat** die oberste Regierungsgewalt und damit die Verantwortung zur Aufrechterhaltung der Ordnung und Verwaltung des Landes. Bereits während des Krieges wurden aufseiten der Alliierten Überlegungen zur Zukunft Deutschlands angestellt. Die Regierungschefs der USA, Großbritanniens und der Sowjetunion arbeiteten auf der **Jalta-Konferenz** Pläne für eine Besetzung und Kontrolle Deutschlands aus. Es wurde sich unter anderem darauf geeinigt, die Grenzen von 1937 wiederherzustellen.
Zwei Monate nach Kriegsende sollte auf der **Potsdamer Konferenz** sichergestellt werden, dass von Deutschland nie wieder eine Kriegsgefahr ausgeht. Die Grundlage hierfür bildeten die im Potsdamer Abkommen festgehaltenen Vereinbarungen (siehe die Auszüge auf nebenstehender Seite).
Die Lebenssituation in Deutschland verschlechterte sich nach Kriegsende drastisch. Eine zerstörte Infrastruktur und ausgebombte Städte führten zu Lebensmittelknappheit und Wohnungsnot (vgl. Abschnitt 6.2.4). Die Situation verschärfte sich zusätzlich durch die Millionen an eintreffenden Flüchtlingen aus den ehemaligen Grenz- und Ostgebieten des Deutschen Reiches, deren Umsiedelung das Potsdamer Abkommen vorsah.

Von der Teilung bis zum Einigungsprozess

Potsdamer Abkommen vom 2. August 1945 (Auszüge)

Teilnehmer: die USA, Großbritannien und die Sowjetunion

Politische und wirtschaftliche Grundsätze, deren man sich bei der Behandlung Deutschlands in der Anfangsperiode bedienen muss:

A. Politische Grundsätze

1. Entsprechend der Übereinkunft über das Kontrollsystem in Deutschland durch die Oberbefehlshaber der Streitkräfte der Vereinigten Staaten von Amerika, des Vereinten Königreiches, der Union der Sozialistischen Sowjetrepubliken und der Französischen Republik nach Weisungen ihrer entsprechenden Regierungen ausgeübt, und zwar von jedem in seiner Besatzungszone sowie gemeinsam in ihrer Eigenschaft als Mitglieder des Kontrollrates in den Deutschland als Ganzes betreffenden Fragen.
2. Soweit dies praktisch durchführbar ist, muss die Behandlung der deutschen Bevölkerung in ganz Deutschland gleich sein.
3. Ziele der Besetzung Deutschlands, durch welche der Kontrollrat sich leiten lassen soll, sind:
(i) Völlige Abrüstung und Entmilitarisierung Deutschlands [...].
(iii) Die Nationalsozialistische Partei mit ihren angeschlossenen Gliederungen und Unterorganisationen ist zu vernichten; alle nationalsozialistischen Ämter sind aufzulösen; [...]
4. Das Erziehungswesen in Deutschland muss so überwacht werden, dass die nazistischen und militaristischen Lehren völlig entfernt werden und eine erfolgreiche Entwicklung der demokratischen Ideen möglich gemacht wird.

B. Wirtschaftliche Grundsätze

12. In praktisch kürzester Frist ist das deutsche Wirtschaftsleben zu dezentralisieren mit dem Ziel der Vernichtung der bestehenden übermäßigen Konzentration der Wirtschaftskraft [...] Bei der Organisation des deutschen Wirtschaftslebens ist das Hauptgewicht auf die Entwicklung der Landwirtschaft und der Friedensindustrie für den inneren Bedarf (Verbrauch) zu legen.

(IV) Reparationen aus Deutschland

[...] wonach Deutschland gezwungen werden soll, in größtmöglichem Ausmaße für die Verluste und die Leiden, die es den Vereinten Nationen verursacht hat, und wofür das deutsche Volk der Verantwortung nicht entgehen kann, Ausgleich zu schaffen, wurde folgende Übereinkunft über Reparationen erreicht:

1. Die Reparationsansprüche der UdSSR sollen durch Entnahmen aus der von der UdSSR besetzten Zone in Deutschland und durch angemessene deutsche Aus-landsguthaben befriedigt werden.
2. Die Reparationsansprüche der Vereinigten Staaten, des Vereinigten Königreichs und der anderen zu Reparationsforderungen berechtigten Länder werden aus den westlichen Zonen und den entsprechenden deutschen Auslandsguthaben befriedigt werden.

XIII Ordnungsmäßige Überführung deutscher Bevölkerungsteile

Die Konferenz erzielte folgendes Abkommen über die Ausweisung Deutscher aus Polen, der Tschechoslowakei und Ungarn. Die drei Regierungen haben die Frage in all ihren Aspekten beraten und erkennen an, dass die Überführung der deutschen Bevölkerung oder Bestandteile derselben, die in Polen, Tschechoslowakei und Ungarn zurückgeblieben sind, nach Deutschland durchgeführt werden muss. Sie stimmen darin überein, dass jede derartige Überführung, die stattfinden wird, in ordnungsgemäßer und humaner Weise erfolgen soll.

Aufgaben

1. Erläutern Sie anhand der Landkarte, welche territorialen Folgen sich für Deutschland aus dem Zweiten Weltkrieg und der anschließenden Jalta-Konferenz ergaben. Zusätzliches Informationsmaterial finden Sie in Abschnitt 6.1.7.
2. Belegen Sie anhand der Auszüge aus dem Potsdamer Abkommen, welches die vorrangigen Absichten und Ziele der alliierten Siegermächte waren.
3. Beurteilen Sie folgende Aussage: „Die Potsdamer Konferenz war der Ausgangspunkt für die spätere Teilung Deutschlands." (Siehe Abschnitt 6.2.2.)

Kalter Krieg:
*Die Bezeichnung für die von den Machtblöcken USA und UdSSR und deren Stellvertretern geführte Konfrontation – im Gegensatz zum „heißen", mit Waffengewalt geführten Krieg.
Er begann 1948 mit der Blockade des Westteils von Berlin und wurde erst 1990 offiziell beendet.*

Erster Bundespräsident
Theodor Heuss
(1884–1963)

Erster Bundeskanzler
Konrad Adenauer
(1876–1967)

Artikel 1 Grundgesetz der Bundesrepublik Deutschland (Absatz 1):
Die Würde des Menschen ist unantastbar. Sie zu achten und zu schützen ist Verpflichtung aller staatlicher Gewalt.

Jüngere deutsche Geschichte – Ein Überblick

6.2.2 Zwei deutsche Staaten entstehen

Schon bald nach dem Ende des Zweiten Weltkrieges zeichneten sich die unterschiedlichen politischen und wirtschaftlichen Interessen der Besatzungsmächte ab. Die Sowjetunion wollte den Aufbau einer sozialistischen Gesellschaftsordnung vorantreiben, die Westmächte vertraten das Prinzip der Marktwirtschaft in Verbindung mit einer demokratischen Grundordnung.
Aus diesen Gegensätzen erfolgte 1947 der Zusammenschluss der britischen und amerikanischen Besatzungszone zur **Bizone.** 1948 kam die französische Zone hinzu **(Trizone).** Damit war eine Vorentscheidung für eine freie Wirtschaft und gegen eine staatlich gelenkte Wirtschaftsordnung für das von den Westmächten besetzte Gebiet gefallen. Aus dem Marshallplan erhielt die Trizone 1,5 Mrd. Dollar Kredit für den Wiederaufbau (vergleiche Abschnitt 6.2.4).

Auch die politische Zusammenarbeit unter den Westmächten wurde verstärkt, um so auf die sowjetische Machtausdehnung in Osteuropa zu reagieren. Die Gegensätze zwischen Ost und West verschärften sich zusätzlich durch die am 20.6.1948 in der Westzone durchgeführte Währungsreform. Die Sowjetunion nahm die Zusammenlegung der Westzonen und die Einführung der westdeutschen Währung zum Anlass, alle Zufahrtswege zwischen dem Westen Deutschlands und den drei Westsektoren Berlins zu unterbrechen. Auf diese „Berliner Blockade" reagierten vor allem die Amerikaner mit einer Luftbrücke, um West-Berlin zu versorgen und nicht an die UdSSR zu verlieren.
In der westlichen Besatzungszone gliederten sich einzelne Länder, in denen zwischen 1946 und 1947 die ersten Landtage gewählt wurden. Aus den Landtagen wurden 65 Mitglieder für die Bildung eines **Parlamentarischen Rates** bestimmt. Den Vorsitz übernahm Konrad Adenauer. Der Parlamentarische Rat verabschiedete am 23. Mai 1949 das **Grundgesetz,** durch dessen In-Kraft-Treten am 24. Mai die **Bundesrepublik Deutschland** entstand. Im August 1949 fanden die ersten Wahlen zum **Bundestag** statt.

Der Bundestag entschied sich für Bonn als Hauptstadt der Bundesrepublik Deutschland. Bereits 1946 wurde in der sowjetischen Besatzungszone eine Verfassung entworfen. Ein Volkskongress, der 1947 und 1948 zusammentrat, wählte den „Volksrat", der im Rahmen seiner Aufgabenstellung den von der SED vorgelegten Verfassungsentwurf der Deutschen Demokratischen Republik in Kraft setzte. Mit der **Gründung der Deutschen Demokratischen Republik (DDR) am 7. Oktober 1949** in der sowjetischen Besatzungszone existierten nun zwei politisch und wirtschaftlich unterschiedlich orientierte deutsche Staaten. Zuerst wurden die angestrebten gesellschaftlichen Veränderungen in der DDR im Rahmen einer Bodenreform durchgesetzt: Alle größeren Höfe wurden enteignet und an Landarbeiter, Bauern und Vertriebene verteilt. Des Weiteren wurde die gesamte Wirtschaft verstaatlicht und in „Volkseigene Betriebe" (VEB) umgewandelt. Die Wirtschaftsabläufe entsprachen einer zentralen Planwirtschaft (vergleiche hierzu die Abschnitte 2.3.1 und 2.3.3).

Am 17. Juni 1953 kam es zu einem Volksaufstand im Ostteil Berlins und in der DDR. Anlass des Massenprotestes der Bevölkerung waren u. a. die Forderungen nach

- freien Wahlen für ganz Deutschland (Massenprotest gegen die SED),
- Rede- und Pressefreiheit,
- Abschaffung der im Mai erhöhten Arbeitsnorm,
- Abzug aller Besatzungstruppen.

Der Aufstand wurde mithilfe der sowjetischen Truppen niedergeschlagen. Die tatsächliche Zahl der Toten ist nicht bekannt. Die DDR-Regierung bezifferte sie offiziell mit 21 Toten und 187 Verletzten.

In den Jahren nach 1953 verließen immer mehr Menschen die DDR (vergleiche Abschnitt 6.2.5).

Erster Ministerpräsident
Otto Grotewohl
(1894–1964)

Erster Präsident
Wilhelm Pieck
(1876–1960)

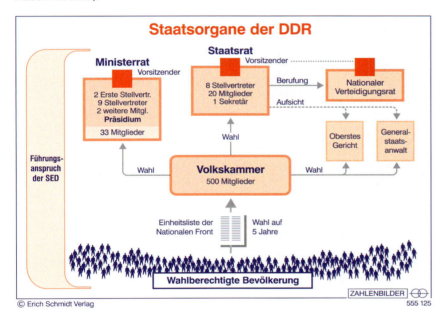

SED:
Sozialistische Einheitspartei Deutschlands, 1946 aus dem Zusammenschluss von KPD und SPD entstanden

Artikel 1 der DDR-Verfassung:
Die Deutsche Demokratische Republik ist ein sozialistischer Staat der Arbeiter und Bauern. Sie ist die politische Organisation der Werktätigen in Stadt und Land unter der Führung der Arbeiterklasse und ihrer marxistisch-leninistischen Partei.

Aufgaben

1. Vergleichen Sie die Staatssysteme der Bundesrepublik Deutschland und der DDR miteinander und stellen Sie die wesentlichen Unterscheidungsmerkmale stichpunktartig in einer Tabelle gegenüber. Informationen und Übersichten zum Staatsaufbau der Bundesrepublik Deutschland finden Sie in Abschnitt 5.2.4.
2. Nennen Sie Ursachen, die 1953 zu einem Aufstand in der DDR führten.
3. Vergleichen Sie in der linken Randspalte den Artikel 1 des Grundgesetzes mit dem Artikel 1 der DDR-Verfassung in der rechten Randspalte.
   a) Welcher fundamentale Unterschied ist erkennbar?
   b) Wie kam es Ihrer Meinung nach zu dieser unterschiedlichen Ausführung des ersten Artikels der Verfassung bzw. des Grundgesetzes?

6.2.3 Das westdeutsche Wirtschaftswunder

Notunterkunft 1945

Familie Ende der 50er-Jahre

In den drei westlichen Besatzungszonen und später in der Bundesrepublik Deutschland vollzog sich der Wiederaufbau seit 1948 bis Mitte der 60er-Jahre außerordentlich schnell und erfolgreich. Nach den großen Zerstörungen des Zweiten Weltkrieges glich diese Entwicklung einem Wunder. Man sprach von einem Wirtschaftswunder.

Das bedeutete:
- Die Massenarbeitslosigkeit wurde beseitigt. Jeder bekam Arbeit. Es kam sogar zu einem Arbeitskräftemangel, sodass Arbeiter aus Südeuropa und der Türkei angeworben wurden. Diese damals als „Gastarbeiter" bezeichneten Menschen trugen in einem hohen Maße zum Wohlstand der westdeutschen Gesellschaft bei.
- Der Wohlstand großer Bevölkerungsschichten wuchs enorm. Grund dafür waren die wachsenden Löhne und Gehälter. Eine Fülle an Nahrungsmitteln, gute Kleidung, ausreichend Wohnraum und Gebrauchsgüter wie Fernsehgeräte, Radiogeräte, Kühlschränke, Waschmaschinen und Autos konnten sich immer mehr Menschen leisten. Jetzt war für viele der Verdienst auch so hoch, dass sie Geld sparen konnten. Seit dem Ende der 50er-Jahre war es für viele Deutsche außerdem möglich, einen Jahresurlaub im Ausland zu verbringen.
- Die Bundesrepublik stieg innerhalb weniger Jahre vom schwer zerstörten Land zum drittgrößten Industriestaat der Erde auf.

Das Wirtschaftswunder hatte mehrere Ursachen:
- Die soziale Marktwirtschaft (siehe Abschnitt 2.3.2)
- Hohe Steuervergünstigungen für die Unternehmen
- Gut ausgebildete Arbeitskräfte stellten Waren guter Qualität zu niedrigeren Löhnen als im Ausland her.
- Die Währungsreform:
Nach dem Kriegsende blieb die Reichsmark weiterhin gültiges Zahlungsmittel. Da die Nationalsozialisten viel zu viel Geld gedruckt hatten, um den Krieg zu bezahlen, und die Warenproduktion durch Zerstörungen sehr in Mitleidenschaft gezogen war, war die Reichsmark kaum noch etwas wert. Wichtige Produkte bekam man nur noch auf Bezugsmarken oder im Tausch auf dem Schwarzmarkt. Um eine gesunde Wirtschaft aufzubauen, brauchte man also eine Währung, die etwas wert war. Am 20. Juni 1948 trat in den Westzonen

eine Währungsreform in Kraft. Jeder Westdeutsche bekam 40,– DM und später noch einmal 20,– DM. Bargeld wurde von Reichsmark in Deutsche Mark im Verhältnis 10:1 umgetauscht, Sparguthaben sogar nur im Verhältnis 15:1.

Da die Rationierungen und die Preiskontrollen entfielen, waren die Geschäfte bereits am nächsten Tag mit Waren gefüllt. Händler hatten sie in Erwartung einer Währungsreform gehortet.

„Gewinner" der Währungsreform waren vor allem Eigentümer von Grund, Fabriken und Aktien, da dieser Besitz nicht wie Sparguthaben oder Bargeld abgewertet wurde.

Währungsreform 1948

- Der Marshallplan (siehe Abschnitt 6.2.4)
- Neue Produktionsanlagen, die der Konkurrenz im Ausland überlegen waren: Die meisten Produktionsanlagen waren in Deutschland durch den Krieg zerstört. Mit den Mitteln aus dem Marshallplan wurden neue, moderne Maschinen gekauft.
- Staatliche Investitionen zum Wiederaufbau der zerstörten öffentlichen Einrichtungen: Mittel aus dem Marshallplan flossen auch in den Wiederaufbau von Schulen, Rathäusern, Bahnanlagen usw. Die Aufträge kurbelten zunächst die Bauwirtschaft an. Der Aufschwung in der Bauwirtschaft übertrug sich auch auf andere Bereiche der Wirtschaft.

Aufgaben

1. Vergleichen Sie die Fotos am Beginn des Kapitels.
    a) Benennen Sie die Unterschiede.
    b) Erläutern Sie anhand der Fotos, wie sich das Leben von Familien in der Zeit von 1945 bis zum Ende der 50er-Jahre in Westdeutschland verändert hatte.
2. Erläutern Sie mit Ihren eigenen Worten den Begriff „westdeutsches Wirtschaftswunder".
3. Erklären Sie den Begriff „Währungsreform".
4. Die Währungsreform war Voraussetzung für das westdeutsche Wirtschaftswunder. Erklären Sie warum die Währungsreform so wichtig war.
5. Schauen Sie sich die Gesichter auf dem Foto zur Währungsreform an. Schreiben Sie auf, was die Menschen vor dem Schaufenster in dieser Situation gedacht haben.

6.2.4 Der Marshallplan

Westdeutsches Plakat zum Marshallplan

Fast überall in Europa waren durch den Zweiten Weltkrieg Fabriken, Häuser und Verkehrswege zerstört. Selbst einfachste Güter waren nicht ausreichend vorhanden. In vielen europäischen Ländern, in besonderem Ausmaß auch in Deutschland, herrschten Hunger und Not. Die Menschen waren auf Lebensmittelsendungen aus den USA angewiesen, die auch die USA-Wirtschaft belasteten.

In dieser wirtschaftlich schlechten Situation erreichten die kommunistischen Parteien in Frankreich und Italien große Erfolge. 1947 schien es auch, dass die Kommunisten im griechischen Bürgerkrieg siegen würden. Außerdem dehnte sich in den Nachkriegsjahren das Einflussgebiet der kommunistischen Sowjetunion auf die osteuropäischen Staaten aus. Auf Druck der Sowjetunion schlugen sie auch den kommunistischen Weg ein. Damit waren die USA nicht einverstanden.

Die Vereinigten Staaten entschlossen sich in dieser Lage zu einem großen wirtschaftlichen Hilfsprogramm für Europa. Es wurde nach dem damaligen Außenminister der USA Marshallplan genannt. Der Marshallplan trat am 23. April 1948 in Kraft. Die USA vergaben an die europäischen Staaten rund 14 Milliarden Dollar, von denen nur ein Drittel zurückgezahlt werden sollte.

Nachdem die USA seit Kriegsende bereits für zwei Milliarden Dollar Lebensmittel geschickt hatten, erhielt Westdeutschland nun die damals riesige Summe von ca. 1,5 Milliarden Dollar.

Mit den Geldern sollten Rohstoffe und Maschinen für den Wiederaufbau der Wirtschaft eingekauft werden. Da die benötigten Güter vor allem in den USA eingekauft wurden (dort waren die Fabriken nicht zerstört), wurde durch den Marshallplan auch die Wirtschaft der USA angekurbelt.
Die Unterstützungsmaßnahmen der USA erfolgten also nicht nur aus humanitären Gründen, sondern zu einem großen Teil auch zur wirtschaftlichen Selbsterhaltung.

Am 5. Juni 1946 erklärte der amerikanische Außenminister Marshall:
„Es ist nur logisch, dass die Vereinigten Staaten alles tun, um die Wiederherstellung gesunder wirtschaftlicher Verhältnisse in der Welt zu fördern, ohne die es keine politische Stabilität und keinen sicheren Frieden geben kann. Unsere Politik richtet sich nicht gegen ein Land oder irgendeine Doktrin, sondern gegen Hunger, Armut, Verzweiflung, Chaos. Ihr Zweck ist die Wiederbelebung einer Weltwirtschaft, damit die Entstehung politischer und sozialer Bedingungen ermöglicht wird, unter denen freie Institutionen existieren können."
(Quelle: Europa-Archiv 1847, S. 821 f., Verlag für Internationale Politik, Bonn)

Von der Teilung bis zum Einigungsprozess

Die Sowjetunion lehnte für sich Hilfen aus dem Marshallplan ab. Sie verbot auch der sowjetischen Besatzungszone und den anderen Staaten, die unter ihrem Einfluss standen, Hilfen aus den USA entgegenzunehmen. Erschwerend für die östliche Besatzungszone und spätere DDR kam hinzu, dass die Sowjetunion hohe Reparationszahlungen abzog.

Die Hilfe aus dem Marshallplan war eine wichtige Grundlage für den Wohlstand der Bundesbürger, von der die DDR-Bürger ausgeschlossen blieben. Mit dieser finanziellen Grundlage wuchsen die zerbombten westdeutschen Städte neu empor; neue moderne und besonders leistungsfähige Betriebe wurden anstelle der demontierten oder zerbombten errichtet.

Ostdeutsches Plakat zum Marshallplan

Marshallplan-Hilfe in Mrd. Dollar 1948 - 1952	
Land	Mrd. Dollar
Großbritannien	3,6
Frankreich	3,1
Italien	1,6
Bundesrepublik Deutschland	1,5
Niederlande	1,0
Griechenland und andere Länder	0,8

Reparationen:
Hierbei handelt es sich um Sach-, Geld- und Dienstleistungen, die ein besiegter Kriegsverursacher nach dem Völkerrecht den Siegerstaaten zur Wiedergutmachung überlassen muss.
Die deutschen Reparationen an die Westmächte betrugen 517 Mio. US-Dollar. Nach westlichen Angaben zog die Sowjetunion bis 1954 13 Milliarden US-Dollar an Reparationsleistungen aus ihrer Besatzungszone ab. Dies geschah in Form von Demontagen, Beschlagnahmen und Lieferungen aus der laufenden Produktion.

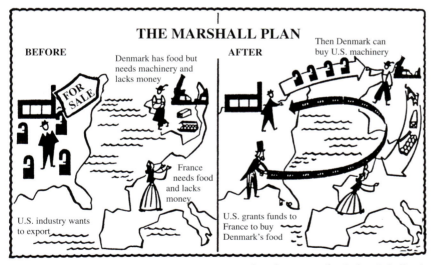

Aus einem amerikanischen Schulbuch

Aufgaben

1. Betrachten Sie die Plakate. Beschreiben Sie die beiden Standpunkte zum Marshallplan.
2. Zählen Sie die Gründe der USA auf, Europa mit dem Marshallplan zu helfen.
3. Welche Gründe hatte Ihrer Meinung nach die Sowjetunion, die Staaten in Ihrem Einflussbereich dazu zu zwingen, Gelder aus dem Marshallplan abzulehnen? Äußern Sie Ihre Vermutungen und begründen Sie diese.

238 Jüngere deutsche Geschichte – Ein Überblick

6.2.5 Entwicklungen in Ost- und Westdeutschland im Überblick

Allein über die offene Berliner Sektorengrenze flüchteten zwischen 1955 und 1961 rund 1,5 Millionen Menschen. Im Sommer 1961 spitzte sich die Flüchtlingssituation dramatisch zu: Immer mehr Menschen meldeten sich in den West-Berliner Notaufnahmelagern. Auf die Frage, ob die DDR ihre Sektorengrenze schließen werde, erklärte der Staatsratsvorsitzende Walter Ulbricht am 15. Juni, niemand habe „die Absicht, eine Mauer zu errichten". Er verschwieg, dass er bereits die Zustimmung der Warschauer-Pakt-Staaten hatte.

Flucht aus der DDR	
Jahr	Flüchtlinge
1950	199 788
1951	165 648
1952	182 393
1953	331 390
1954	184 198
1955	252 870
1956	279 189
1957	281 622
1958	204 092
1959	143 914
1960	199 188
1961	207 026

(Quelle: Gesamtdeutsches Institut, Berlin 1980)

Ostdeutschland

In den Jahren nach der Niederschlagung des Aufstandes vom 17. Juni 1953 verließen immer mehr Menschen die DDR. Trotz aller Bemühungen blieb der Lebensstandard der DDR-Bevölkerung unter dem ihrer Landsleute in der Bundesrepublik (siehe die Abschnitte 6.2.3 und 6.2.4).
Viele Pendler aus Ostberlin und den Stadtrandgebieten arbeiteten im Westen Berlins. Gleichzeitig destabilisierte die Flucht und Abwanderung der Bevölkerung zusehends die Wirtschaft der DDR.

In der Nacht vom **12. auf den 13. August 1961** wurde von Truppen der Nationalen Volksarmee (NVA) ein so genannter „Schutzwall" aus Stacheldraht errichtet, der in den folgenden Wochen durch eine **Mauer** ersetzt wurde. Damit war nicht nur die endgültige Teilung der zwei deutschen Staaten vollzogen, sondern auch ein Höhepunkt des Kalten Krieges nach 1945 erreicht. Die DDR war nun nicht nur politisch, sondern auch territorial vom westlichen Deutschland abgetrennt.

In den folgenden Jahren festigte die SED-Führung ihre politische Vormachtstellung im Lande und begann systematisch, eine Parteidiktatur aufzubauen. Der Führungsanspruch der SED wurde in Artikel 1 der DDR-Verfassung rechtlich abgesichert (vergleiche Abschnitt 6.2.2).

Mit der Errichtung von SED-Zweigorganisationen durchdrang sie das gesamte politische und kulturelle Leben: z. B. die Freie Deutsche Jugend (FDJ), der Deutsche Kulturbund, der Freie Deutsche Gewerkschaftsbund.
Walter Ulbricht trat 1971 von der Funktion des ersten Sekretärs der SED zurück. Sein Nachfolger war Erich Honecker, der von 1971 bis 1989 das Amt des Staats-

Von der Teilung bis zum Einigungsprozess

ratsvorsitzenden besetzte, also Staatsoberhaupt war. Gleichzeitig hatte er das Amt des Vorsitzes des Nationalen Verteidigungsrates inne, sodass ihm auch die Nationale Volksarmee unterstand.

Westdeutschland

Mit dem ersten Bundeskanzler Konrad Adenauer orientierte sich die Bundesrepublik politisch vor allem an den USA. Adenauer setzte 1955 den Eintritt der Bundesrepublik in die Westeuropäische Union (WEU) und die NATO durch (vergleiche Abschnitt 8.2.4 und 8.2.6). Sein Verdienst war – in langwierigen, aber stetigen Verhandlungen – die Wiederherstellung der unabhängigen Staatsgewalt für die Bundesrepublik.

Nach zwei Jahrzehnten Kalten Kriegs und starrer Blockbildung gelang es 1970 dem damaligen Bundeskanzler Willy Brandt, eine Entspannungspolitik im Ost-West-Verhältnis einzuleiten.

Der Abschluss der so genannten **Ostverträge** mit der Sowjetunion und der Volksrepublik Polen war der entscheidende Schritt in Richtung Entspannungspolitik. Sie sahen eine bessere Zusammenarbeit und die Förderung von langfristigen Friedensstrukturen vor. Gleichzeitig wurde durch sie die Anerkennung der Oder-Neiße-Linie als westliche Staatsgrenze Polens vertraglich geregelt.

Um diese neue Ost-West-Politik voranzutreiben, machte die damalige SPD-Regierung Zugeständnisse an die DDR-Regierung. Ziel war es, mit kleinen Schritten eine Annäherung zu erreichen, um die Grenze der DDR durchlässiger und für die Menschen erträglicher zu machen. Dabei ging es im Wesentlichen um die Verbesserung des innerdeutschen Reiseverkehrs und sonstiger Kontaktmöglichkeiten.

Im Rahmen einer Entspannungspolitik zwischen den USA und der UdSSR kam es zu langen Verhandlungen, an deren Ende das so genannte **Viermächte-Abkommen** stand. Dieses Abkommen bildete gleichzeitig die rechtliche Voraussetzung für den **Grundlagenvertrag** zwischen der DDR und der Bundesrepublik.

Willi Brandt (1913–1992)
Er erhielt 1971 den Friedensnobelpreis für sein Bestreben nach Friedenssicherung in Europa.

Der Grundlagenvertrag trat 1973 in Kraft. Er hob die Gleichberechtigung der beiden deutschen Staaten hervor und besiegelte so die Anerkennung der DDR als eigenständigen Staat durch die Bundesrepublik Deutschland. Seine Eckpunkte waren der Verzicht auf Gewalt und die Unverletzbarkeit der Grenzen.

Aufgaben

1. Welche vermeintlichen Gründe sprachen vonseiten der DDR für den Mauerbau?
2. Nennen Sie Ursachen für die Flüchtlingszahlen aus der DDR und Ostberlin.
3. Benennen Sie die positiven Resultate aus dem Viermächte-Abkommen und dem Grundlagenvertrag für das Verhältnis zwischen der DDR und der Bundesrepublik.

Perestroika: russisch: Umbau. Schlagwort für die neue, an marktwirtschaftlichen Prinzipien orientierte Politik des ehemaligen sowjetischen Parteichefs Gorbatschow

Kurze Chronik der Ereignisse

9.11.1989
Reisefreiheit für die DDR-Bürger und Öffnung der Mauer
18.3.1990
Erste freie Volkskammerwahlen, aus denen die CDU mit 40,9 % als stärkste Partei hervorgeht
12.4.1990
Die erste demokratische Regierung der DDR wird durch die Volkskammer gewählt
18.5.1990
Der Staatsvertrag zur Wirtschafts-, Währungs- und Sozialunion zwischen der DDR und der Bundesrepublik wird unterzeichnet
1.7.1190
Der Staatsvertrag tritt in Kraft; die D-Mark ist nun auch Währung in der DDR
31.8.1990
Unterzeichnung des Einigungsvertrages von Volkskammer und Bundestag
3.10.1990
Die DDR tritt der Bundesrepublik bei – Tag der deutschen Einheit
14.10.1990
Wahlen in den neuen Bundesländern
2.12.1990
Gesamtdeutsche Bundestagswahlen

Dr. Helmut Kohl (*1930)

6.2.6 Das Jahr 1989

Berlin war über 40 Jahre das Symbol für die Teilung Deutschlands.
Noch im Oktober 1989 während der Feierlichkeiten zum 40. Jahrestag der DDR war nicht vorhersehbar, mit welcher Schnelligkeit sich die politische Situation verändern würde.
Mit der Reformpolitik der Perestroika reagierte die UdSSR zusehends auf den sich abzeichnenden Zusammenbruch der staatlichen Planwirtschaft.
Der sowjetische Staatschef Michail Gorbatschow mahnte den reformfeindlichen DDR-Staatsratsvorsitzenden Erich Honecker mit den Worten: „Wer zu spät kommt, den bestraft das Leben!"

Angesichts der starren politischen Haltung der SED gegenüber der sich abzeichnenden Notwendigkeit politischer und wirtschaftlicher Reformen wuchs die Unzufriedenheit der DDR-Bevölkerung. Die Messestadt Leipzig wurde zum Zentrum zunehmender Bürgerproteste. Dort begannen die Menschen, mit dem Ruf **„Wir sind das Volk"** für demokratische Reformen zu demonstrieren.

Mitarbeiter des Ministeriums für Staatssicherheit und der Volkspolizei griffen bei den vielen sich häufenden und immer größer werdenden Massendemonstrationen nicht mehr ein.

Am 9. November 1989 verkündigte die DDR-Führung unter dem Druck der Straße den Beschluss über die Reisefreiheit. Kurz darauf strömten die Menschen zur Mauer am Brandenburger Tor. Als die ersten Bürger auf die Mauer steigen, ist ihr Fall besiegelt.

Nach dem Rücktritt der DDR-Regierung unter Erich Honecker wurde Hans Modrow letzter SED-Regierungschef. Er forderte eine Vertragsgemeinschaft zwischen DDR und Bundesrepublik.

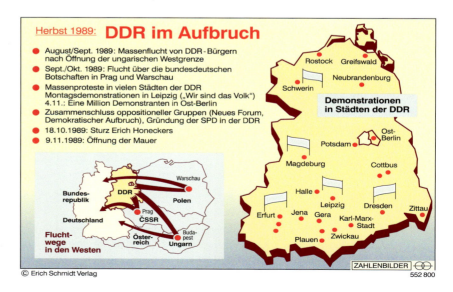

Von der Teilung bis zum Einigungsprozess

Bundeskanzler Helmut Kohl legte dagegen ein Zehnpunkteprogramm vor, das die Errichtung föderativer Strukturen und somit eine schrittweise Einigung Deutschlands vorsah.

Die Mehrheit der DDR-Bevölkerung wollte jedoch eine baldige staatliche Einheit. Allein im Januar 1990 siedelten 58.000 DDR-Bürger in die Bundesrepublik über.

Mit den ersten freien und geheimen Volkskammerwahlen 1990 wurden die tiefgreifenden politischen Veränderungen sichtbar. Die Zahl der Übersiedler ging nach den Wahlen spürbar zurück. Der CDU-Vorsitzende Lothar de Maizière wurde zum letzten Ministerpräsidenten in der DDR-Geschichte gewählt.

Am 1. Juli 1990 tritt der **Staatsvertrag** über die Währungs-, Wirtschafts- und Sozialunion in Kraft. Die D-Mark wird alleiniges Zahlungsmittel in Deutschland. Entsprechend den vertraglichen Vereinbarungen sollte die DDR-Industrie in das neue Wirtschaftssystem eingebunden werden. Die Treuhandanstalt übernahm die Aufgabe, die Staatsbetriebe zu privatisieren.

Durch den **Zwei-plus-Vier-Vertrag** wird dem vereinigten Deutschland die volle Souveränität gewährt. Im **Einigungsvertrag** wird am 3. Oktober 1990 der Beitritt der DDR zur Bundesrepublik Deutschland festgelegt. Ab nun gilt das Grundgesetz für ganz Deutschland.

Auszug aus dem Vertrag über die Schaffung einer Währungs-, Wirtschafts- und Sozialunion

Artikel 1

(1) Die Vertragsparteien errichten eine Währungs-, Wirtschafts- und Sozialunion […].

(3) Grundlage der Wirtschaftsunion ist die soziale Marktwirtschaft als gemeinsame Wirtschaftsordnung beider Vertragsparteien. Sie wird insbesondere bestimmt durch Privateigentum, Leistungswettbewerb, freie Preisbildung und grundsätzlich volle Freizügigkeit von Arbeit, Kapital, Gütern und Dienstleistungen […].

Auszug aus dem Einigungsvertrag

Artikel 2

(1) Hauptstadt Deutschlands ist Berlin. Die Frage des Sitzes von Parlament und Regierung wird nach der Herstellung der Einheit Deutschlands entschieden.

Internationaler Rahmen der Wiedervereinigung

Zwei-plus-Vier-Gespräche
Mai 1990: Beginn der Verhandlungen der vier Siegermächte mit den beiden deutschen Staaten.

Treffen von Kohl und Gorbatschow
Juli 1990: In einer 10-Punkte-Erklärung des Bundekanzlers Kohl und des Präsidenten Gorbatschow stimmt die Sowjetunion der NATO-Mitgliedschaft Deutschlands zu.

Vertrag zwischen der Bundesrepublik Deutschland und der UdSSR
September 1990: Ein Vertrag über gute Nachbarschaft, Partnerschaft und Zusammenarbeit wird unterzeichnet.

Westgrenze Polens
November 1990: Abschluss des deutsch-polnischen Vertrages, in dem die Oder-Neiße-Linie als als endgültige Westgrenze Polens festgelegt wird.

Zwei-plus-Vier-Vertrag:
Er ist mehr als nur ein Vertrag zwischen den sechs beteiligten Staaten (USA, Großbritannien, Frankreich, UdSSR, Bundesrepublik Deutschland und DDR), da er gleichzeitig einen Schlussstrich unter die Nachkriegszeit zieht. Der Zwei-plus-Vier-Vertrag hat somit die Bedeutung eines Friedensvertrages.

Aufgaben

1. *Erstellen Sie eine Mind Map zu den wichtigsten innenpolitischen und außenpolitischen Faktoren, die zur deutschen Wiedervereinigung führten.*
   Informationen darüber, wie eine Mind Map aufzubauen ist, finden Sie auf Seite 96.

2. *Wer hat – Ihrer Meinung nach – einen entscheidenden Anteil an der Wiedervereinigung? Begründen Sie Ihre Antwort.*

6.2.7 Probleme und Entwicklungstendenzen im wiedervereinten Deutschland

Der Zwei-plus-Vier-Vertrag und der Einigungsvertrag bildeten die rechtliche Grundlage für die Wiedervereinigung der beiden deutschen Staaten. Das Gebiet der DDR wurde in fünf neue Bundesländer aufgeteilt.
Besondere Probleme zeigten diese Bundesländer vor allem in den Bereichen
- Wirtschaft, ■ Finanzierung und ■ Umwelt.

Wirtschaft
Mit der Einführung der Marktwirtschaft entstanden große Anpassungsprobleme für alle großen Industriezweige. Ursachen dafür waren u. a. der Zusammenbruch des Außenhandels mit den Ostblockstaaten und die somit fehlenden Absatzmärkte. Gleichzeitig mit der Öffnung der Grenzen stieg auch die Nachfrage nach westdeutschen Produkten. Hier bestand erst einmal Nachholbedarf für den größten Teil der Bevölkerung. Die ursprüngliche Produktion vieler Bereiche wurde unrentabel. Dies führte zu Betriebsschließungen und einem sprunghaften Anstieg der Arbeitslosigkeit.

Solidarpakt:
Bündel finanzieller Maßnahmen zum Aufbau der östlichen Bundesländer

Finanzierung
Durch den auf Gesetzen basierenden Solidarpakt wurden die neuen Bundesländer am 1. Januar 1995 vollständig in die Finanzverfassung der Bundesrepublik integriert, d.h., sie nahmen am Länderfinanzausgleich teil. Der so genannte Solidarpakt I hatte eine Laufzeit von zehn Jahren und lief Ende 2004 aus. Seit 2005 gilt der Solidarpakt II, der bis 2019 laufen soll.

In diesem Zeitraum erhalten die ostdeutschen Bundesländer insgesamt 156 Milliarden Euro. Danach sinken die Transferleistungen aus dem Solidarpakt II bis 2019 allmählich und entfallen 2020 endgültig. Diese langfristige Vereinbarung schafft Planungssicherheit und entspricht vom Umfang her dem vorausberechneten Bedarf für noch vorhandene Infrastrukturrückstände.

Umwelt
Große Investitionen zur Sanierung der Umwelt wurden notwendig. Besonders in den industriellen Ballungsgebieten waren Luft, Wasser und Boden so sehr verschmutzt, dass die Bevölkerung gesundheitlich Schaden nahm. Die enormen Umweltbelastungen waren das Resultat von ungenügenden Bestimmungen zum Umweltschutz, rückständiger Technologie und Verwendung der Braunkohle als Hauptenergieträger.

Perspektiven
Die Infrastruktur der neuen Bundesländer befindet sich heute im Durchschnitt auf dem Stand der alten Bundesländer. Doch vieler-

orts bröckelt das ökonomische Fundament. Die Arbeitslosigkeit in den östlichen Bundesländern ist mehr als doppelt so hoch wie in den westlichen.

Gleichzeitig ist die Bevölkerung im Osten seit 1990 um fast neun Prozent auf heute 13,4 Millionen Menschen – ohne Berlin – geschrumpft. Umzüge finden aber nicht nur von Ost nach West, sondern auch innerhalb des Ostens statt: Die Ballungsräume verzeichnen Zuzüge, die Regionen am Rand entleeren sich.

Vor allem Junge, Qualifizierte und Frauen ziehen weg. Die langfristige Folge ist ein wirtschaftliches Ausbluten ganzer Regionen.

Andererseits liegt das durchschnittlich verfügbare Einkommen je Einwohner noch bei 83 Prozent des Westens, aber für weite Teile der Bevölkerung ist die Angleichung der Lebensverhältnisse an den Westen längst erreicht.

Dabei hat sich – analog zu Westdeutschland – ein Nord-Süd-Gefälle herausgebildet. Insgesamt aber weisen viele Städte und Landkreise in Ost und West vergleichbare ökonomische Probleme auf.

Länderfinanzausgleich:
im weiteren Sinne das finanzielle Ausgleichssystem zwischen dem Bund und den Ländern sowie zwischen den Ländern unter sich. Ohne die Krisenbranche Bau wuchs die Wirtschaft in den östlichen Ländern zwischen 1995 und 1999 um nominal fast 15 % und damit um knapp vier Punkte schneller als in den westlichen Ländern.

Aufbruch in die Einheit
Die Unterschiede zwischen Ost und West verschwimmen. Doch der Osten tickt immer noch anders. Maßgeblich für die Zukunft sind aber Konflikte zwischen Alt und Jung und Arm und Reich. Die Einheit ist kein Spaziergang.

An vielen Stellen des Ostens sind die von Helmut Kohl erwarteten „blühenden Landschaften" entstanden, eine moderne Infrastruktur verbindet neue kleine industrielle Kerne. Die Industrien der DDR sind allerdings fast verschwunden. [...]

Das Ende der Großindustrie hatte einen Aderlass zur Folge, ein Achtel der Bevölkerung hat die neuen Länder seit der Wende verlassen. [...] Diese Tendenz dauert an. Aber die Wahrnehmung derer, die jetzt abwandern, ist eine andere. Abiturienten gehen heute zum Studieren nach Jena oder Bayreuth, nach Greifswald oder Tübingen. Sie unterscheiden bei neuen Freunden in der Herkunft nicht mehr zwischen Ost und West, anders als es die Älteren weiter tun – nicht ohne Grund, denn die Generation „40plus" ist anders sozialisiert. Aber die Unterschiede verschwimmen. An der Jugend lässt sich ablesen, das „zusammenwächst, was zusammengehört". [...]

Der Osten tickt politisch, wirtschaftlich und gesellschaftlich immer noch anders als der Westen, obwohl er sich optisch angenähert oder den Westen gar überholt hat. Aber diese Feststellung ist so relevant wie die der Unterschiede zwischen Nord und Süd. Maßgeblicher für die Zukunft sind Konflikte zwischen Alt und Jung und zwischen Arm und Reich. Die Einheit ist ein steter Prozess und kein Spaziergang in dauerhafter Neujahrsstimmung. Dass sie so reibungslos laufen würde, war zu Anfang nicht sicher.

(aus: Frankfurter Allgemeine Zeitung, 02.10.2010)

Demografie:
auch Bevölkerungswissenschaft; befasst sich mit dem Leben, Werden und Vergehen menschlicher Bevölkerungen

Aufgaben

1. Bewerten Sie den momentanen wirtschaftlichen und sozialen Status der östlichen Bundesländer im Verhältnis zu den westlichen Bundesländern.

2. Welche Prognose lässt sich aus der demografischen Entwicklung in den neuen Bundesländern für deren wirtschaftliche Entwicklung ableiten?

METHODE: REFERAT

Methodenseite

Ziel
Die Zuhörer sollen in einer vorgegebenen Zeit über ein Thema informiert werden. Dabei sollte der Redner das Vorwissen der Zuhörer berücksichtigen.

Form
Mündlicher Vortrag mit Stichwortzettel

Vorbereitung
- Aufgabenstellung klären
- Informationsquellen zum Thema suchen (Zeitschriften, Bücher, Internet)
- Informationsquellen auswerten (passende Texte, Bilder, Diagramme usw. auswählen und ordnen)
- Stichwortzettel anlegen (Stoff ordnen, Gliederung erstellen, in Stichworten das Wichtigste übersichtlich gegliedert aufschreiben)
- Anschauungsmaterial für die Darbietung vorbereiten (z. B. Karikaturen, Fotos, Tabellen, Diagramme besorgen und auf eine Folie kopieren)

Vortragen des Referates
- zu Hause das Referat zur Übung mehrmals sprechen
- klar, deutlich und nicht zu schnell sprechen wichtige Passagen wirkungsvoll betonen
- an den richtigen Stellen Pausen machen
- nicht an der Redevorlage „kleben bleiben", am besten auch mal frei reden
- Blickkontakt mit den Zuhörern halten
- Gesten einsetzen
- Anschauungsmaterial nutzen

Tipps für ein gutes Referat

Sprechübungen · Lehrer fragen · kurze Sätze · interessanter Anfang · Begriffserklärung · Pausen · Diskussion anregen · Fragen zulassen · Zeitrahmen einhalten · Informationen zum Aufbau

So viel wissen Sie.
So viel steht in Ihrem Text. Nur das tragen Sie vor.

Hilfsmittel: Dias, Karten, Filme, Tafel, Zeichnungen; geordnete lose und übersichtliche Stichwortzettel mit Argumenten, Belegen, Zitaten; Thesenpapiere

Tipps
Der Inhalt des Referates kann von den Zuhörern leichter aufgenommen werden, wenn sie vorher ein Blatt mit der Gliederung des Vortrages und wichtigen Definitionen bekommen (Hand-out).
Vermeiden Sie es, Wörter zu benutzen oder über Sachverhalte zu sprechen, die Sie selber nicht verstanden haben. Sie sind dann nicht in der Lage, auf Nachfragen zu reagieren und Sachverhalte zu erklären.

Aufgaben

Erarbeiten und halten Sie ein Referat zum Thema:
a) Die Währungsreform 1948 in den Westzonen Deutschlands
b) Die „Weiße Rose" – jugendlicher Widerstand gegen den Nationalsozialismus
c) Der Umbau mit Andersdenkenden im Nationalsozialismus
d) Der Bau der Berliner Mauer
e) Widerstand in der DDR

7 EUROPA IM WANDEL – DIE EUROPÄISCHE UNION

Europa im Wandel – die Europäische Union

7.1 2000 JAHRE EUROPA – EINE BEWEGTE GESCHICHTE

Betrachtet man eine Weltkarte und vergleicht Europa mit anderen Kontinenten, fällt sofort auf, wie klein Europa ist. Berechnungen zufolge nimmt der Erdteil Europa, dessen Fläche ungefähr 10 Millionen Quadratkilometer ausmacht, nur sieben Prozent der festen Erdoberfläche ein.

Mythos:
überlieferte Dichtung, Sage oder Erzählung aus der Vorzeit eines Volkes

Völkerwanderung:
Völkerwanderungen hat es von der Antike bis in das Mittelalter immer gegeben. Als eine der historisch wichtigsten wird oft die germanische Völkerwanderung vom 4. bis zum 6. Jahrhundert genannt, da sie Europa nachhaltig veränderte.

Was ist Europa? Ein eigenständiger Kontinent bzw. Erdteil?
Geografisch gesehen ist ein Kontinent eine große, zusammenhängende Festlandmasse. Somit sind beispielsweise Afrika und Australien eigenständige Kontinente, während Europa zusammen mit Asien den Kontinent Eurasien bildet. Europa selbst wird nur aufgrund seiner geschichtlichen Rolle als eigenständiger Kontinent betrachtet.

Die Geschichte verleiht der Geografie Leben

Der Name Europa erscheint erstmals in der griechischen Mythologie des Altertums. Der griechische Dichter Hesiod (um 700 v. Chr.) zeichnete diese Mythen als Erster auf. Europa ist demnach die Tochter eines berühmten Königs aus Phönizien. Der griechische Göttervater Zeus verliebt sich in sie. Er nimmt die Gestalt eines schneeweißen Stieres an und verführt sie.

Die Geschichte Europas verzeichnet in den vergangenen 2000 Jahren unzählige Einigungsversuche und Spaltungsbestrebungen.
Der Aufstieg und die Ausbreitung des römischen Weltreiches unter Augustus (31 v. Chr.–14 n. Chr.) und seinen Nachfolgern waren der erste Anstoß für die Einheit der europäischen Kultur.

Dieses Reich brach auseinander in das oströmische und das weströmische Reich, das so genannte Abendland.
Die germanische Völkerwanderung setzte auch dem Westreich bald ein Ende. In dieser Zeit nahm Europa seine heutige Gestalt an. Aus der Verbindung der germanischen Kultur und der römischen Zivilisation entstanden die für Europa typischen Kulturen.

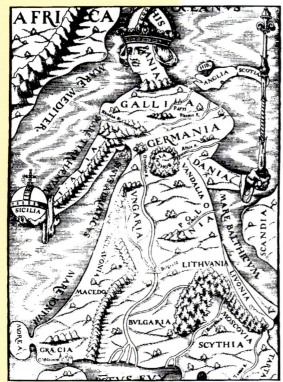

Europa. Allegorie, Stich aus der Cosmographia von Bastian Müster, 1580

Europa auf dem Stier –
Zeichnung von Albrecht Dürer (1471–1528)

2000 Jahre Europa – eine bewegte Geschichte

Als neues Herrschaftszentrum bildete sich das fränkische Reich heraus. Unter Karl dem Großen (768–814) wurde eine neue Idee von Einheit deutlich: „Europa" sah sich zur Verteidigung des Christentums berufen.
Das Fränkische Reich verlagerte auch den politischen Schwerpunkt Europas aus dem Mittelmeerraum in den Norden Europas. Aus den Resten antiker Kultur und den germanisch-christlichen Vorstellungen formte sich die abendländische Kultur des Mittelalters.

In der Französischen Revolution von 1789 setzten sich die politischen Ideen der Aufklärung durch. Sie bilden die Grundlage für liberale, demokratische und nationalstaatliche Entwicklungen im Staatswesen und in der Gesellschaft.

Individualismus und nationales Streben wurden im 18. Jahrhundert zur Leitidee.

Nach der Französischen Revolution scheiterte der Versuch Napoleons, Europa unter seiner Hand kriegerisch zu vereinigen.
Nach Napoleons Niederlage wurde im Wiener Kongress (1814–1815) unter der Leitung von Fürst Metternich versucht, bei der Neuordnung Europas ein Gleichgewicht zwischen den europäischen Mächten zu schaffen. Dieses Vorhaben scheiterte aber an den einzelnen nationalstaatlichen Interessen.

Europa im Angesicht zweier Weltkriege
Zweimal stand Europa im Mittelpunkt von Weltkriegen, die große Zerstörung und Millionen von Opfern mit sich brachten.
Der Erste Weltkrieg (1914–1918) hinterließ so schreckliche Erinnerungen, dass viele Europäer kriegsmüde sagten, es müsse der letzte bleiben.

Die Gründung des Völkerbundes nach dem Ersten Weltkrieg war ein wichtiger Schritt im Bemühen um ein friedliches und geeintes Europa.

Nicht einmal zwanzig Jahre später steuerte Europa erneut auf eine Katastrophe zu. Mit dem Überfall des nationalsozialistischen Deutschlands auf Polen begann der Zweite Weltkrieg (1939–1945), der alle bisherigen europäischen Einigungsbemühungen zunichte machte.

Die verheerenden Auswirkungen des Zweiten Weltkrieges förderten die Bereitschaft, endlich die Idee „Europa" **friedlich** in die Tat umzusetzen.

Mittelalter:
Die genaue zeitliche Zuordnung dieses Zeitabschnittes ist in der Geschichtsforschung umstritten. In der Regel bezeichnet man aber damit ungefähr die Zeitspanne vom 5. bis zum 15. Jahrhundert n. Chr.

Aufklärung:
Es handelt sich um eine geistesgeschichtliche Epoche, die ihren Anfang Ende des 17. Jahrhunderts hatte. Die Grundidee liegt in der Vorstellung, dass alle Menschen gleich sind und die Vernunft das Wesen des Menschen darstellt.

Napoleon (1769–1821)

*Der **Zweite Weltkrieg** begann am 1.9.1939 um 4:45 Uhr mit dem Überfall der deutschen Wehrmacht auf Polen.*

Aufgaben

1. Beschreiben Sie mithilfe einer aktuellen Europakarte, welche heutigen EU-Länder in der Darstellung aus dem Mittelalter zu finden sind.
2. Welche Gründe standen in der Vergangenheit hinter europäischen Einigungsbestrebungen?

Notieren Sie diese stichpunktartig und vergleichen Sie diese mit den Gründen einer europäischen Einigung nach 1945.

Europa im Wandel – die Europäische Union

7.2 DER WEG ZUR EUROPÄISCHEN UNION

Der Schuman-Plan

… ein schönes Papier … mit geradezu …

unwahrscheinlichen … Möglichkeiten …

Motive der europäischen Einigung nach 1945
Nach dem Zweiten Weltkrieg war Europa zerstört und lag in Trümmern. Staatsmänner wie z.B. Winston Churchill, Robert Schuman und Konrad Adenauer hatten Visionen und Vorschläge, wie Europa wirtschaftlich wieder aufgebaut und nationale Gegensätze durch Zusammenarbeit und Kooperation überwunden werden könnten. Gleichzeitig sollte diese Zusammenarbeit einen dauerhaften Frieden in Europa gewährleisten.

Bereits in einem Brief von 1945 beschrieb Konrad Adenauer die Notwendigkeit einer „wirtschaftlichen Verflechtung" westeuropäischer Staaten mit dem Fernziel einer „Union der westeuropäischen Staaten".
Winston Churchill sprach 1946 in seiner Züricher Rede von der Schaffung der „vereinigten Staaten von Europa".

Im Jahre 1950 zeigte der französische Außenminister Robert Schuman die Bereitschaft der französischen Regierung an, eine deutsch-französische Gemeinschaft für Kohle und Stahl zu gründen. Dieser so genannte Schuman-Plan sah vor, die französisch-deutsche Stahl- und Kohleproduktion einer gemeinsamen „obersten Aufsichtsbehörde" zu unterstellen. Schuman bezeichnete dies als die erste Etappe zu einer „europäischen Föderation".

Winston Churchill
(1874–1965)

Konrad Adenauer
(1876–1967)

Robert Schuman
(1886–1963)

Europarat:
Der Europarat ist heute neben der Europäischen Union eine eigenständige Einrichtung. Sie wurde 1949 von zehn europäischen Staaten mit der Zielsetzung gegründet, die Einheit und Zusammenarbeit in Europa zu fördern.

2000 Jahre Europa – eine bewegte Geschichte

Der Weg der europäischen Einigung

Der Schuman-Plan führte 1951 zur Gründung der Europäischen Gemeinschaft für Kohle und Stahl (EGKS). Neben Frankreich und der Bundesrepublik Deutschland unterzeichneten auch Italien, Belgien, die Niederlande und Luxemburg den Vertrag. 1957 gründeten diese sechs Mitgliedstaaten der EGKS

- die Europäische Wirtschaftsgemeinschaft (EWG): gemeinsamer Markt,
- Zollunion und politische Zusammenarbeit;
- die Europäische Atomgemeinschaft (EURATOM): gemeinsame und friedliche Nutzung der Atomenergie.

Weitere Etappen der europäischen Einigung:

Schon 1952 war die Idee einer Europäischen Verteidigungsgemeinschaft (EVG) geboren. Doch für eine solche Gemeinschaft war die Zeit noch nicht reif. Eine Ratifizierung wurde 1954 von der französischen Nationalversammlung abgelehnt.

ratifizieren:
als gesetzgebende Körperschaft einen völkerrechtlichen Vertrag in Kraft setzen

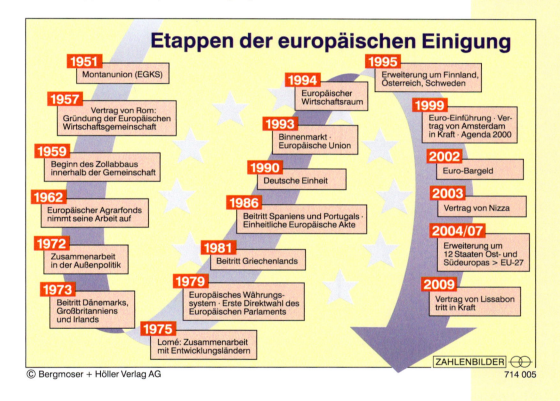

Aufgaben

1. Was wollte der Karikaturist mit der Karikatur am Beginn dieses Abschnitts ausdrücken?
2. Worin lag – Ihrer Meinung nach – das Hauptmotiv Frankreichs, mit der Bundesrepublik Deutschland eine Gemeinschaft für Kohle und Stahl zu gründen?
3. Erstellen Sie in Ihrer Klasse in Kleingruppen Kurzvorträge über die einzelnen Etappen der europäischen Einigung und tragen Sie diese vor. Hinweis: Nutzen Sie für die weitere Informationsbeschaffung u.a. Lexika oder das Internet *(http://europa.eu.int)*.

Europa im Wandel – die Europäische Union

7.3 AUFBAU UND FUNKTION DER EUROPÄISCHEN UNION

7.3.1 Europäische Institutionen und ihre Aufgabe

Am 19.10.2007 einigten sich die EU-Regierungschefs auf einen neuen EU-Vertrag: den Reformvertrag oder Lissabon-Vertrag. Er ersetzt den abgelehnten EU-Verfassungsvertrag.

Wichtigste Bestimmungen sind:
- **Mehrheitsentscheidungen:** EU-Beschlüsse werden erleichtert, da künftig in vielen Fällen der Zwang zur Einstimmigkeit entfällt.
- **Prinzip der doppelten Mehrheit:** Beim Abstimmungsverfahren in der EU gilt ab 2014 das Prinzip der doppelten Mehrheit. Danach erfordern EU-Beschlüsse im Ministerrat eine Mehrheit von 55 Prozent der Staaten, die 65 Prozent der Bevölkerung auf sich vereinen.
- **Repräsentation nach außen:** Die EU bekommt einen Hohen Repräsentanten der Außen- und Sicherheitspolitik.
- **EU-Ratspräsident:** Die EU erhält einen Ratsvorsitzenden, dessen Amtszeit zweieinhalb Jahre beträgt.
- **Verkleinerte Kommission:** Von 2014 an sind in Brüssel nicht mehr alle, sondern abwechselnd nur noch zwei Drittel der Mitgliedstaaten mit einem Kommissar vertreten.
- **Austritt:** Der Vertrag sieht erstmals die Möglichkeit eines Austritts aus der Europäischen Union vor.
- **Volksbegehren:** Mit mindestens einer Million Unterschriften können Bürger künftig die EU-Kommission auffordern, Gesetzesvorschläge zu machen. Die Kommission ist dazu allerdings nicht verpflichtet.
- **Grundrechtecharta:** Durch einen Verweis im Reformvertrag wird die Grundrechtecharta aus dem Jahr 2000 rechtsverbindlich.

Jeder Staat hat seine politischen Organe. So gibt es z.B. in der Bundesrepublik Deutschland einen Bundestag, einen Bundesrat, eine Bundesregierung, das Bundesverfassungsgericht und den Bundespräsidenten. Die Europäische Union ist kein Staat, kann aber als ein Staatenbund bezeichnet werden. Sie nimmt Funktionen wahr, die bislang immer den einzelnen Staaten zustanden. Alle Mitglieder der Europäischen Union haben demnach der Gemeinschaft Souveränitätsrechte übertragen. Das hat zur Folge, dass in einigen Bereichen (z.B. in der Agrarpolitik, Finanzpolitik und Außenhandelspolitik) gemeinschaftliche „Gesetze" für alle Staaten der EU gelten. Die Mitgliedsstaaten sind daran gebunden, diese Gesetze auf nationaler Ebene umzusetzen.

Die Organe der EU im Überblick

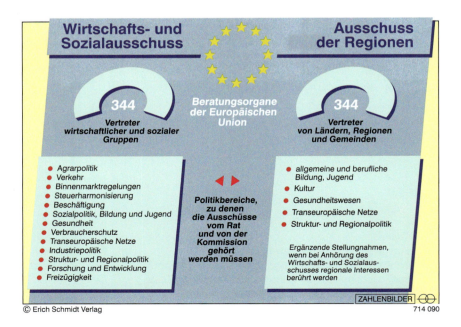

Aufbau und Funktion der Europäischen Union

- **Europäischer Rat**
  Der Europäische Rat setzt sich aus den Staats- und Regierungschefs der Mitgliedsstaaten sowie dem Präsidenten der Kommission zusammen.
  Er stellt das höchste Entscheidungsgremium dar und bestimmt die Leitlinien der Politik.

- **Rat der Europäischen Union (Ministerrat)**
  Der Ministerrat besteht aus je einem Fachminister aus jedem Mitgliedsstaat. Als politisches Organ stellt der Ministerrat die Legislative (gesetzgebende Gewalt) dar. Er beschließt europäische Gesetze.

- **Europäische Kommission**
  Die Kommission besteht aktuell aus 27 Kommissaren. Jedes Land entsendet dann einen Kommissar. Als politisches Organ hat die Kommission die Aufgabe der Exekutive (ausführende Gewalt).
  Sie kann somit als die europäische Regierung aufgefasst werden. Die Kommission wird auch als „Motor der EU" bezeichnet, da sie Vorschläge für europäische Gesetze erarbeitet.

- **Europäisches Parlament**
  Das Europäische Parlament ist das einzige Organ, das durch die Bürger der EU direkt gewählt wird. Seine Wahl erfolgt alle fünf Jahre. Seine Abgeordneten vertreten rund 490 Millionen Bürgerinnen und Bürger. Zu den wichtigsten Aufgaben des Parlamentes gehören die Beteiligung an der europäischen Gesetzgebung, das Kontrollrecht gegenüber der Kommission und dem Ministerrat, die Verabschiedung des EU-Haushaltes.

- **Europäischer Gerichtshof**
  Der Europäische Gerichtshof besteht aus 27 Richtern und 8 Generalanwälten. Seine Aufgabe ist es, für die Einhaltung der europäischen Gesetze zu sorgen. Er stellt die Judikative (richterliche Gewalt) dar.

- **Europäischer Rechnungshof**
  Der Europäische Rechnungshof besteht aus 27 Mitgliedern. Er überprüft die Haushaltsfürung der EU.

In der europäischen Politik gilt das „Prinzip der Subsidiarität". D.h.,
- *prinzipiell darf die EU nur in solchen Politikbereichen tätig werden, die vertraglich vereinbart sind,*
- *in den Politikbereichen, in denen die EU nicht uneingeschränkt tätig werden darf, sondern nur eine Zusammenarbeit vorgesehen ist, greift das Prinzip der Subsidiarität.*

Demnach wird die Union nur dann tätig, wenn ein vertraglich festgelegtes Ziel alleine durch die Mitgliedsstaaten nicht erreicht werden kann und ein Handeln der Gemeinschaft ein besseres Ergebnis verspricht.

Aufgaben

1. Beschreiben Sie in eigenen Worten, welche Aufgaben den Organen der EU in der Abbildung am Abschnittsbeginn zugeordnet werden.
2. Vergleichen Sie die europäische Gesetzgebung mit dem Gesetzgebungsverfahren der Bundesrepublik Deutschland (vgl. Abschnitt 5.2.8). Arbeiten Sie die Gemeinsamkeiten und Unterschiede im Gesetzgebungsverfahren heraus und notieren Sie diese stichpunktartig.
3. Erstellen Sie in Gruppenarbeit Wandzeitungen, in denen Sie die Organe der Europäischen Union erläuternd darstellen. Nutzen Sie hierfür auch weiter gehende Informationen aus Ihrer Schulbibliothek, der Bücherei oder dem Internet *(http://europa.eu)*. Informationen und Hilfestellungen zum Erstellen einer Wandzeitung finden Sie auf Seite 164.

7.3.2 Die drei Säulen der Europäischen Union

„... und das hier ist die Gebrauchsanweisung."

Dass sich die Europäische Union – so wie wir sie heute kennen – stufenweise entwickelt hat, wurde bereits dargestellt (vergleiche Abschnitt 7.2). Ein sehr bedeutender Schritt im europäischen Einigungsprozess war die Unterzeichnung des am 1. November 1993 in Kraft getretenen „Vertrags über die Europäische Union", der so genannte „Vertag von Maastricht". Er stellt die bislang umfassendste Reform in der Geschichte der EU dar.

Wie sieht nach Maastricht das „Gebäude Europa" aus?
Betrachtet man einen griechischen Tempel, so tragen die Säulen den Aufbau. Alle Säulen sind notwendig, damit die Architektur des Gebäudes standfähig ist. Diese Metapher kann nun auf die Europäische Union übertragen werden. Nach dem Maastrichter Vertrag wird die EU durch drei Säulen „getragen".
Neben der reformierten ersten Säule der Europäischen Gemeinschaft entstanden zwei weitere neue Kooperationsbereiche:
- die gemeinsame Außen- und Sicherheitspolitik (GASP) (zweite Säule),
- die Zusammenarbeit im Bereich des Inneren und der Justiz (dritte Säule).

Die **Wirtschafts- und Währungsunion (WWU)** ist und war für die unionsweite Einführung des Euros verantwortlich. Zurzeit zahlen über 330 Millionen Menschen mit dem Euro. Er hat sich seit seiner Einführung 2002 als Bargeld auf den internationalen Finanzmärkten behaupten können. Nahezu 20% aller Weltwährungsreserven werden in Euro gehalten.

Die **Europäische Zentralbank** ist als Wächter des Euros eingesetzt. Sie hat dafür zu sorgen, dass die Preisstabilität des Euros gewährleistet wird. Sie ist ein politisch unabhängiges Organ und an keine Weisungen gebunden.

Maastricht
ist die Hauptstadt der Provinz Limburg im Süden der Niederlande. Nach ihr wurde der Maastrichter Vertrag benannt, da sich hier die Regierungschefs der EU-Mitgliedsländer zur Unterzeichnung des Vertrages trafen.

Metapher:
bildlicher Ausdruck

Schon gewusst?
Zu den Stabilitätsvereinbarungen im Rahmen der Währungsunion gehört unter anderem die Staatsneuverschuldung. Sie ist auf 3 % des Bruttoinlandsprodukts begrenzt.
Seit 2001 hatte Deutschland viermal gegen den Euro-Stabilitätspakt verstoßen und musste Strafzahlungen in Milliardenhöhe fürchten, nachdem auch 2006 ein Defizit von 3,4 Prozent vorausgesagt wurde. Doch aufgrund der positiven Wirtschaftsentwicklung konnte der Stabilitätspakt schon 2006 (statt wie geplant 2007) mit einem Defizit von 2,8 Prozent erfüllt werden. Auch die Strafzahlungen muss Deutschland nicht mehr fürchten – das Verfahren wurde ausgesetzt.

Damit die Währung auch langfristig stabil bleibt, sind im Maastrichter Vertrag Maßnahmen festgelegt, um Staaten daran zu hindern, aus den Stabilitätsvereinbarungen auszuscheren. Der Maßnahmenkatalog sieht unter anderem vor, dass
- Staatsschulden nationale Angelegenheiten bleiben, keine Kredite von der Europäischen Zentralbank gewährt werden, (aber siehe hierzu auch Kapitel 7.5),
- Sanktionen in Form von politischem Druck bis hin zu Geldstrafen ausgesprochen werden, wenn gegen die Stabilitätsvereinbarungen verstoßen wird.

Die Staaten, die noch nicht an der Währungsunion teilgenommen haben, müssen besondere Voraussetzungen erfüllen, um an der WWU teilnehmen zu können. Zu diesen Staaten zählen auch alle neu beigetretenen Mitgliedsstaaten (vergleiche Kapitel 7.4). Diese Voraussetzungen werden durch die so genannten „Konvergenzkriterien" festgelegt. Vereinfacht gesagt: Es können sich nur Länder mit einer stabilen Währung an der WWU beteiligen.

Mit der Unterzeichnung des Maastrichter Vertrages stand bereits fest, dass die in ihm gefassten Beschlüsse in einer Folgekonferenz überprüft werden sollen. Diese Folgekonferenz umfasst den so genannten „Vertrag von Amsterdam" (vergleiche Abschnitt 7.4).

Konvergenz:
Übereinstimmung, gegenseitige Annäherung

Was ist unter Unionsbürgerschaft zu verstehen?

Mit dem Vertrag von Maastricht wurde die Unionsbürgerschaft eingeführt. Die Rechte des EU-Bürgers wurden somit erweitert. Dazu gehören z.B.:
- das Wahlrecht von EU-Bürgern, die nicht in ihrem Heimatland leben, bei den Europa- und Kommunalwahlen
- Petitionsrecht beim Europäischen Parlament
- Rechtsschutz der Grundrechte mit der Möglichkeit der Klage beim Europäischen Gerichtshof
- Das Recht, sich in der EU frei bewegen zu können, in allen Staaten zu wohnen, zu arbeiten oder zu studieren

Aufgaben

1. Was will der Karikaturist mit der Karikatur am Abschnittsbeginn zum Ausdruck bringen? Diskutieren Sie darüber in Ihrer Klasse.
2. Welche der drei tragenden Säulen der EU ist Ihrer Meinung nach die am stärksten ausgeprägte? Begründen Sie Ihre Antwort.
3. Welche persönlichen Vor- und Nachteile sehen Sie in unserer gemeinsamen Währung? Stellen Sie die Vor- und Nachteile stichpunktartig in einer Tabelle gegenüber

Europa im Wandel – die Europäische Union

7.3.3 Wir leben und arbeiten im europäischen Binnenmarkt

Der **Europäische Bildungspass** (auch **europass**) erleichtert EU-weit Praktika sowie Studienaufenthalte vor, während und nach der Berufsausbildung (siehe auch Kapitel 1.1.8).
Damit die Schul- und Berufsabschlüsse länderübergreifend vergleichbar werden, wurde ein sogenannter **Europäischer Qualifikationsrahmen (EQR)** geschaffen (Englisch: EQF = European Qualification Frame). Schul- und Berufsabschlüsse werden hierfür in sechs Niveaustufen eingeteilt. Die in Aus- und Fortbildung erworbenen Kompetenzen werden mit Kreditpunkten (credit points) bewertet und sollen so ein berufliches Niveau beschreiben, das EU-weit vergleichbar ist.
Für die Berechnung und Anrechnung der Kreditpunkte zur jeweiligen Qualifikationsstufe wurde von der EU das System **ECVET** geschaffen (ECVET = European Credit System for Vocational Education and Training = Europäisches System zur Anrechnung der Punkte in der beruflichen Bildung). Darin ist beschrieben, wie Ausbildungs- und Weiterbildungsmaßnahmen zu bewerten sind.

Zollunion:
In einer Zollunion werden keine Zölle auf Waren erhoben, die zwischen den Mitgliedsstaaten ausgetauscht werden. Auf Waren, die aus Staaten außerhalb der Gemeinschaft kommen, werden gemeinsame Zollsätze angewendet.

Die Idee eines europäischen Binnenmarktes
Die Idee eines Binnenmarktes, in dem es einen freien Verkehr von Waren, Personen, Dienstleistungen und Kapital gibt, wurde mit der Gründung der Europäischen Wirtschaftsgemeinschaft (EWG) 1957 geboren. Die Durchsetzung und Verwirklichung einer Zollunion benötigte jedoch einen Zeitraum von 10 Jahren, bis zum Jahr 1968. Erst 1993 waren dann die endgültigen Rahmenbedingungen für einen gemeinsamen Binnenmarkt geschaffen. Auf dem Weg dorthin waren viele Reformen innerhalb der Europäischen Gemeinschaft für die Verwirklichung der „vier Freiheiten" nötig.

So stellte schon 1985 eine Untersuchung der Europäischen Kommission fest, dass Europa weit hinter den erwarteten Entwicklungen zurückgeblieben war und eine große Zahl an Hindernissen der Verwirklichung des europäischen Binnenmarktes im Wege standen.

Aufbau und Funktion der Europäischen Union

Die Ergebnisse dieser Untersuchung wurden im so genannten „Weißbuch" zusammengefasst und legten die weitere Marschroute fest.
Mit der Unterzeichnung der Einheitlichen Europäischen Akte von 1986 wurde die Realisierung des Binnenmarktes bis zum 31. Dezember 1992 beschlossen.

Ist der Binnenmarkt tatsächlich verwirklicht?
Trotz des nun bestehenden und im Rahmen des geschaffenen Regelwerks funktionierenden europäischen Binnenmarktes zeigt sich, dass das gemeinsame Gesetzes- und Regelwerk nur einen Status quo darstellt. Der gegenwärtige Zustand ist lediglich ein erreichtes Ziel in einem Prozess, das ständig verbessert und ergänzt werden muss. Bereits drei Jahre nach der Vollendung des Binnenmarktes hat die Europäische Kommission einen „Aktionsplan für den Binnenmarkt" vorgelegt. Er sieht unter anderem die Beseitigung bestehender Mängel im Bereich Gesellschafts-, Steuer- und Verbraucherrecht sowie in der Wettbewerbspolitik vor.

Und was gibt es sonst noch?
Der Binnenmarkt bringt eine Reihe von Freiheiten für jeden einzelnen Bürger. So ist es nun möglich, in der gesamten EU
- zu leben,
- zu arbeiten,
- zu studieren,
- sich selbstständig zu machen,
- ohne Zollformalitäten und Kontrollen zu reisen usw.

Doch kann beispielsweise die zuletzt genannte Freiheit auch die öffentliche Sicherheit gefährden. Die nebenstehende Karikatur versucht, solche Gefahren für ein Europa ohne Grenzkontrollen in übertriebener Weise darzustellen. In der EU wurden diese Gefahren frühzeitig erkannt und die Freizügigkeit durch Maßnahmen für die Sicherheit der Bürger in der Europäischen Union ergänzt.
Das so genannte „Schengener Abkommen" regelt zwischen den Staaten z.B.
- die polizeiliche Zusammenarbeit zur wirksamen Bekämpfung der internationalen Kriminalität (Terrorismus, Drogenhandel, organisierte Kriminalität usw.),
- die verstärkte Zusammenarbeit der Justiz.

Im Vertrag von Amsterdam (vergleiche Abschnitt 7.4) wurde das „Schengener Abkommen" in das gemeinsame EU-Recht mit einbezogen.

Nicht alle Staaten der EU haben die Grenzkontrolle untereinander aufgehoben. So bestehen z.B. an den Binnengrenzen zu den neuen ost- und mitteleuropäischen Staaten Grenzkontrollen (vergleiche Abschnitt 7.4). Andererseits hat Dänemark trotz heftiger Kritik im Juli 2011 umstrittene dauerhafte Zollkontrollen wieder eingeführt. Die EU-Kommission kündigte an, die Kontrollen zu beobachten, um zu gewährleisten, dass die Kontrollen nicht gegen EU-Recht verstoßen.

Status quo:
gegenwärtiger Zustand

Schon gewusst?
Im März 2010 wurde der europäische Hochschulraum eröffnet, so dass es in ganz Europa ein einheitliches Hochschulsystem gibt. Jetzt kann man an jeder europäischen Universität studieren und unkompliziert seinen Studiengang wechseln.

Ehrenwort!

Aufgaben

1. Welche persönlichen Chancen und Risiken sehen Sie in den vier Freiheiten des Binnenmarktes. Stellen Sie Ihre Einschätzungen stichpunktartig in einer Tabelle zusammen.

2. Durch den Binnenmarkt werden Vorschriften EU-weit in Übereinstimmung gebracht, so z.B. Produktnormen oder Bildungsabschlüsse. Nennen Sie die Vor- und Nachteile einer solchen einheitlichen Regelung anhand eines aktuellen Beispiels.

Europa im Wandel – die Europäische Union

7.3.4 Ein Beispiel europäischer Zusammenarbeit – die Agrarpolitik

Es gibt viele Politikbereiche, in denen in der Europäischen Gemeinschaft zusammengearbeitet wird. In manchen Bereichen wie z.B.
- der Agrarpolitik,
- der Sozialpolitik,
- dem Verbraucherschutz,
- dem Gesundheitswesen oder
- der Strukturpolitik

ist die Entscheidungskraft der Gemeinschaft so groß, dass sie das Leben der Bürger unmittelbar beeinflusst.

Die Agrarpolitik

Bereits mit der Gründung der EWG 1957 wurde eine gemeinsame Agrarpolitik beschlossen. Zu den wichtigsten Aufgaben und Zielen gehörte die Überwindung des damals in Europa herrschenden Mangels an Nahrungsmitteln. Wie schwierig es war, eine gemeinsame Marktordnung einzuführen, zeigt sich daran, dass erst 1962 zwischen den EWG-Staaten eine Angleichung der Agrarpolitik möglich war. Im Artikel 33 des EG-Vertrages sind die Ziele der Agrarpolitik festgelegt:
- […] die Produktivität der Landwirtschaft […] zu steigern;
- auf diese Weise der landwirtschaftlichen Bevölkerung […] eine angemessene Lebenshaltung zu gewährleisten;
- die Märkte zu stabilisieren;
- die Versorgung sicherzustellen;
- für die Belieferung der Verbraucher zu angemessenen Preisen zu sorgen.

Aus der Zeit der landwirtschaftlichen Überproduktion kommen auch die Begriffe: „Butterberge", „Milchseen", „Fleischhalden" usw.

Mit dem technischen Fortschritt wurde der Mangel an Lebensmitteln beseitigt. In den 70er- und 80er-Jahren kam es dann jedoch zu einer Überproduktion an Lebensmitteln, wie z.B. Butter, Milch, Obst und Fleisch.
Die garantierte Abnahme aller landwirtschaftlichen Erzeugnisse zu festgesetzten Mindestpreisen förderte diese Überproduktion zusätzlich. Lebensmittelüberschüsse wurden vernichtet. Im Rahmen des weltweit verbreiteten Hungers erwies sich diese Politik als nicht tragbar (vergleiche Abschnitt 8.4.1 zur Situation der Entwicklungsländer).

Aufbau und Funktion der Europäischen Union

Es wurde ein Lösungsweg eingeschlagen, der auf eine Verringerung der Produktion abzielte, um so die Überschüsse abzubauen.

In den 80er-Jahren wurde versucht, das Problem der Überproduktion durch Mengenbegrenzungen zu lösen. Es wurde eine Quote eingeführt, die die Produktionsmenge einzelner Erzeuger landwirtschaftlicher Produkte regelte. Diese Quote richtete sich nach der Menge, die ein Erzeuger vor der Reform produzierte. Landwirte, die mehr produzierten, als ihnen zustand, wurden mit Preisabschlägen für ihre Überproduktion belegt. Diese Maßnahme konnte die Überschussproduktion aber nicht stoppen. 1992 einigte sich der Rat der Agrarminister auf eine umfangreiche Agrarreform.

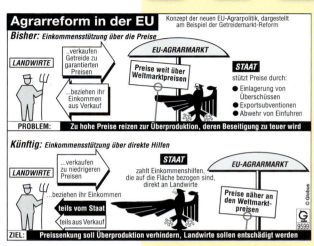

Deren Ziele waren
- eine dauerhafte Begrenzung der Produktion von landwirtschaftlichen Produkten,
- die Sicherung der Einkommen aller Landwirte,
- der Schutz von Natur und Umwelt.

Als Kern der Reform können die Preissenkung für Getreide um 30 %, das Flächenstilllegungsprogramm und die Direkthilfen für Landwirte bei Einkommenseinbußen angesehen werden. Umweltverträglichere Landwirtschaft und Aufforstungsprogramme werden subventioniert.

Die Reform der gemeinsamen Agrarpolitik

Im Zuge der EU-Erweiterung haben die EU-Agrarminister im Juni 2003 eine weitere, grundlegende Reform der gemeinsamen Agrarpolitik verabschiedet. So gehören zu den wesentlichen Reformvorschlägen, die 2004 und 2005 in Kraft traten, u.a. folgende Elemente:
- Direkthilfe wird für landwirtschaftliche Einzelbetriebe unabhängig von der landwirtschaftlichen Produktion gewährt. Dabei können die Mitgliedsstaaten in begrenztem Maße eine Kopplung der Beihilfe an die Produktion zulassen, um Produktionseinstellungen zu vermeiden.
- Die Zahlungen werden an die Einhaltung von Umwelt-, Tierschutz- und Lebensmittelnormen gebunden.
- Um den Agrar-Haushaltsrahmen aufgrund der Erweiterung bis zum Jahr 2013 nicht zu überschreiten, haben sich die Agrarminister auf die Einführung eines „Mechanismus für Haushaltsdisziplin" geeinigt.

Im Sommer 2011 wurden die ersten Weichen für die neue Ausrichtung der gemeinsamen europäischen Agrarpolitik gestellt. Weil deren Regeln 2013 auslaufen, wird um neue Ziele für Europas ältestes Gemeinschaftsprojekt gerungen. Die Debatte ist im vollen Gang: Sind die milliardenschweren Agrarsubventionen aus Brüssel ein sinnvolles Mittel in Zeiten globaler Märkte? Oder werden sie erst recht benötigt, um angesichts ökologischer Krisen die Produktion nachhaltig umzusteuern?
Europa steht vor einer Grundsatzentscheidung, denn 57,1 Milliarden Euro flossen allein 2010 in die Landwirtschaft der Mitgliedsstaaten, 2011 ist mit über 46 Prozent des EU-Haushalts zu rechnen.

Aufgaben

1. Erläutern Sie, warum die Agrarreform von 2003 so wichtig war.
2. Beschreiben Sie anhand des obigen Schaubildes, welche Veränderungen auf dem Getreidemarkt durch die Agrarreform von 1992 herbeigeführt werden sollen.
3. Welche aktuellen Missstände und Probleme gibt es derzeit in der gemeinsamen Agrarpolitik der EU? Recherchieren Sie in Zeitungen und im Internet und tragen Sie Ihre Beispiele in der Klasse zusammen.
4. Welche Bedeutung hat die Förderung einer umweltverträglichen Landwirtschaft für den Verbraucher – also für Sie persönlich? Finden Sie Beispiele.

Europa im Wandel – die Europäische Union

7.4 EIN STETIG WACHSENDES HAUS – DIE EU-ERWEITERUNG

Die heutige EU ist von ursprünglich sechs auf derzeit 27 Mitgliedsstaaten angewachsen. Zuletzt traten ihr Bulgarien und Rumänien bei. Der Vertrag über die Europäische Union legt fest: „Jeder europäische Staat kann beantragen, Mitglied der Europäischen Union zu werden."

Vorgeschichte der EU-Osterweiterung
Seit dem Jahr 1989 hat sich das politische Bild in Gesamteuropa durch die Umwälzungen in Mittel- und Osteuropa stark verändert. Die über 40 Jahre lang vorhandene Zweiteilung in einen „politischen Westen" und einen „politischen Osten" existiert nicht mehr (vergleiche Abschnitt 8.2.4). Es wurde seitdem oft dafür argumentiert, dass ein Heranführen der mittel- und osteuropäischen Staaten an die Union ein wichtiger Beitrag zur Stabilisierung der noch jungen Demokratien und zur Sicherung des Friedens sei.

Ein erster Schritt der EU zur Integration von Ost- und Mitteleuropa war das so genannte Assoziierungsabkommen. Dort getroffene Vereinbarungen dienten dazu, die beitrittswilligen Staaten schrittweise politisch und wirtschaftlich an die Europäische Union heranzuführen.

Seit dem EU-Gipfel von Nizza im Dezember 2000 gibt es für die beitrittswilligen Staaten einen konkreten Fahrplan, um eine Mitgliedschaft zu erreichen. Darüber hinaus wurde auf diesem Gipfel beschlossen, wie die Neuverteilung des Stimmrechts im Ministerrat, die Sitzverteilung im Europäischen Parlament, im Ausschuss der Regionen und im Wirtschafts- und Sozialausschuss sein wird, um die zukünftigen Mitglieder entsprechend zu berücksichtigen.

Beitrittskriterien für die EU-Mitgliedschaft
Einzelne Voraussetzungen für die Mitgliedschaft legt der Artikel 6 des EU-Vertrages fest. Hierzu gehören u.a.:
- Demokratie,
- Wahrung der Menschenrechte und Grundfreiheiten,
- Grundsätze der Freiheit und
- Rechtsstaatlichkeit

Darüber hinaus hat die EU auf der Ratssitzung in Kopenhagen 1993 zusätzliche Beitrittskriterien für eine Mitgliedschaft in der EU aufgestellt (in Zukunft werden weitere Kriterien durch den Reformvertrag der EU hinzukommen – vergleiche Seite 250):
- **politische Beitrittskriterien:**
  Stabilität der Demokratie (Menschenrechte, Rechtsstaat usw.)
- **wirtschaftliche Beitrittskriterien:**
  funktionierende Marktwirtschaft, Wettbewerbsfähigkeit innerhalb der Europäischen Union
- **sonstige Beitrittskriterien:**
  Einverständnis mit den Zielen der politischen Union; Wirtschafts- und Währungsunion; Bereitschaft vom Augenblick des Beitritts, alles EU-Recht mit seinen Verträgen, Gesetzen und Verordnungen zu übernehmen.

Derzeitige EU-Mitgliedsstaaten
- Belgien
- Bulgarien
- Dänemark
- Deutschland
- Estland
- Finnland
- Frankreich
- Griechenland
- Großbritannien
- Italien
- Irland
- Lettland
- Litauen
- Luxemburg
- Malta
- Niederlande
- Österreich
- Polen
- Portugal
- Rumänien
- Schweden
- Slowakei
- Slowenien
- Spanien
- Tschechien
- Ungarn
- Zypern

Die Türkei ist offizieller Beitrittskandidat und seit 1996 mit der europäischen Zollunion verbunden. Die Reformbestrebungen der türkischen Regierung
- *in Menschenrechtsfragen,*
- *beim Demokratisierungsprozess werden von der EU gefördert.*

1995 wurden durch den Europäischen Rat die Beitrittskriterien präzisiert. So müssen beitrittswillige Länder in
ihrer Beitrittsvorbereitung auch sicherstellen, dass das
Gemeinschaftsrecht nicht nur in einzelstaatliches Recht
übernommen wird, sondern auch die entsprechenden
Strukturen in Verwaltung und Justiz aufgebaut werden,
um dessen Anwendung zu gewährleisten.

Übergangsregelungen für die neuen Mitglieder

Für alle neuen Mitgliedsländer der EU gilt nun auch das
europäische Recht. In einigen Bereichen aber hat die
Union Übergangsregeln bzw. -fristen geschaffen. So
gibt es beispielsweise Übergangsregeln in folgenden
Bereichen:

■ Die Arbeitnehmerfreizügigkeit für Zuwanderer aus
den meisten neuen Mitgliedsstaaten ist mit Über-
gangsfristen von bis zu 7 Jahren geregelt, sodass
eine Beschäftigung ohne Arbeitsgenehmigung,
beispielsweise für Deutschland, vorher nicht möglich ist.

■ Die Personenkontrollen an den Binnengrenzen zwischen den alten und
neuen EU-Ländern bleiben so lange
bestehen, bis gewährleistet ist, dass
die Grenzen zu Drittstaaten gesichert sind.

■ Die Direktzahlungen, welche die
Bauern der neuen Mitgliedsstaaten
bekommen, werden schrittweise innerhalb eines Zeitraums von 10 Jahren eingeführt.

■ Die gemeinsame Währung – der
Euro – wird erst dann in den neuen
Mitgliedsstaaten eingeführt, wenn
diese die Maastrichter Konvergenzkriterien erfüllen.

Die Europäische Union

Die sechs Gründer-staaten 1958
Belgien
Deutschland
Frankreich
Italien
Luxemburg
Niederlande

Beitritt 1973
Dänemark
Großbritannien
Irland

Beitritt 1995
Finnland
Österreich
Schweden

Beitritt 2004
Estland
Lettland
Litauen
Malta
Polen
Slowakei
Slowenien
Tschechien
Ungarn
Zypern

Beitritt 1986
Portugal
Spanien

Beitritt 2007
Bulgarien
Rumänien

Beitritt 1981
Griechenland

© Globus 1314

Der Vertrag von Amsterdam - Fortschritte in vier zentralen Feldern	
Stärkung der gemeinsamen Außen-und Sicherheitspolitik (GASP)	Verbesserung der Zusammenarbeit in den Bereichen Justiz und Inneres
Gegenleistung von Frieden und äußerer Sicherheit	Bekämpfung von Kriminalität und Terrorismus
Handlungsmöglichkeiten bei humanitären und friedenserhaltenden Maßnahmen	Gemeinschaftliches Asyl- und Einwanderungsrecht
Amt eines hohen Vertreters für die GASP	
Grundrechtsschutz für Unionsbürger	Handlungsfähigkeit der Europäischen Union
Gemeinsame Beschäftigungs- und Arbeitsmarktpolitik	Bekämpfung von Kriminalität und Terrorismus
Europäische Sozialpolitik	Gemeinschaftliches Asyl- und Einwanderungsrecht
Stärkung des Umweltschutzes	Amt eines hohen Vertreters für die GASP

Aufgaben

1. *Vergleichen Sie die Beweggründe für eine EU-Erweiterung mit den Motiven der europäischen Einigung nach 1945 (vergleiche Abschnitt 7.2).*
2. *Bereits 1987 stellte die Türkei einen Beitrittsantrag. Diskutieren Sie in Ihrer Klasse über die möglichen Gründe der damaligen Ablehnung des Antrags.*
3. *Neben der Reform der Handlungsfähigkeit der EU sind weitere zentrale Felder der EU-Politik betroffen. Welche Chancen und Gefahren für eine Erweiterung der EU lassen sich daraus herleiten? Diskutieren Sie darüber in Ihrer Klasse und notieren Sie das Ergebnis in Form einer Tabelle.*

Kritiker fragen oft, ob eine EU mit 27 und ggf. mehr Mitglieds-staaten überhaupt noch hand-lungs- und entscheidungsfähig sein könne. Um dies zu ermöglichen, sind Reformen an-gestrebt, die ihren Ausgangs-punkt im **Vertrag von Amster-dam (1997)** *haben. Einen Schwerpunkt stellt der Fort-schritt im Bereich der Hand-lungsfähigkeit der EU dar (vgl. die oben stehende Abbildung).*

Europa im Wandel – die Europäische Union

7.5 DIE EUROKRISE – FOLGE DER WELTFINANZKRISE

Krise der Währungsunion: Sein oder Nicht-Sein ist die Euro-Frage!
Die Euro-Krise ist eine Haushaltskrise mehrerer Mitgliedstaaten des Euroraums, die ab 2010 zu verschiedenen Reformen im System der Europäischen Wirtschafts- und Währungsunion führte. Besonders betroffen ist dabei Griechenland, aber auch andere Länder wie Irland, Spanien, Italien und Portugal. Aufgrund dieser Finanzkrise wurde der Europäische Stabilisierungsmechanismus entwickelt, der im Notfall gegenseitige Hilfsmaßnahmen vorsieht, um den Staatsbankrott von Mitgliedstaaten zu vermeiden.

Um Meldungen wie oben verstehen zu können, muss man wissen, warum es zu einer weltweiten Finanzkrise kam, die auch für den Euro Folgen hat. Aber: Ihre zukünftige Auswirkung auf den Euro und die Länder, die ihn als Währung haben, ist längst noch nicht vollständig absehbar.

Verlauf der Krise

1. Mit billigen Krediten wollte die US-Regierung nach dem Jahr 2000 auch Mittellosen den Kauf eines Hauses ermöglichen und die Wirtschaft ankurbeln. US-Banken vergaben Kredite an Hausbauer oder -käufer, die sich das eigentlich gar nicht leisten konnten. Zunächst verdienten alle: Handwerker durch Bau oder Renovierung, Banker und Makler durch Provisionen und Zinsen. Um alles zu bezahlen, nahmen die Hausbesitzer weitere Kredite auf. Das war kein Problem, da ihre Gebäude als Sicherheit für die Kredite galten. Und da Häuser so begehrt waren, stieg ihr Wert ständig. Daher konnten die Hausbesitzer neue, noch höhere Kredite aufnehmen.

2. Die Eigentümer gaben das Geld für Vergrößerungen der Gebäude, für Autos, Fernseher usw. aus. Sie machten sich keine Sorgen, da ihre Häuser, die den Banken als Sicherheit dienten, ja ständig im Wert wuchsen. So wuchs durch das viele Geld, was ausgegeben wurde, die gesamte US-Wirtschaft. Und auch Firmen aus dem Ausland, wie z. B. deutsche Maschinenbauer, verdienten viel.

3. Die Banken, die das Geld verliehen hatten, bündelten die Kredite von jeweils mehreren Tausend Kreditnehmern und verkauften diese Bündel (Fachbegriff: Verbriefung) weiter an andere, auch ausländische Banken.
Die Verbriefung der Kredite sollte, falls einige Kredite nicht zurück gezahlt werden könnten, die Kosten auf viele Anleger verteilen und somit erträglich machen. Heute ist klar, dass das ein Fehler war: Der Wert vieler Häuser war nicht so hoch, wie die ausgezahlten Kredite. Das bedeutete, dass die Preise der Verbriefungen dieser Kredite viel höher waren als ihr eigentlicher Wert.

4. Plötzlich ließ das Kaufinteresse an Häusern nach und die Hauspreise fielen. Damit die Banken weiterhin gut verdienten, wurden die Zinsen erhöht. Viele Hausbesitzer konnten ihre nun höheren Raten nicht mehr bezahlen. Häuser wurden massenweise zwangsversteigert, ihre Besitzer obdachlos.

5. Die kreditgebenden Banken verloren 2007 so viel Geld, dass einige (z. B. die Bank Lehman Brothers) im September 2008 sogar bankrott gingen.
Da überall auf der Welt Banken Verbriefungen gekauft hatten, gab es weltweit riesige finanzielle Verluste. Banken entließen im großen Maßstab ihre

---

Auswirkungen der Weltfinanzkrise:
Es traf Kleinsparer in der Schweiz und Hausbauer in Amerika, es traf Händler in Argentinien, thailändische Bauern, australische Wirte, die nur ein wenig oder viel mehr Rendite aus ihrem Geld herausholen wollten, als das mit Sparzinsen möglich war. Es traf Leute wie den Elektriker Manfred Blume aus Hamburg-Uhlenhorst, Männer wie den Ingenieur Tim Smith aus Ohio, es traf die Evangelisch-Lutherische Landeskirche Oldenburg [...]
(aus: ww.spiegel.de, 17.11.2008)

Europäischer Stabilitätsmechanismus (auch Euro-Rettungsschirm): eine Regelung der Europäischen Wirtschafts- und Währungsunion, um krisenhafte Folgen durch übermäßige Verschuldungen einzelner Mitgliedstaaten abzumildern. Damit sollen mögliche Staatsbankrotte überschuldeter Mitgliedstaaten verhindert werden, die auch die Wirtschaft der übrigen Mitgliedstaaten in Mitleidenschaft ziehen würden.

Euro-Plastik im Europa-Viertel von Brüssel

Mitarbeiter. Viele amerikanische Handwerker und Baufirmen hatten zwar ihre Arbeit getan, bekamen aber ihr Geld nicht, ausländische Firmen erhielten aus den USA keine Aufträge mehr. Aus der Immobilienkrise wurde so eine Banken- und eine Wirtschaftskrise.

6. Da die Struktur der Kreditverbriefungen sehr kompliziert war, wusste niemand genau, in welchen Verbriefungen sich wie viele faule Kredite befanden. Jeden Anleger konnten hohe Verluste treffen. Für jede Bank bestand die Möglichkeit, Pleite zu gehen. Da die Banken sich sorgten, dass sie das Geld, was sie einer anderen Bank verliehen hatten, nicht mehr zurückbekommen könnten, liehen sie sich gegenseitig kein Geld mehr. Das verschärfte die Krise.

7. Die Zentralbanken (Europäische Zentralbank, US-Notenbank und andere) stellten daraufhin den Banken Milliarden zur Verfügung, um sie zu beruhigen und den Geldkreislauf wieder in Gang zu bringen. Das funktionierte nur sehr zögerlich. Außerdem legten die Notenbanken sehr niedrige Leitzinsen fest, um die Wirtschaft anzukurbeln. Das erhöhte allerdings die Gefahr einer Inflation, weil durch niedrigere Zinsen mehr Geld in den Umlauf gelangt als zuvor. Die USA stellten 700 Milliarden Dollar bereit, um ihre Banken vor dem Einsturz zu bewahren. Die Verschuldung der USA erhöhte sich enorm und der Wert des Dollars im Vergleich zum Euro sank.

Da ebenso deutsche Banken in eine kritische Lage gekommen waren, musste auch Deutschland reagieren. Die Bundeskanzlerin Angela Merkel garantierte persönlich, dass die Spareinlagen der Bevölkerung sicher seien. Die Bank *Hypo Real Estate* und Teile der Commerzbank wurden vom Staat gekauft – also verstaatlicht.

Ausblick
Die Stabilität des Wirtschafts- und Finanzsystems konnte in den meisten Staaten durch umfangreiche staatliche Eingriffe wieder hergestellt werden. Seit 2010 begann die Konjunktur in Deutschland wieder anzuziehen. Bedenklich bleibt jedoch, dass es Anzeichen dafür gibt, dass die globale Finanz- und Wirtschaftskrise noch nicht überwunden ist. Hier einige Beispiele:
- Staaten wie z. B. Griechenland, Italien, Spanien, und Portugal haben so hohe Staatsschulden angehäuft, dass sie wahrscheinlich Hilfen von anderen Staaten brauchen oder ansonsten bankrottgehen könnten;
- sollte ein Staat der Euroraums tatsächlich bankrottgehen, wird die Währung Euro in der Krise sein und es könnte zu einer Währungsreform kommen, was zum Zerfall des europäischen Binnenmarktes führen könnte;
- sollten die Arbeitslosenzahlen der USA weiter steigen, werden in Amerika immer weniger europäische Waren gekauft werden und die Wirtschaft in der EU könnte sich schlechter entwickeln.

---

faule Kredite: Kredite, bei denen der Schuldner mit der Zahlung seiner Raten bereits in Verzug geraten ist.

Zentralbank: auch Notenbank, ist für die Geld- und Währungspolitik eines Staates oder eines Währungsraums (z. B. den Euroraum) zuständig (z. B. Europäische Zentralbank, siehe auch Seite 93 und 252).

Schon gewusst?
Zusätzlich zur Verstaatlichung bestimmter Banken beschloss die Bundesregierung während der Krise milliardenschwere Konjunkturpakete, die unter anderem der Wirtschaft Kredite zusicherten und die Autoindustrie durch die sogenannte Abwrackprämie unterstützten. Durch die Abwrackprämie bekamen Besitzer von alten Autos je 2500,-€, wenn sie ihr altes Auto verschrotteten und ein neues kauften.

Euroraum: Gruppe der Staaten, die den Euro als offizielle Währung eingeführt haben (die 17 Mitgliedstaaten der Europäischen Union, die Vollmitglieder der Europäischen Wirtschafts- und Währungsunion sind).

Aufgabe

1. Recherchieren Sie (z.B. im Internet oder in der Presse), welche derzeitig aktuellen Folgen die Banken- bzw. Weltfinanzkrise für den Euroraum hat.

SZENARIO

Die Szenario-Methode

Durch die Szenario-Methode soll ein möglichst realistisches Bild der Zukunft entworfen werden. Im Gegensatz zur Prognose, die einfach vergangene Zahlen fortschreibt, werden hier auch Meinungen, Einschätzungen und solche Daten mit einbezogen, die sich nicht unbedingt quantitativ ausdrücken lassen. Dennoch müssen Annahmen wohlbegründet und nachvollziehbar sein. Es soll also keine „wünschenswerte" und damit vielleicht utopische Zukunft entwickelt werden, sondern eine möglichst realistische.

Bei der Entwicklung und Auswertung eines Szenarios werden fünf Phasen durchlaufen:

(1) Aufgaben- und Problemanalyse

Um eine „mögliche" Zukunft zu entwerfen, muss die Aufgabe sachlich, räumlich und zeitlich eingegrenzt werden. Hierfür werden Informationen gesammelt, die die gegenwärtige Situation möglichst genau beschreiben – also solche Lösungsansätze, die derzeit für ein Problem angeboten werden.

(2) Einflussanalyse und Bestimmung der Kenngrößen (Deskriptoren)

Welche Einflüsse können auf die Situation einwirken und sie verändern? Gegebenenfalls können diese Bereiche noch in weitere verschiedene Faktoren untergliedert werden. Für jeden Einflussfaktor muss nun eine Kenngröße (Deskriptor) bestimmt werden, um ein Maß für die Einflussnahme zu erhalten. Deskriptoren können

– **quantitativ** (z.B. Anzahl der Eheschließungen pro 1000 Einwohner) oder

– **qualitativ** (z.B. Einstellung der jungen Erwachsenen zur Ehe) sein.

(3) Projektion und Alternativenbündelung

Für jeden Einflussfaktor wird jetzt die voraussichtliche Entwicklung ermittelt. Dann werden alle Faktoren zusammengefasst, die sich gegenseitig stützen und verstärken, sodass sich i. d. R. eine positive und eine negative Extremsituation ergeben.

(4) Szenarioentwicklung und -interpretation

Für ein Szenario müssen alle diese Faktoren, deren Entwicklung und gegenseitige Einflussnahme miteinander verknüpft werden, um so eine möglichst detaillierte Beschreibung zweier möglicher Zukunftsversionen zu erreichen.

– Das **positive Extremszenario** bezeichnet dabei die Zukunftsentwicklung im besten Fall,

– das **negative Extremszenario** die Entwicklung im schlechtesten Fall.

Ggf. kann auch noch ein Trendszenario, d.h. die wahrscheinlichste Zukunft, die sich zwischen diesen beiden Extremen bewegt, erstellt werden. Die Ergebnisse werden schriftlich festgehalten und möglichst anschaulich dargestellt (z.B. Schaubilder, Wandzeitungen usw.).

(5) Maßnahmen und Handlungsmöglichkeiten

Es sollen nun Maßnahmen und Handlungsmöglichkeiten erarbeitet werden, die erwünschte Entwicklungen verstärken, unerwünschte jedoch abschwächen können – d.h., es werden die Konsequenzen aus den Szenarios gezogen. Dabei müssen alle betroffenen gesellschaftlichen und wirtschaftlichen Gruppen betrachtet werden. Was kann der Einzelne tun, was der Gesetzgeber, die Parteien, Gewerkschaften, Verbände, Bürgerinitiativen usw.? **Als Ergebnis erhält man einen Maßnahmenkatalog.**

Durchführung:

Bilden Sie in Ihrer Klasse (je nach Klassenstärke) 2 oder 4 Gruppen. Bearbeiten Sie die Phasen (1) bis (3). Vergleichen Sie danach Ihre Einzelergebnisse gemeinsam in der Klasse (Plenum): Wurde etwas vergessen? Warum hat eine Gruppe den Faktor so, eine andere so eingeschätzt? Einigen Sie sich dann, welches Extremszenario Ihre Gruppe entwerfen will. Stellen Sie dann Ihr Gruppenergebnis der Klasse vor. Entwickeln Sie gemeinsam im Plenum ein Trendszenario. Der Maßnahmenkatalog sollte dann wieder in den Gruppen entworfen und im Plenum vorgestellt und abgeglichen werden.

Aufgaben

1. Wie wird die wirtschaftliche Situation der deutschen Landwirtschaft in 15 Jahren aussehen?

2. Welche Auswirkungen wird die Osterweiterung der EU für den deutschen Arbeitsmarkt haben?

8 MENSCHENRECHTE – FRIEDEN – UMWELT

Menschrechte – Frieden – Umwelt

8.1 DURCHSETZUNG DER MENSCHENRECHTE

Sudan: Der gewaltlose politische Gefangene Abuzar Al Amin verbüßt derzeit eine zweijährige Gefängnisstrafe. Der Journalist der sudanesischen Tageszeitung Rai Al Shaab war ursprünglich zu fünf Jahren Haft verurteilt worden, weil er angeblich die „Verfassung unterwandert" und „falsche Informationen verbreitet" hatte. Nach seiner Festnahme im Mai 2010 in Khartum soll er gefoltert worden sein. [...] Abuzar Al Amin und seine KollegInnen wurden im Zusammenhang mit Artikeln in Rai Al Shaab festgenommen. Dazu gehörte auch eine Analyse der Wahlergebnisse der Präsidentschafts- und Parlamentswahlen vom April 2010 und ein Artikel, in dem es hieß, im Sudan sei eine iranische Waffenfabrik gebaut worden.

(aus: Amnesty International – www.amnesty.de, 01.05.2011)

Ägypten: Zahlreiche Protestierende, die keine ernste Bedrohung für die Sicherheitskräfte oder für andere Demonstrierende dargestellt haben, sind durch Schüsse in den Kopf oder den Oberkörper getötet worden. Über 6.000 Menschen sind während der Proteste verletzt worden, etliche werden lebenslang daran leiden. So berichtete der Koordinator des provisorischen Feldlazaretts auf dem Tahrir-Platz, dass allein 300 Menschen Schussverletzungen an den Augen erlitten und ganz oder teilweise erblindet sind. [...] Amnesty International dokumentiert in dem Bericht zahlreiche Fälle von Folter in Haft während der Proteste wie Schläge, Elektroschocks, das erzwungene Verharren in Stresspositionen für längere Zeit, Beleidigungen oder die Drohung mit Vergewaltigung.

(aus: Amnesty International – www.amnesty.de, 19.05.2011)

Informationen finden Sie unter folgenden Internetadressen:
- *Amnesty International: www.amnesty.de*
- *Internationale Gesellschaft für Menschenrechte (IGFM): www.igfm.de*

Sudan: ist das flächengrößte Land Afrikas und liegt in Nordostafrika.

Tahrir-Platz:
ein bedeutender Innenstadtplatz der ägyptischen Hauptstadt Kairo. 2011 war er der Kundgebungsplatz der Bevölkerungsteile, die gegen oder für den ägyptischen Präsidenten eintraten.

Folter: Der Begriff bezeichnet das gezielte Zufügen von psychischem oder physischem Leid (Gewalt, Qualen, Schmerz) an Menschen durch andere Menschen, um für einen zielgerichteten Zweck – beispielsweise um eine Aussage, ein Geständnis, eine Widerrufung oder eine wichtige Information zu erhalten – den Willen und Widerstand der Folteropfer (dauerhaft) zu brechen.

Alle Menschen sind frei und gleich geboren und haben deshalb „von Natur aus" Rechte, die ihnen kein Staat und kein anderer Mensch nehmen darf.
Menschenrechte können nicht abgegeben werden, sie sind unteilbar und gelten für alle Menschen auf der ganzen Welt gleichermaßen.
Im Gegensatz zu den Gesetzen, die ein Staat gewähren und wieder nehmen kann, sind Menschenrechte sozusagen angeboren.
Menschenrechte sind vor allem dazu da, die Macht der Staaten über die Menschen zu begrenzen.

Auszüge aus der Allgemeinen Erklärung der Menschenrechte:
Art. 1: Alle Menschen sind frei und gleich an Würde und Rechten geboren. [...]
Art. 3: Jeder Mensch hat das Recht auf Leben, Freiheit und Sicherheit der Person.
Art. 5: Niemand darf der Folter oder grausamer, unmenschlicher oder erniedrigender Behandlung oder Strafe unterworfen werden.
Art. 9: Niemand darf willkürlich festgenommen, in Haft gehalten oder des Landes verwiesen werden.
Art. 12: Niemand darf willkürlichen Eingriffen in sein Privatleben, seine Familie, sein Heim oder seinen Briefwechsel noch Angriffen auf seine Ehre und seinen Ruf ausgesetzt werden. Jeder Mensch hat Anspruch auf rechtlichen Schutz gegen derartige Eingriffe oder Anschläge.
Art. 14: (1) Jeder Mensch hat das Recht, in anderen Ländern vor Verfolgung Asyl zu suchen und zu genießen.
Art. 18: Jeder Mensch hat Anspruch auf Gedanken-, Gewissens- und Religionsfreiheit [...].

Durchsetzung der Menschenrechte

Am 10. Dezember 1948 verkündete die Generalversammlung der UNO die Allgemeine Erklärung der Menschenrechte.

Alle Mitgliedsstaaten der UNO, und das sind nahezu alle Staaten der Erde, haben diese Erklärung akzeptiert und unterschrieben.

Der UN-Menschenrechtsausschuss, ein Expertengremium, wacht darüber, ob die Mitgliedsstaaten ihren Verpflichtungen nachkommen.

Liest man Tageszeitungen und sieht oder hört Nachrichtensendungen, so wird man feststellen, dass in vielen Gegenden der Welt trotz allem immer wieder Menschenrechte verletzt werden.

Die Menschenrechtsorganisation **Amnesty International** veröffentlicht jährlich einen Bericht über die Menschenrechtssituationen in den einzelnen Staaten. Meistens sind es Diktaturen, die hier durch besonders schwere Menschenrechtsverletzungen wie Folterungen und Morde auffallen. In diesen Staaten dienen die Menschenrechtsverletzungen in der Regel dem Machterhalt der Diktatoren, und der Einzelne hat kaum eine Möglichkeit, sich dagegen zu wehren. Es werden aber auch den Demokratien wie z. B. den USA oder der Bundesrepublik Deutschland Menschenrechtsverletzungen vorgeworfen. Hier besteht aber die Möglichkeit, rechtsstaatlich gegen die Verletzer dieser wichtigen Rechte vorzugehen, indem man diese anzeigt und vor Gericht bringt.

Neben den bereits erwähnten Menschenrechten sind in der Allgemeinen Erklärung der Menschenrechte auch Rechte aufgeführt, die den Menschen soziale Leistungen ihres Staates sichern sollen, oft aber weniger Beachtung finden (siehe hierzu die Artikel 22, 23 und 25 in der rechten Randspalte).

Die vollständige *Allgemeine Erklärung der Menschenrechte* kann im Internet unter **http://www.runic-europe.org/german/menschen/index.htm** abgerufen werden.

Artikel 22:
Jeder Mensch hat als Mitglied der Gesellschaft das Recht auf soziale Sicherheit. […]

Artikel 23:
(1) Jeder Mensch hat das Recht auf Arbeit. […]

Artikel 25:
(1) Jeder Mensch hat Anspruch auf eine Lebenshaltung, die seine und seiner Familie Gesundheit und Wohlbefinden, einschließlich Nahrung, Kleidung, Wohnung […] gewährleistet; er hat das Recht auf Sicherheit im Falle von Arbeitslosigkeit […] oder von anderweitigem Verlust seiner Unterhaltsmittel durch unverschuldete Umstände.

Aufgaben

1. Erläutern Sie, welche Menschenrechte im Eingangsbeispiel verletzt werden.
2. Entscheiden Sie, welcher Einsatz für die Menschenrechte Ihrer Meinung nach den meisten Erfolg verspricht:
   - in einer Menschenrechtsorganisation ehrenamtlich mitarbeiten,
   - vor Botschaften von Staaten, die Menschenrechte verletzen, demonstrieren,
   - in Diskussionen die Meinung sagen,
   - durch Geldspenden Organisationen in den betreffenden Staaten unterstützen, die sich für Menschenrechte einsetzen.

   Begründen Sie Ihre Entscheidung.
3. Lesen Sie eine Woche lang täglich eine Tageszeitung. Schneiden Sie Artikel aus, die sich auf Menschenrechtsverletzungen beziehen. Geben Sie Ihrer Klasse einen Bericht über aktuelle Entwicklungen und sammeln Sie in Ihrer Klasse Vorschläge, wie Sie den betroffenen Menschen helfen können.
4. Menschenrechte, die soziale Leistungen des Staates garantieren sollen (Artikel 22–25), werden auch in vielen demokratischen Staaten nicht geschützt. Welche Gründe gibt es dafür? Äußern Sie Ihre Vermutungen.

Menschrechte – Frieden – Umwelt

8.2 FRIEDENSSICHERUNG

8.2.1 Zum Friedensbegriff

> „Es kann der Frömmste nicht in Frieden leben,
> wenn es dem bösen Nachbarn nicht gefällt."
> Friedrich Schiller (1759–1805)
>
> „Was wir Frieden nennen, ist meist nur ein Waffenstillstand,
> in dem der Schwächere so lange auf seine Ansprüche verzichtet, bis er
> eine Gelegenheit findet, sie mit Waffengewalt von neuem geltend zu
> machen."
> Vauvenargues, französischer Philosoph (1715–1804)
>
> „Wenn du den Frieden willst, bereite den Krieg vor."
> Vegetius, römischer Schriftsteller (4. Jh. n. Chr.)

Die wohl einfachste Erklärung des Begriffes Frieden ist die Aussage: **„Frieden ist die Abwesenheit von Krieg."** Wenn dies zuträfe, wäre aber z. B. der so genannte Kalte Krieg (1945–1989) eigentlich Frieden gewesen, obwohl damals der kommunistische Osten und der demokratische Westen mit Atomwaffen aufeinander zielten, die die gesamte Erde mehrmals hätten vernichten können. Allein die Abwesenheit von Krieg ist also noch kein Frieden. Sie ist aber eine wichtige Voraussetzung für den Frieden.

Kalter Krieg
siehe Seite 232 und 272.

international:
zwischen mehreren Staaten, überstaatlich oder weltweit

ideal:
vollkommen, den höchsten Vorstellungen entsprechend

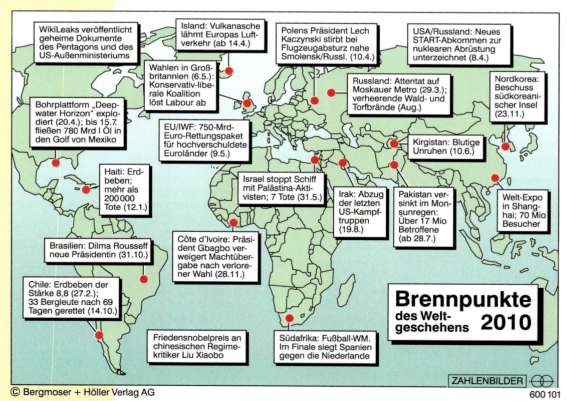

Friedenssicherung

Frieden, dabei handelt es sich um akzeptierte und eingehaltene Regeln zwischen Staaten, um Konflikte ohne Gewalt und ohne Unterdrückung auszutragen.

Diese Regeln werden durch nationale und internationale Verträge und Vereinbarungen festgelegt.

Ein solcher Frieden ist ein idealer Zustand des Zusammenlebens. Die meisten Menschen der Erde setzen sich für ihn ein. Man sollte also meinen, dass Frieden problemlos herzustellen sei. Er ist aber leider nur schrittweise zu erreichen und muss ständig bewusst gesichert werden. Dieser Widerspruch entsteht, da es für einige Mächtige in manchen Staaten wichtigere Ziele gibt als den Frieden. Das können z. B. der Erhalt der eigenen Macht, ein hoher finanzieller Gewinn oder eine menschenverachtende Ideologie sein.

All das bisher Beschriebene erklärt die politische Bedeutung des Begriffes Frieden. Es existieren aber auch noch weitere Bedeutungen, so z. B.

- der **ökologische Frieden:** Die Natur wird geschont und geschützt;
- der **soziale Frieden:** Es besteht keine Feindschaft zwischen den Schichten der Gesellschaft, keine Ausbeutung und Unterdrückung in der eigenen Gesellschaft sowie derjenigen der Entwicklungsländer.

Ideologie:
System von Weltanschauungen, Grundeinstellungen und Wertungen

Ein umfassender Frieden ist nur erreichbar, wenn		
die extreme wirtschaftliche Ungleichheit zwischen den Industrie- und den Entwicklungsländern verringert wird,	die Menschenrechte überall anerkannt und eingehalten werden,	die Umweltprobleme (Luftverschmutzung, Weltklima, Trinkwassergefährdung usw.) gelöst werden und somit die Lebenschancen der folgenden Generationen gesichert werden.

Christen benutzen noch einen weiteren Friedensbegriff. Sie verstehen unter Frieden auch die Gemeinschaft mit Gott, die persönliche Friedfertigkeit und die Harmonie mit sich selbst und dem Nächsten. Dieser Friedensbegriff findet sich auch in den anderen großen Weltreligionen.

Aufgaben

1. *Formulieren Sie die Zitate der Einleitung in eigenen Worten. Sind diese Äußerungen richtig? Urteilen Sie und begründen Sie Ihr Urteil.*
2. *Die in der Grafik aufgeführten weltweit verbreiteten Brennpunkte haben unterschiedliche Ursachen. Notieren Sie alle die Brennpunkte, durch die deutlich wird, dass kein politischer Frieden herrscht.*
3. *a) Lesen Sie eine aktuelle Tageszeitung und streichen Sie alle Artikel an, die Hinweise auf Regionen geben, in denen kein politischer Frieden herrscht.*
   b) Vergleichen Sie Ihre Ergebnisse mit den Ergebnissen aus Aufgabe 2. und kennzeichnen Sie vorhandene Übereinstimmungen.

Menschrechte – Frieden – Umwelt

8.2.2 Die Bedrohung des Friedens

Seit dem Ende des Zweiten Weltkrieges erlebt Mitteleuropa – und somit auch Deutschland – seine bisher längste Friedensphase.
Die Medien präsentieren uns jedoch ständig Schreckensmeldungen aus vielen Gegenden der Welt:
Kriege im Nahen Osten, im Irak, in Afghanistan, zwischen Indien und Pakistan, in Teilen Afrikas und anderen Staaten.
Diese bewaffneten Auseinandersetzungen bringen den dortigen Menschen unendliches Leid: getötete Familienangehörige, zerbombte und verminte Felder, zerstörte Betriebe und Arbeitsplätze, verseuchtes Wasser, unbewohnbare Häuser.

Seit 1945 kam es auf der Erde zu mehr als 250 Kriegen oder kriegsähnlichen Konflikten. Dabei kamen 35 Millionen Menschen um. 15 Millionen Menschen mussten ihre Heimat als Flüchtlinge verlassen, um ihr Leben und das Leben ihrer Familien zu retten.

Die meisten kriegerischen Auseinandersetzungen finden heutzutage in oder zwischen Entwicklungsländern statt. Obwohl diese Länder unter sehr vielen Problemen leiden, sind deren Rüstungsausgaben oft enorm hoch. Die teuren Waffen werden zum überwiegenden Teil in den Industrieländern gekauft. Die USA und Russland gehören zu den größten Rüstungsexporteuren, aber auch die Bundesrepublik stellt Waffen her, wie zum Beispiel Panzer und U-Boote, und verkauft sie ins Ausland. Deutschen Firmen ist es allerdings nicht erlaubt, Waffen in Krisengebiete zu veräußern.

Einige **Schwellenländer** sind sogar schon in der Lage, Atomwaffen selbst herzustellen. China und Indien besitzen bereits diese gefährlichen Massenvernichtungswaffen. In Israel und Pakistan werden sie vermutet. Länder wie Ägypten, Argentinien, Brasilien und Taiwan könnten wahrscheinlich Atomwaffen produzieren. Einiges deutet darauf hin, dass auch der islamistisch regierte Iran versucht, diese gefährlichen Waffen herzustellen.

Krieg:
ein organisierter und mit Waffengewalt ausgetragener Konflikt zwischen Staaten oder Bevölkerungsgruppen

Schwellenländer:
Entwicklungsländer mit einem verhältnismäßig fortgeschrittenen Entwicklungsstand, die mit Wahrscheinlichkeit in absehbarer Zeit die Merkmale von Entwicklungsländern überwunden haben werden (vergleiche Abschnitt 8.4.1)

Bürgerkrieg: Bosnien 1993

Sudan 2006

Friedenssicherung

Konflikte, so scheint es, liegen in der menschlichen Natur. Ob es Konflikte sind zwischen
- einzelnen Menschen (z. B. zwischen Arbeitskollegen),
- zwischen Gruppen (z. B. zwischen Gewerkschaften und Arbeitgeberorganisationen) oder
- zwischen Staaten (z. B. Grenzstreitigkeiten),

Arabischer Frühling 2011 – Massenproteste in Kairo

es treffen dabei immer unterschiedliche Interessen aufeinander.

Konflikte lassen sich nur friedlich lösen oder zumindest abschwächen, wenn deren Ursachen beseitigt oder gemildert werden. Hierzu muss man zunächst die Ursachen erkennen.

Kriegerische Konflikte können folgende Ursachen haben:
- Gebietsansprüche eines Staates gegenüber einem anderen,
- wirtschaftliche Ursachen (z. B. Rohstoffbedarf, Verkehrswege, Vorherrschaft über andere Staaten oder Gruppen im eigenen Land),
- militärpolitische Ursachen (z. B. wichtige strategische Positionen wie Gebirgshöhen),
- Ablenkung von inneren Problemen des Staates (z. B. hohe Arbeitslosigkeit),
- besonders starke soziale Ungleichheiten,
- ideologische, rassistische, religiöse, nationalistische Ursachen (z. B. nationalsozialistische Rassentheorie, kommunistische Klassenkampftheorie, Kampf der „Gläubigen" gegen die „Ungläubigen"),
- Furcht vor einer Bedrohung durch andere, „Vorbeugung",
- Aufleben von alten, in der Geschichte liegenden Ursachen,
- persönliche Gründe von Diktatoren (z. B. Eroberungssucht zur Selbstdarstellung),
- politische Unterdrückung eines Staates durch einen anderen oder einer Bevölkerungsgruppe durch eine andere.

Oft liegen kriegerischen Konflikten mehrere dieser Ursachen zugrunde.

Aufgaben

1. Listen Sie zur Eingangsbehauptung in der Abbildung Pro- und Kontraargumente in einer Tabelle auf. Diskutieren Sie danach diese Behauptung.
2. Befragen Sie ältere Menschen, wie z. B. Ihre Großeltern, über die Auswirkungen des Zweiten Weltkrieges in Deutschland. Berichten Sie der Klasse davon.
3. Ordnen Sie drei historischen oder aktuellen kriegerischen Konflikten oben angeführte Ursachen zu.

Der Arabische Frühling

Der Arabische Frühling begann mit der Revolution in Tunesien am 17. Dezember 2010. Am 5. Januar 2011 folgten Unruhen in Algerien. Ab dem 25. Januar 2011 kam es in Ägypten zu Protesten, die schließlich auch dort zur Revolution führten. Daraufhin übernahm das Militär die Macht und sicherte demokratische Wahlen zu. Im Zuge dieser Ereignisse kam es auch in fast allen anderen arabischen Ländern zu Protesten von Regierungsgegnern.

Die Massenproteste führten unter anderem zur Absetzung und Flucht des tunesischen Machthabers und zum Rücktritt des ägyptischen Präsidenten. Der Präsident Jemens kündigte an, für keine weitere Amtsperiode zu kandidieren. In Jordanien wurde eine neue Regierung gebildet. In Algerien wurde die Aufhebung des seit 19 Jahren bestehenden Ausnahmezustands durch den Präsidenten angekündigt. In Bahrain schlug die Polizei am 16./17. Februar 2011 Demonstrationen nieder. In Libyen kam es zum Bürgerkrieg zwischen den Anhängern des Staatschefs Muammar al-Gaddafi und der Opposition. Großbritannien und Frankreich bekämpfen Gaddafi-Soldaten mit Luftangriffen.

In Marokko trat im Juni 2011 eine neue Verfassung in Kraft. In Syrien schlug die Polizei Demonstrationen mit Waffengewalt nieder. Es kam zu vielen Toten.

Strategie:
Vorgehensweise; auch: Kriegskunst, Kunst der Führung von Streitkräften im Krieg

Menschrechte – Frieden – Umwelt

8.2.3 Terrorismus

Terrorismus:
Terrorismus ist politisch motivierte und systematisch geplante Gewalt.
Er geht von nichtstaatlichen Gruppen aus und richtet sich gegen einen bestehenden politischen und gesellschaftlichen Zustand. Terrorismus ist ausgerichtet auf Veränderung. Terroristische Gruppen sind meist klein und im Vergleich zum Staat schwach. Daher meinen sie, dass ihnen nur der Krieg aus dem Untergrund und Hinterhalt bleibt. Terroristen geht es in erster Linie nicht um materielle Zerstörung, sondern darum, Angst, Schrecken und Verunsicherung in die Gesellschaft zu tragen.

Terror: Im Gegensatz zum „Terrorismus" ist „Terror" eine von oben gesteuerte systematische, Gewaltanwendung durch staatliche oder staatsnahe Organe, die eine bestimmte Ordnung erhalten soll.

Kapitalismus: Der Begriff bezeichnet eine Wirtschaftsform, die sich durch eine liberale Wirtschaftsgesinnung und die Anerkennung des Privateigentums auszeichnet. Es handelt sich somit um einen historischen Begriff der Wirtschafts- und Gesellschaftsentwicklung, besonders des 19. Jahrhunderts. (Siehe auch Abschnitt 2.3.1.)

Französische Revolution: In der französischen Geschichte die Epoche von 1789 – 1799, in deren Verlauf die politischen und wirtschaftlichen Verhältnisse umfassend neu geordnet wurden. In der Zeit von 1793 – 1794 übte die von den Jakobinern geführte Revolutionsregierung eine Schreckensherrschaft aus.

> Terrorismus ist die Gegenwehr der Schwachen. Die Terroristen wehren sich mit ihren Mitteln nur verzweifelt gegen den westlichen Kapitalismus, weil sie keine andere Möglichkeit des Widerstandes sehen. Terrorismus ist die Folge von Armut, Unterdrückung und Ungerechtigkeit.

> Terroristen sind keine Freiheitskämpfer, sondern Kriminelle. Zivilisierte Gesellschaften müssen sich mit äußerster Härte wehren. Terroristische Gewalttaten sind durch nichts zu rechtfertigen.

Am 11. September 2001 rasten zwei Passagierflugzeuge in die beiden Türme des World Trade Center in New York und eines in das Gebäude des Verteidigungsministeriums der USA. Dabei wurden tausende unschuldige Menschen in den Tod gerissen. Am 11. März 2004 verübten Terroristen in Madrid Anschläge auf vier Pendlerzüge. Zehn Sprengsätze explodierten, 191 Menschen starben, über 1500 wurden verletzt. Am 7. Juli 2005 lösten sogenannte „Rucksackbomber" nahezu zeitgleich in drei U-Bahnen und einem Bus – mitten im Berufsverkehr von London – Bomben aus. 56 Menschen starben, über 700 wurden teilweise schwer verletzt. Diese Anschläge verdeutlichten, wie sehr Terrorismus den Frieden weltweit bedroht. Doch Terrorismus ist kein neues Phänomen des 21. Jahrhunderts.
Zum ersten Mal wurde das Wort „Terrorismus" während der Französischen Revolution für den Zeitraum von 1793 bis 1794 verwendet. Mit Terror versuchte die damalige Revolutionsregierung ihre Macht zu festigen, indem sie ihre Gegner einschüchterte und tötete.

Hauptformen des Terrorismus

- **Terrorismus ethnischer Minderheiten:** Angehörige von Bevölkerungsgruppen, die sich durch eine eigene Sprache, Tradition und oft auch Religion deutlich von der restlichen Bevölkerung des Staates unterscheiden, versuchten bzw. versuchen durch Terror Autonomie zu erhalten (z. B. Basken, Südtiroler, Korsen, Kurden).
- **Terrorismus linksextremistischer Gruppen:** Diese Gruppen versuchten in hoch industrialisierten Staaten einen Wandel der politischen und sozialen Ordnung zu erzwingen, die in ihren Augen ungerecht ist. Sie wollten eine revolutionäre Situation herbeiführen (z. B. Rote-Armee- Fraktion in Deutschland, Rote Brigaden in Italien).
- **Terrorismus rechtsextremistischer Gruppen:** Diese Gruppen wollen die parlamentarische Demokratie durch eine autoritär-faschistische Staatsordnung ersetzen oder eine vermeintliche Bedrohung der Gesellschaft von „links" oder „durch Ausländer" verhindern (z. B. Attentat auf das Regierungsgebäude von Oklahoma City 1995).

Friedenssicherung

■ **Terrorismus religiös-fundamentalistischer Gruppen:** Diese Gruppen wollen die in ihren Augen verzweifelte und verdorbene Welt durch die Herrschaft ihrer Religion erlösen. Sie sind oft der Meinung, durch den eigenen Tod im Kampf ins Paradies zu kommen (z. B. Moslembruderschaft in Ägypten, islamistische Hisbollah-Miliz im Südlibanon und Palästina, Terrornetzwerk El Kaida, islamistische Terrorgruppen in Deutschland).

Ziel aller Terroristen ist es, mit Gewalt oder Androhung von Gewalt die Bevölkerung und die Regierungen einzuschüchtern, um vollständige Macht über die Welt, den Staat, ihr Heimatland oder ihr Volk zu erzwingen. Mit dieser Macht wollen sie eine tiefgreifende Veränderung der Politik erreichen.

Terroristen üben in unterschiedlicher Art und Weise Gewalt aus. Die Bandbreite reicht von einfacher Sachbeschädigung über Banküberfälle, Attentate, Besetzung von Botschaften, Geiselnahmen, Flugzeugentführungen bis zur geplanten Ermordung tausender Menschen, wie beispielsweise 2001 in New York. Fachleute schließen für die Zukunft selbst den Einsatz atomarer oder biologischer Waffen durch Terroristen nicht aus.

Ethnie: Menschengruppe mit einheitlicher Kultur

Autonomie: Selbstständigkeit, Unabhängigkeit

Fundamentalismus: Beharren auf festen religiösen, manchmal auch politischen Grundsätzen. Die göttlichen Überlieferungen (z. B. Bibel, Koran) werden buchstäblich so gedeutet, wie sie vor hunderten von Jahren aufgeschrieben wurden. Das Leben nach den alten Geboten wird als absolute Lösung für alle Lebensfragen angesehen.

Islamismus: fundamentalistische Auslegung des Islam. Sie fordert die Wiedereinführung der alten islamischen Gesetze (so genannte Scharia), d. h. zum Beispiel drakonische Strafen, Geschlechtertrennung, Verhüllung der Frauen, keine Unterhaltung durch Spiel und Tanz. Durch solche Maßnahmen sollen alle politischen, gesellschaftlichen und wirtschaftlichen Probleme gelöst werden.

ARBEITEN AM SCHUTZWALL

Aufgaben

1. Suchen Sie in der aktuellen Presse nach Darstellungen von terroristischen Anschlägen. Tragen Sie diese in der Klasse vor und erklären Sie, welche Terrorismusform Ihrer Meinung nach vorliegt. Informieren Sie sich auch über die möglichen Hintergründe.
2. Terrorismus war bisher immer in letzter Konsequenz erfolglos. Welche Gründe gibt es Ihrer Meinung nach dafür? Diskutieren Sie dies in der Klasse. (Informationen darüber, wie eine Diskussion geführt wird, finden Sie auf Seite 298.)
3. Nehmen Sie begründet Stellung zu der Kontroverse der abgebildeten Jugendlichen. Wer hat Ihrer Meinung nach Recht?
4. a) Erstellen Sie eine von dem Begriff „Reaktionsmöglichkeiten des Staates" ausgehende Mind Map (Hilfe finden Sie auf Seite 96).
   b) Erörtern Sie, inwieweit Sie einzelne zur Verfügung stehende Maßnahmen im Kampf gegen den Terrorismus für angemessen halten.
5. Interpretieren Sie die oben stehende Karikatur. Welche Problematik stellt der Zeichner in den Vordergrund?

272 Menschrechte – Frieden – Umwelt

8.2.4 Die NATO

Nach dem Sieg der Alliierten 1945 über den gemeinsamen Feind, das Deutsche Reich, brachen die Gegensätze zwischen den USA und der kommunistischen UdSSR auf. Es entstand der so genannte **Ost-West-Konflikt.** Die beiden Großmächte sicherten ihre Einflusszonen durch Militärbündnisse. Die westeuropäischen Staaten schlossen sich mit den USA und Kanada 1949 in der NATO zusammen. Die osteuropäischen Staaten (Albanien, Bulgarien, DDR, Tschechoslowakei, Ungarn, Polen, Rumänien, UdSSR) gründeten daraufhin 1955 den **Warschauer Pakt (WPO).** Die Bundesrepublik Deutschland wurde nach langen Verhandlungen 1955 in die NATO aufgenommen.

In der folgenden Zeit entwickelte sich eine erbitterte Gegnerschaft zwischen den beiden Machtblöcken, die man auch als „Kalten Krieg" bezeichnet.
Ziel der NATO war es, das weitere Vorrücken des Kommunismus zu verhindern. Die verbündeten Staaten wollten durch Abschreckung den Frieden bewahren und im Kriegsfall gemeinsam einen Angriff abwehren. Die Mitglieder der NATO waren und sind verpflichtet, im Fall des Angriffs auf einen Bündnispartner diesem militärisch beizustehen. Außerdem verpflichten sich die NATO-Mitglieder, Konflikte untereinander friedlich beizulegen.
Nach der politischen Wende in Osteuropa und der Abkehr dieser Staaten vom Kommunismus beschlossen die Mitgliedsländer des Warschauer Vertrages dessen Auflösung. Als sich schließlich auch noch die UdSSR auflöste und aus einigen ihrer Teilrepubliken die Gemeinschaft Unabhängiger Staaten (GUS) entstand, mussten sich auch die Ziele der NATO ändern. Ihr bisheriger Gegner existierte nicht mehr.

NATO (engl.: North Atlantic Treaty Organization): Nordatlantische Verteidigungsorganisation, Hauptquartier in Brüssel (Belgien)

Alliierte:
verbündete Staaten, die während des Zweiten Weltkrieges gegen Deutschland kämpften

Kalter Krieg:
Konflikt zwischen Ost und West nach dem Ende des Zweiten Weltkrieges. Die Gegner kämpften nicht mit Waffengewalt gegeneinander, sondern versuchten, sich durch Hochrüstung, Spionage und Stellvertreterkriege zu besiegen.

Wichtigstes Ziel ist heute der Einsatz für Frieden und Freiheit und deren Verteidigung, z. B. im Auftrag der UNO. Diese Einsätze finden in der Regel außerhalb der Bündnisgrenzen statt (Out-of-Area-Einsätze).
Bei dem Einsatz der NATO 1999 im Kosovo war zum ersten Mal die Bundesrepublik an einem militärischen Friedenseinsatz beteiligt.
Im gleichen Jahr nahm die NATO erstmalig ehemalige Mitglieder des Warschauer Vertrages auf: Ungarn, Polen, Tschechien. Diese Erweiterung war Teil eines neuen Ansatzes für die Partnerschaft mit den ehemaligen Gegnern. Im Jahr 2004 wurden außerdem Bulgarien, Estland, Litauen, Lettland, Rumänien, die Slowakei und Slowenien in die Nato aufgenommen. 2009 kamen Albanien und Kroatien hinzu.
Eine zusätzliche partnerschaftliche Zusammenarbeit mit Russland, der Ukraine und anderen Staaten besteht im Rahmen des 1997 beschlossenen Euro-Atlantischen-Partnerschafts-Rats (EAPR). Ihm gehören heute 44 Staaten aus Ost und West an. Der EAPR will auf gleichberechtigter Ebene Vertrauen zwischen den ehemaligen Kontrahenten schaffen.

Blockbildung in Europa

1950–1990
Nato
Warschauer Pakt

Friedenssicherung 273

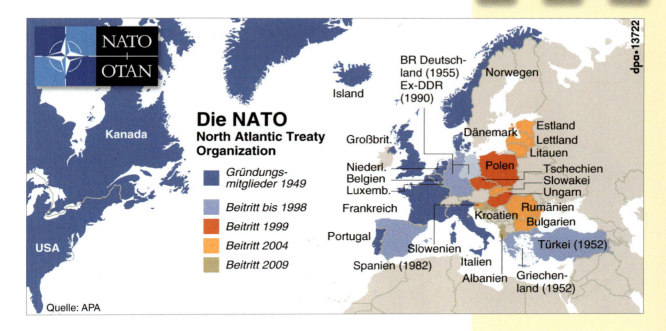

NATO-Raketenabwehrprogramm

Im Juli 2006 gab der NATO-Generalsekretär Planungen zu einem europaweiten Raketenabwehrprogramm bekannt, um gegnerischen Kurz- und Mittelstreckenraketen bis zu einer Reichweite von 3000 km zu erfassen und zu bekämpfen. Das Raketenabwehrsystem soll nach Angaben der USA vor möglichen Raketenangriffen von Staaten wie dem Iran und Nordkorea schützen. Die Pläne zum Aufbau der Raketenabwehrsysteme der USA wurden vom russischen Präsidenten Dmitri Medwedew als Aufrüstung gegen Russland verstanden. Daraufhin plante er im Gegenzug die Stationierung von Raketen in Kaliningrad.

Die NATO-Mitgliedstaaten beschlossen 2010 auf ihrem Gipfel in Lissabon die Ausweitung des geplanten Raketenschildes auf die Gebiete und die Bevölkerung Europas. Auf diesem Gipfeltreffen wurde erstmals mit Präsident Medwedew die Beteiligung Russlands an der Entwicklung des Raketenabwehrsystems vereinbart.

Kosovo-Konflikt:
1999 begann der serbische Diktator Milosevic, die Albaner aus ihrer Heimat zu vertreiben, die in der zu Serbien gehörenden Provinz Kosovo leben. Die NATO griff militärisch ein und ermöglichte die Rückkehr der Vertriebenen.

Kurzstreckenrakete:
militärische Rakete, deren Reichweite 500 km bis 1.000 km beträgt.

Mittelstreckenrakete:
militärische Rakete mit einer Reichweite zwischen 800 und 5.500 km.

Kaliningrad:
die Hauptstadt des Verwaltungsbezirks Kaliningrad, einer russischen Exklave zwischen Polen und Litauen an der Ostsee. Nach dem Zweiten Weltkrieg wurde die ehemals deutsche Stadt Königsberg wie der gesamte Nordteil Ostpreußens unter dem Namen Kaliningrad Teil der damaligen Sowjetunion.

Aufgaben

1. Erklären Sie mit Ihren eigenen Worten, welche Veränderungen in der NATO nach der Auflösung des Warschauer Paktes stattgefunden haben.
2. Betrachten Sie die Karikatur. Stammt sie aus der Zeit vor der Auflösung des Warschauer Paktes oder danach? Begründen Sie Ihre Antwort.
3. Halten Sie Einsätze der NATO außerhalb der Bündnisgrenzen wie z. B. im Kosovo oder in Afghanistan für richtig und sinnvoll? Nehmen Sie Stellung und begründen Sie Ihre Meinung.

Menschrechte – Frieden – Umwelt

8.2.5 Die OSZE

Die Organisation für Sicherheit und Zusammenarbeit in Europa (OSZE) wurde in den frühen 70er-Jahren unter dem Namen „Konferenz über Sicherheit und Zusammenarbeit in Europa" (KSZE) gegründet.
In dieser Runde wollten die gegnerischen Staaten des Ostens und des Westens Gespräche und Verhandlungen führen.

Am 1. August 1975 unterzeichneten die Staats- und Regierungschefs der 35 Teilnehmerstaaten in Helsinki einen gemeinsamen Vertrag, die Schlussakte von Helsinki der KSZE.
Die Akte schuf grundlegende Regeln für das Verhalten der Teilnehmerstaaten untereinander. Es wurde aber auch festgelegt, wie die Regierungen sich gegenüber ihren eigenen Bürgern zu verhalten haben.
Man vereinbarte eine Zusammenarbeit der Staaten in den Bereichen
- Sicherheit in Europa,
- Wirtschaft, Wissenschaft, Technik und Umwelt und
- im humanitären Bereich.

Auf dieser Grundlage arbeitete die KSZE zwischen 1975 und 1990 als eine ständig tagende Konferenz. Bei mehreren Treffen vereinbarten die KSZE-Teilnehmerstaaten u. a. wichtige Verpflichtungen zum Schutz der Menschenrechte und Maßnahmen zur Vertrauensbildung zwischen den Teilnehmern (Ankündigung militärischer Aktivitäten, Austausch militärischer Informationen).

humanitär:
auf das Wohl der Menschen gerichtet

Forum:
Ort für Diskussionen und Aussprachen

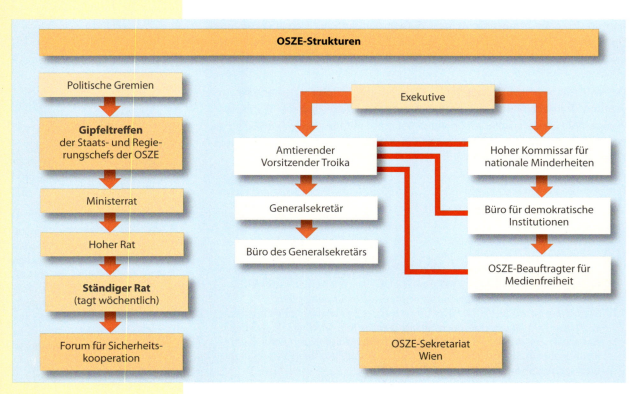

Friedenssicherung

Im November 1990 wurde beim Pariser Gipfeltreffen die „Charta von Paris für ein neues Europa" unterzeichnet. Sie war ein Wendepunkt in der Geschichte der KSZE, denn sie leitete die Umwandlung der KSZE von einem Forum für Verhandlung und Dialog zu einer handelnden Organisation ein.

Seit 1992 hat die KSZE nach dem Willen ihrer Teilnehmerstaaten das Recht und die Aufgabe, in ihrem Anwendungsgebiet streitschlichtend selbstständig tätig zu werden. Dies erfolgt in Form von

- Frühwarnung,
- Konfliktverhütung und
- Krisenbewältigung.

Auf dem Gipfeltreffen von Budapest 1994 wurde die KSZE mit Wirkung vom 1. Januar 1995 in OSZE umbenannt.

Heute umfasst die OSZE 56 Teilnehmerstaaten in einem Gebiet, das von Wladiwostok bis Vancouver reicht: die Vereinigten Staaten, Kanada, alle Länder Europas und die Republiken der ehemaligen Sowjetunion.

Die OSZE ist die einzige Sicherheitsorganisation, in der all diese Staaten unter einem Dach vereint sind. Sie muss daher mithelfen, auch im neuen Jahrtausend ein sicheres und friedliches Europa zu bauen.

Die Schwerpunkte der Aktivitäten der OSZE sind unverändert:

- die Vereinbarung von Grundsätzen und staatlichen Verhaltensnormen,
- die vorbeugende Diplomatie,
- die Konfliktverhütung,
- die Krisenbewältigung,
- die Konfliktnachsorge,
- die Kontrolle der konventionellen Rüstung.

Hauptaufgabenfelder sind

- die Eindämmung inner- und zwischenstaatlicher Konflikte,
- der Aufbau demokratischer Strukturen,
- Menschenrechtsfragen (vergleiche Abschnitt 8.1),
- wirksamer Minderheitenschutz sowie
- vertrauens- und sicherheitsbildende Maßnahmen.

Die wichtigsten Instrumente der OSZE für die Erfüllung ihrer Aufgaben sind der Hohe Kommissar für nationale Minderheiten, das Büro für demokratische Institutionen und Menschenrechte sowie die OSZE-Langzeitmissionen.

Die OSZE-Regeln werden jedoch nur dann wirklich friedensstiftend wirken können, wenn alle ihre Mitglieder sie anwenden, und zwar jederzeit.

Besondere Aufmerksamkeit richtet die OSZE auf den Kampf gegen Intoleranz und Antisemitismus sowie auf Maßnahmen gegen den Menschenhandel.

Konventionelle Rüstung:
Aufbau eines militärischen Schutzes durch Waffen wie z.B. Panzer, Gewehre u.Ä. Atomwaffen, chemische und biologische Waffen gehören nicht zu den konventionellen Waffen.

Aufgaben

1. Antworten Sie mithilfe des Textes auf die Eingangsfrage des abgebildeten Schülers.
2. Der Sitz der OSZE befindet sich in Wien, der Hauptstadt Österreichs. Österreich ist neutral, d.h. in keinem Militärbündnis Mitglied. Äußern Sie Ihre Überlegungen zum Grund dieser Regelung.
3. Erläutern Sie, welche Maßnahmen der OSZE friedensstiftend wirken sollen.

Menschrechte – Frieden – Umwelt

8.2.6 Die UNO – Sicherung des Weltfriedens

Hinweis:
Informationen über den Aufbau der UNO finden Sie im Internet unter:
www.runic-europe.org/german/aufbau/index.htm

Am 26. Juni 1945 gründeten 51 Nationen in San Francisco die UNO (United Nations Organization, Vereinte Nationen). Heute sind fast alle Staaten (192) der Welt Mitglied in dieser Organisation. Der Hauptsitz der UNO befindet sich in New York. Die Gründung der UNO war eine Reaktion auf den damals gerade beendeten Zweiten Weltkrieg. Seit dem 1. Januar 2007 ist der Südkoreaner Ban Kimoon Generalsekretär.

Folgende Ziele strebt die UNO an:
- die Wahrung des Weltfriedens und der internationalen Sicherheit,
- die Entwicklung freundschaftlicher Beziehungen zwischen allen Nationen,
- die Förderung der internationalen Zusammenarbeit, um Probleme zu lösen und die Menschenrechte für alle zu fördern und zu festigen.

Um die vielen speziellen Probleme besser lösen zu können, haben sich einige Unterorganisationen der UNO gebildet. Hier die wichtigsten:	
Unterorganisationen der UNO	Aufgabenbereiche:
UNESCO	Organisation für Erziehung, Wissenschaft und Kultur
UNICEF	Weltkinderhilfswerk
WHO	Weltgesundheitsorganisation
IWF	Internationaler Währungsfonds
FAO	Welternährungsorganisation
GATT	Allgemeines Zoll- und Handelsabkommen
UNCTAD	Welthandelskonferenz
UNIDO	Organisation für industrielle Entwicklung
ILO	Internationale Arbeitsorganisation

Friedenserhaltende Maßnahmen (peace-keeping):
- **Friedenstruppen im engeren Sinne**
  Dabei bilden größere Truppenteile eine Pufferzone und halten die Streitparteien zur Beachtung von Waffenstillstandsvereinbarungen, Truppenentflechtungsabkommen usw. an.
- **Militärische Beobachtergruppen**
  Hierbei handelt es sich um kleine Einheiten von Militärexperten zur Überwachung von Friedensabkommen.
- **Friedensmissionen unter ziviler Leitung mit gemischt militärisch-ziviler Komponente**
  Bei diesem neu entwickelten Typus handelt es sich um Operationen mit dem Ziel, nicht nur den Frieden im engeren Sinn zu sichern, sondern auch zur innerstaatlichen Befriedung und zur Herstellung des politischen Ausgleichs in einem Staatswesen beizutragen.

(Quelle: Frieden und Sicherheit, Lehrerhandreichungen S. 24. Hrsg. AG Jugend und Bildung e.V., 1999)

Das höchste Organ der UNO ist die **Vollversammlung** oder **Generalversammlung**. Hier hat jeder Mitgliedsstaat eine Stimme. Beschlüsse (Resolutionen) der Vollversammlung sind für die Mitglieder nur Empfehlungen, da die Vereinten Nationen keine „Weltregierung" sind.

Friedenssicherung

An der Spitze der UNO steht der **Generalsekretär.** Seine friedensichernde Funktion besteht vor allem darin, durch diplomatische Gespräche zwischen Streitparteien zu schlichten.

Der **Sicherheitsrat** ist für die Friedenssicherung besonders wichtig. Seine Beschlüsse müssen von allen Mitgliedern befolgt werden. Er besteht aus fünf ständigen Mitgliedern und zehn nichtständigen Mitgliedern. Diese werden alle zwei Jahre durch die Vollversammlung neu gewählt. Jeder Entscheidung muss jedes ständige Mitglied zustimmen. Stimmt ein ständiges Mitglied nicht zu (Vetorecht), dann kommt der Beschluss nicht zustande.

2004 stellte eine UNO-Expertenkommission eine Empfehlung zur Reform der Organisation vor. Sie schlugen vor, den Sicherheitsrat von derzeit 15 auf 24 Staaten zu erweitern. Die Zahl der ständigen Mitglieder könnte dann von derzeit fünf auf elf und die der zeitweiligen von zehn auf 14 erhöht werden. Das Vetorecht der jetzigen ständigen Mitglieder soll aber nicht erweitert oder abgeschafft werden. Diese und weitere Reformvorschläge befinden sich in der Diskussion.

Die UNO kann zur Friedenssicherung Streitkräfte einsetzen. Allerdings besitzt sie keine eigenen Truppen. Stattdessen stellen Mitgliedsstaaten freiwillig ihre Soldaten zur Verfügung. UNO-Truppen haben niemals einen Kampfauftrag. Sie sind aber bewaffnet und ermächtigt, sich selbst und teilweise auch ihre Stellung zu verteidigen sowie ihre Bewegungsfreiheit zu gewährleisten. Die Soldaten, die zur Friedenssicherung eingesetzt werden, tragen im Einsatz für die UNO blaue Stahlhelme, um besser erkannt zu werden. Daher werden sie auch „Blauhelme" genannt.

Der Sicherheitsrat kann aber auch Mitgliedsstaaten bitten, den Frieden in einer Krisenregion militärisch zu erzwingen. Dies geschieht mit internationalen Truppen. Solche Einsätze fanden z. B. im zweiten Golfkrieg zur Befreiung Kuwaits und in Jugoslawien statt. Am Einsatz in Jugoslawien nahmen auch deutsche Soldaten teil.

Zur Ergänzung der bereits bestehenden Möglichkeiten wurde vorgeschlagen, eine unmittelbar dem Sicherheitsrat unterstehende UN-Eingreiftruppe zu schaffen. Diese könnte aus 10 000 Personen bestehen und die Zuspitzung von Krisensituationen rechtzeitig verhindern.

Friedenschaffende Maßnahmen (peace-enforcement):
Vom Sicherheitsrat beschlossene militärische Zwangsmaßnahmen können im Unterschied zu den friedensichernden Operationen auch gegen den Willen der Konfliktparteien durchgeführt werden. Dazu können Einsätze von Luft-, See- oder Landstreitkräften durch den Sicherheitsrat beschlossen werden, wenn gewaltlose Sanktionen sich als unzulänglich erweisen.

Die fünf ständigen Mitglieder des Sicherheitsrates:

- Volksrepublik China
- Frankreich
- Großbritannien
- Russland
- USA

Voraussetzungen für den Einsatz von Blauhelmen:
- *Einverständnis aller Streitparteien,*
- *Beschluss des Sicherheitsrates,*
- *freiwillige Bereitstellung von Truppen durch Mitgliedsstaaten,*
- *Waffen dürfen nur zur Selbstverteidigung eingesetzt werden,*
- *strikte Unparteilichkeit,*
- *UN-Generalsekretär leitet den Einsatz,*
- *der Einsatz wird durch alle Mitgliedsländer finanziert.*

Aufgaben

1. *Die beiden Jugendlichen im Eingangsbeispiel äußern ihre Meinungen zur UNO. Welcher Meinung sind Sie? Begründen Sie Ihre Stellungnahme.*
2. *Die Einsätze deutscher Soldaten im Auftrag der UNO hat zwar das Bundesverfassungsgericht 1994 gebilligt. Sie sind aber umstritten. Stellen Sie in einer Tabelle Pro- und Kontraargumente gegenüber.*
3. *Beschreiben Sie kurz die Zusammensetzung des Sicherheitsrates. Ist es gerecht, dass fünf Staaten ständige Mitglieder sind und die anderen immer nur für zwei Jahre gewählt werden? Begründen Sie Ihre Meinung.*
4. *Erläutern Sie, welche Schwierigkeiten sich für Friedenseinsätze aus dem Vetorecht ergeben können.*

Menschrechte – Frieden – Umwelt

8.2.7 Die Bundeswehr

Präambel des Grundgesetzes:

„Im Bewusstsein seiner Verantwortung vor Gott und den Menschen, von dem Willen beseelt, als gleichberechtigtes Glied in einem vereinten Europa dem Frieden der Welt zu dienen, hat sich das deutsche Volk kraft seiner verfassungsgebenden Gewalt dieses Grundgesetz gegeben."

Im Potsdamer Abkommen (1945) hatten die Sieger des Zweiten Weltkrieges, die Alliierten USA, Sowjetunion und Großbritannien, für Deutschland unter anderem die Demilitarisierung festgelegt. Dies bedeutete, dass sämtliche deutsche Streitkräfte aufgelöst wurden, damit von Deutschland kein weiterer Krieg ausgehen konnte. Als die Bundesrepublik Deutschland 1949 gegründet wurde, ging die verfassungsgebende Versammlung davon aus, dass die Bundesrepublik keine Streitkräfte aufstellen würde.

Der beginnende Kalte Krieg (vergleiche Abschnitt 8.2.4) teilte Europa in zwei sich feindlich gegenüberstehende Lager. Beide Lager fühlten sich durch das jeweils andere bedroht. In diesem Zusammenhang trat die Bundesrepublik 1955 der NATO bei, die DDR dem Warschauer Pakt. Beide deutschen Staaten bauten Armeen auf: die DDR die Nationale Volksarmee, die Bundesrepublik die Bundeswehr. Die Bundeswehr wurde auf der Grundlage der Wehrverfassung gegründet, die der Bundestag 1956 beschloss.

In der Wehrverfassung wurde festgelegt, dass

- die Bundeswehr der Bundesregierung untersteht, d.h., im Frieden besitzt der Bundesverteidigungsminister die Befehls- und Kommandogewalt, im Kriegsfall der Bundeskanzler;
- jeder Soldat die gleichen staatsbürgerlichen Rechte wie alle anderen Staatsbürger besitzt;
- der Wehrbeauftragte des Bundestages die Bundeswehr parlamentarisch kontrolliert und die Grundrechte der Soldaten schützt.

Die wichtigste Aufgabe der Bundeswehr ist die Verteidigung Deutschlands und seiner Staatsbürger gegen äußere Gefahren. Allerdings scheint diese Aufgabe nach dem Ende des Ost-West-Konfliktes an Bedeutung verloren zu haben. In den Vordergrund rücken immer mehr internationale humanitäre, friedenserhaltende und friedenschaffende Einsätze (vergleiche Abschnitt 8.2.7). Die Auslandseinsätze sind aus mehreren Gründen umstritten. Ein wichtiger Grund für die Ablehnung ist, dass nach offiziellen Angaben in Auslandseinsätzen der Bundeswehr allein in Afghanistan bis Juni 2011 34 Soldaten gestorben sind.

Die Vorbereitung und Führung eines Angriffskrieges ist durch das Grundgesetz verboten (Artikel 26). Die Bundeswehr ist ein militärisches Instrument zur Friedenssicherung.

Präambel:
feierliche Einleitung

Artikel 26 GG
(Verbot des Angriffskrieges):
(1) Handlungen, die geeignet sind und in der Absicht vorgenommen werden, das friedliche Zusammenleben der Völker zu stören, insbesondere die Führung eines Angriffskrieges vorzubereiten, sind verfassungswidrig […]
(2) Zur Kriegführung bestimmte Waffen dürfen nur mit Genehmigung der Bundesregierung hergestellt, befördert und in Verkehr gebracht werden […]

Bundeswehrsoldaten

Friedenssicherung

In besonderen Fällen kann die Bundeswehr auch zur Unterstützung der Polizei und des Bundesgrenzschutzes zum Schutz ziviler Objekte und bei der Bekämpfung organisierter und militärisch bewaffneter Aufständischer eingesetzt werden. Nach der Wiedervereinigung 1990 wurde ein Teil der Soldaten der Nationalen Volksarmee der DDR in die Bundeswehr eingegliedert und so eine gesamtdeutsche Armee geschaffen.

Die Streitkräfte sind in drei Kräftekategorien gliedert: Eingreifkräfte, Stabilisierungskräfte und Unterstützungskräfte. Sie werden für die unterschiedlichen Aufgaben ausgerüstet und ausgebildet. Diese Aufteilung wurde eingeführt, um nicht alle Kräfte in derselben Weise aufwändig ausstatten zu müssen.

Seit 1990 ist die Personalstruktur der Bundeswehr in mehreren Schritten den veränderten Anforderungen angepasst worden (siehe hierzu Abschnitt 8.2.9).

Bundeswehreinsatz in Afghanistan

Die Bundeswehr im internationalen Einsatz

Deutschland beteiligt sich mit rund 7000 Soldaten an einer Reihe von internationalen Einsätzen

- **STRATAIRMEDEVAC** Strategischer Verwundetentransport *Deutschland*: 40
- **EUFOR** Friedenstruppe der EU *Bosnien & Herzegowina*: 20
- **Interimstruppe der UN (UNIFIL)** Friedensmission der UN *Libanon*: 240
- **Operation Active Endeavour** NATO-Operation gegen Terrorismus *Mittelmeer*: 225
- **UNAMA** Unterstützung der UN *Afghanistan*: 1
- **UNAMID** Int. Friedenstruppe von UN und Afrikan. Union *Sudan*: 9
- **ISAF** Int. Sicherheitsunterstützungstruppe der UN *Afghanistan*: 5000
- **UNMIS** Beobachtermission der UN *Sudan*: 30
- **ATALANTA** Anti-Piraterie-Mission der EU *Golf von Aden*: 315
- **EUSEC** Unterstützungsmission der EU *Kongo*: 3
- **Kosovo Force (KFOR)** Friedenstruppe der NATO *Kosovo*: 1065
- **EUTM** Trainingsmission der EU für *Somalia*: 6

dpa•14718 — Stand 11.5.2011 — Quelle: Bundeswehr

Frauen in der Bundeswehr:
Für Frauen bestand keine Wehrpflicht, aber seit
- dem Grundsatzurteil des Europäischen Gerichtshofs vom 11.01.2000 (Anwendung der EU-Gleichbehandlungsrichtlinie auch auf die Bundeswehr) und
- der entsprechenden Änderung des Grundgesetzes (27.10.2000)

können auch Frauen den Kampftruppen beitreten. Am 2. Januar 2001 traten 244 Frauen ihren Dienst bei der Bundeswehr an.

Aufgaben

1. Beantworten Sie die Fragen des Soldaten in der Grafik am Abschnittsbeginn.
2. Die Bundeswehr wird oft wie folgt bezeichnet:
   - Armee im Bündnis,
   - Armee in der Demokratie,
   - Defensiv-Armee,
   - Armee der Einheit.

   Erklären Sie, was mit diesen Bezeichnungen gemeint ist.
3. Wer übt die oberste Befehls- und Kommandogewalt über die Streitkräfte aus?
4. Sollen deutsche Soldaten an UN-Kampfeinsätzen teilnehmen? Diskutieren Sie diese Frage in Ihrer Klasse. Stellen Sie Ihre Pro- und Kontraargumente gegenüber.

8.2.8 Die Wehrpflicht

Einführung der Wehrpflicht: Preußisches Heer während der Befreiungskriege gegen das napoleonische Frankreich

Wehrpflicht: *Der Begriff bezeichnet die Pflicht eines Staatsbürgers bzw. einer Staatsbürgerin (meist jedoch nur Männer), für einen bestimmten Zeitraum in der Armee oder einer anderen Wehrinstitution (zum Beispiel in der Polizei, der Feuerwehr oder beim Katastrophenschutz) eines Landes zu dienen.*

Artikel 12a Grundgesetz (GG) in Auszügen:
(1) Männer können vom vollendeten achtzehnten Lebensjahr an zum Dienst in den Streitkräften, im Bundesgrenzschutz oder in einem Zivilschutzverband verpflichtet werden.
(2) Wer aus Gewissensgründen den Kriegsdienst mit der Waffe verweigert, kann zu einem Ersatzdienst verpflichtet werden. [...]

Versailler Friedensvertrag: *siehe Abschnitt 6.1.1*

SPD: *Sozialdemokratische Partei Deutschlands*

DGB: *Deutscher Gewerkschaftsbund*

Seit dem 1. Juli 2011 ist die Wehrpflicht in Deutschland ausgesetzt. Das bedeutet, dass niemand mehr verpflichtet ist, ohne seine Zustimmung in der Bundeswehr zu dienen. Da nach Artikel 4 des Grundgesetzes die Möglichkeit besteht, den Dienst an der Waffe zu verweigern und Zivildienst zu leisten, gilt das Gleiche für den Zivildienst. Die Wehrpflicht ist allerdings weiterhin im Grundgesetz verankert. Sollte es die Sicherheitslage erfordern, dass Deutschland wieder eine große Armee braucht, so kann das Parlament (der Bundestag) die Wehrpflicht mit einfacher Mehrheit wieder einführen. Seit Juli 2011 gibt es einen neuen freiwilligen Wehrdienst. Die Bundeswehr besteht also nur noch aus Berufs- und Zeitsoldaten. Wehrpflichtige gehören ihr nicht mehr an. Der Zivildienst ist durch den Bundesfreiwilligendienst ersetzt worden.

Geschichte

Die allgemeine Wehrpflicht wurde in Deutschland zuerst 1814 in Preußen eingeführt, da die preußische Berufsarmee zuvor vom französischen Volksheer unter Napoleon vernichtend geschlagen worden war. Nach und nach führten auch die anderen deutschen Staaten die Wehrpflicht ein. Auch im 1871 gegründeten deutschen Kaiserreich bestand die Wehrpflicht. Männer mussten zunächst 3, später 2 Jahre in den Streitkräften dienen.

1918 verlor Deutschland den Ersten Weltkrieg. Die Sieger bestimmten im Versailler Friedensvertrag, dass Deutschland nur eine Armee von 100 000 Berufssoldaten besitzen durfte.

Der Diktator Adolf Hitler brach 1935 diese Bestimmung des Vertrages, indem er die Wehrpflicht zur Vorbereitung des Zweiten Weltkrieges wieder einführte. Die ungefähr 5 000 000 deutschen Kriegstoten waren zum größten Teil Wehrpflichtige.

Nachdem das Deutsche Reich 1945 den Krieg verloren hatte, wurde die Wehrpflicht zunächst wieder abgeschafft.

1955 trat die Bundesrepublik der NATO (siehe Abschnitt 8.2.4) bei. Im gleichen Jahr wurde die Bundeswehr gegründet, die zunächst nur aus freiwilligen Soldaten bestand. Viele Deutsche lehnten den Aufbau der Bundeswehr ab. Vor allem die SPD, der DGB und große Teile der evangelischen Kirche protestierten gegen die Wiederbewaffnung. Sie befürchteten, dass die Aufstellung deutscher Streitkräfte in der Bundesrepublik und in der DDR eine Wiedervereinigung in absehbarer Zeit verhindern würde.

Auch das Wehrpflichtgesetz war sehr umstritten. Nach heftigem Streit im Bundestag wurde das Gesetz am 7. Juli 1956 gegen die Stimmen von SPD und FDP beschlossen. Die Dauer des Wehrdienstes wurde auf 12 Monate festgesetzt und änderte sich über die Jahrzehnte mehrmals.

In der DDR wurde 1956 die Nationale Volksarmee gegründet. Jedoch führte die DDR erst im Mai 1962 die Wehrpflicht mit einer Dienstzeit von 18 Monaten ein.

Ausland

Die folgende Weltkarte zeigt, dass in vielen Ländern der Welt eine Wehrpflicht besteht, in anderen wiederum nicht.

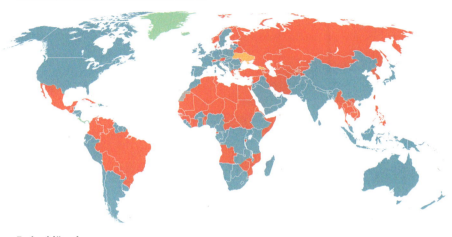

Farbschlüssel
■ Keine Streitkräfte ■ Keine Wehrpflicht (Freiwilligenarmee/Berufsarmee) ■ Noch Wehrpflicht, aber eine Abschaffung ist bereits beschlossen ■ Wehrpflicht ■ Keine Angaben

Argumente für und gegen die Wehrpflicht

a) Die Bundeswehr ist nur demokratisch verankert, wenn ganz normale Bürger dort ihre Wehrpflicht leisten. Eine Freiwilligenarmee kann sich leichter verselbstständigen und zu einem Staat im Staat werden.
b) Freiwillige haben sich bewusst für einen Dienst bei der Bundeswehr entschieden und sind daher stärker motiviert als Wehrpflichtige.
c) Eine unmittelbare Bedrohung Deutschlands gibt es nicht mehr und bei den heutigen Auslandseinsätzen der Bundeswehr braucht man keine Wehrpflichtigen, sondern gut ausgebildete, spezialisierte Freiwillige.
d) Ohne Wehrpflicht gibt es auch keinen Zivildienst. Das bedeutet höhere Personalkosten in Krankenhäusern und anderen sozialen Einrichtungen und somit höhere Kosten für die Sozialversicherungen.
e) Die Wehrpflicht ist ungerecht, weil sie sich nur auf Männer und nicht auf Frauen bezieht. Außerdem kann oft nur ein Teil der Männer eines Jahrgangs eingezogen werden. Die übrigen sind im Vorteil, da sie keine Verdienstverluste und Karrierenachteile haben.

Problem Personalfindung:
Durch die Aussetzung der Wehrpflicht hat die Bundeswehr Probleme, genügend Soldaten zu rekrutieren. Dafür gibt es unterschiedliche Gründe. Ein Zeitsoldat muss z.B. bereit sein, jederzeit an einen anderen Dienstort versetzt zu werden. Außerdem kann ein Einsatz in den Krisengebieten der Welt sehr gefährlich werden.

Perspektive der Bundeswehr:
Im Zusammenhang mit der Aussetzung der Wehrpflicht wird es voraussichtlich für die Bundeswehr einige Veränderungen geben:
· *mehr und auch längere Auslandseinsätze, die von der Beobachtung von Wahlen bis hin zu einer Intervention reichen könnten,*
· *eine deutliche Verkleinerung der Bundeswehr,*
· *Schließung von Kasernen,*
· *mehr Soldaten für die Auslandseinsätze.*

Aufgaben

1. a) Sortieren Sie die oben stehenden Argumente danach, ob sie für oder gegen die Wehrpflicht sprechen.
   b) Formulieren Sie Ihren Standpunkt zur Wehrpflicht und begründen Sie ihn.
2. Führen Sie ein Debatte (siehe hierzu Seite 298) zum Thema: „Sollte Deutschland wieder die Wehrpflicht einführen?" Suchen Sie in der Vorbereitung dazu nach weiteren Argumenten oder nach Beispielen, die die bereits benannten Argumente stützen.

Menschrechte – Frieden – Umwelt

8.2.9 Freiwilligendienste

Was ist ein Freiwilligendienst?
Einen Freiwilligendienst zu leisten, bedeutet, dass man freiwillig und ohne Lohn oder Gehalt in einer gemeinwohlorientierten Einrichtung in einem festgelegten zeitlichen Rahmen arbeitet. In der Regel leistet man diesen Einsatz ganztägig.

Was bringt ein Freiwilligendienst?
- Man sammelt viele persönliche und berufliche Erfahrungen;
- man knüpft neue Kontakte;
- man übernimmt für andere Menschen Verantwortung und eignet sich so wertvolle soziale Kompetenzen an;
- Freiwilligendienste können als Vorpraktikum des nachfolgenden Studiums oder als Wartesemester angerechnet werden;
- mit einem Freiwilligendienst kann sinnvoll die Zeit zwischen der Schulzeit und der Berufsausbildung bzw. dem Studium überbrückt werden;
- bei einem Auslandseinsatz kann man umfassende Erfahrungen in einem Gastland sammeln.

Informationen zum FSJ und FÖJ: www.pro-fsj.de
www.foej.de
www.bmfsfj.de
Informationen zum IJFD:
www.internationaler-jugendfreiwilligendienst.de

Auszüge aus Berichten von Freiwilligen:

Susann T.: „In meinem Freiwilligenjahr habe ich vor allem gelernt, wie viel Spaß es macht, anderen Menschen zu helfen."

Moses M.-B.: „Meine Entsendeorganisation hat mich eigentlich allein gelassen. Das hatte den Nachteil, dass ich zunächst zu wenig über meine Arbeit und die Kinder, die ich betreute, wusste. Ich hab es aber alleine geschafft. Heute weiß ich, was ich alles kann."

Mandy K.: „Durch meine Arbeit hat sich mein Spanisch sehr verbessert. Mit meinem Schul-Spanisch hab ich mich zuerst nicht getraut zu sprechen. Die Kollegen haben mir aber sehr geholfen."

Paul P.: „Ich habe zwar Land und Leute kennengelernt, aber das nur in meiner Freizeit. Während meiner Arbeitszeit in der Küche, habe ich nur Kartoffeln geschält und abgewaschen."

Finn Q.: „Ich habe meinen Dienst in einem Altenheim in Südafrika geleistet. Die alten Menschen waren mir sehr dankbar für meine Hilfe."

Eine Gesellschaft braucht Menschen, die sich sozial engagieren. Neben der Mitarbeit z.B. bei der Freiwilligen Feuerwehr, beim Technischen Hilfswerk (THW) oder beim Deutschen Roten Kreuz (DRK) bieten Freiwilligendienste gute Möglichkeiten, wertvolle ehrenamtliche und gemeinnützige Arbeit zu leisten.

Grundsätzlich gibt es zwei Arten von Freiwilligendiensten, – die staatlich geförderten und die nicht geförderten. Geförderte Freiwilligendienste sind erst ab 6 Monaten Dienstzeit möglich. Für geförderte Freiwilligendienste sollte man sich 6 bis 9 Monate vor dem gewünschten Dienstbeginn um einen Platz bemühen.

Freiwilliges Soziales Jahr (FSJ) und Freiwilliges Ökologisches Jahr (FÖJ)

Das FSJ und das FÖJ werden vom Bundesministerium für Familie, Senioren, Frauen und Jugend (BMFSFJ) gefördert. Man muss, um teilnehmen zu können, die Vollzeitschulpflicht (je nach Bundesland mit 15 oder 16 Jahren) erfüllt haben und darf nicht älter als 26 Jahre sein. Das FSJ und das FÖJ dauern in der Regel 12 Monate. Will man seinen Dienst im Ausland leisten, muss man 18 Jahre alt sein. Während der Zeit des Dienstes ist jeder Teilnehmer und jede Teilnehmerin sozialversichert und bekommt ein Taschengeld sowie je nach Einsatzstelle Unterkunft und Verpflegung. Außerdem erhalten die Eltern weiterhin Kindergeld.

Das FSJ kann z.B. in einer Kindereinrichtung, einer Pflegestation, einem Sportverein oder in einem Museum, das FÖJ bei einem Tierschutzverein, einer Umweltstiftung oder in einem landwirtschaftlichen Betrieb geleistet werden.

Internationaler Jugendfreiwilligendienst (IJFD)

Der IJFD wird ebenso vom BMFSFJ gefördert. Es ermöglicht allen Jugendlichen zwischen 18 und 26 Jahren, dass sie für sechs bis 18 Monate Freiwilligenarbeit in gemeinwohlorientierten Einrichtungen im Ausland leisten können. Den Teilnehmern werden Taschengeld, Unterkunft und Verpflegung kostenfrei zur Verfügung gestellt. Außerdem werden die Reisekosten gefördert und 25 Seminartage bezahlt. Der Teilnehmer wird allerdings gebeten, einen Teil der Kosten durch Spenden oder einen Unterstützerkreis mitzutragen.

Europäischer Freiwilligendienst (EFD)
Der EFD ist ein Programm der Europäischen Union, das es jungen Menschen zwischen 18 und 25 Jahren (in Ausnahmefällen auch schon ab 16 Jahren und bis 30 Jahre) ermöglicht, für 6 bis 12 Monate in einem gemeinnützigen Projekt im sozialen, ökologischen, kulturellen oder sportlichen Bereich im europäischen Ausland mitzuarbeiten. Den Teilnehmern entstehen keine Kosten.

Internationaler kultureller Freiwilligendienst "kulturweit"
»kulturweit« ist ein Freiwilligendienst des Auswärtigen Amtes für junge Menschen im Alter von 18 bis 26 Jahren. Die Einsatzdauer beträgt 6 oder 12 Monate. Der Auslandseinsatz wird von einem Vor- und Nachbereitungsseminars begleitet. Für die Freiwilligen werden Versicherungen abgeschlossen und Sozialversicherungsbeiträge abgeführt.

Entwicklungspolitischer Freiwilligendienst »weltwärts«
Der entwicklungspolitische Freiwilligendienst des Bundesministeriums für wirtschaftliche Zusammenarbeit und Entwicklung [BMZ] ermöglicht jungen Menschen im Alter von 18 bis 28 Jahren, sich ehrenamtlich in Entwicklungsländern zu engagieren. Der Dienst dauert 6 bis 24 Monate. Die Bewerber müssen sich gesundheitlich für den Auslandseinsatz eignen.

Der Bundesfreiwilligendienst (BFD)
Seit dem 1. Juli 2011 gibt es als Ergänzung der bereits bestehenden Freiwilligendienste den BFD. Der BFD ist der Nachfolger des Zivildienstes, der wegfiel, weil die Wehrpflicht ausgesetzt wurde. Beim BFD besteht nach oben keine Altersgrenze. Die Mitarbeit steht allen Bürgerinnen und Bürgern offen, die ihre Vollschulzeitpflicht erfüllt haben. Geschlecht, Nationalität oder die Art des Schulabschlusses spielen keine Rolle.

Der Einsatz kann in sozialen, ökologischen und kulturellen Bereichen sowie im Sport, im Zivil- und Katastrophenschutz oder der Integration stattfinden. Jugendliche leisten im BFD grundsätzlich 40 Stunden pro Woche (Vollzeitstelle). Für Freiwillige über 27 Jahre ist auch Teilzeit möglich. Wer den Bundesfreiwilligendienst ableistet, erhält ein Taschengeld von maximal 330 Euro, Verpflegung, Unterkunft und Dienstkleidung.

Entsendeorganisationen für den EFD: www.go4europe.de

Informationen zu »kulturweit«: www.kulturweit.de

Informationen zu »weltwärts«: www.weltwaerts.de

Renten- und Unfallversicherung
Bei der Teilnahme am Bundesfreiwilligendienst ist man gesetzlich unfall- und rentenversichert.

Hartz IV und BFD: *Hartz-IV-Bezieher können auch den BFD leisten. 60 Euro des BFD-Taschengeldes werden nicht auf den Regelsatz angerechnet.*

Nicht geförderte Freiwilligendienste
müssen durch die Teilnehmer oder durch Spenden finanziert werden. Häufig wird auch das Kindergeld nicht mehr weiter gezahlt. Die Chancen, einen Platz zu bekommen, sind aber deutlich höher als in einem geförderten Dienst.

Aufgaben

1. Lesen Sie Äußerungen ehemaliger Freiwilliger am Beginn des Kapitels. Welche positiven und negativen Erfahrungen werden erwähnt? Notieren Sie hierzu Stichworte. Nennen Sie eine positive Erfahrung, die Ihnen wichtig wäre.
2. Wählen Sie ein Freiwilligenprogramm aus, das Ihnen zusagt. Begründen Sie Ihre Entscheidung.
3. Welche Tätigkeit käme für Sie in einem Freiwilligendienst in Frage? Begründen Sie Ihre Wahl.
4. Die Kritiker der Freiwilligendienste behaupten unter anderem, dass die Dienste reguläre Arbeitsplätze verhindern. Was spricht Ihrer Meinung nach für und was gegen diese Behauptung?

Menschrechte – Frieden – Umwelt

8.3 ÖKOLOGIE

8.3.1 Umweltprobleme

Obwohl in den letzten Jahren viele Maßnahmen zum Schutz der Umwelt beschlossen wurden, steigen weltweit die Umweltbedrohungen.
Durch Industrie (z. B. Kohlekraftwerke) und Autoverkehr wird Kohlendioxid ausgestoßen. Durch die erhöhte Konzentration von Kohlendioxid in der Luft entstand der so genannte Treibhauseffekt: die zunehmende Erwärmung der Erdatmosphäre. Folgen dieser Erwärmung werden einerseits die Vergrößerung der Wüsten und andererseits das Abschmelzen des Eises des Nord- und Südpols sein. Schmelzen die Pole, wird der Meeresspiegel ansteigen und das Meer wird Inseln und Küstengebiete überfluten.

Durch die Verunreinigung der Luft durch Schwefeldioxid und Stickoxide, die durch Verbrennungen fossiler Energieträger (Erdöl, Erdgas, Kohle) entstehen, wird aus normalem Regen saurer Regen. Saurer Regen enthält Schwefelsäure und Salpetersäure. Er lässt Bäume erkranken und führt zum Waldsterben. Diese Entwicklung konnte durch den Einbau von Entschwefelungsanlagen in Industrie-

Tipps zum Klimaschutz
- Wechseln Sie zu einem unabhängigen Ökostromanbieter. Ein Telefonanruf genügt.
- Lassen Sie das Auto für den Weg zur Arbeit stehen und fahren Sie mit Fahrrad, Bus oder Bahn zur Arbeit.
- Verzichten Sie wenn möglich aufs Fliegen, auf jeden Fall aber auf Inlands- und Kurzstreckenflüge.
- Ernähren Sie sich gesund, essen Sie viel Gemüse. Gönnen Sie sich Fleisch am besten nur zu besonderen Gelegenheiten.
- Kaufen Sie biologisch erzeugte Lebensmittel aus Ihrer Region. Beim Bioanbau wird nur etwa die Hälfte an Energie benötigt.
- Drehen Sie die Heizung runter. Sie sollen nicht im Kalten sitzen, aber die Absenkung der Raumtemperatur um nur ein Grad senkt die CO2-Emissionen eines 4-Personen-Haushalts pro Jahr um rund 350 Kilogramm.
- Waschen Sie Ihre Wäsche mit niedriger Temperatur und voller Maschine.
- Sparen Sie sich die Anschaffung eines Trockners und stellen Sie den Wäscheständer notfalls neben das Bett.
- Schalten Sie alle elektrischen Geräte ab, die Sie nicht gerade benutzen. Die Geräte verbrauchen auch im Standby-Zustand unnötig viel Energie. Geräte, die keinen Ausknopf haben, sollten Sie an eine schaltbare Steckerleiste anschließen.

(nach: www.greenpeace.de)

Ressource:
Hilfsmittel, Reserve
fossil:
urzeitlich, als Versteinerung erhalten; in früheren Zeiten entstanden
Atmosphäre:
Gashülle der Erde

Ökologie

öfen und die Einführung des Katalysators bei Kraftfahrzeugen gebremst werden.

Flugzeugabgase und Treibgase aus Spraydosen und Kühlanlagen greifen die Ozonschicht in der Atmosphäre an. In der Ozonschicht, die uns vor den gefährlichen ultravioletten Sonnenstrahlen schützt, ist mittlerweile ein sehr großes Loch entstanden (Ozonloch). Die Zunahme von Hautkrebs ist die Folge.

Auch unser Grundwasser ist in Gefahr. Von nicht abgedichteten Müllplätzen sickern gefährliche Chemikalien ins Grundwasser. Manche Industriebetriebe belasten das Grundwasser durch ungefilterte Abwässer und undichte Lagerbehälter. Durch übermäßige Düngung und Einsatz von Schädlingsbekämpfungsmitteln haben auch landwirtschaftliche Betriebe Anteil an der Grundwasserverschmutzung.

In den Meeren konnten ebenfalls Wasserverschmutzungen festgestellt werden. Immer noch wird besonders gefährlicher Müll einfach ins Meer gekippt. Und alle Schadstoffe, die in Flüsse eingeleitet werden, gelangen letztendlich ebenfalls in eines der Weltmeere.

Auch der Boden ist bereits geschädigt. Durch Überdüngung in der Landwirtschaft, durch Müllkippen und durch falsche Lagerung gefährlicher Stoffe reichern sich im Boden Schadstoffe an. Schließlich werden unsere Lebensmittel dadurch belastet.

Dies alles sind nur einige der Umweltprobleme, die in den letzten Jahrzehnten für uns entstanden sind. Gemeinsam ist allen Umweltproblemen, dass sie durch Menschen entstanden sind. Unser Streben nach immer besseren Lebensbedingungen lässt uns die natürliche Umwelt verändern. Wir wollen immer billigere und aufwändig verpackte Lebensmittel kaufen, schneller und bequemer von einem Ort zum anderen kommen, gut geheizte Wohnungen bewohnen, weit weg in den Urlaub fliegen usw. Dies alles ist nur auf Kosten der Umwelt zu haben. Die Menschen berauben sich somit mehr und mehr ihrer natürlichen Lebensgrundlagen. Wenn wir es nicht schaffen sollten, diese Entwicklung zu stoppen, werden wir unseren Kindern, den nächsten Generationen, die Erde in einem kaum noch bewohnbaren Zustand hinterlassen.

Energiesparlampen sparen laut der Zeitschrift „Öko-Test" bei weitem nicht soviel Energie wie von den Herstellern angegeben. „Öko-Test" meint, dass die neuen Lampen weniger hell als Glühlampen seien und im Laufe der Zeit immer dunkler würden.
Eine britische Untersuchung sagt aus, dass die Bewohner in Räumen mit Sparlampen die Räume um zwei bis drei Grad stärker beheizten als wenn sie Glühlampen einsetzten, da das kalte Licht der Energiesparlampen sich direkt auf die gefühlte Temperatur auswirke.
Hinzu kämen gesundheitliche Risiken durch Elektrosmog, eine schlechte Lichtqualität und die Umweltbelastung durch das hochgiftige Quecksilber, das bei nicht fachgerechter Entsorgung freigesetzt würde.

Aufgaben

1. Welche Textstellen erklären die jeweiligen Schlagzeilen am Beginn des Textes genauer?
Ordnen Sie diese Textstellen den einzelnen Zeitungsschlagzeilen stichpunktartig zu.
2. Notieren Sie die Umweltprobleme, die in der Karikatur angesprochen werden.
3. Erklären Sie, was der Zeichner Ihrer Meinung nach mit dieser Karikatur zum Ausdruck bringen will.
4. Nennen Sie Ihnen bekannte Umweltprobleme aus der Umgebung Ihres Wohnortes.
5. Beziehen Sie Stellung zu der Behauptung „Jeder von uns hat eine Mitschuld an der Umweltzerstörung".
6. Die einheitliche Einführung der Energiesparlampe ist nicht unumstritten. Recherchieren Sie die Vor- und Nachteile und beziehen Sie dann begründet Stellung für oder gegen ihre Einführung.

Menschrechte – Frieden – Umwelt

Ökologie kann bedeuten:
1. Lehre von den Beziehungen der Lebewesen zu ihrer Umwelt (Teilgebiet der Biologie)
2. Wechselbeziehungen zwischen den Lebewesen und ihrer Umwelt
3. der ungestörte Haushalt der Natur
4. Umweltschutz

Ökonomie kann bedeuten:
1. Wirtschaftlichkeit (sparsames Umgehen mit etwas)
2. Wirtschaftswissenschaft
3. Wirtschaft

Ökosystem:
natürliches, ausgewogenes System von Lebewesen und unbelebter Umwelt, welches auf deren gegenseitigen Wechselwirkungen beruht (z. B. ein See)

Umweltökonomische Gesamtrechnung:
Seit den 90er-Jahren des vorigen Jahrhunderts führen das Umweltbundesamt und das Statistische Bundesamt eine so genannte umweltökonomische Gesamtrechnung durch und veröffentlichen die Ergebnisse. Die umweltökonomische Gesamtrechnung soll den Zustand der Umwelt bilanzieren und Prognosen dazu abzugeben. Zentrale Fragen dabei sind:
- Welche wirtschaftlichen Aktivitäten verursachen welche Belastungen der Umwelt?
- Wie verändert sich der Zustand der Umwelt?
- Wie viel Geld geben Staat und Wirtschaft für Umweltschutz aus?
- Wie viel Energieträger (Kohle, Erdgas usw.), Wasser und sonstige Rohstoffe werden der Umwelt entnommen?
- Wie viel Luftemissionen (CO2, NOx, SO2, …), Abfälle und Abwasser werden freigesetzt?
- Wie entwickelt sich der Flächenverbrauch?

8.3.2 Ökologie kontra Ökonomie

Bei der Produktion eines einzigen Autos, von der Rohstoffförderung bis zum fertigen Wagen, entstehen 25 t Abfall. Daneben wird noch eine enorme Menge Energie verbraucht, um z. B. Eisenerz zu schmelzen.
Während der Nutzungsdauer eines PKW wird durch Verbrennung von Kraftstoff die Luft mit Schadstoffen belastet. Außerdem müssen Altöl, Bremsbeläge und andere Verschleißteile entsorgt werden.
Bei der Verschrottung eines Autos fällt als Abfall an: Stahl bzw. Eisen, Aluminium und andere Metalle, Kunststoff, Gummi, Glas und andere Materialien. Für die Verschrottung muss ebenfalls wieder Energie aufgewendet werden.
Wird ein Auto recycelt, fällt weniger Abfall an. Es muss jedoch mehr Energie und Arbeit genutzt werden.
In Deutschland sind ca. 40 Millionen Autos zugelassen. Rund 3 Millionen Autos werden jährlich neu zugelassen und ungefähr gleich viel verschrottet.

Seitdem es Menschen gibt, verändern sie ihre Umwelt, um ihre Lebensbedingungen zu verbessern. Früher, als es viel weniger Menschen und keine Industrie gab, konnten die meisten Ökosysteme die Umweltveränderungen ohne einschneidende Folgen ertragen. Seit dem Beginn der Industrialisierung nahm aber die Verschmutzung der Umwelt mehr und mehr zu. Viele Ökosysteme sind aus dem Gleichgewicht geraten.
Die Wirtschaft ist der größte Umweltverschmutzer. Sie benötigt, um uns Verbraucher zufrieden zu stellen und somit Geld zu verdienen, im großen Maße Rohstoffe, die teilweise nie mehr nachwachsen werden (z. B. Erdöl). Aus diesen Rohstoffen werden alle denkbaren Güter hergestellt, die nach ihrem Gebrauch irgendwann nur noch Abfall sind. Diese übliche Art der Wirtschaft wird **Durchlauf- oder Kurzzeitökonomie** genannt.

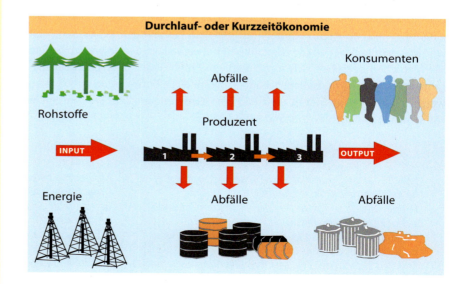

Ökologie

Folgen einer wachsenden Durchlaufökonomie sind:
- Vergeudung wichtiger begrenzter Rohstoffe,
- Erhöhung der Müllmengen, Probleme bei der Entsorgung,
- Erhöhung des Schadstoffgehalts in Luft, Boden und Wasser.

In Deutschland entstehen dadurch jährlich große volkswirtschaftliche Verluste in Höhe von 25–45 Milliarden Euro.
Seit dem Ende des letzten Jahrhunderts findet mehr und mehr eine neue Art des Wirtschaftens Befürworter: die **Kreislauf- oder Langzeitökonomie**.
Sie beinhaltet
- einen äußerst sparsamen Einsatz von Rohstoffen und Energie,
- die von vornherein schadstoffarme Entwicklung neuer Produkte und Produktionsverfahren (wenig Abfälle),
- biologisch abbaubare und mehrfach **recycelbare** Abfälle.

Sollte sich die Kreislaufökonomie durchsetzen, so können wir die Erde vor noch größeren Schäden, als sie bereits entstanden sind, schützen.

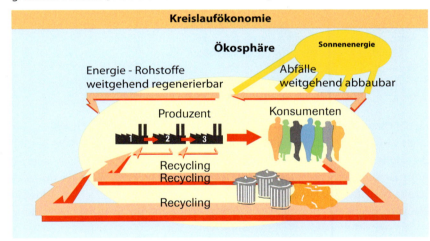

Umweltentlastung durch Emissionshandel?
1998 verabschiedeten zahlreiche Staaten auf der Klimakonferenz in Kyoto erstmals eine verbindliche Verpflichtung zur Verminderung bzw. Begrenzung von Treibhausgasemissionen. Von 2008 bis 2012 sollen in den entwickelten Ländern die Werte von 1990 um durchschnittlich 5,2 % unterschritten werden. In der EU ist der Emissionshandel 2005 eingeführt worden.

Recycling:
Weiter- und Wiederverwendung von bereits benutzten Rohstoffen, Abfällen und Nebenprodukten

Emissionen:
Mit Emissionen ist das Ausströmen luftverunreinigender Stoffe in die Luft gemeint. Sie, insbesondere das Kohlendioxid, sind für den Treibhauseffekt verantwortlich. Wenn der Anstieg der Emissionen nicht aufgehalten wird, werden sie sich bis zum Jahr 2100 verdreifachen. Katastrophale Klimaveränderungen wären die Folge.

Emissionshandel:
Der Emissionshandel ist ein Handel mit Treibhausgasen. Teilnehmer am Handel sind die Betreiber von Kraftwerken und bestimmten Industrieanlagen, die Treibhausgase ausstoßen. Diesen Unternehmen werden jeweils bestimmte Emissionsmengen zugebilligt. Ziel des Emissionshandels ist es, Kohlendioxid dort zu vermindern, wo es am wirtschaftlichsten ist. Unternehmen, die mehr Treibhausgase ausstoßen, können bei anderen Unternehmen, die ihre Emissionsmengen unterschreiten, Genehmigungen für den Ausstoß von Emissionen kaufen. Unternehmen, die weniger Emissionen ausstoßen, als sie dürften, können somit mit Gewinn nicht verwendete Emissionsmengen verkaufen. Damit gibt es den Anreiz, weniger Emissionen auszustoßen als zugebilligt wurden.

Aufgaben

1. Lesen Sie den Einstiegstext und diskutieren Sie in Ihrer Klasse die Behauptung mancher Umweltpolitiker: „Das Autofahren ist für den Verbraucher noch viel zu billig."
2. Schreiben Sie den folgenden Satz ab und beenden Sie ihn: Die Kreislaufökonomie ist für die Umwelt und die Menschen besser, weil …
3. Stellen Sie die Grafik zur Durchlaufökonomie und die Grafik zur Kreislaufökonomie gegenüber und arbeiten Sie die Unterschiede stichpunktartig heraus.

Menschrechte – Frieden – Umwelt

8.3.3 Ziele und Instrumente der Umweltpolitik

toxisch: *giftig*

Immunsystem: *für die Unempfindlichkeit gegenüber Krankheitserregern verantwortliches Abwehrsystem des Körpers*

Rezeptor: *Ende einer Nervenzelle oder eine spezialisierte Zelle zur Aufnahme von Reizen*

Umweltgift schwächt das menschliche Immunsystem

Ein internationales Forschungsteam der Universität Basel und der Universität von Kalifornien, San Diego, belegt in einer Studie die Toxizität der Chemikalie Dibutylzinn auf unser Immunsystem. Das Umweltgift stört die Regulation von Genen des Immunsystems, indem es die Aktivierung eines für den Entzündungsprozess wichtigen Rezeptors hemmt.

Tributylzinn (TBT) und Dibutylzinn (DBT) sind nach eigenen Angaben weitverbreitete, hochtoxische Chemikalien, die zum Beispiel in der Fischerei, im Segel- und Motorbootsport und in der Schifffahrtindustrie als Antifaulmittel in den Anstrichfarben für den Außenschutz der Boote verwendet werden. DBT wird in geringem Umfang in der Verarbeitung von Polyvinylchlorid (PVC) verwendet.

In Europa enthalten aufgrund der bestehenden Lebensmittelgesetzgebung PVC-Produkte für die Trinkwasserversorgung kein DBT. DBT ist mit TBT verwandt, einer bekannten Umweltchemikalie, die kürzlich von der «International Maritime Organisation» der Vereinigten Nationen wegen schwerwiegenden toxischen Wirkungen verboten wurde. Für Dibutylzinn, das ebenfalls sehr toxisch ist, besteht bisher kein Verbot.

(www.chemie.de, 09.05.2009)

Artikel 20a GG
(Schutz der natürlichen Lebensgrundlagen):
Der Staat schützt auch in Verantwortung für die künftigen Generationen die natürlichen Lebensgrundlagen im Rahmen der verfassungsmäßigen Ordnung durch die Gesetzgebung und nach Maßgabe von Gesetz und Recht durch die vollziehende Gewalt und die Rechtsprechung.

Legislative: *Gesetzgebung*

Exekutive: *Verwaltung*

Judikative: *Rechtsprechung*

Prinzipien: *Grundsätze, grundlegende Ideen*

Da der Umweltschutz als Staatsziel im Grundgesetz verankert ist, ist der deutsche Staat verpflichtet, bei all seinem Handeln die Umwelt zu schützen. Dies betrifft die Legislative, die Exekutive und die Judikative gleichermaßen. Alle Gesetze, Amtshandlungen, Beschlüsse, Richtersprüche usw. müssen also den Umweltschutz beachten. Die Umweltpolitik des Staates sollte folgende Ziele verfolgen:

- Sicherung einer Umwelt, wie die Menschen sie für ihre Gesundheit und für ein menschenwürdiges Dasein brauchen,
- Schutz von Luft, Wasser und Boden, Pflanzenwelt und Tierwelt vor nachteiligen Wirkungen menschlicher Eingriffe,
- Beseitigung von Schäden oder Nachteilen aus menschlichen Eingriffen in die Umwelt.

Vier **Prinzipien** leiten dabei das staatliche Handeln:

Verursacherprinzip
Es trägt derjenige die Kosten der Vermeidung oder Beseitigung einer Umweltbelastung, der sie verursacht. So kann Umweltschutz marktwirtschaftlich geregelt werden.

Gemeinlastenprinzip
Dieses Prinzip ist das Gegenstück zum Verursacherprinzip. Es geht davon aus, dass die Erhaltung der Umwelt eigentlich im Interesse aller liegt. Daher soll auch die Allgemeinheit sich an den Umweltschutzkosten beteiligen. Würde man nur

dieses Prinzip anwenden, bräuchten die Verursacher von Umweltbelastungen nicht mehr für diese aufzukommen. Daher wird es oft im Zusammenhang mit dem Verursacherprinzip angewendet.

Kooperationsprinzip

Alle gesellschaftlichen Gruppen sollen zum Umweltschutz beitragen, da er eine Gemeinschaftsaufgabe ist. Dazu müssen die Bürger, die Wirtschaft und der Staat bereit zur Zusammenarbeit sein, um umweltpolitische Ziele einvernehmlich durchzusetzen.

Vorsorgeprinzip

Es ist billiger, Umweltschäden von vornherein zu vermeiden, als sie nachträglich zu beseitigen. Umweltschutz muss daher vorausschauend und zukunftsorientiert sein. Die Natur soll also so genutzt werden, dass erst gar keine Schäden entstehen.

Seit 1999 wird in der Bundesrepublik das Staatsziel **Umweltschutz** mit einer Ökosteuer auf den Verbrauch von Energie verfolgt. Seitdem sind die Preise für Kraftstoffe und Strom gestiegen. Mit dieser Verteuerung, hoffen die Befürworter, wird der Verbrauch von Energie und damit die Belastung der Umwelt zurückgehen sowie unsere Lebensqualität und die kommender Generationen steigen. Mit den steuerlichen Mehreinnahmen sollen die Lohnnebenkosten gesenkt werden. Somit wird die menschliche Arbeitskraft billiger werden, und es könnten durch die Wirtschaft mehr neue Arbeitsplätze geschaffen werden. Ein Beitrag für die Lösung zweier Probleme wäre so geleistet: Die Massenarbeitslosigkeit könnte zurückgehen, und die Umweltzerstörung könnte eingedämmt werden. Die Gegner der Ökosteuer sehen in ihr nur eine Verschlechterung der Chancen der deutschen Wirtschaft auf dem Weltmarkt und eine Belastung für Bürger und Wirtschaft. Manchen dagegen geht die neue Steuer noch nicht weit genug.

Was der Einzelne für den Umweltschutz tun kann:

- beim Autofahren langsam beschleunigen
- Waren mit so wenig Verpackung wie möglich kaufen
- Produkte mit dem Kennzeichen des Umweltengels kaufen
- Obst und Gemüse vorwiegend aus der Region kaufen usw.
- Mehrwegbehältnisse (z. B. Pfandflaschen) statt Einwegverpackungen (z. B. Getränkedosen) benutzen
- Müll trennen und beim dualen System (grüner Punkt) mitmachen
- Problemmüll fachgerecht entsorgen lassen
- organische Abfälle kompostieren
- zu Hause Stromsparlampen benutzen
- öffentliche Nahverkehrsmittel statt private Autos nutzen
- alte Textilien und Schuhe an Kleidersammlungen geben

Aufgaben

1. Lesen Sie den Zeitungsausschnitt. Inwieweit kann bei dem dargestellten Problem von einer verfehlten Umweltpolitik gesprochen werden? Begründen Sie Ihre Meinung.
2. Ordnen Sie folgende Maßnahmen den entsprechenden Prinzipien des staatlichen Handelns zu. Begründen Sie Ihre Zuordnung.
   a) Geschäfte, die Batterien verkaufen, müssen alte Batterien kostenlos annehmen und sie fachgerecht entsorgen lassen.
   b) Ein Landtag beschließt ein Gesetz, nach dem nur noch eine besonders geringe Menge Schadstoffe in Gewässer eingeleitet werden darf.
   c) Die Gemeinde bezahlt aus Steuergeldern das Beseitigen einer illegalen Müllkippe im Park, da die Verursacher nicht festgestellt werden konnten.

   d) Eine Malerfirma wird dazu verurteilt, die Verschmutzung des Bodens durch ausgelaufene Lacke und Farben auf ihrem alten, mittlerweile verkauften Firmengelände zu beseitigen.
   e) Die Autoindustrie verpflichtet sich nach Verhandlungen mit der Regierung, die Entwicklung Energie sparender Autos voranzutreiben.
   f) Bürger sammeln und trennen Glas, Papier, Kunststoffe usw. Die Wirtschaft recycelt diesen Müll.
3. Zählen Sie drei konkrete Aktivitäten auf, wie Sie persönlich den Umweltschutz unterstützen können. Wählen Sie dafür Beispiele aus dem Alltag.

Menschrechte – Frieden – Umwelt

8.4 EINE WELT?

8.4.1 Zur Situation der Entwicklungsländer

Sie drängen sich in den Kähnen, scheuen selbst die Todesgefahr nicht: Jedes Jahr flüchten Tausende aus Afrika. Ihr Zielort: die italienische Insel Lampedusa, für viele das Tor zur Hoffnung. […] Wie viele Bootsflüchtlinge im Kanal von Sizilien zwischen Afrika und der kleinen italienischen Insel Lampedusa ertrinken, verdursten oder an Erschöpfung sterben, weiß niemand. Hilfsorganisationen schätzen, dass es Jahr für Jahr Aberhunderte sind. Viele dieser Unglücklichen werden nie geborgen. […]

Wie dramatisch die Lage auf der Insel ist, zeigten die vergangenen Tage. Da das Meer ruhig war, wagten sich Tausende auf die Überfahrt. Immer wieder sichtete das Militär Kähne voller Menschen im Meer.

Die Küstenwache geleitete sie an eine Hafenmole von Lampedusa. Jeden Abend sahen die italienischen Bürger in den Nachrichten, wie die Boote durchs nachtschwarze Wasser herangliten. Oft waren so viele Menschen darauf, dass sie nur stehen konnten. Aneinander gepresst, mit Wollmützen gegen die Kälte geschützt, überstanden sie die Reise. „Aiuto", war ihr erster Ruf. „Hilfe."

[...] Lampedusa ist für sie ein Symbolort der Hoffnung, einem trostlosen Leben in der Dritten Welt zu entrinnen. Lampedusa ist aber zugleich der Platz, an dem sich die Ängste vieler Europäer festmachen, ihr Kontinent werde von Einwanderern „überflutet".

(Quelle: Süddeutsche Zeitung, 02.01.2009)

Derartige Vorkommnisse ereignen sich jede Woche irgendwo an den Grenzen der EU, der USA oder anderer Industrieländer. Die Einwanderer kommen meist aus sogenannten Entwicklungsländern.

Die Industrieländer befinden sich hauptsächlich auf der Nordhalbkugel der Erde, die Entwicklungsländer auf der Südhalbkugel. Der Unterschied zwischen den reichen Industrieländern und den armen Entwicklungsländern wird als **„Nord-Süd-Gefälle"** bezeichnet.

Schwellenländer: siehe Seite 297

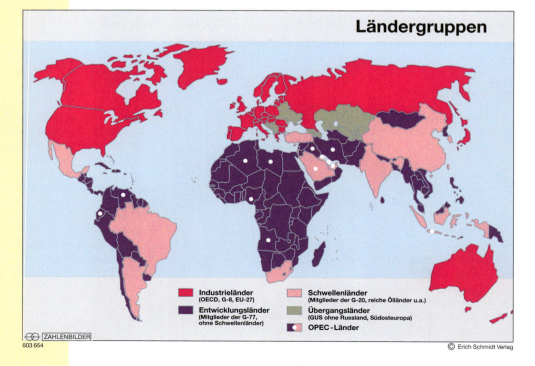

Eine Welt?

Das grundlegendste Problem für die meisten Menschen in den Entwicklungsländern ist ihre Armut, denn diese Armut hat bedenkliche Folgen:

- Die Armen können sich für schlechte Zeiten kein Geld zurücklegen. Sie werden daher durch Krisen (z. B. Missernten) besonders hart getroffen.
- Arme ernähren sich unzureichend, da nicht genügend Geld für gute und ausreichende Nahrungsmittel vorhanden ist.
- Es ist nicht ausreichend sauberes Trinkwasser verfügbar.
- Durch diese Ernährung sind viele Menschen dort für Krankheiten anfälliger als Europäer.
- Sie können diese Krankheiten nur schlecht heilen, da ihnen das Geld für die notwendigen Medikamente und eine gute ärztliche Versorgung fehlt.
- Kinder müssen durch Kinderarbeit schon früh für die Familie sorgen.

Kinderarmut in Indien

Hunger in Äthiopien

Neben der Armut zeigen die Entwicklungsländer noch andere wichtige Merkmale. So wächst die Bevölkerung in einem stärkeren Maß, als die Landwirtschaft ihre Ernten steigern kann.

Viele Menschen in diesen Ländern können nicht lesen und schreiben, deswegen erhalten sie keine Berufsausbildung und können nur schlecht bezahlte Jobs annehmen.

Das Straßen- und das Telefonnetz weisen große Lücken auf und sind meist in einem sehr schlechten Zustand. Wenn man viele Orte nur schlecht erreichen kann, werden die Wirtschaft und eine gerechte Verteilung von Nahrungsmitteln behindert.

Der größte Teil der erwerbsfähigen Bevölkerung arbeitet in der Landwirtschaft. Dagegen gibt es nur wenige Arbeitsplätze in Industrie und Handwerk.

Entwicklungsländer sind stark vom Weltmarkt abhängig. Sie verkaufen zu 80 % billige Rohstoffe, müssen aber teure Waren einkaufen.

Sehr viele Menschen besitzen dort keine Arbeit oder bekommen einen sehr niedrigen Lohn, einige wenige aber sind sehr reich.

Aufgaben

1. Beschreiben Sie kurz eine Situation, in der Sie Ihr Heimatland dauerhaft verlassen würden.
2. Betrachten Sie die abgebildete Weltkarte.
   a) Listen Sie mithilfe der Karte zehn Entwicklungsländer auf.
   b) Beschreiben Sie die Verteilung der Entwicklungsländer auf der Erde.
3. Erstellen Sie nach folgendem Schema eine Tabelle zum Vergleich zwischen den Entwicklungsländern und der Bundesrepublik.

Vergleich zwischen den Entwicklungsländern und der Bundesrepublik:

Entwicklungsländer	Armut, die zu Kinderarbeit, Hunger und Krankheiten führt	Bevölkerungszahl wächst sehr stark	…	…	…
Bundesrepublik Deutschland	…	…	…	…	…

Menschrechte – Frieden – Umwelt

Export: *Ausfuhr*
Import: *Einfuhr*

Sterbeziffer:
Zahl der Verstorbenen pro 1000 Einwohner

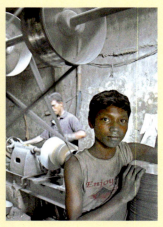

Aluminiumfabrik in Bangladesch

8.4.2 Ursachen der Unterentwicklung

Für die schlechte Situation der Entwicklungsländer im Vergleich zu den Industrieländern gibt es mehrere unterschiedliche Ursachen.
Zur besseren Übersichtlichkeit unterteilen Experten diese Ursachen in drei Bereiche (nach: U. Andersen, in: Informationen zur politischen Bildung Nr. 252, Bonn 1996, S. 28 ff.):

Natürliche Gegebenheiten
Die meisten Entwicklungsländer müssen wichtige Rohstoffe wie Erdöl importieren, da sie selbst keine solchen Vorkommen besitzen. Kommt es auf dem Weltmarkt zu einem starken Anstieg der Preise für diese Rohstoffe, so entstehen besonders für die Entwicklungsländer große Probleme.
Viele Entwicklungsländer leiden außerdem unter einem „menschenfeindlichen" Klima. So wird Bangladesch regelmäßig von Überschwemmungen heimgesucht, die große Teile der Ernte vernichten. In Äthiopien hingegen kam es bereits mehrmals zu großen, teilweise Jahre andauernden Dürrekatastrophen.

Innere Ursachen
Ein wichtiges Problem ist das bereits erwähnte starke Bevölkerungswachstum (siehe Abschnitt 8.4.1). Durch eine bessere Medizin sind auch in den Entwicklungsländern die Sterbeziffern zurückgegangen. Die Zahl der Geburten ist dort allerdings im Gegensatz zu den Industrieländern hoch geblieben, denn Kinder werden von ihren Eltern für wichtige Aufgaben gebraucht. Sie müssen mitarbeiten, um für ihre Familien den Lebensunterhalt zu verdienen. Außerdem sind die Kinder für die Alterssicherung ihrer Eltern zuständig, da es für alte Menschen keine soziale Sicherung in Form von Renten gibt.
Ein großes Bevölkerungswachstum bedeutet auch gleichzeitig, dass immer mehr Nahrung, immer mehr Wohnungen, immer mehr Schulen usw. benötigt werden. Dies alles kostet viel Geld.
Geld, also Kapital, ist aber wenig vorhanden. Und wer viel hat, der legt es lieber in den Industriestaaten an, weil diese Anlage sicherer ist.

Äußere Ursachen
Eine wichtige Ursache der Unterentwicklung ist in der Geschichte zu suchen: Fast alle Entwicklungsländer waren einmal Kolonien europäischer Staaten. Die Kolonien wurden gezwungen, nur das anzubauen oder zu fördern, was für ihr europäisches „Mutterland" wichtig war. Da die europäischen Länder vor allem Rohstoffe wie Kaffee, Bananen, Tee, Diamanten usw. brauchten, wurde in den Kolonien der Aufbau von Industrie verhindert.
Fast alle diese ehemaligen Kolonien sind heute politisch unabhängige Staaten. Sie können aber wie in der Kolonialzeit nur wenige Waren exportieren.
In den letzten Jahren sind die Preise für diese Waren meist gesunken, da ein Überangebot am Weltmarkt herrscht. Die Preise für Industriegüter sind hingegen gestiegen. So müssen die Entwicklungsländer immer mehr exportieren oder Kredite bei den Industrieländern aufnehmen, um die notwendigen Güter kaufen zu können.

Eine Welt? 293

Die Entwicklungsländer sind also weiterhin von den ehemaligen Kolonialmächten abhängig.
Viele Entwicklungsländer sind mittlerweile so hoch verschuldet, dass sie bereits Kredite aufnehmen müssen, um Teile ihrer Schulden zurückzuzahlen. Auf diesem Wege geraten sie in eine immer hoffnungslosere Lage.

Kolonien
(lat. = Siedlungen):
Besitzungen eines Staates, die meist weit entfernt von diesem liegen.
Die Kolonien sind von ihrem „Mutterland" politisch, wirtschaftlich und kulturell abhängig.
Auch Deutschland besaß einige Jahre Kolonien (das heutige Namibia, Togo, Kamerun, Tansania, ein kleines Gebiet in China und einen Teil von Papua-Neuguinea).

Aufgaben

1. Die Experten sind sich nicht einig, welche der Ursachen für die Situation der Entwicklungsländer die wichtigste ist. Entscheiden Sie und begründen Sie Ihre Entscheidung.
2. Nehmen Sie Stellung zu der Aussage des jungen Mannes am Beginn dieses Abschnitts. Begründen Sie Ihre Meinung.
3. Einige Entwicklungsländer fordern den Erlass ihrer Schulden. Was spricht für einen solchen Erlass und was dagegen? Listen Sie Ihre Argumente, die dafür und dagegen sprechen, in einer Tabelle stichpunktartig auf.
4. Schreiben Sie folgende Teilsätze ab und vervollständigen Sie diese:
   a) Wenn wir den Kaffeebauern in den Entwicklungsländern faire, also höhere Preise für ihren Kaffee zahlen würden, dann [...]
   b) Wenn das Wachstum der Bevölkerung in den Entwicklungsländern so weitergeht, dann [...]
   c) Die Menschen in den Entwicklungsländern werden erst weniger Kinder bekommen, wenn [...]
5. Beschreiben Sie in einem ersten Schritt die Handlung des Comics. Beachten Sie dabei, wie sich die beiden handelnden Personen verändern. Versuchen Sie zu erklären, was der Zeichner mit dem Comic aussagen will.

Im Jahr 2000 hatten sich die Staats- und Regierungschefs von 189 Ländern verpflichtet, bis 2015 die Armut auf der Welt zu halbieren. Die Industrieländer verabredeten, dass sie ihre Entwicklungshilfe auf 0,7% der Wirtschaftsleistung jedes Landes erhöhen wollten. Bisher hat allerdings nur Japan das Ziel erreicht, die Entwicklungshilfe im beschlossenen Umfang zu erhöhen. Jedoch wurde schon eine Menge erreicht. Zwischen 1999 und 2005 sind z. B. 29 Millionen Kinder zusätzlich eingeschult worden, 26 Millionen Kinder wurden gegen eine Reihe von lebensbedrohlichen Krankheiten geimpft. Und 2,1 Millionen Menschen in Afrika erhielten lebensrettende Aids-Medikamente.

Auch private Träger bemühen sich oft in einem beachtlichen Maß zu helfen. In Deutschland sind dies zum Beispiel die „Deutsche Welthungerhilfe" oder die kirchlichen Hilfswerke „Brot für die Welt" und „Misereor".

Adressen für weitere Informationen:

Terre des hommes
Bundesrepublik Deutschland
Ruppenkampstraße 11a
49084 Osnabrück
Tel.: 0541/71 01-0

MISEREOR
Mozartstraße 9
52064 Aachen
Tel.: 0241/442-0

Deutsche Welthungerhilfe
Adenauerallee 134
53113 Bonn
Tel.: 0228/22 88-0

UNICEF Deutschland
Höninger Weg 104
50969 Köln
Tel.: 0221/93 65 00

8.4.3 Entwicklungshilfe

Eine Umfrage von Infratest hat folgende Einstellungen ergeben:

- Die Hilfe für die armen Länder ist einfach eine moralische Pflicht. (79 % der befragten Deutschen stimmen dieser Aussage zu.)
- Wenn den Millionen von Armen auf der Erde nicht geholfen wird, dann werden sie kommen und uns alles wegnehmen. (34 % der befragten Deutschen stimmen dieser Aussage zu.)
- Grundsätzlich bin ich für die Entwicklungshilfe. Aber wenn es uns in der Bundesrepublik schlechter geht, dann sollten wir die Entwicklungshilfe stark kürzen oder eine Zeit lang mit der Hilfeleistung aussetzen. (56 % der befragten Deutschen stimmen dieser Aussage zu.)

(Quelle: Information zur politischen Bildung, Nr. 252)

Viele Industrieländer versuchen seit einigen Jahrzehnten den Entwicklungsländern zu helfen. Für diese Hilfe gibt es verschiedene Argumente:

- Für manche ist Entwicklungshilfe eine Wiedergutmachung für die frühere Ausbeutung in den Kolonien.
- Ein großer Teil der Bevölkerung in den Industrieländern will nicht zulassen, dass enorm viele Menschen auf der Welt hungern.
- Durch Entwicklungshilfe, meinen einige, lassen sich die Exporte in die Entwicklungsländer steigern und somit in den Industrieländern Arbeitsplätze sichern.
- Entwicklungshilfe soll eine sichere und friedliche Zukunft der Welt sichern, indem man die Gründe für das Flüchtlingsproblem in den Herkunftsländern beseitigt sowie die Entwicklungsländer unterstützt, gemeinsam die globale Umwelt zu schützen.

Hilfe für die Entwicklungsländer wird vor allem durch Staaten, Staatengruppen wie die EU oder deren staatliche Einrichtungen geleistet. Der größte Teil der Entwicklungshilfe wird für genau festgelegte Projekte vergeben (z. B. für den Aufbau einer Bewässerungsanlage). Manchmal wird aber auch ein ganzes Maßnahmenpaket für eine Region unterstützt (z. B. der Aufbau eines Gesundheitssystems). Oft brauchen diese Projekte eine jahrelange Unterstützung, um wirkungsvoll zu funktionieren. Katastrophen- und Lebensmittelhilfen dagegen sind nicht an einzelne Projekte gebunden und werden den bedürftigen Ländern recht kurzfristig zur Verfügung gestellt.

Entwicklungshilfe erfolgt meist als finanzielle Zusammenarbeit **(Kapitalhilfe):** Das Entwicklungsland erhält Zuschüsse oder günstige Kredite, um sich Sachgüter zu kaufen, die es braucht, um die eigene Infrastruktur auszubauen (z. B. das Verkehrsnetz).
Die technische Zusammenarbeit **(technische Hilfe)** ist die fachliche Hilfe für die Entwicklungsländer. Sie findet durch die Entsendung von Fachkräften, durch die Aus- und Fotbildung des einheimischen Personals sowie durch die Bereitstellung von Maschinen und Hilfsgütern statt.

Eine Welt?

Damit die Entwicklungshilfe sinnvoll ist, muss sie nachhaltig die Situation in den Entwicklungsländern verbessern. Dies kann sie nur, wenn sie **Hilfe zur Selbsthilfe** ist. So kann z. B. die Vergabe von Kleinkrediten den Bauern helfen, sich wirksamere Arbeitsgeräte, Saatgut ertragreicher Pflanzensorten und Dünger zu kaufen. Gerade die Ankurbelung der landwirtschaftlichen Produktion ist ein wirksames Mittel zur Bekämpfung des Hungers in den Entwicklungsländern. Die Bauern sollen also nicht nur ihre Familien ernähren, sondern auch Einkünfte durch den Verkauf ihrer Produkte erwirtschaften, mit denen sie wieder neues Saatgut usw. kaufen können.

Infrastruktur:
für das Bestehen einer entwickelten Volkswirtschaft erforderlicher „Unterbau", z. B. Energieversorgung, Verkehrseinrichtungen, öffentliche Gebäude, Ausbildungsstand der Arbeitskräfte

Mikrodarlehen – Kredit und Misskredit

Was für eine großartige Idee: Vergesst die Almosen, benachteiligte Menschen in armen Ländern wollen ihr Leben selbst in die Hand nehmen. Sie brauchen nur Hilfe zur Selbsthilfe, um kleine Unternehmen zu gründen und Nähereien, Rikschadienste oder Kioske zu betreiben. Kleine Summen reichen aus: 50, 500 oder 2000 Dollar. Eine neue, würdigere Form der Entwicklungshilfe, die in unsere Zeit passt. So lautet die Grundidee der Mikrokredit-Bewegung [...].

Das größte Problem im Mikrokreditwesen liegt in der banalen Erkenntnis, dass nicht jeder Mensch zum Unternehmer geboren ist. Studien zu diesen Programme ergeben regelmäßig: Kleinkredite sind erfolgreich, wenn sie an ohnehin unternehmerisch gesinnte Menschen oder schon bestehende Betriebe vergeben werden. Unternehmergeist zu wecken, wo vorher keiner war, gelingt nur selten, auch nicht bei guter Beratung. Solche Schuldner investieren das Geld nicht unternehmerisch, sondern geben es für Konsumgüter wie Fernseher oder Kühlschränke aus. [...]

Seit Jahren kritisieren Entwicklungshilfe-Organisationen, dass Mikrokredite gelegentlich als Ersatz für klassische Entwicklungshilfe-Programme verstanden werden, also öffentliche Investitionen oder direkte Hilfe für Hungernde ersetzen. Sie halten das für ein großes Problem, weil Mikrokredite die Allerärmsten ohnehin nicht erreichen und weil sich unternehmerisches Engagement nur dort entfalten kann, wo zumindest eine einfache Infrastruktur existiert und die Menschen ausreichend ernährt und gesund sind. [...]

(aus: www.zeit.de, 26.04.2011)

Mikrokredite:
Hierbei handelt es sich um Kleinstkredite bzw. -darlehen von einem Euro bis unter 1000 Euro. Sie werden in der Regel von spezialisierten Finanzdienstleistern und nichtstaatlichen Organisationen an Kleingewerbetreibende in Entwicklungsländern vergeben. Diese Kredite sollen der Förderung der Entwicklung dienen.

Aufgaben

1. Äußern Sie Ihre Meinung zu den Aussagen der aufgeführten Umfrage.
2. Erklären Sie den Unterschied zwischen finanzieller und technischer Zusammenarbeit.
3. Beschreiben Sie Situationen, in denen Katastrophenhilfe für die Entwicklungsländer notwendig ist.
4. Mikrokredite werden nicht von allen als Alternative zur Entwicklungshilfe betrachtet.
   a) Lesen Sie den oben stehenden Text durch.
   b) Führen Sie die darin beschrieben Vor- und Nachteile von Mikrokrediten auf.

Menschrechte – Frieden – Umwelt

8.5 DIE GLOBALISIERUNG

Am Beginn der neunziger Jahre des letzten Jahrhunderts brach der Kommunismus in den Staaten des Ostblocks zusammen. Damit war das Wirtschaftssystem dieser Staaten, die sozialistische Planwirtschaft, keine Alternative zur kapitalistischen Marktwirtschaft mehr.

Da die Marktwirtschaft offensichtlich Erfolg hat, ist sie seitdem das Leitbild für die wirtschaftliche Entwicklung der Welt geworden. So vervielfachte sich seit den achtziger Jahren des 20. Jahrhunderts das Weltwirtschaftswachstum und der Handel zwischen Industrie- und Schwellenländern nahm wesentlich zu.
Es ist zu beobachten, dass neben der zunehmenden Integration der Märkte auch Menschen, Völker, Staaten und Regionen mehr und mehr zusammenwachsen. Dieser Prozess wird als **Globalisierung** bezeichnet.

Ursachen der Globalisierung
Zu den wirtschaftspolitischen Ursachen der Globalisierung zählen:
- der Abbau von Handelshemmnissen (z. B. Zölle) in vielen Teilen der Welt. Dadurch kann im Ausland billiger eingekauft werden und die eigenen Waren können leichter verkauft werden.
- der weltweite Abbau von Beschränkungen des Devisen und Kapitalverkehrs. Das heißt, dass beispielsweise von Deutschland aus Aktien an der New Yorker Börse gekauft werden können.
- die Freiheit, im Ausland Firmen zu gründen oder sich finanziell an Firmen zu beteiligen. So kann z. B. ein deutscher Unternehmer problemlos in vielen Staaten der Welt eine Firma kaufen. Ebenso ist es möglich, dass ausländische Investoren in Deutschland eine Firma gründen oder übernehmen.
- die Öffnung der Dienstleistungsbereiche für den nationalen und internationalen Wettbewerb. So gab es z. B. im letzten Jahrhundert in Deutschland nur eine Firma, die Telefongespräche angeboten hat. Seit der Öffnung für den Wettbewerb kann man zwischen mehreren Telekommunikationsanbietern wählen.

Planwirtschaft:
siehe Seite 85

Integration:
Zusammenführung, Zusammenschluss

Finanzmärkte:
Märkte, auf denen Handel mit Kapital in Form von Geld und Wertpapieren und nicht mit Gütern (Gütermärkte) betrieben wird. Kapitalgeber (Sparer) stellen dabei Kapital zur Anlage bereit und Kapitalnehmer (Schuldner) fragen diese Zahlungsmittel nach.

Globalisierungsgegner:
Das sogenannte „Netzwerk Attac" gehört zu den wichtigsten Kritikern der Globalisierung. Es findet vor allem bei engagierten Jugendlichen großen Zuspruch. „Attac" ist die Abkürzung für association pour une taxation des transactions financières pour l'aide aux citoyens und bedeutet „Vereinigung für eine Besteuerung von Finanztransaktionen zum Nutzen der Bürger". „Attac" gibt es in über 45 Ländern, seit dem Jahr 2000 auch in Deutschland und zählt nach eigenen Angaben über 80.000 Mitglieder.

„Attac" fordert vor allem:
- eine gleichberechtigte internationale Zusammenarbeit,
- eine nachhaltige, umweltgerechte Entwicklung des Nordens wie des Südens,
- eine demokratische Welt für alle Menschen,
- den erhalt der kulturellen Vielfalt.

Zu den technischen Ursachen der Globalisierung zählen neue Transport-, Informations- und Kommunikationssysteme, die einen kostengünstigeren und schnelleren Transport von Gütern, Personen und Informationen ermöglichen (z. B. Mobiltelefonie sowie der Versand von Daten über das Internet).

Folgen der Globalisierung

Der Globalisierungsprozess hat dazu geführt, dass deutsche wie andere westeuropäische Unternehmen zunehmend einer Konkurrenz aus dem asiatisch-pazifischen Raum und aus Osteuropa gegenüber stehen. Um dieser Konkurrenz zu begegnen, müssen die Unternehmen ihre Produkte billiger anbieten. Sie streben daher eine Senkung der Produktionskosten auch durch die Senkung der Lohn- und Lohnnebenkosten und der verschiedenen Unternehmenssteuern an. Einige Unternehmen verlagern daher ihre Betriebe in Staaten, in denen deutlich geringerer Lohn als in Deutschland gezahlt wird. Dies führt einerseits zur Vernichtung von Arbeitsplätzen und andererseits zu geringeren Steuereinnahmen in Deutschland. Dadurch wird es für den deutschen Staat schwieriger, die gestiegenen sozialen Ansprüche (z. B. Renten, Krankheitskosten, Hilfe bei Arbeitslosigkeit) zu finanzieren.

Da das Niveau der deutschen Löhne nicht an die geringen Löhne z. B. in China angepasst werden kann, müssen Firmen, die in Deutschland produzieren, effizienter arbeiten, besonders gute Qualität liefern und innovative Produkte anbieten.

Die Unternehmen, die durch geringe Kosten gegen ihre globale Konkurrenz bestehen, können ihre Gewinne enorm steigern. Davon profitieren die Eigentümer der Firmen, meist sind dies Anteilseigner (Aktionäre), die mehr Gewinnausschüttung pro Aktie erhalten. Außerdem können sich die Aktien an der Börse verteuern, so dass die Aktionäre die Möglichkeit bekommen, ihre Aktien teuer zu verkaufen.

Entwicklungsländer: siehe Seite 290.

In vielen Entwicklungs- und Schwellenländern, die sich dem internationalen Handel geöffnet haben, führt ein durch die Globalisierung angeregtes Wirtschaftswachstum zu neuen Arbeitsplätzen und zu höheren Lebensstandards. Aber auch in diesen Ländern gibt es negative Folgen der Globalisierung. So gefährden z. B. die Einfuhren von billigen Nahrungsmitteln die landwirtschaftlichen Kleinbetriebe in den Entwicklungsländern und die betroffenen Familien bekommen den Druck des Weltmarkts zu spüren.

Schwellenländer: Staaten, die traditionell noch zu den Entwicklungsländern zählen, aber auf dem Wege zur Industrialisierung sind.

Aufgaben

1. Stellen Sie in einer Tabelle die Vor- und Nachteile der Globalisierung gegenüber.
2. Der Standort Deutschland, so wird behauptet, sehe sich vor dem Hintergrund der Globalisierung besonderen und neuen Herausforderungen gegenüber. Beschreiben Sie diese Herausforderungen.
3. Lesen Sie in der Randspalte den Text über die Globalisierungsgegner. Schließen Sie aus den Forderungen von „Attac" auf die Kritik des Netzwerkes. Formulieren Sie Forderungen und nehmen Sie Stellung dazu.

DEBATTE/PRO-UND-KONTRA-DISKUSSION

Die Debatte ist eine Form des Streits. Dieser Streit wird allerdings weder mit Fäusten noch mit beleidigenden Worten ausgetragen. Bei der Debatte findet ein sachlicher und fairer Austausch von Argumenten statt. Ziel ist es, den jeweils anderen von der Richtigkeit des eigenen Standpunkts zu überzeugen.

Vorbereitungsphase

1. Zuerst wird geklärt, was die These (Behauptung/Ansicht) bedeutet. Danach wird eine Abstimmung durchgeführt, wie viele mit der These einverstanden bzw. nicht einverstanden sind. Das Abstimmungsergebnis wird notiert.
2. Dann werden eine Pro-Gruppe und eine Kontra-Gruppe gebildet.
3. In der Vorbereitungsphase sucht die Pro-Gruppe nach Argumenten, die die These stützen, und die Kontra-Gruppe nach Argumenten, die die These widerlegen.
4. Suchen Sie auch nach Begründungen und konkreten Beispielen für Ihre Argumente. Wählen Sie die Form Argument – Begründung – Beispiel.

Material

Zeitungsartikel, kurze Texte zum Thema usw.

Die eigentliche Debatte

1. Jede Gruppe bestimmt mehrere Diskussionsredner. Empfehlenswert sind je nach Gruppenstärke drei bis sechs Redner. Beide Gruppen müssen gleich viele Redner bestimmen. Die restlichen Gruppenmitglieder sind Beobachter der Debatte.
2. Jede Gruppe bestimmt jeweils einen Gruppensprecher.
3. Die Diskussionsredner der beiden Gruppen sitzen sich an einem Längstisch gegenüber. Der Gesprächsleiter sitzt an der Stirnseite des Tisches.

4. Der Gesprächsleiter (er wurde vor der Debatte gewählt oder festgelegt)
   - begrüßt die Zuschauer,
   - nennt das Thema bzw. die These,
   - stellt die Teilnehmer der Debatte vor,
   - erklärt den Ablauf des Spiels und
   - eröffnet die Debatte, indem er einer Gruppe das Wort erteilt.
5. Der Gruppensprecher der ersten Gruppe hält einen kurzen Eingangsvortrag (1 bis 3 Min.). Dann hält der Gruppensprecher der zweiten Gruppe ebenso einen Eingangsvortrag.
6. Anschließend werden abwechselnd Argumente und Gegenargumente ausgetauscht. Nach einem Redner der Pro-Gruppe spricht ein Redner der Kontra-Gruppe, danach wieder ein Redner der Pro-Gruppe usw. Jeder Redner sollte nur eine vorgegebene Zeit sprechen (z. B. 1 Min.). Der Gesprächsleiter kontrolliert das Einhalten der Redezeit.
7. Je nach Zeit und nach der Fülle der Argumente kann mehrere Runden debattiert werden.

Auswertung

1. Die Beobachter teilen mit, welche Argumente sie überzeugend fanden, was an der Debatte gut war und was nicht, welchen Gesamteindruck sie von der Debatte haben.
2. Es findet noch einmal eine Abstimmung über die These statt.
3. Das zweite Abstimmungsergebnis wird mit dem ersten verglichen.

Zeit

30 – 45 Minuten für die Vorbereitungsphase
15 – 20 Minuten für die eigentliche Debatte
15 – 20 Minuten für die Auswertung

Aufgaben

Debattieren Sie eine der folgenden Thesen:

1. Die Bundeswehr braucht in der heutigen Zeit keine Wehrpflichtigen mehr. Berufssoldaten reichen aus, um die Aufgaben der Bundeswehr zu erfüllen.

2. Die Ökosteuer – Abzocke der Autofahrer oder eine wichtige Maßnahme für eine saubere Umwelt?

Sachwortverzeichnis

11. September 270
17. Juni 233, 238

A

Abgeordnete (Bundestag) 182
Abhängigkeit 158
ABM 92
Abmahnung 12
Abschreibung 93
absolute Mehrheit 183
Abstammungsprinzip 139
Adenauer, Konrad 232, 248
AG 81
AGB 56
AGG 8
Agrargesellschaft 122
Agrarpolitik (EU) 256
Akkordlohn (Berechnung) 27
Aktie 69, 81
Aktiengesellschaft (AG) 81
Al Kaida 153
ALG I und II 111
Alkoholmissbrauch 158
Alleinerziehende 141
Allgemeine Erklärung der Menschenrechte 262
Allgemeine Geschäftsbedingungen 56
Allgemeine Ortskrankenkasse 100
allgemeine Versicherungsbedingungen 117
Allgemeinverbindlichkeit 23
Alliierte 272
Alliierter Kontrollrat 230
Alterspyramide 142
Altersrente 107
Altervorsorge, betriebliche 107
Ältestenrat (Bundestag)182
Amnesty International 263
Anarchie 153
anfechtbares Rechtsgeschäft 51
Anfrage (Bundestag) 183
Angebot und Nachfrage 85
Anglikanisches „Welfare-State"-Modell 120
Anlageformen (Sparen) 69
Anorexia nervosa 158
Anpreisung (Kaufvertrag) 54
Anschlag, terroristischer 270
Antibolschewismus 223
Antidiskriminierungsgesetz 8
Antisemitismus 222
antizyklisch 93
Antrag 54
Anwartschaftszeit 110
AOK 100
Arabischer Frühling 269
Arbeiten in der EU 16
Arbeitsagentur 108
Arbeitsbeschaffungsmaßnahme (ABM) 92, 108
Arbeitsdirektor 35
Arbeitsförderung 108

Arbeitsgericht 18
Arbeitsgerichtsverfahren 18
Arbeitskampf 28
Arbeitslosengeld 110
Arbeitslosenquote 124
Arbeitslosenversicherung 108
- international 115
Arbeitslosigkeit 108, 110, 124
- Formen 124
- strukturelle 123
- Ursachen 126
Arbeitsmarkt 126
Arbeitspflicht 9
Arbeitsrecht 2
Arbeitsschutz 38
- Entwicklung 38
- technischer 40
Arbeitsschutzgesetz 39
Arbeitssicherheit 39, 41
Arbeitstag 11, 20
Arbeitsunfähigkeit 102
Arbeitsunfall 113
Arbeitsverhältnis, atypisches 129
Arbeitsvertrag 6, 8
- Entstehung 8
- Inhalt 9
Arbeitswelt (Flexibilisierung) 129
Arbeitszeit (Flexibilisierung) 10
Arbeitszeitgesetz 10
Arbeitszeitregelungen 10
arglistige Täuschung 52
Arisierung 219
Armutsbericht 141
Armutsrisiko 141
Artikel (siehe Grundgesetz)
Asylberechtigte 139
Atomwaffen 268
Attac 296
Attest 103
atypisches Arbeitsverhältnis 129
Aufenthaltserlaubnis 138
Aufenthaltsrecht 138
Aufklärung (Epoche) 247
Aufsichtsrat 34, 36
Ausbildung in der EU 17
Ausbildung und Arbeitslosigkeit 14
ausbildungsbegleitende Hilfen 6
Ausbildungsberufe 14
Ausbildungsbetrieb 2
Ausbildungsverordnung 8
Ausbildungsvertrag 6
Auschwitz 219, 225
Ausgrenzung 134
Ausländer 136, 138
Ausländerextremismus 153
Auslandsaufenthalt 16, 17
Auslandseinsatz 279
Ausschuss der Regionen 250
Ausschüsse (Bundestag) 182
Außenbeitrag 90
Außerparlamentarische Opposition 211
Aussperrung 28

Austauschprogramm 17
Auszubildende (Kündigungsschutz) 13
Auszubildende (Rechte) 7
Autonome 153
Autonomie 269
AVB 117

B

Bagatelldelikt 155
Bankenkrise 69, 261
Bankkarte 64
bargeldloser Zahlungsverkehr 64
Basisrente 107
Basiszinssatz 58
BDA 21
BDM 221
Bedarf 66
Bedürfnis 66
BEEG 46
Beglaubigung 52
Beitragsbemessungsgrenzen 101
Beitrittskriterien (EU-Erweiterung) 258
Berliner Blockade 232
Berliner Mauer 238
Berufsausbildung 2
- Rechtsgrundlagen 6
Berufsbildungsgesetz 2
Berufsfelder 3
Berufsgenossenschaft 38, 112
Berufsgruppe 2
Berufsinformationszentrum 3
Berufsschule 2
Berufssoldat 281
Besatzungszone 230
Beschäftigung 14
Beschäftigungspflicht 9
Besteuerung, nachgelagerte 107
Betäubungsmittelgesetz 156
Beteiligungslohn
Betrieb 74
betriebliche Kennzahlen 76
Betriebs- und Innungskasse 100
Betriebsrat 30
Betriebsratgröße 30
Betriebsratsmitglied (Kündigungsschutz) 13
Betriebsratsversammlung 31
Beurkundung, notarielle 52
Beveridge, W. H. 120
Bevölkerungsentwicklung (Deutschland) 142
Bezugnahmeklausel 23
BfA 108
BGB 50, 54
- §1626 149
- §1631 145, 149
- §1619 146
- §1618a 147
Bildungsföderalismus 5
Bildungspass, europäischer 17, 254

Bildungspolitik 4
Bildungssystem 5
Bildungsweg 5
BIP 90
Bismarck, Otto von 120
BIZ 3
Bizone 232
Blauhelm 277
Blockbildung (Europa) 272
Blockwart 221
Blog 172
Blutschutzgesetz (Nationalsozialismus) 219
Bodenreform 233
Boheme 133
Bolschewiki 223
Boom 92
Brandt, Willi 239
Brennpunkte 266
Bringschulden 57
Bruttoinlandsprodukt 90, 122
Bruttolohn 26
Budgetrecht 183
Bulimie 158
Bulletin 209
Bund deutscher Mädel 221
Bundesagentur für Arbeit 108
Bundeselterngeld- und Elternzeitgesetz 46
Bundesfreiwilligendienst 280, 282
Bundeskanzler 186
Bundeskartellamt 83
Bundesknappschaft 100
Bundesländer 184
Bundesminister 186
Bundespräsident 190
Bundesrat 184
Bundesratspräsident 185
Bundesregierung 186
Bundesrepublik (Gründung) 232
Bundesstaat (Grundgesetz) 179
Bundestag 182
- Wahlverfahren 202
Bundestagssitze 203
Bundesurlaubsgesetz 11, 20
Bundesvereinigung Deutscher Arbeitgeberverbände 21
Bundesverfassungsgericht 192
Bundesversammlung 190
Bundeswehr 278, 280
Bürgerinitiative 210
Bürgerliches Gesetzbuch (BGB) 50, 54
Bürgerrechte 175
Bürgschaft (Kredit) 71
Butterberg 256

C

Cash, Electronic 65
CE (Communauté Européenne) 43
Certificate Supplement 17
Churchill, Winston 248

Sachwortverzeichnis

Credit points (EQF) 254

D

Darlehen 68
Dauerauftrag 64
Davidstern 225
DDR
 - Ende der 240
 - Gründung 232
 - Mauerbau 238
 - Staatsorgane 233
 - Verfassung (Artikel 1) 233
Debatte (Methode) 298
Delikt 154
Demografie 143
Demokratie (Grundgesetz) 178
Demokratie, (Formen) 176
Demonstration 212
Demonstrationsrecht 213
Deportation 219
Depression 92
Deutsche Demokratische Republik (siehe DDR)
Deutsche Mark 235
Deutschland (Teilung) 230
DGB 20
Dienstleistungsgesellschaft 123
Dienstvertrag 63
Diktatur 177
direkte Demokratie 176, 198
Direktmandat 203
Diskussion 298
Dispositionskredit 70
Dolchstoßlegende 217
Dreißigjähriger Krieg 118
Drittelbeteiligungsgesetz 34
Drittelparität 34
Drittes Reich 228
Drogen 156
Drogen- und Suchtbericht 159
duales Ausbildungssystem 2
Duldung 138
Durchlaufökonomie 286

E

EAPR 272
eBay 55
Ebert, Friedrich 216
Ecstasy 157
ECVET 254
Edelweißpiraten 227
effektiver Jahreszins 71
EGKS 249
Ehescheidung 147
EHIC 101
Eigenkapitalrentabilität 77
Einbürgerung 139
Einbürgerungstest 139
Ein-Euro-Job 109
Eingetragene Lebenspartnerschaft 141
Einheitsstaat 181
Einigung (Europa) 248
Einigungsvertrag 241

Einspruchsgesetz 189
Einzelarbeitsvertrag 20
Einzeltarifvertrag 24
Einzelunternehmen 78
Eiserner Vorhang 87
El Kaida 271
Electronic Banking 65
Electronic Cash 65
elektrischer Strom 42
elektronische Revolution 128
Elser, Georg 227
Elterngeld 47
Elternzeit 46
Emission 287
Emissionshandel 287
Endlösung (Nationalsozialismus) 219
Energiesparlampe 285
Engels, Friedrich 85
Enquetekommission (Bundestag) 182
Entgeltersatzleistung 110
Entgeltfortzahlung 103
Entgeltfortzahlungsgesetz 102
Entlohnungsformen 27
Entsendeabkommen 114
Entspannungspolitik 239
Entstehungsrechnung 90
Entwicklungshilfe 294
Entwicklungsland 290, 292
EQR 254
Erderwärmung 284
Erfüllungsort 57
Erhard, Ludwig 86
Ermächtigungsgesetz 218
Ersatzdienst 282
Ersatzkasse 100
Erster Weltkrieg 247
Erststimme 202
Erwerbslosenquote 125
Erziehungsziele 145
Ethnie 271
EU
 - Agrarpolitik 256
 - Beitrittskriterien 258
 - Binnenmarkt 254
 - Erweiterung 258
 - Mitgliedsstaaten 258
 - Organe 250
 - Osterweiterung 258
 - Säulen der 252
 - Sicherheitsarchitektur 273
 - WWU 252
 - Zentralbank 252
Europa (Geschichte) 247
Europa (Mythos) 246
Europäische Aktiengesellschaft (SE) 81
Europäische Einigung 249
Europäische Gesetzgebung 251
Europäische Kommission 251
Europäische Union, siehe EU
Europäische Zentralbank 93, 252

Europäischer Bildungspass 17, 254
Europäischer Binnenmarkt 254
Europäischer Gerichtshof 251
Europäischer Qualifikationsrahmen 254
Europäischer Rat 251
Europäischer Rechnungshof 251
Europäischer Reformvertrag 250
Europa-Parlament 251
Europarat 248
Europass 16, 17
Euthanasie 223
EVG 249
EWG 249
Exekutive 180, 183
Existenzgründung 79, 81
Exosystem 151
Expatriat 17
Export 292
Extremismus 152

F

Familie 140, 144, 146
Familien- und Sippensystem 118
Familienpolitik 143
Familienrecht 148
familienversichert 100
FDGB 120
feindliche Übernahme 82
Fernabsatzvertrag 62
Fernsehen
 - Konsum 170
 - Programme 170
 - Werbung 171
Finanzkrise 100, 261
Finanzmarkt 296
Flächenstreik 29
Flächentarifvertrag 25
Flaterate-Party 158
Flexibilisierung 128
Flucht (DDR) 238
Flüchtling 138
Föderalismus 180
Föderalismusreform 180
Folter 262
Formalziel 76
Formvorschriften (Vertrag) 52
FORSA 143
Fortbildung 4
Fragebogen 130
Fragestunde (Bundestag) 183
Fraktion 182
Fraktionsdisziplin 182
Fraktionszwang 182
Französische Revolution 247, 268
freie Marktwirtschaft 84
freie Wahl 201
Freihandel 86
freiwillig versichert 100, 106
Freiwilliges Ökologisches Jahr 282
Freiwilliges Soziales Jahr 282

Freizeit 160
Freizeitbeschäftigung 160
Fremdsprachenkenntnisse 16
Frieden 266
Friedensbegriff 266
friedenschaffende Maßnahmen 277
Friedensfunktion (Tarifvertrag) 25
Friedensmission 276
Friedenspflicht (Streik) 28
Friedenstruppe 276
friktionale Arbeitslosigkeit 124
Führerprinzip 220
Fundamentalismus 271
Fünfprozentklausel 203
Fürsorgepflicht 9
Fusion 83

G

G8-Gipfel 295
Galen, Graf von 227
Garantiepflicht 56
GATT 276
Gattungsware 61
GdP 21
Gebotszeichen 40
Geburtenrückgang 142
Gefährdung (Arbeitsschutz) 40
Gefahrenklasse 113
Gefahrenstoff 40
Gefahrenzeichen 41
Gehalt 27
Geheime Staatspolizei 221
geheime Wahl 201
Geld 64
Geldanlage 68
Geltungsbereich (Tarifvertrag) 22
Gemeinlastprinzip 288
Gemeinschaft Unabhängiger Staaten (GUS) 272
Generalstreik 29
Generationenvertrag 106, 143
Genfer Konvention 138
Genossenschaft 78
Gerichtsstand 57
Gesamtkapitalrentabilität 77
Geschäftsfähigkeit 50
Geschäftsführung (GmbH) 80
Geschäftsunfähigkeit 51
Gesellschaft mit beschränkter Haftung 80
gesellschaftliches Leitmilieu 133
Gesellschaftsunternehmen 78
Gesetz (Entstehung) 189
Gesetzesinitiative 189
Gesetzesvorlage 188
Gesetzgebung (EU) 251
Gesetzgebungsverfahren 188
Gesetzliche Krankenversicherung 100
gesetzliche Zahlungsfrist 58
Gestapo 220

Sachwortverzeichnis

Gesundheitsfonds 100
Gesundheitskarte 101
GEW 21
Gewährleistungsanspruch 61
Gewährleistungspflicht 56
Gewaltbereitschaft (Extremismus) 152, 154
Gewaltenteilung 180
 horizontal 180
 vertikal 180
Gewerbe 74
Gewerbeaufsichtsamt 38
Gewerbeordnung 40
Gewerkschaften 21
GEZ 171
Ghettobildung 137
GHK 21
Giralgeld 64
Girokonto 64
Giropay 65
Glaubensgemeinschaft 162
Gleichschaltung (Nationalsozialismus) 218
Globalisierung 94, 128, 296
 - Folgen 297
 - Ursachen 296
 - Wirtschaft 94
Globalisierungsgegner 296
GmBH 80
Goldene Zwanziger 217
Gorbatschow 241
große Anfrage (Bundestag) 183
Großfamilie 140
Grotewohl, Otto 233
Grundgesetz 174, 178
 - Artikel 1 98, 232
 - Artikel 3 148
 - Artikel 4 280
 - Artikel 5 166, 210
 - Artikel 6 148
 - Artikel 8 175, 210, 213
 - Artikel 9 196, 210
 - Artikel 12 280
 - Artikel 13 148
 - Artikel 17 212
 - Artikel 20 98, 178, 198, 288
 - Artikel 21 194, 195
 - Artikel 22 263
 - Artikel 23 263
 - Artikel 25 263
 - Artikel 26 278
 - Artikel 28 201
 - Artikel 29 181
 - Artikel 38 201
 - Artikel 46 182
 - Artikel 59 191
 - Artikel 60 191
 - Artikel 65 186
 - Artikel 76 188
 - Artikel 79 179
Grundgesetzänderung 179
Grundlagenvertrag 239
Grundrechte 174
Gruppenarbeit 48

GS (geprüfte Sicherheit) 43
Günstigkeitsprinzip 21
GUS 270
Güter 67, 74

H

Haftpflichtversicherung 116
Handelsgesellschaft, offene 79
Handelsgesetzbuch 79
Hand-out 244
Handwerksbetrieb 74
Handwerkskammer 2, 74
Handwerksordnung 2, 74
Handwerksrolle 74
Hare Krishna 163
Haushaltsplan 73
Haushaltsprinzip 76
Haustarifvertrag 25
Hedonismus 133
heiße Phase (Wahlkampf) 206
Herrschaft, politische 199
Heuss, Theodor 232
Hilfe zur Selbsthilfe 295
Hilfen (ausbildungsbegleitend) 6
Hindenburg, Paul von 218
Hisbollah-Miliz 271
Hitler, Adolf 218, 220
Hitlerjugend (HJ) 221
Holocaust 224
Holschulden 57
Honecker, Erich 238
humanitär 272
HWO 3

I

Ideologie 222, 267
IG Bau 21
IG BCE 21
IG Metal 21
IGeL 101
IHK 2
illegale Drogen 156
ILO 124
Immunität 182
Immunsystem 288
imperatives Mandat 182
Import 292
Indemnität 182
Individualversicherung 116
Individualvertrag 20
individuelle Gesundheitsleistungen 101
Industrie- und Handelskammer 2, 74
Industriebetrieb 74
Industriegesellschaft 122
Industrieland 290
Industrieverbandsprinzip 20
Inflation 69
Inflationsrate 90
Informationsbeschaffung 214
Informationsfreiheit 166
Infrastruktur 295
Initiativrecht 188

Innungskrankenkasse 100
Insolvenz 79
Insolvenzgeld 110
Insolvenzordnung 73
Integrationskurs 138
Intellektueller 209
Interessenverband 196
Internationale Arbeitsorganisation 124
Internet 172
Islamismus 269
IWF 276

J

Jahresurlaub 20
Jahreszins, effektiver 71
Jakobiner 270
Jalta-Konferenz 230
JAV 32
Joint Venture 82
Judenverfolgung 219, 224
Judikative 180
Jugend- und Auszubildendenvertretung 32
Jugendalter 150
Jugendarbeitsschutz 45
Jugendarbeitsschutzgesetz 44
Jugendkriminalität 154
Jugendlicher 150
Jugendschutzgesetz 159
Jugendstrafrecht 155
Jungvolk 221
juristische Person 50

K

Kaiser Wilhelm I 118
Kaiser Wilhelm II 216
Kaiserliche Botschaft 118
Kalendertag 20
Kalter Krieg 232, 266, 272
Kanzlerprinzip 186
Kapitalgesellschaft 78, 80
Kapitalismus 84, 270
Karl der Große 247
Karriere, berufliche 4
Kartell 83
Kaufvertrag 54
 - Pflichten 55
Keiretsu 83
Kennzahlen, wirtschaftliche 76
KG 79
KGaA 80
Kinder 144, 146
Kindergeld 148
Kinderzuschlag 148
Kindschaftsrecht 148
kleine Anfrage (Bundestag) 183
Kleinfamilie 140
Kleingedrucktes (AGB) 56
Klimakonferenz 287
Klimaschutz 284
Klingelton-Abo 53
Kohl, Helmut 240
Kollegialprinzip 186

Kollektivvertrag 20
Kolonie 293
Koma-Saufen 157
Kommanditgesellschaft (KG) 79
Kommanditist 79
Kommerzialisierung 135
Kommunalwahlen 205
Kommunalwahlrecht 200, 205
Kommunismus 84
Komplementär 79
Konferenz über Sicherheit und Zusammenarbeit in Europa 274
Konflikt, kriegerischer 267
Konjunktur 92
konjunkturelle Arbeitslosigkeit 124
Konjunkturpolitik 92
Konsortium 82
konstruktives Misstrauensvotum 183
Konto 64
Kontoauszug 64
Kontrollrat, alliierter 230
Konventionsflüchtling 139
Konvergenzkriterien 253
Konvertibilität 94
Konzentration (Wirtschaft) 82
Konzentrationslager 219, 221
Konzern 83
Kooperation 82
Kooperationsprinzip 289
Köpenicker Blutwoche 221
Kopfpauschale 121
Korps 275
Kosovo-Konflikt 271
Kostenvoranschlag 55
KPD 218
Krankengeld 103
Krankenkasse 100
Krankenversicherung 100
 - international 115
Krankenversicherungsabkommen 114
Krankenversicherungskarte, europäische 101
Krankheit des Kindes 47
Krankheitsfall 102
Kredit 70, 262
 - fauler 262
Kreditaufnahme 72
Kreditkarte 65
Kreditpunkte (EQR) 254
Kreditverbriefung 261
Kreislaufökonomie 287
Kreiswehrersatzamt 282
Krieg 268
Kriegsdienst 282
Kriminalität 154
Krisenbranchen 123
Krisenregion (Wirtschaft) 123
KSZE 274
Kuckuck 59
Kumulieren 205

Sachwortverzeichnis

Kündigungsfristen 12
Kündigungsgrund 12
Kündigungsschutz 12
- besonderer 13
Kündigungsschutzgesetz 13
Kurzzeitökonomie 286
Kyoto 287
KZ 219, 221

L

Länderfinanzausgleich 243
Landesliste 202
Landesmedienanstalt 171
Landesparlament (Wahl) 204
Landesregierung 184
Landesrundfunkanstalt 170
Landtagswahlen 204
Langzeitökonomie 287
Leasing 63
Lebenserwartung 142
Lebenshilfe 145
lebenslanges Lernen 15, 16
Lebensversicherung (Sparen) 69
legale Drogen 156
Legislative 180
Legitimation 199
Lehrlingsrolle 6
Leibrentenversicherung 107
Leistungslohn 27
Leitmilieu 133
Lernen in der EU 16
Lesung (Gesetz) 188
Liebknecht, Karl 216
Lieferbedingungen 57
Linksextremismus 153
Lissabon-Vertrag 250
Lobby 196
Lobbyisten 196
Lohn 26
Lohn-, Gehalts- und Entgelttarifvertrag 24
Lohnformen 26
Lohnfortzahlungspflicht 9
Lohnnebenkosten 126
Luxemburg, Rosa 216

M

Maastricht 252
Machtergreifung 218
magisches Sechseck 90
Mahnbescheid 58
Mahnverfahren 58, 59
Mainstream-Milieu 133
Majdanek (Konzentrationslager) 225
Makrosystem (Persönlichkeitsentwicklung) 151
Mandat 182
Mängelanspruch 60
- Verjährung 60
Mängelrüge 60
Manteltarifvertrag 24
Markt 76

Marktwirtschaft
- freie 84
- soziale 86
Marshallplan 236
Marx, Karl 85
marxistisch-leninistisch 89
Maslow, Abraham 66
Massenmedien 166
Massenvernichtung 219
Matrosenaufstand 216
Mauerbau 238
Maximalprinzip 67, 76
Mediennutzung 167
Medien-Zeitvertreib 167
Meeresspiegel 284
Mehrheit, absolute 183
Mehrheitswahl 202
Mehrparteienprinzip 177
Meinungsbildung 166
Meinungsfreiheit 166
Meisterzwang 4
Memorandum 174
Menschenrechte 175, 262
- Allgemeine Erklärung der 262
Mesosystem 151
Mietvertrag 63
Migrant 136, 138
Migrationshintergrund 136
Mikrosystem (Persönlichkeitsentwicklung) 151
Milchsee 256
Milieu 132
Militärbündnis 272
militärischer Beobachter 276
Mind Map 96
Mini-GmbH 80
Minimalprinzip, 76
Ministerpräsident 184
Ministerrat (DDR) 233
- EU 250
Ministerrat (EU) 251
missionieren 162
Mitbestimmung (Betriebsrat) 31
Mitbestimmung im Unternehmen 34
Mitbestimmungsgesetz von 1976 36
Mitgliedsgewerkschaft 211
Mittelalter 247
mittelbare Demokratie 176
Mobbing im Internet 172
Mobilität 15
Mobilitätshilfe 109
Monopol 85
Montan-Mitbestimmungsgesetz 35
Mutterschutz 46
Mythos 246

N

Nachfrage 67
Nachtwächterstaat 85
Nachweisgesetz 9
Napoleon 247

Nationalsozialismus 152
- Ideologie 222
- System 220
- „Volksgemeinschaft" 223
- Widerstand gegen 226
NATO 270
natürliche Person 50
Nazi 220
Nettolohn 26
Netz, soziales 99
New York (Anschlag) 270
NGG 21
Nichtigkeit
- Rechtsgeschäft 51
- Willenserklärung 51
Nicht-Rechtzeitig-Lieferung 60
Nicht-Rechtzeitig-Zahlung 58
Niederlassungserlaubnis 138
Nikotinabhängigkeit 158
nominales Bruttoinlandsprodukt 90
Nominallohn 26
Nord-Süd-Gefälle 290
Notlage 99
Notverordnung (Weimar) 217
NSDAP 220
Nürnberger Gesetze 219

O

Obligationszeit 161
Oder-Neiße-Linie 239, 241
Offene Handelsgesellschaft (OHG) 79
Öffentlich-rechtlicher Rundfunk 170
Öffnungsklausel 25
OHG 79
Ökologie 286
Ökonomie 286
ökonomisch 76
Ökonomisches Prinzip 67
Ökosystem 286
Opposition (Bundestag) 187
Ordnungsfunktion 25
Ordnungspolitik 91
Organisation für Sicherheit und Zusammenarbeit in Europa 274
östliche Bundesländer 242
Ostverträge 239
Ost-West-Konflikt 272
Ost-West-Politik 239
Ostzone 232
OSZE 274
Out-of-Area-Einsatz 272
Ozonschicht 285

P

Pacht 63
Palästina 271
Panaschieren 205
Parität 34
parlamentarische Demokratie 177

Parlamentarischer Rat 174, 232
Partei 194
Parteienfinanzierung 194, 207
Parteiengesetz 194
Partnerschaft 144
Partydroge 157
passives Wahlrecht 200
Patchwork 141
Patchworkfamilie 141
Patchwork-Lebenslauf 129
PayPal 65
peace-enforcement 277
Perestroika 240
Performer 133
Person
- natürliche 50
- juristische 50
personalisierte Verhältniswahl 202, 204
Personengesellschaft 78
Personenversicherung 116
persönliche Mobilität 14
Persönlichkeitsentwicklung 151
Petersberger Aufgaben 275
Petersberger Erklärung 274
Petition 212
Petitionsausschuss (Bundestag) 183
Petitionsrecht 212
Pfandsiegel 59
Pfändung 59
pflegebedürftig 104
Pflegestufen 105
Pflegeversicherung 104, 106
Pflichten
- Arbeitgeber 9
- Arbeitnehmer 9
- Auszubildender 7
Pflichtleistungskatalog 101
pflichtversichert 100
Pflichtversicherter 100, 106
Pieck, Wilhelm 233
PIN 65
Planungsverfahren (Zentralverwaltungswirtschaft) 88
Planwirtschaft, zentrale 84
Plenum (Bundesrat) 185
Pogromnacht 224
Police 117
Politikverdrossenheit 208
Potsdamer Abkommen 231
Potsdamer Konferenz 230
Präambel des Grundgesetzes 278
Prämienlohn 27
präsidiale Demokratie 177
Prävention 105, 113
Preis (Kaufvertrag) 57
Pressefreiheit 166
Preußen 280
Primärsektor 122
Priorität 68
Probezeit 6
Produktivität 76

302

Sachwortverzeichnis

Protesthaltung (Wahl) 208
Pro-und-Kontra-Diskussion 298
Prozesspolitik 91

Q

Qualifikation 4, 14
Quote 124
 - Arbeitslosen- 124
 - Erwerbslosen- 124
Quoten (Medien) 170

R

Rabatt 57
RAF 270
Rahmentarifvertrag 24
Randgruppe 134, 136
Rangprinzip 21
Rassenideologie 222
Rassismus 152
Rat der Europäischen Union 251
Ratenkredit 71
ratifizieren 249
Raucher 158
räumliche Mobilität 15
Rauschgift 156
reales Bruttoinlandsprodukt 90
Reality-Show 171
Reality-TV 171
Reallohn 26
Recherche 214
Recht (allgemein) 50
Rechte
 - des Auszubildenden 9
 - des Ausbildenden 9
Rechtsextremismus 152
Rechtsfähigkeit 50
Rechtsgeschäft 52
 - anfechtbares 53
 - nichtiges 53
 - sittenwidriges 53
Rechtsstaat (qua Grundgesetz) 179
Rechtsstaat 89
Rechtssubjekt 50
Recycling 287
Referat 244
Regelaltersrente 107
Regierung 186
Rehabilitation 105, 113
Reichskanzler 216
Reichsmark 234
Reichspogromnacht 219, 225
Reichspräsident 216
Reichstagsbrand 218
Rendite 68
Rentabilität 77
Rentenabkommen 114
Rentenarten 106
Rentenformel 106
Rentenversicherung 106
 - international 115
Reparation 217, 237
Repräsentation des Volkes 198

repräsentative Demokratie 176, 198
Ressort 186
Ressortprinzip 186
Ressource 284
Rettungszeichen 40
Revolution, technische 128
Rezession 92
Richter 192
Riesterrente 107
Röhm-Putsch 220
Rote Arme Fraktion (RAF) 270
Rote Brigaden 270
Ruhepausen 10
Rundfunkanstalt 170
Rundfunkgebühren 171
Rune 152
Rürup-Rente 107
Rüstung, konventionelle 275

S

SA 221
Sachversicherung 116
Sachziel 76
saisonale Arbeitslosigkeit 124
Säulen der sozialen Sicherung 98
saurer Regen 284
Schadstoff 285
Scheidemann, Philipp 216
Scheidung 147
Schengener Abkommen 255
Schicht, soziale 132
Schichtenmodell 132
Schlichtung 28
Schlichtungsabkommen 28
Scholl, Sophie und Hans 226
SCHUFA 59
Schulden 72
Schuldenprävention 72
Schuldnerberatung 73
Schuldrecht 58, 60
Schulformen 5
Schulgesetz 2
Schulsystem 5
Schuman, Robert 248
Schumann-Plan 248
Schutzausrüstung 41
Schutzfunktion 25
Schwarzer Freitag 217
schwebend unwirksam 51
Schwellenland 266, 290, 297
Schwerbehinderte (Kündigungsschutz) 13
Schwerpunktstreik 28
Scientology 163
SD 221
SE (Societas Europaea) 81
SED 233, 238
Seekrankenkasse 100
Sekten 162
Sektoren (Wirtschaft) 122
Sektorengrenze (Nachkriegszeit) 238
Sekundärsektor (Wirtschaft) 122

Selbstbehalt 105
Selbsterfüllungsprophezeiung 135
Selbstverwirklichung 66
Self-fulfilling Prophecy 135
Senat (BVG) 192
Sicherheitsarchitektur 271
Sicherheitsrat 277
Sicherheitsvorschriften (elektrischer Strom) 43
Sicherung, soziale 98, 118
Sicherungssystem, soziales 98
Sichteinlage 69
sittenwidriges Rechtsgeschäft 53
Skonto 57
Sockelarbeitslosigkeit 124
Soldat 281
Solidargemeinschaft 99
Solidarpakt 242
Souveränität (Staat) 250
Sowjetunion 232
soziale Hängematte 99
soziale Schichtung 132
soziale Sicherung 98, 118
 - Geschichte 118ff.
sozialer Frieden 267
Sozialfürsorge 98
Sozialgerichtsbarkeit 18
Sozialgerichtsverfahren 19
Sozialgesetzbuch 98
Sozialisation 150
Sozialleistungen 99
Sozialpartner 20
Sozialpolitik 98
Sozialprestige 132
Sozialstaat (Grundgesetz) 178
Sozialstaat 98, 99
Sozialstaatsmodelle 120
Sozialversicherung 98
 - internationale 114
Sozialversicherungsabkommen 114
Sozialversicherungsbeiträge 99
Sozialversicherungsgesetzgebung (Entwicklung) 121
Sozialversicherungszweige 113
Sparen 68
Sparprinzip 76
Spartakusbund 216
SPD 218
Sperrzeit 111
Spielsucht 158
Sportunfall 103
Sprecherausschuss 30
SS 152
Staatsangehörigkeit 136
Staatsaufbau (Deutschland) 180
Staatsgewalt 180
Staatsorgane (DDR) 233
Staatsrat (DDR) 233
Staatsvertrag (Währungs-, Wirtschafts- und Sozialunion) 241
Staffelung der Rechtsprechung 20

Stalingrad 228
Stammkapital 80
Stammwähler 206
ständiger Ausschuss (Bundestag) 182
ständiger Beirat (Bundesrat) 185
Status quo 255
Stauffenberg, Claus Graf von 227
Sterbeziffer 292
Stimmabgabe 202
Stimmzettel 204
Straftat 155
Strategie 269
Streik 28
Streikformen 29
Streitkräfte 279
Strom, elektrischer 42
strukturelle Arbeitslosigkeit 123
Strukturpolitik 91, 123
Strukturwandel 122
Stundenlohn, Berechnung 27
Subsidiarität 251
Sucht 158
Sudan 262
Sympathiestreik 29
Synagoge 224
synthetische Drogen 156
Szenario-Methode 260
Szene 135

T

Tablettenabhängigkeit 158
Tag 20
TAN 65
Tarifautonomie 20
Tarifeinheit 22
Tarifregister 23
Tarifrunde 28
Tarifverhandlungen 28
Tarifvertrag (Arten) 24
Tarifvertrag (Gültigkeitsbereich) 22
Tarifvertragsgesetz 20, 23
Taschengeldparagraph 51
Täter-Opfer-Ausgleich 155
Täuschung, arglistige 52
technische Revolution 128
technologische Entwicklung 128
Teilhafter 79
Teilung (Deutschland) 230
Termingeld 69
Terre des hommes 294
Territorialprinzip 139
Terror 270
Terrorismus 270
Tertiärsektor 122
Tildin 157
totaler Streik 29
totalitäre Diktatur 218
traditionelles Milieu 133
Transaktionsnummer 65
Transnet GdED 21
Treibhauseffekt 284
Treibhausgas 287

Sachwortverzeichnis

Trend (Wirtschaft) 92
Treuepflicht 9
Trizone 232
Trust 83
Türkei 258
TVG 23
Tyrannis 226

U

Übereinstimmend (Willenserklärung) 54
Überhangmandat 203
Übernahme, feindliche 82
Überproduktion 256
Überschuldung 73
Überversicherung 117
Überziehungszinsen 70
UdSSR 228, 272
Umweltgift 288
umweltökonomische Gesamtrechnung 286
Umweltpolitik 288
Umweltprobleme 285
Umweltschutz 289
umweltverträgliche Landwirtschaft 257
Unabhängigkeit (Richter) 177
UNESCO 276
Unfallentschädigung 39
Unfallverhütung 39
- Vorschriften 38
Unfallversicherung 112
- international 115
Ungleichheit, soziale 132
UNICEF 276, 294
UNIDO 276
Union der westeuropäischen Staaten 248
Unionsbürgerschaft 253
UN-Menschenrechtsausschuss 262
unmittelbare Demokratie 176
unmittelbare Wahl 201
UNO 276
UNO-Sicherheitsrat 277
Unterentwicklung (Ursachen) 292
Unterhaltsgeld 110
Unterhaltung (Medien) 157
Unternehmensform 78
Unternehmensgründung 79
Unternehmensziele 76
Unternehmenszusammenschluss 82
Untersuchungsausschuss 183
Unterversicherung 117
Urabstimmung 28
Urlaub 11, 44
Urwahl 36
UVV 38

V

VDE-Zeichen 43
VEB 88

ver.di 21
Verband 196
Verbotszeichen 40
Verbraucherkredit 70
Vereinte Nationen (UNO) 276
Verfassung 174
Verfassungsbeschwerde 193
Verfassungsgrundsätze 178
Verhältniswahl 202
Verkäufermarkt 128
Vermittlungsausschuss 189
- Bundestag 182
Vermögensversicherung 116
Vernichtungslager 225
Verpflichtungsgeschäft 55
Versailler Friedensvertrag 217, 280
Versammlungsrecht 213
Verschuldung 72
Versicherung (Sparen) 69
Versicherungsvertrag 117
Versorgung, soziale 98
vertikale Gewaltenteilung 180
vertikale Mobilität 132
Vertrag von Amsterdam 259
Vertrag von Maastricht 252
Vertragsarten 62
Vertragsstörung 58, 60
Verursacherprinzip 288
Verwaltung, Gesetzmäßigkeit der 177
Verwendungsrechnung 90
Verzugszins 58
Viermächte-Abkommen 239
Virtualisierung 128
Völkermord 224
Völkerwanderung 246
Volksaufstand (DDR) 233
Volksgemeinschaft (Nationalsozialismus) 223
Volksherrschaft 176
Volkskammer (DDR) 233
Volkssouveränität 176
Vollbeschäftigung 126
Vollhafter 79
Volljährigkeit 51
Vormundschaftsgericht 149
Vorsorgeprinzip 289
Vorurteil 134
Vorwahlkampf 206

W

Wahl 198
- Bundespräsident 190
Wahlbeteiligung 199
Wahlen 198, 200, 204
Wählerstimme 206
Wahlkampf 206
Wahlkampfkosten 207
Wahlkreis 202
Wahlmänner 201
Wahlrecht
- aktives 200
- passives 200

Wahlrechtsgrundsätze 200
Wahlsystem 204
Wahlverfahren 202
Wahlverweigerung 208
Währungs- und Wirtschaftsunion 252
Währungs-, Wirtschafts- und Sozialunion 241
Währungsreform 235
Währungsunion (EU) 253
Waisenrente 107
Wandzeitung 164
Wannenseekonferenz 219, 225
Warnstreik 28
Warnzeichen 40
Warschauer Pakt 272
Wasserverschmutzung 285
Wechselwähler 206
Wegeunfall 113
Wehrdienst 280
Wehrpflicht 280
- gesetz 280
Weimarer Republik 216
Weimarer Verfassung 217
Weißbuch (Binnenmarkt) 255
Weiße Rose 227
Weisungsgebundenheit 9
Weiterbildung 4
Weizsäcker, Richard von 209
Welfare State 120
Weltfinanzkrise 95, 260
Weltfrieden 276
Weltkriegsgefreiter 226
Weltmarkt 94
Weltwirtschaftskrise (1929) 217
Weltwirtschaftskrise (2008) 95, 261
Werktag 11, 20
Werkvertrag 62
Werte, gesellschaftliche 134
Wertpapier 69
Westdeutschland 238
Westzone 232
WEU-Vertrag 274
Widerstandsrecht 179
Wiedervereinigung 240
Wilhelm I 118
Wilhelm II 216
Willensbildung 166
Willenserklärung 52, 54
Winterausfallgeld 110
wirtschaftliche Beitrittskriterien (EU) 259
wirtschaftliche Kennzahlen 76
Wirtschaftlichkeit 77
Wirtschaftskrise 95, 261
Wirtschafts- und Sozialausschuss (EU) 250
Wirtschafts- und Währungsunion (WWU) 252
Wirtschaftsordnung 84
Wirtschaftspolitik (soziale Marktwirtschaft) 90

Wirtschaftspolitik 90
- Maßnahmen 92
- antizyklische 93
Wirtschaftsstruktur 122
Wirtschaftssystem 84
Wirtschaftswunder 234
Witwenrente 107
Wochenarbeitszeit (Entwicklung) 160
Wohlfahrtsstaat 120
Wolfsschanze 227
World Trade Center 270
World Wide Web 172
Wucherzinsen 52
WWU 252

Z

Zahlungsbedingungen 57
Zahlungsfrist, gesetzliche 58
Zahlungsverkehr 64
Zeitlohn 27
Zensur (Medien) 170
Zentralbank 261
zentrale Planwirtschaft 84
Zentralstaat 181
Zentralverwaltungswirtschaft 84, 88
- der DDR 88
Zentrumspartei 218
Zeugen Jehovas 163
Ziel (Betrieb) 76
Zinsen 68
Zinssatz 71
Zivildienst 280, 282
Zollkontrolle 255
- Dänemark 2011 255
Zollunion 254
Zusammenarbeit, europäische 256
Zusatzqualifikation 4
Zusatzvorsorge 107
Zustimmungsgesetz 189
Zuwanderungsgesetz 138
Zwangsvollstreckung 59
Zwei-plus-Vier-Vertrag 241
Zweiter Weltkrieg 228, 247
Zweitstimme 202
Zyklus 92